1. Auflage

Copyright © 2007
egoth verlag gmbh
1070 Wien · Kaiserstraße 14/7
www.egoth.at

Alle Rechte, auch die des auszugsweisen Abdrucks
oder der Reproduktion einer Abbildung, sind
vorbehalten.

ISBN: 978-3-902480-18-7

Fotos
Manfred Burger, PID, Die Wiener Grünen,
EGS, KK West, BPD Schwechat

Druck
Nuove Arti Grafiche
I-38014 Gardolo · Italien

Gesamtherstellung
egoth verlag gmbh

Günther Zäuner

Drogenreport Österreich

H, Koks, Ecstasy, Gras – Falsche Träume

Für

Michael Pretterebner
Thomas Eder

Stellvertretend für alle,
denen Drogen zum Verhängnis wurden

Inhalt

In memoriam	9
Appell der Verzweiflung	19
Prolog	21

Der Teufel im Gehirn — 41
Junkie-Golgotha — 41
Der Krake Sucht — 46
Kleines »Gift«-Brevier — 61
Das Drogen-Shopping-Center — 68
Wenn das Hirn durchdreht — 95

Warum mein Kind? — 101
»Ich habe meinen Kindern viel zu wenig zugehört ...« — 101
Ursachen für die Ungewissheit? — 114

Sisyphusarbeit — 125
Das tägliche Drama — 125
»Eier im Popo« — 157
Das große Umdenken I — 176
»Zwei alte Tanten tanzen (den Kriminal-) Tango«
(frei nach Georg Kreisler) –
Kleiner Exkurs über Engagement — 186
Das große Umdenken II — 189
Operation Spring — 192
Operation Easy — 199
Das große Umdenken III — 202

Tür zu und wegsperren	216
»Ich will nicht wissen, was hinter unseren Rücken abläuft ...«	227
»Schnurz«, der Insider	235

Wenn nichts mehr läuft ...

	241
»Ich werde auf den Funken achten ...«	245
»Locke«	260

Politik & Drogen

	291
Die »Drogen-Gmbh«	291
»Substi! Substi!«	340
Wege aus der Hölle – zurück ins Leben	370
Die Kontroverse der weißen Kittel	380
High auf dem Highway	394

Nicht (nur) auf den Staat verlassen ...

	399
Hilf dir selbst!	399
Alternativen oder Humbug?	409
Streifzug durch die Bundesländer	417
UNO, EU & Drogen	433
Hilfe – Wohin?	440
Danksagung	449
Bibliographie	452

»Eines Tages wird man offiziell zugeben müssen, dass das, was wir Wirklichkeit getauft haben, eine noch größere Illusion ist als die Welt des Traumes.«

Salvador Dalí (1904–1989)

»Wenn ich meinen Nächsten verurteile, kann ich mich irren, wenn ich ihm verzeihe, nie.«

Karl Heinrich Waggerl (1897–1973)

»Die Hoffnungslosigkeit ist schon die vorweggenommene Niederlage.«

Karl Jaspers (1883–1969)

»Es gibt Dinge, die man bereut, ehe man sie tut. Und man tut sie doch.«

Friedrich Hebbel (1813–1863)

»Wenn die anderen glauben, man ist am Ende, so muss man erst richtig anfangen.«

Konrad Adenauer (1876–1967)

In memoriam

Drogenopfer 1968–2005

	Wien	Österreich
1968	1	1
1969	5	6
1970	5	12
1971	3	5
1972	1	5
1973	2	4
1974	2	6
1975	7	20
1976	9	17
1977	14	18
1978	10	23
1979	17	30
1980	36	57
1981	13	34
1982	23	31
1983	15	26
1984	27	46
1985	40	58
1986	32	46
1987	26	49
1988	48	86
1989	53	82
1990	44	83
1991	62	116

1992	115	187
1993	143	227
1994	147	250
1995	137	241
1996	125	195
1997	81	141
1998	63	117
1999	87	136
2000	110	167
2001	69	139
2002	75	139
2003	92	163
2004	88	185
2005	92	191
Gesamt	2019	3339

Die offiziellen Zahlen für 2006 liegen noch nicht vor.

In 37 Jahren starben in Wien 2019, in Österreich insgesamt 3339 Menschen.[1]

Mit Sicherheit zählt der Drogentod, egal ob durch legale oder illegale Drogen verursacht, zur den sinnlosesten Todesarten. Und in diese Zahlen sind jene Toten noch nicht mit eingerechnet, die durch Nikotin- und Alkoholmissbrauch verstarben. Ebenso klar ist auch, dass die Zahlen der Nikotin- und Alkoholleichen jene der Drogenopfer, die durch den Griff zu illegalen Drogen (Heroin, Kokain, Ecstasy, Cannabis u. a., nur um vorerst die bekanntesten zu nennen) ums Leben kamen, um ein Vielfaches übersteigen. Nicht nur in Österreich, sondern logischerweise weltweit.

---

[1] Bundesministerium für Inneres
Bundesministerium für Gesundheit und Frauen
Österreichisches Bundesinstitut für Gesundheitswesen (ÖBIG)
Günther Zäuner, Drögenreport Österreich. Eine Bestandsaufnahme. Wien 1994, S. 7ff.

Bleiben wir im eigenen Land. Ein Beispiel, das den gravierenden Unterschied verdeutlicht: Mit Stand vom 28. Oktober 2006 beliefen sich die Einsätze der Wiener Berufsrettung auf 663 Drogenfälle und 6762 Einsätze in Zusammenhang mit Alkohol. Darüber hinaus darf auch nicht vergessen werden, dass jeder Rettungseinsatz Geld kostet, nämlich mindestens 431 Euro. Diese Summe muss in zahlreichen Fällen die Öffentliche Hand übernehmen, da die Betroffenen oft nicht krankenversichert sind.

Das »Institut Suchtprävention« veröffentlichte im April 2004 in dem Factsheet »Abhängigkeit und Drogenkonsum« die Zahlen für Alkohol- und Nikotintote, die allerdings nach eigenen Angaben nur groben Schätzungen entsprechen. Es gab 14.000 Alkoholtote und 8000 Nikotintote.

Im Vergleich zu anderen europäischen Großstädten beziehungsweise weltweit liegt Wien hinsichtlich der Drogenproblematik am unteren Ende der Skala. Allerdings darf das weder ein Gütesiegel noch ein Freibrief dafür sein, die Hände beruhigt und untätig in den Schoß legen zu können.

Menschenleben stehen auf dem Spiel. Es ist zwar eine Plattitüde, und dennoch kann man es nicht oft genug wiederholen: Jeder Mensch, der durch Drogenkonsum, egal aus welchen Motiven, stirbt, ist ein Toter zu viel.

Um sich die oben angeführten Zahlen, nämlich 2019 bzw. 3339, zu veranschaulichen, braucht man nur im Gemeindeverzeichnis 2006 (Stand 1. Jänner 2006) von Statistik Austria nach österreichischen Orten und Gemeinden suchen, die eine adäquate Einwohnerzahl aufweisen. Wenn wir die Zahl der Wiener Drogenopfer nehmen, entspricht das beispielsweise der Einwohnerzahl von Horitschon im Burgenland, für Gesamt-Österreich wäre Millstatt in Kärnten zu nennen.

In der breiten Öffentlichkeit gelten Drogen und in weiterer Konsequenz suchtkranke Menschen zwar nicht mehr als Tabuthema, bleiben aber trotzdem unangenehm – weil längst nicht mehr zu übersehen, geschweige denn zu ignorieren.

Für die zuständigen Politiker sind Drogen und deren Folgeerscheinungen Reizthemen, die tunlichst zu meiden sind, weil man damit nicht punkten kann. Es wird immer ein Pro und ein Contra geben. Bestenfalls hört man davon noch im Wahlkampf, wenn von schwer rechtslastigen Parteien Schwarzafrikaner generell als Drogendealer stigmatisiert werden und man sich somit bei einer größtenteils uninformierten Wählerschaft zusätzlich noch ein paar Stimmen sichern kann.

Ohren auf, und die sattsam bekannten Stammtischweisheiten sind nicht zu überhören: Selbst schuld! ... Prost! ... Geht mich nichts an! ... Prost! ... Meinem Kind wird das nie passieren! ... Prost! ... Wie bin ich froh, dass es das in meiner Familie nicht gibt! ... Prost! ... Wegsperren! ...Prost! ... Und hinter vorgehaltener Hand selbstverständlich die anscheinend nie verstummenden Ewiggestrigen mit ihrer ewigen Leier von wegen »unterm Hitler« und so weiter.

Nikotin und Alkohol dagegen sind gesellschaftsfähige Drogen. Daher werden Alkoholkonsumenten und Raucher, auch wenn gegen Nikotingenießer seit geraumer Zeit eine regelrechte Hatz veranstaltet wird, niemals dermaßen kriminalisiert werden wie es mit Drogenabhängigen noch immer, wenn auch inzwischen in abgeschwächter Form, passiert. Auch übermäßig Alkohol genießende und im Übermaß Zigaretten qualmende Zeitgenossen zählen zu den suchtkranken Menschen.

Kein Politikerempfang ohne das obligatorische Weinglas, kein gesellschaftliches Ereignis ohne Alkohol. Jedes Jahr finden Weintaufen, meist unter der Patronanz der örtlichen Bürgermeister, statt, die Honoratioren werfen sich dafür samt Gattinnen in Schale, und die TV-Teams treten sich dabei gegenseitig auf die Füße. Einschlägige Gazetten und TV-Magazine quellen über von diesen Events.

Wem der Alkohol beinahe schon aus den Augen rinnt, dem wird zu seiner trinkfesten Leber gratuliert. Niemand wendet sich angewidert von dieser Person ab. Außer sie hat sich bereits so sehr versoffen, dass sie endgültig in der Gosse versackt ist, und bereits etliche Meter, bevor man sie bemerkt, unangenehme Gerüche die Luft verpesten.

Die Ausdrücke *Kampftrinken* und *Komasaufen* haben längst Einzug in die Alltagssprache, vorwiegend bei Jugendlichen, gehalten. So lange Diskotheken- und Klubbesitzer Alkohol billiger als alkoholfreie Getränke verkaufen, so lange in jedem Supermarkt Alcopops an Jugendliche ohne Alterslimit abgegeben werden, wird sich daran auch nichts ändern. Die kleine Kassiererin an ihrem Laufband darf nicht beschuldigt werden. Sie hat ihre Anweisungen – und sie will ihren Job behalten. Ein Junkie dagegen wird sofort gemieden und verjagt.

Auch die Raucher werden, trotz einer regelrechten Hatz, angeführt von der 2006 Noch-Gesundheitsministerin Dr. Maria Rauch-Kallat und einigen selbst ernannten oder tatsächlichen ausgewiesenen Gesundheitspäpsten, zumindest in weiten Teilen der Bevölkerung noch toleriert. Die Errichtung von Nichtraucherzonen wird selbst kein noch so eingefleischter Raucher tatsächlich in Frage stellen, ebenso wenig wie den Schutz von Babys, Kindern und Jugendlichen vor dem blauen Dunst.

Ho-ruck-Aktionen wie die Demontage der riesigen Aschenbecher in den Stationen der Wiener U-Bahn-Linien gleichen jedoch eher einem Schildbürgerstreich der Stadt Wien und der Wiener Linien als einer sinnvollen Präventionsmaßnahme. Fazit: Die Kippen landen am Boden – und das hat es dann natürlich voll gebracht.

Keine Frage, Nikotin ist gesundheitsschädlich, und daher ist es begrüßenswert, dass Zigarettenautomaten umgerüstet werden und Glimmstängel nun nur noch nach Bekanntgabe des Alters mittels EC-Karte zu beziehen sind. Doch auch diese Maßnahme wissen findige Jugendliche zu umgehen, wie bereits bei einigen Tests in Deutschland über die Sender gelaufen: Man sucht sich einen Erwachsenen, bittet ihn, eine Schachtel aus dem Automaten zu ziehen, und gibt ihm dafür das Geld. Auf einschlägigen Internetseiten finden sich längst Anweisungen wie diese Sperre zu knacken ist.

Nicht einzusehen ist allerdings, dass die Trafikanten die Kosten der Umrüstung aus der eigenen Tasche bezahlen müssen. Natürlich bestreiten sie durch den Verkauf von Rauchwaren einen Teil ihres Lebensunterhalts, aber das gilt auch für all jene, die Alkoholika erzeugen und vertreiben. Und nicht zu vergessen – bei beiden legalen Drogen, sowohl bei Alkohol wie bei Nikotin, kassiert Vater Staat kräftig mit. Gerade in den letzten Wochen des Jahres 2006 ereignete sich fast täglich ein Schlagzeilengewitter in den einschlägig bekannten Medien, die nur zwei Themen kannten: gegen die Raucher und »die Kinder vom Karlsplatz«.

Selbst dem Wiener Drogenkoordinator Michael Dressel, der kraft seines Amtes eigentlich ein Befürworter dieser Linie sein müsste, geht diese Antiraucherkampagne gehörig gegen den Strich. In einer Live-Sendung von Radio Orange zum Thema »Drogenprävention« meinte er am 24. November 2006 über die allgemeine Raucherhatz, dass »es sich hierbei um ein klassisches Beispiel handle, wie man in kürzester Zeit sehr viel Geld sinnlos vergeuden kann«.

Warum meldete sich die damals noch zuständige Gesundheitsministerin Dr. Maria Rauch-Kallat zur Drogenproblematik im Allgemeinen und zum Thema Karlsplatz im Besonderen nicht ebenso lautstark zu Wort wie in ihrem Feldzug gegen Nikotin?

Rauch-Kallats äußerst ruhebedürftige Parteikollegin, die Bezirksvorsteherin des 1. Wiener Gemeindebezirks, Dr. Ursula Stenzel, die am liebsten sämtliche Aktivitäten aus ihrem Reich, die auch nur annähernd ihren persönlichen Lärmpegel überschreiten, verbieten möchte, musste am Jahresende 2006 ebenfalls ihren Senf zur Drogenproblematik beisteuern. Drogensüchtige in ihrem Bezirk, vornehmlich in der Kärntnertorpassage und am Karlsplatz, sollen ins Ghetto geschickt werden – in die »Arena« nach St. Marx, das ehemalige Schlachthofgelände im 3. Wiener Gemeindebezirk. In den 1970er-Jahren war die »Arena« berühmt berüchtigt, doch die

Zeiten haben sich gewandelt – und dies scheint Stenzel verschlafen zu haben. Heute hat sich auf diesem Areal ein alternatives Kultur- und Kunstzentrum etabliert, wo es, wie an vielen Wiener Orten, auch nicht mehr oder weniger Drogen gibt. Dementsprechend scharf fielen auch die Reaktionen auf Stenzels öffentliche Äußerung aus: »Statt dem Karlsplatz neues Drogenzentrum wie Arena bauen« (»Österreich«, 9. Dezember 2006). Der Bezirksvorsteher des 3. Bezirks, Hohenberger, konterte: »Frau Stenzel weiß nicht genau, wovon sie da überhaupt spricht.« (»Österreich«, ebenda)

Auch Wiens Drogenbeauftragter, Dr. Alexander David, wies Stenzels Vorschlag vehement von sich: »Das züchtet eine Szene mit 1000 Leuten statt der 50 am Karlsplatz« (»Österreich«, ebenda). Wobei allerdings zu dieser Aussage anzumerken wäre, dass David offensichtlich arithmetische Probleme zu schaffen machen, denn wer die Kärntnertorpassage und den angrenzenden Karlsplatz überquert, wird diese Zahl nicht bestätigen können.

Warum greift Stenzel den betroffenen Geschäftsleuten, die zwangsläufig unter den Auswirkungen der Drogenszene in der Kärntnertorpassage leiden, nicht tatkräftig unter die Arme? Da sind Schikanen, anders kann man es wohl nicht bezeichnen, gegen Geschäftsinhaber weitaus wichtiger – z. B. Bewilligungen für irgendwelche mickrigen Karten- und Zeitungsständer.

Persönlich steigen in mir Wut und Empörung hoch, wenn ich an die Jubelpressekonferenz der ehemaligen Wiener Gesundheitsstadträtin Renate Brauner am 16. November 2006 denke, bei der das einjährige Bestehen des Projektes »Help U« (über diese Einrichtung wird an späterer Stelle noch ausführlich berichtet) gefeiert und der »Wiener Drogenbericht 2003–2005« präsentiert wurde. Brauner forderte die anwesenden Journalisten dazu auf, dass sie »das Werk lesen sollten, weil es so »unglaublich spannend« wäre. Spannend? Was soll daran spannend sein? Traurig wäre dafür wohl der geeignete Ausdruck. Wieder ein Bericht mehr auf dem Stapel. Und nicht mehr …

Die Passanten machen weiterhin einen großen Bogen um die ausgemergelten Junkies, sehen pikiert weg, wenn sie eine dieser Jammergestalten um Kleingeld anbettelt. Die Mehrheit macht sich schleunigst aus dem Staub, wenn eine dieser hohlwangigen, verdreckten, kaputten, hoffnungslosen, verzweifelten und im Stich gelassenen Gestalten, die meisten bereits mit einem Bein im Grab stehend, auf offener Straße, auf dem Perron oder im U-Bahn-Waggon zusammenbricht. Mitleid empfinden nur wenige. Verständnis zeigt selten wer. Lieber den Blick abwenden, rasch weitergehen oder gaffen.

Mein Kind wird niemals Drogen angreifen. Ein leerer Stehsatz – ebenso sinnlos und dumm, als würde heute noch jemand behaupten, dieser Planet sei eine Scheibe. Jeden und jede kann es in jeder Familie jeden Tag erwischen. Ob reich oder arm, ob gebildet oder ungebildet, ob prominent oder unbekannt, ob gesellschaftlich anerkannt oder Außenseiter, ob finanziell abgesichert oder arbeitslos, ob in einer Villa lebend oder in einer Substandardwohnung – niemand ist davor gefeit. Über Nacht kann sich alles schlagartig ändern und das bislang beschauliche Dasein kann völlig aus den Angeln gehoben werden. Nichts ist mehr so, wie es gestern noch gewesen ist. Das Leben wird von einem Tag auf den anderen total umgekrempelt. Vorerst versucht man es noch zu verbergen, schämt sich vor seinen Verwandten, seinen Freunden, seinen Arbeitskollegen, will sich nicht eingestehen, dass einem das eigene Kind, für das man doch immer da war und das doch immer alles gehabt hat, einfach entglitten ist und nicht mehr wieder zu erkennen ist. Das Wolkenkuckucksheim ist in sich zusammengestürzt. Man quält sich mit Selbstvorwürfen. Fragt sich, was man falsch gemacht hat? Und findet letztlich doch keine schlüssige Antwort.

Dann tritt jener Zeitpunkt ein, zu dem der Umstand, das eigene Kind an die Szene verloren zu haben, nicht mehr länger zu verbergen und zu verheimlichen ist. Vielfach ist man plötzlich geächtet. Hinterrücks wird getuschelt, Gerüchte machen die Runde und verbreiten sich. Falsches Mitgefühl wird vorgespielt. Oft gibt es aber auch spontane Hilfe. Im Familienverband, im Freundes- und Bekanntenkreis. Manchmal auch von Menschen, von denen man das nie angenommen hätte.

An einen geregelten Tagesablauf ist kaum noch zu denken. Man hetzt von einer Stelle zur nächsten. Hier wird man abgewiesen, andernorts fühlt man sich nicht zuständig und dort wird man nicht ernst genommen. Selbst ist das Wissen über Drogen und Drogenmissbrauch zu gering. Schließlich war niemals ein Grund vorhanden, sich damit näher auseinander zu setzen. Da hat es gereicht, was die Medien vermittelten.

Die Stunden, die Tage, die Monate, die Jahre verrinnen in den Wartezimmern der Ärzte, in den Ambulanzen, in den Notaufnahmen. Längst sind sämtliche Tränen versiegt. Man ist müde und ausgebrannt. Resignation macht sich breit: Soll mein Kind doch erneut die Therapie abbrechen, mir ist es egal. Ich kann und ich will auch nicht mehr. Dann eben die harte Tour. Verweigerung jeglicher Hilfe und Unterstützung, Abbruch des Kontaktes. Bis es zu spät ist.

Oder man kämpft um sein Kind, versucht alles Menschenmögliche, um es aus diesem verdammten Sumpf herauszuziehen. Lässt es sich nach Wochen wieder einmal blicken, weil ihm das Geld ausgegangen ist oder weil es nur wieder einmal in einem ordentlichen Bett schlafen will – ich werde die Tür nicht zuschlagen. Viel zu selten gelingen der Ausstieg und die Rückkehr in ein normales Leben. Viel zu oft treffen sie sich alle wieder, sowohl die Nachgebenden als auch die Harten. Und dort ist die Endstation – am Friedhof.

Jene, die den Ausstieg geschafft haben, *clean* – drogenfrei – geworden sind, denen es vergönnt ist, eine zweite Chance zu erhalten und ein neues Leben beginnen zu dürfen, werden bis an ihr Lebensende von diesen bitteren Jahren geprägt bleiben.

Dieses Buch erhebt weder Anspruch auf Vollständigkeit noch kann es mit Patentlösungen zur endgültigen Behebung des Drogenproblems aufwarten. Das wäre mehr als anmaßend und töricht. Diese Seiten können und werden nichts Wesentliches bewirken. Jährlich werden stapelweise Bücher über Drogen und deren Auswirkungen aus allen möglichen Blickwinkeln und in den unterschiedlichsten Genres veröffentlicht. Ebenso wie weltweit unzählige Dokumentationen über diese Thematik von den unterschiedlichsten TV-Stationen produziert werden. Kein Drogenkartell wird deshalb die Branche wechseln, kein Dealer sich freiwillig stellen und zugeben, dass er ein indirekter Mörder ist. Kaum ein Abhängiger wird sich dadurch abhalten lassen, weiter zu *fixen*, zu *sniefen* oder sich Tabs einzuwerfen.

Trotzdem hat auch dieses Buch seine Berechtigung.

Vielleicht wird genau jene Unbekannte oder jener Unbekannte auf dieses Buch aufmerksam und – nach seiner Lektüre – aufwachen, weil er oder sie gerade in einem experimentierfreudigen Alter ist, obendrein einen Haufen Probleme hat, deshalb mit Drogen liebäugelt und dieses Scheißzeug einmal – einmal ist keinmal – ausprobieren will. Weil es in und cool ist. In der Schule, im Freundes- und Kollegenkreis gibt es schließlich auch welche, die es tun. Gerry tut es regelmäßig, Jasmin hat es schon ein paar Mal probiert. Auch Lukas macht es. Und die sind immer gut drauf. So schlecht können Drogen nicht sein, wie ihr uns immer einzureden versucht.

Dieses Buch kann auch niemanden von seiner Sucht heilen. Vielleicht aber denken manche darüber nach, wenn sie es lesen, dass Drogenabhängigkeit nicht der Weisheit letzter Schluss sein kann. Vielleicht entschließen sie sich zu einer Therapie? Bereits der Entschluss, der Wille, endlich auszusteigen, ist ein gewaltiger Schritt.

Erfüllt sich nur einer dieser Wünsche, dann hat dieses Buch seinen Zweck erfüllt und die Arbeit sich gelohnt.

Wien, im Dezember 2006
Günther Zäuner

Appell der Verzweiflung

Aufruf an alle Eltern, deren Kind(er) in den letzten Jahren an der Ersatzdroge Substitol gestorben ist (sind):

Dieses Ersatzmittel, das die gleiche Wirkung wie Heroin hat, wird mit staatlicher Billigung von einer Pharmafirma erzeugt, von Ärzten verschrieben und von Apotheken auf den Markt gebracht.

Produktion und Vertrieb werden über die Sozialversicherungsbeiträge aller Österreicherinnen und Österreicher finanziert. Ein großer Teil dieser so genannten »Ersatzdroge«, für die der Staat quasi die Rolle des Dealers übernimmt, landet auf dem Schwarzmarkt und macht Jahr für Jahr tausende Jugendliche und sogar auch Kinder süchtig.

Hunderte sind in den letzten Jahren – wie mein Sohn Michael – durch Substitol (retardierte Morphine) qualvoll verstorben. Und es werden von Jahr zu Jahr mehr.

Ich möchte dem nicht länger tatenlos zusehen und bitte daher alle Eltern, deren Kind(er) ebenfalls Opfer einer völlig verfehlten und verantwortungslosen Drogenpolitik wurde(n), sich bei mir zu melden, um gemeinsam eine Initiative zu starten, deren Ziel es sein soll, dass diese todbringende »Ersatzdroge« nicht mehr auf den Markt kommt.

Bitte schreiben Sie mir!
elena.pretterebner@gmx.at

Zwar werden unsere eigenen Kinder dadurch nicht mehr lebendig, aber gemeinsam könnten wir dazu beitragen, dass anderen Kindern und deren Eltern ein ähnliches Schicksal erspart bleibt.

Ein verzweifelter Appell einer verzweifelten Mutter, die keinen anderen Ausweg mehr sieht. Michael verstarb im November 2005, knapp nach seinem 16. Geburtstag.

Prolog

Drogen sind unsympathisch. Bezeichnete man noch vor wenigen Jahrzehnten den Krebs als die Geißel der Menschheit, so haben Drogen mit all ihren Begleiterscheinungen dieser heimtückischen Krankheit längst den Rang abgelaufen. Zumindest in der öffentlichen Meinung. Natürlich darf bei diesen Plagen für die Menschen nicht das HIV-Virus – und damit untrennbar verbunden AIDS – übergangen werden, obwohl damit oft ein nicht zu übersehendes bekanntes Naheverhältnis mit Drogenmissbrauch nachweisbar ist.

Dennoch übersteigen weltweit die Zahlen der HIV-Positiven und Krebskranken jene der Drogenabhängigen um ein Vielfaches und, wie bereits erwähnt, auch jene der Nikotin- und Alkoholabhängigen, die jährlich am Missbrauch dieser legalen Suchtmittel sterben.

Drogen sind falsche Freunde, gaukeln falsche Träume vor. Entführen den Abhängigen in gefährliche Illusionen, hofieren ihn zuerst und lösen scheinbar Probleme in Nichts auf. Doch plötzlich fallen ihm die falschen Freunde in den Rücken und kennen nur mehr ein Ziel. Denjenigen, der ihn zuerst als Freund, vielleicht als seinen einzigen Freund, betrachtete, gnadenlos zu vernichten.

Drogen sind Hirngift. Ist die Zentrale zerstört, fällt der Motor aus und der Körper wird seinen Dienst endgültig versagen. Endstation ist die Aufbahrungshalle.

Drogen sind nur für jene die besten Freunde, die sich an ihnen dumm und dämlich verdienen. Auf diesem Globus gibt es genügend Staaten, deren Regierungen auf beiden Augen blind sind, weil sie ohne die Drogenschattenwirtschaft längst zu existieren aufgehört hätten und weil deren Mitglieder ihre hohen Ämter, verbunden mit viel Geld, Luxus und Privilegien, verloren hätten.

Würde Mittel- und Südamerika schlagartig den Cocaanbau, also die Kultivierung jener Pflanze, aus der in weiterer Folge Kokain gewonnen wird, beenden, der gesamte Kontinent bräche in sich zusammen. Auf der anderen Seite der Weltkugel der gleiche Effekt. Gäbe es keinen Schlafmohn mehr, die Grundlage für Heroin, große Teile Asiens kämen in eine gefährliche Bredouille. Das gleiche dreckige Spiel gilt für Cannabis.

Darunter hätte auch weltweit die chemische Industrie zu leiden. Ohne Chemikalien keine Kokain- und Heroinproduktion und keine synthetischen Drogen. Gleiches gilt auch für die Pharmaindustrie. Ohne suchtkranke und drogenabhängige Menschen wären nicht ständig neue Medikamente für die Substitution nötig. Ob sinnvoll oder doch nur ein lukratives Geschäft, zumindest bei einigen Präparaten, sei dahingestellt …

In Europa werden Suchtgifte längst zu Dumpingpreisen gehandelt. So heißt es im »Jahresbericht 2006« der EBDD (Europäische Beobachtungsstelle für Drogen und Drogensucht): »Der Straßenpreis für illegale Suchtgifte ist den vergangenen Jahren gefallen und wahrscheinlich so niedrig wie noch nie.« (vgl. auch »Kurier«, 24. November 2006)

Die Ursache dafür liegt in der ungehemmten und kaum behinderten Produktion. Der Preisverfall schlägt sich mit 20 bis 47 Prozent zu Buche. Afghanistan ist der »Marktführer« in der Opiumproduktion, das für die Heroinherstellung benötigt wird. Mit 90 Prozent Anteil ist der weltweite Bedarf längst überschritten.

Im Cocaanbau ist Kolumbien Spitzenreiter. Nach Cannabis (Marihuana, Haschisch) avancierte Kokain zur zweihäufigst gebrauchten illegalen Droge, gefolgt von Amphetaminen.

Der teuflische Kreislauf beginnt ganz oben, in der hohen Politik: Waffen gegen Drogen und Drogen gegen Waffen. Der Narcoterrorismus finanziert weltweit Kriege, bewaffnete Konflikte und schürt Auseinandersetzungen.

Im 19. Jahrhundert waren es die Engländer, die gegen China die so genannten Opiumkriege anzettelten und letztendlich die damalige Vormachtstellung des Reiches in der Mitte des asiatischen Raums brachen.

In jüngster Vergangenheit setzten sich David Arn und Prof. Dr. Andreas Kaplony vom Orientalischen Seminar der Universität Zürich sowie Prof. Dr. Andreas Wenger von der Forschungsstelle für Sicherheitspolitik der ETH (Eidgenössische Technische Hochschule) Zürich mit einem bislang kaum erforschten Aspekt in der internationalen Drogenproblematik auseinander – Heroin und Religion am Beispiel des Iran (www.asienundeuropa.unizh.ch).

Nachdem 1979 der Schah durch Ayatollah Khomeini aus dem Land verjagt wurde, fiel dem fundamentalistischen Koran-Regime auch die landeseigene Drogenproduktion zum Opfer und Afghanistan sprang in die Bresche, indem es die regionale Produktion von Opium und in weiterer Folge von Heroin übernahm.

2001 wurde die afghanische Taliban-Diktatur vernichtet, die Drogenproduktion nahm jedoch weiter zu. Ein Großteil dieser Drogen fand seinen Weg über das Nachbarland Iran in den Westen. Natürlich spielte und spielt Zentralasien als Transitroute eine wichtige Rolle. Drogen gegen Waffen und Waffen gegen Drogen – ein zerstörerischer, tödlicher, durch nichts mehr zu stoppender Kreislauf.

Im Iran selbst sind, nach den Recherchen des französischen Drogenexperten Alain Labrousse rund 2,8 Prozent der Gesamtbevölkerung drogenabhängig, vorwiegend opium- und im Besonderen heroinsüchtig. Von 67 Millionen Iranern (Stand 2001) sind bis zu 1,8 Millionen Menschen drogenabhängig. Das ist ein absoluter trauriger Weltrekord.

Arn schreibt: »Selbstverständlich gehen mit dem Schmuggel und Konsum ... Begleiterscheinungen wie Korruption, Bandenwesen, Beschaffungskriminalität, Prostitution und AIDS Hand in Hand einher. Selbstverständlich sind die gesellschaftlichen Ursachen für den hohen Drogenkonsum vielfältig – etwa

Bevölkerungsexplosion, hohe Jugendarbeitslosigkeit, fehlende Zukunftsperspektiven, Vergnügungsverbote oder traditioneller Opiumverzehr, das reiche Drogenangebot fördert Handel und Konsum ...«

Unterstützung erhält der Iran durch das UNODC-Programm NOROUZ (Narcotics Reduction Unitized Programme), das sich die Nachfragereduktion, die Prävention und in einem geringeren Ausmaß auch die Therapierung und Rechtshilfe zum Ziel setzt. NOROUZ arbeitet wieder mit Paris Pact, Six plus Two und ECO zusammen, und mit dieser Hilfe versucht der Iran seit Jahren, sein Drogenproblem zu minimieren.

Paris Pact (Consultive Group) entstand 2003 auf Anregung der UNO und beschäftigt sich mit neuen Lösungsvorschlägen für das internationale Problem der afghanischen Drogenproduktion und des daraus resultierenden Handels.

Ebenfalls durch die UNO gefördert wird die Six plus Two (Group), deren Mitglieder der Iran, Pakistan, China, Tadschikistan, Usbekistan, Turkmenistan, die USA und Russland sind.

Der Dritte im Bunde ist ECO (Economic Cooperation Organization) mit den Mitgliedern Afghanistan, Aserbeidschan, Iran, Kasachstan, Kirgistan, Pakistan, Tadschikistan, Türkei, Turkmenistan und Usbekistan.

Insgesamt viele Bemühungen, die allerdings nur kurzfristig und punktuell wirken. Langfristig ist der Kampf gegen Drogen weltweit verloren.

Drogenbosse und Dealer wissen nicht mehr, wie sie mit ihrem unermesslichen Prunk protzen sollen und wohin mit der Kohle, führen ihre – meist kurzen – Leben in einer Scheinwelt, die nur aus Glamour besteht und in der für Gewissen kein Platz ist.

Geht einer von den großen Fischen den Fahndern ins Netz, wie zuletzt am 8. Juli 2006 Léonidas »Der Alte« Vargas, Boss des südkolumbianischen Caquetà-Kartells, in Madrid[2], übernimmt nahtlos ein Nachfolger den schneebedeckten Thron.

---

2 El País, 10. Juli 2006

Für den internationalen Drogenhandel bedeuten diese Aktionen nichts weiter als unangenehme Begleiterscheinungen, die zu diesem Geschäft gehören, und verursachen vielleicht einen vorübergehenden Rückschlag, der jedoch ohne gravierende Probleme spielend wieder aufgeholt werden kann. Wird ein Kartell zerschlagen, wie seinerzeit das Medellin- und das Cali-Kartell, wurden dem Kraken bloß Köpfe abgeschlagen, die längst wieder nachgewachsen sind. Fliegt ein Dschungellabor aus Unachtsamkeit in die Luft oder wird es von der Armee, oft auch nur aus Prestigegründen gegenüber der Welt, ausgehoben, eröffnet ein neues ein paar Kilometer weiter, und die Produktion läuft gleich wieder auf Hochtouren.

Während ein *Bodypacker*[3] auf irgendeinem internationalen Flughafen Pech hat und erwischt wird, schlüpfen fünf andere am Zoll und an den Suchtgiftfahndern vorbei. Die Drogenbosse kalkulieren bereits in der Planung einige Verluste an Eseln, wie es in ihrem Jargon heißt, kaltblütig mit ein. Es rechnet sich trotzdem, wie uns jeden Tag deutlich vor Augen geführt wird.

Wer an der Pyramidenspitze des internationalen Drogenbusiness das große Sagen hat, das interessiert den an der Basis dahinvegetierenden und bereits mit einem Bein im Sarg stehenden Abhängigen herzlich wenig. Für ihn, und dafür verrät er alles und jeden, zählt nur der nächste *Schuss*[4] in die Vene, die nächste *line* (*Straße*)[5] durch die Nase und der nächste *rock* (*stone*)[6] für seine Crackpfeife.

In meinem ersten Drogenreport, erschienen 1994, vertrat ich folgende Meinung: Wären Drogen ein Grundnahrungsmittel, müsste kein Mensch auf dieser Welt jemals wieder Hunger leiden. Daran halte ich auch heute fest.

---

3   Bodypacker: ein Mensch, der Drogen entweder am oder in seinem Körper schmuggelt
4   Szeneausdruck: eine Heroinspitze setzen
5   Szeneausdruck: Kokain durch die Nase ziehen
6   Szeneausdruck: Abart von Kokain in fester Form, das geraucht wird

Im »World Drug Report 2006«, dem Weltdrogenbericht, der jährlich von der UNODC (United Nations Office for Drug Control and Crime Prevention) herausgegeben wird, ist ein deutlicher Konsumanstieg von Kokain in Europa zu erkennen. Aus der einstigen Nobeldroge, die noch vor wenigen Jahren der Schickeria mit dem nötigen Kleingeld vorbehalten war, ist ein allgemein zugängliches und erschwingliches Suchtmittel geworden – jener »Schnee, auf dem wir alle talwärts fahren« (© Falco) ...

»Zu viele berufstätige, gebildete Europäer konsumieren Kokain und verleugnen ihre Abhängigkeit«, sagte Antonio Maria Costa, oberster Chef der UNODC, am 3. Juli 2006 in Wien. Trotzdem zeichne sich ein zarter Lichtstreifen am Horizont ab. »Die Kontrolle funktioniert, das Weltdrogenproblem ist eingedämmt«, so Costa weiter. Wahrscheinlich war das etwas zu vollmundig und blauäugig. Denn Grund für Jubel und Entwarnung kann es, das muss auch die UNODC eingestehen, dennoch keinen geben. Die momentanen Erfolge können allzu leicht von weiter steigender Produktion und dementsprechender Nachfrage wieder zunichte gemacht werden. Während 2005 der Konsum von Kokain weltweit rückläufig war, stieg der Verbrauch in Europa. Grund zur Besorgnis, und auch für Costa ein Grund, mit den Medien hart ins Gericht zu gehen. Der UNODC-Chef vertritt die Meinung, dass über den Drogenmissbrauch in der Promi-Szene viel zu unkritisch berichtet werde und das »mache junge Menschen angreifbar«.

Es stimmt. Nehmen wir als Beispiel nur den englischen Rockmusiker und Frontman Peter Doherty von der Band Baby Shambles und seine Busenfreundin, das Starmodel Kate Moss. Einschlägigen Society-Magazinen und TV-Sendungen sind die beiden immer eine Schlagzeile wert, wenn Doherty irgendwo zugedröhnt herumhängt und ausflippt oder Moss zum wiederholten Male beim Kokainschnupfen ertappt wird. Kein Wort der Kritik, und wenn, dann mehr als verhalten. Auch Mel Gibsons Alkoholrausch brachte gute Quoten und höhere Auflagenzahlen. In Österreich ist die Situation ähnlich, wie das jüngste Beispiel Rainhard Fendrich eindeutig unter Beweis gestellt hat. Davon wird in weiterer Folge noch die Rede sein.

Die weltweit am häufigsten verbreitete Droge ist immer noch Cannabis. Rund fünf Prozent der Weltbevölkerung, an die 200 Millionen Menschen zwischen 15 und 64 Jahren, konsumierten 2004 mindestens einmal eine illegale Droge. 162 Millionen davon Cannabis.[7]

Der Kokainboom hält in Europa weiter an. 2005 beschlagnahmten Polizei und Zoll europaweit 100 Tonnen, berichtete das deutsche Nachrichtenmagazin »Focus« unter Berufung auf EUROPOL in Den Haag, die europäische Polizeibehörde. 25 Tonnen mehr als im vorangegangenen Jahr. Damit ist der alte Kontinent nach den USA zum zweitwichtigsten Markt für die Produzenten geworden.

Nach EUROPOL-Schätzungen erreichen jährlich 250 Tonnen Kokain die EU. 3,5 Millionen ziehen sich das weiße Teufelszeug regelmäßig in die Nasen – Tendenz steigend, mit einer jährlichen Zuwachsrate von zwei Prozent, heißt es in einer UNODC-Studie, die am 26. Juni 2006 in Washington veröffentlicht wurde. Immerhin wurden 2005 weltweit 910 Tonnen Kokain mit einem astronomisch unvorstellbar hohen Schwarzmarktwert produziert. Dabei reden wir momentan nur von diesem einen Suchtmittel.

1994 schrieb ich, vielleicht sei das die Rache der Dritten Welt dafür, was ihr der weiße Mann angetan hat und wie er nach wie vor mit ihr umgeht. Denn einst sandten wir die Conquistadoren aus, zerstörten Reiche und plünderten Kulturen. Wir verseuchten diese Menschen mit unserem Alkohol und verteufelten dafür ihre Cocapflanzen. Für die Ureinwohner, die indogenen Völker in diesen Breiten, ist Coca heilig. Wir waren und sind bis heute nicht bereit zu verstehen, dass diese Menschen damit umgehen können.

---

7   Vgl. UNODC, World Drug Reports

Bei meinen Aufenthalten in Kolumbien bekam ich immer wieder gesagt: »Lasst uns mit eurem Alkohol in Frieden. Das wollen wir nicht. Damit haben *wir* ein Problem.« Uns ging und geht es nur um den Profit. Deshalb zogen wir eine, niemals mehr in den Griff zu bekommende Schattenwirtschaft hoch. Dafür bekommen wir nun die Rechnung präsentiert. Seit jeher ist der Mensch suchtanfällig, ob nun auf legale oder illegale Weise. Daran wird sich nie etwas ändern. Das steckt in uns drin – die große Bereitschaft, nur zu gerne falschen Träumen und Illusionen nachzujagen. Der Mensch war und wird niemals suchtfrei sein. Daher kann es auch, so lange dieser Planet und seine Bewohner existieren, niemals eine sucht- bzw. drogenfreie Gesellschaft geben.

Deshalb schert sich auch der *campesino*, der Bauer in Mittel- und Südamerika, zu Recht einen Dreck darum, was er indirekt durch den Anbau seiner Cocapflanzen und deren Weiterverarbeitung in wenigen Monaten auslösen wird. Ihn deshalb an den Pranger stellen zu wollen und zu verurteilen, ist schlicht falsch und verlogen. Er muss täglich zehn, zwölf Leute oder mehr durchfüttern. Für Coca erhält er um ein Vielfaches mehr wie beispielsweise für Kaffee oder anderes Saatgut. Daher ist es ihm egal, was letztendlich mit dem Kokain als Endprodukt geschieht und was wir Idioten in unserer ach so zivilisierten Welt damit anstellen.

Die Zukunft wird zeigen, ob Boliviens neuer Präsident, Evo Morales, ein ehemaliger Cocabauer, tatsächlich meint, was er öffentlich sagt. So bestimmte er nach seinem Amtsantritt Felipe Caceres, ebenfalls ein Cocabauer, zum neuen bolivianischen Drogenbeauftragten. Oder will er sich bloß vor den USA profilieren? Jährlich investieren die Amerikaner an die 150 Millionen Dollar (123,2 Millionen Euro) in die Ausrottung der Cocapflanze. Bolivien ist, nach Kolumbien und Peru, der weltweit drittgrößte Kokainproduzent.

Der österreichische Weinhauer kennt auch keine Gewissensbisse, dass vielleicht ausgerechnet jene Flasche dieses besonderen Jahrgangs bei einem seiner Stammkunden das auslösende Moment für seine Leberzirrhose sein könnte. Oder der Filialleiter einer Supermarktkette, der bei seinem Lieferanten eine Palette Alcopops ordert, weil dieses Gesöff bei den Jugendlichen außerordentlich beliebt ist und reißenden Absatz findet. Auch mein Trafikant klärt mich nicht über die Gefahren auf, wenn ich mir weiterhin täglich meine zwei bis drei Packungen Zigaretten kaufe, und die Person, die am Fließband in der Zigarettenfabrik steht, kümmert sich auch nicht darum, dass mein Aschenbecher längst wieder übervoll ist und sich meine Lunge eines Tages rächen wird. Wann werden sich auf einer Doppelliterweinflasche, einer Bier- und Schnapsflasche usw. Aufkleber wie »Saufen verblödet«, »Saufen schädigt Ihre Leber«, »Säufer haben eine Fahne«, »Saufen zerstört Familien«, »Saufen macht impotent«, »Saufen schädigt das Baby im Mutterleib« usw. finden? Zwar gab es in den letzten Wochen des Jahres 2006 zaghafte Ansätze der EU, in diese Richtung zu denken, aber genau so wie dieser Gedanke auftauchte, verschwand er nach wenigen Tagen wieder in der Versenkung.

Zigaretten verursachen im Straßenverkehr, im Gegensatz zu Alkohol und in weiterer Folge zu illegalen Drogen, kaum Unfälle. Sinngemäß sagte der ehemalige Generaldirektor der Austria Tabak, Beppo Mauhart, im Jahr 2006: »Wegen einer Zigarette ist noch niemand falsch auf die Autobahn aufgefahren ...« Zigaretten lösen selten Familientragödien aus und zerstören kaum Existenzen. Wenn die verantwortlichen Damen und Herren in der EU, weltweit, und in unserem Fall im österreichischen Parlament, so besorgt um unsere Gesundheit sind, weshalb treten sie nur einseitige Kampagnen los? Ich wiederhole nochmals, warum steigen die Verantwortlichen nicht ebenso massiv und lautstark auf die Barrikaden, wenn es gilt, Kinder und Jugendliche von illegalen Drogen fernzuhalten?

Mir erscheint das einfach als ein Ablenkungsmanöver, die tatsächlichen Probleme, die durch Drogenmissbrauch entstehen, zu verschleiern und den Ernst der Lage öffentlich zu beschönigen. Will man mit Antiraucherkampagnen einen neuen, suchtfreien Menschen schaffen? Dieses Vorhaben ist bereits im Ansatz gescheitert.

Das Problem mit den illegalen Drogen und den sich daraus ergebenden schwerwiegenden Folgen ist hausgemacht. Wir alle tragen selbst die Schuld daran, dass es so weit kommen konnte. Es ist ein politisches und gesellschaftspolitisches Dilemma geworden. So schreibt der bekannte deutsche Soziologe und Suchtexperte Günter Amendt provokant: »No drugs – no future ... Soll das heißen, eine Zukunft ohne Drogen sei nicht vorstellbar? Es ist ernst gemeint und soll heißen, dass die Lebensumstände der Menschen in den Gesellschaften des reichen Nordens den Gebrauch von psychoaktiven Substanzen erforderlich machen, weil anders die Arbeit nicht zu bewältigen und das Leben nicht zu ertragen wäre ...«[8]

Amendt beobachtet ebenso intensiv die zunehmende »schleichende Pharmakologisierung des Alltags«[9] und deren Bedeutung für die Entwicklung des Menschen. Geben wir es doch uns gegenüber selbst zu! Für jedes Wehwehchen haben wir das passende Pulverchen und die richtige Tablette in unserem Badezimmerschrank. Geht es uns heute beschissen, werfen wir uns einen Gemütsaufheller ein, wie beispielsweise Prozac oder was anderes. Auch wenn viele dieser Substanzen in Österreich nicht zugelassen sind, brauchen wir uns deshalb kein Kopfzerbrechen machen. Schließlich gibt es das Internet. Auf einschlägigen Seiten finde ich alles, was ich brauche, um meine Stimmung zu heben. Diskret stellt mir der Postbote das Gewünschte zu, und kein Mensch erfährt, worauf ich abfahre und dass ich meine Depressionen und Gemütsschwankungen seit geraumer Zeit, dank Dr. Web, damit bekämpfe. Finde ich meinen Körper zu schlaff, meine Muskeln für quasi nicht vorhanden und die Schinderei im Fitnessstudio ödet mich längst

---

8   Günter Amendt, No Drugs No Future. Drogen im Zeitalter der Globalisierung, Hamburg 2003, S. 13
9   ebenda

an – das »WWW« weiß Rat und ich beziehe auf dem Postweg problemlos meine Anabolika. Zittert mein Kind von der morgigen Lateinschularbeit, bekommt es von mir eine Beruhigungstablette zum Frühstücksbrötchen.

Amendt hat auch berechtigte Angst davor, was erst die Entwicklungen und bisherigen Errungenschaften der Biotechnologie für unsere Zukunft bedeuten werden, wenn diese richtig zum Tragen kommen. Die Globalisierung und der Neoliberalismus machen es möglich, schneller, mehr und vor allem billiger zu produzieren. Outsourcing – eines der neuen Kunstwörter im »Neudeutschen« –, auslagern an Produktionsstätten im Ausland, wo Arbeitskräfte einen Bruchteil dessen kosten, was die eigenen Arbeitnehmer im Mutterland an Kosten verursachen würden. Dass dabei die einheimischen Arbeitskräfte zu Abertausenden vor den Arbeitsämtern Schlange stehen, ist zweitrangig. Die Bilanzen müssen stimmen, die Umsätze müssen passen und deshalb müssen wir outsourcen. Die Arbeitslosenzahlen in Österreich, in Deutschland und in Europa sprechen eine mehr als deutliche Sprache.

Wer zahlt zuerst drauf? Die Dritte Welt. Während wir uns nicht entscheiden können, ob wir das T-Shirt dieses Modelabels oder doch das des anderen probieren sollen, nähen irgendwo im Dschungel, tausende Kilometer von Wien entfernt, in einer so genannten Fliegenden Fabrik bereits Heerscharen ausgebeuteter Billigarbeitskräfte an Bergen von T-Shirts, damit wir ein paar Tage später mit dem Fetzen, versehen mit dem Namenszug irgendeines In-Modedesigners auftrumpfen und unseren *fun* in der Fun-Gesellschaft haben. Fliegende Fabriken übrigens deshalb, weil sie einfach irgendwo illegal aufgebaut werden, um sie bei Gefahr in Verzug blitzartig abzubauen, zu verlegen und andernorts wieder neu zu installieren. Die Menschen, die dort arbeiten, sind nichts anderes als Sklaven des 21. Jahrhunderts. Mit Kreidestrichen weist man ihnen ihre Schlafplätze am Boden zu und dann dürfen sie sieben Tage die Woche schuften. Dass diese Leute diesen Druck kaum ohne Drogen bzw. psychoaktive Substanzen durchhalten können, liegt wohl auf der Hand. In ihrem Buch »No Logo!« bringt das die kanadische Journalistin Naomi Klein mehr als deutlich zum Ausdruck.

Während bei uns immer stärker die Ich-AG forciert wird, weil der Staat nicht mehr in der Lage ist, langfristig und ausreichend für seine Bürgerinnen und Bürger zu sorgen, bleibt den Menschen am anderen Ende, am Beginn der Kette, in ihrer Verzweiflung gar nichts anderes übrig, um die ständig neu zugedrehten Daumenschrauben aushalten zu können: Sie sind gezwungen, sich weiterhin mit Coca-, Schlafmohn- und Cannabisanbau über Wasser zu halten, damit wir dekadenten, übersättigten Konsumtrotteln weiterhin vergeblich unseren falschen Träumen nachjagen können.

Explodieren in den internationalen Statistiken die Zahlen für Drogenanbau und -konsum, ist Handlungsbedarf angesagt. Dann schicken die Regierungen der betroffenen Staaten, vorwiegend auf Druck des Westens, Flugzeuge, voll gepackt mit Vernichtungsmitteln, in die Problemregionen. Unten steht der bettelarme Coca-, Opium- oder Schlafmohnbauer und kann nur verzweifelt in den Himmel blicken, während Flugzeuge über seinen Feldern kreisen und tonnenweise Pflanzengifte über die Ernte versprühen. Gegen diese »wirkungslose« Art der »Drogenbekämpfung« wendet sich auch die – auch in Österreich vertretene – Gesellschaft für bedrohte Völker (GfbV) und bezeichnet diese rigorosen Maßnahmen am Beispiel Afghanistans als »kurzsichtigen Aktionismus«.

Im »Standard« vom 19. Dezember 2006 warnte GfbV-Asienreferent Ulrich Delius: »Der breite Einsatz von Pflanzengiften wird nicht nur die Gesundheit vieler Bauern und die Nahrungsmittelversorgung weiter Regionen beeinträchtigen ... Mit jedem Sprühflug wird die afghanische Regierung auch in der eigenen Bevölkerung weiter an Ansehen verlieren.« Mehr als einleuchtend: zuerst Hass auf die eigene Obrigkeit und in weiterer Folge auf das Ausland bzw. auf die Ausländer vor Ort, da

Kabul diese Vernichtungsfeldzüge auf ausländischen Druck hin anordnen muss. Auch in den Mutterländern des Cocaanbaus, in Kolumbien und Bolivien, brachten die Sprüheinsätze nichts. In Kolumbien, wo bereits in den 1970ern mit diesen Vernichtungsflügen begonnen wurde, war der Erfolg zuerst mäßig und ist heute gleich null. In einem Zeitraum von nur sechs Jahren, von 2000 bis 2006, wurden mehr als 2,3 Milliarden US-Dollar (1,76 Milliarden Euro) zum Großteil sinnlos verpulvert. Ist eine Region durch die Sprühmittel unbebaubar geworden, weicht man eben in ein anderes Gebiet aus. Nicht viel anders ist die Lage in Bolivien. Zwar gingen zwischen 1997 und 2000 die Anbauflächen durch massive Militäreinsätze zurück, doch bereits 2004 waren sie schon wieder weitaus größer als vor diesen restriktiven Maßnahmen.

»Nur durch eine Zusammenarbeit mit den Bauern und mit einer umfassenden Förderung der Landwirtschaft kann der Drogenanbau wirksam eingedämmt werden«, meinte Delius (siehe »Standard«, ebenda). Zwangsläufig stellt sich die Frage, ob das überhaupt gewollt ist? Nach außen hin selbstverständlich, um sich vor den Augen der Weltöffentlichkeit den Vorwurf der Tatenlosigkeit zu ersparen. Aber die Medaille hat immer zwei Seiten. Zu viele schneiden an diesem gewaltigen Kuchen mit. Daher ist es nahe liegend, dass sämtliche Aktionen dieser Art nichts weiter als Schaumschlägerei sind.

Kehren wir für einen Moment nach Afghanistan zurück. In dem Krisengebiet stieg 2006 die Opiumproduktion um 59 Prozent. Das Land am Hindukusch galt seit jeher als Drogenstaat. Doch GfbV-Asienreferent Delius stempelte Afghanistan nicht zum Sündenbock. Vielmehr ging er mit anderen Mächten hart ins Gericht. »Die lokalen Gouverneure und Drogenbarone machen ihre Geschäfte im Norden des Landes unter den Augen der Bundeswehr und werden nicht behelligt ... 40 Prozent des in Großbritannien vermarkteten Heroins stammen aus der von britischen Soldaten kontrollierten Provinz Helmand. Doch die NATO unternehme nichts, um den Drahtziehern und

Profiteuren der Drogenwirtschaft Einhalt zu gebieten, wie es der UNO-Drogenbeauftragte Antonio Maria Costa gefordert habe. Angesichts dieser Tatenlosigkeit ist es besonders absurd, nun mit Sprüheinsätzen weite Landstriche zu verseuchen und nur die ärmsten Opfer der Drogenwirtschaft zu bestrafen.« (siehe Standard, ebenda, und APA)

Letztendlich bleiben auch wir, am anderen Ende der Kette, langfristig auf der Strecke. Vielfach haben wir das erkannt, leider viel zu spät. Somit sind sämtliche EU-, UNO- und andere, durchaus seriöse, gut gemeinte und im Ansatz richtige Antidrogen- und alternative Anbauprogramme auf längere Sicht zum Scheitern verurteilt. Das Drogengeschäft ist und bleibt effektiver, ertragreicher und wirft die höchsten Gewinne ab, Hand in Hand mit dem schmutzigen Geschäft des Menschenhandels, der Prostitution, der Produktpiraterie und den Markenfälschungen.

Das können auch keine Politikerreden verniedlichen. Und niemand lässt sich in diesem barbarischen Business von drakonischen Strafen abschrecken, denn die horrenden Profite sind zu verlockend. Dafür lohnt sich jedes Risiko. Geht jemand dabei drauf oder verschwindet wer hinter Kerkermauern – für Ersatz ist jederzeit gesorgt.

Und so werden Mütter und Väter weiterhin Trauerzüge anführen. Mit ihrer Tochter, ihrem Sohn versenken sie auch die falschen Träume mit in die Erde, die ihren Kindern von falschen Freunden vorgegaukelt wurden.

Ein Wiener Suchtgiftfahnder erzählte mir von einem Gespräch unter schwarzafrikanischen Dealern, dass er belauschen konnte. (Jenen selbst ernannten Gutmenschen, die daraus rassistische Tendenzen heraushören oder ableiten wollen, sei der Wind vorweg aus den Segeln genommen und ihnen gesagt, dass der Drogenhandel in Wien längst fest in der Hand von Schwarzafrikanern ist. Die Gründe, warum dieses Problem so ausufern konnte, werden an späterer Stelle erörtert.) In diesem Gespräch also brach plötzlich einer der Dealer unvermittelt in

Tränen aus. Als ihn die anderen fragten, warum er weine, antwortete er, die XY wäre soeben gestorben. Na und, meinten achselzuckend seine Kollegen. So sei der Lauf des Lebens. Irgendwann müssten wir alle abtreten. Darum ginge es nicht, meinte der trauernde Dealer. Diese XY wäre doch eine so hervorragende Kundin gewesen ...

Was ich schon 1994 geschrieben habe, möchte ich nun nochmals wiederholen. Während diese Zeilen gelesen werden, in diesen Sekunden, krepieren irgendwo in stinkenden, versifften Toilettenkabinen in U-Bahn-Stationen, Bahnhöfen, Hinterhöfen und Wohnungen weltweit Menschen am *Goldenen Schuss*. Der Sensenmann lässt ihnen nicht einmal mehr genügend Zeit, sich noch die Nadel aus den Venen zu ziehen. Im tiefsten Anatolien oder im pakistanisch-afghanischen Grenzgebiet werden soeben einige hundert Kilogramm Heroin in einem Lastwagen versteckt – mit dem Ziel Europa. In der bolivianischen Hochebene leert ein Chemiker in einem illegalen Labor einen Kanister mit ätzenden Chemikalien in ein Becken, um aus der neuen Lieferung Cocablätter Cocapaste erzeugen zu können. In einer kolumbianischen Provinz, die von der Guerilla kontrolliert wird und sich längst von ihrer ursprünglichen politischen Motivation verabschiedet hat und in das lukrativere Kokaingeschäft eingestiegen ist, vergewaltigen Guerilleros die jüngste Tochter eines *campesino*, der es gewagt hat, mit den örtlichen Behörden zu kollaborieren und von einem korrupten Beamten ans Messer geliefert worden ist. Nur wenige Zeilen weiter in diesem Text, einige Sekunden später, haben die ehemaligen Freiheitskämpfer die gesamte Familie mit Macheten bereits bestialisch in Stücke gehackt. In Miami blickt ein Straßendealer in den Lauf einer Magnum, weil er seinen Boss um ein paar tausend Dollar zu linken versucht hat. In einem behelfsmäßigen Garagenlabor in Tschechien mixen ein paar Chemiker jene Substanzen zusammen, die erforderlich sind, um im großen Stil Ecstasy zu erzeugen, worauf die Abnehmer längst ungeduldig warten, damit Discos versorgt werden können. In einer Off-Shore-Bank auf den Antillen treffen mehrere Millionen Dollar eines Drogenkartells ein, wo sie einige Zeit lagern werden, bevor sie in einem undurchsichtigen Geflecht aus Schein- und Tarnfirmen untergebracht und auf diese Weise weiß gewaschen werden.

Und in Wien? In dem engen Gassenwerk rund um den Westbahnhof kurvt seit einigen Minuten ein unauffälliges Auto, hält kurz an, und ein Arschloch von Freier lässt ein klappriges Mädchen mit dem Gesicht einer alten Frau und leeren, ausdruckslosen Augen, obwohl erst 15 Jahre alt, einsteigen. Für ein paar Euro wird es ihm auf einem abgelegenen Platz auf die Schnelle mit ihren Herpesbläschen auf den Lippen und in den Mundwinkeln und mit ihren verfaulten Zähnen einen *Blowjob* machen müssen. Befriedigt wird er nach Hause fahren und anschließend noch ein wenig mit seiner gleichaltrigen Tochter für den anstehenden Geographietest büffeln. Das andere Mädchen ist gezwungen, sich noch drei solcher Scheißtypen aufzustellen, bevor sie die Kohle für den nächsten Schuss zusammengekratzt hat, um den drohenden *Kracher*[10], der sich durch fürchterliche Schmerzen längst angekündigt hat, zu vermeiden. Außer Sichtweite der TV-Kameras und Fotoapparate verzieht sich ein Popbarde mit seinem Speichel leckenden Gefolge in einen abgeschotteten Nebenraum im Nobelclub, damit sie sich ungestört ein paar *Lines* auflegen können. In einer konspirativen Wohnung produzieren flinke schwarzafrikanische Finger kleine Kokskügelchen, verschweißen sie mit einem Wegwerffeuerzeug in einer Folie, übergeben sie den *Streetrunnern*[11], die sie in ihren Münden verbergen und ihren Kunden direkt daraus wieder verkaufen. Bei einer Kontrolle wird die Ware blitzschnell verschluckt, aber nicht verloren, da sie auf natürlichem Wege, durch die Ausscheidung, wieder zum Vorschein kommt und damit einsatz- und somit wieder verkaufsfähig ist.

---

10 Szeneausdruck für die Schmerzen, wenn dem Körper Heroin fehlt
11 Szeneausdruck für Straßenverkäufer

Am Karlsplatz versucht ein Streetworker einen Junkie zu überzeugen, sich doch für die Therapie zu entscheiden. Gestern war der noch überzeugt, es zu schaffen. Heute ist es wieder völlig anders. In der neu erbauten Polizeiinspektion in der Kärntnertorpassage/Karlsplatz nehmen sich ein paar Polizistinnen und Polizisten die Zeit, obwohl sie eigentlich etwas anderes tun müssten, und hören sich die kurze, traurige Lebensgeschichte des Mädchens an, das heute bereits zum dritten Mal angehalten worden ist. Und das Mädchen hat nach langer Zeit wieder das Gefühl, dass ihr tatsächlich zugehört wird. In Zimmer ihres Sohnes findet eine Mutter zufällig einige verrußte Suppenlöffel, die sie schon lange vermisst. Was wohl der Bub mit geschwärzten Löffel zu tun hat? Darauf kann sie sich keinen Reim machen. Doch sie wird ihn zur Rede stellen, sobald er nach Hause kommt. Die Liste ließe sich beliebig fortsetzen.

Drogen sind unsympathisch. Zuerst legen sie das Gehirn lahm, manipulieren die Psyche, und alles hat sich der Sucht und der Gier nach Drogen unterzuordnen, und gleichzeitig wird der Körper Stück für Stück zu einem Wrack demontiert. Das einstige Tabuthema Drogen ist längst keines mehr, obwohl man höheren Orts, und hier vor allem auf politischer Ebene, immer wieder dazu tendiert, diese Thematik schönzufärben, die Wahrheit öffentlich zu verdrehen und nicht Farbe zu bekennen, was tatsächlich Sache ist. Natürlich darf dabei nicht übersehen werden, dass sich gerade das Drogenthema für die Opposition hervorragend dafür eignet, um politisches Kleingeld zu machen.

Andererseits muss man sich fragen, warum eine neue Sprachregelung eingeführt wurde. So sagte mir ein Polizist von der Polizeiinspektion Karlsplatz, dass nunmehr die Rede von *illegalisierten* anstatt *illegaler* Drogen ist. Was bedeutet das? Schwanger ist schwanger. Ein bisschen schwanger gibt es nicht. Auch im Suchtmittelgesetz (SMG) spricht man neuerdings nicht mehr von *Süchtigen*, sondern von *Suchtmittelabhängigen*. Worin liegt der Unterschied?

Bei aller Kritik, die nach wie vor angebracht ist, ist in den letzten Jahren sehr viel Positives in Wien bzw. in Österreich geschehen – sowohl in der Prävention als auch in der Therapie: seitens der Wiener Stadtpolitik, des Magistrats, innerhalb der Drogenmedizin, im Exekutiv- und im Justizwesen. Die Fehler, die mit dem Aufkommen des Drogenproblems begangen worden sind, rächen sich jetzt allerdings und können nur schrittweise bereinigt werden.

Man hat gelernt, mit der hoch sensiblen Drogenproblematik umzugehen. Dennoch muss noch viel getan werden, um die Situation auch weiterhin halbwegs im Griff zu haben. Wien und in weiterer Folge Österreich finden sich international (noch) im unteren Drittel. Doch das heißt nicht, wie schon erwähnt, dass man nun die Hände in den Schoß legen kann. Vielmehr soll es ein Ansporn sein, diesen Level zu halten oder ihn noch weiter zu drücken. Die Gegenseite schläft nicht. Sie versucht erfindungsreich in immer neuen Varianten, den Stoff an ihre Kunden zu bringen, hat beinahe unbegrenzte personelle Ressourcen, ist ständig auf dem neuesten technischen Stand und besitzt unerschöpfliche Finanzreserven.

Es stimmt mehr als bedenklich, wenn man die Zahlen für die Spritzenabgabe (Sets/Verkauf und Tausch gesamt) in Wien liest. Nachzulesen in der »Dokumentation Aktuell«, Nr. 23, Februar 2006, Stabsstelle Dokumentation des Fonds Soziales Wien.

2005	
Jänner	128.699
Februar	124.300
März	127.395
April	136.301
Mai	140.222
Juni	133.298
Juli	142.952

August	139.230
September	140.273
Oktober	148.995
November	133.736
Dezember	142.695

Zum Vergleich die Daten von 2004 und 2003 (jeweils von Jänner bis Dezember):

2004: 107.156, 102.206, 115.474, 117.234, 116.700, 114.059, 127.678, 122.431, 127.648, 131.023, 127.858, 132.835

2003: 97.738, 98.358, 102.631, 100.945, 101.825, 97.861, 103.557, 104.922, 106.133, 111.801, 99.774, 110.299

Gewaltige Stückzahlen. Niemand wird wohl darüber diskutieren wollen, ob diese Einrichtung der Wiener Drogenkoordination bzw. des Fonds Soziales Wien sinnvoll ist, ob ihre Daseinsberechtigung angebracht ist. Durch die Ausgabe und den Tausch alter gegen neue Spritzensets kann zumindest die Ansteckungsgefahr durch *dreckiges Zeug*[12] eingedämmt werden. Gleichzeitig darf jedoch aufgrund dieser Zahlen nicht der Kardinalfehler begangen werden, zu glauben, dass eine Spritze gleich einem Abhängigen wäre. Das wäre blanker Unsinn. Aus der Zahl der getauschten, der ab- und ausgegebenen Spritzensets können keinerlei Rückschlüsse auf die tatsächliche Anzahl der Abhängigen gezogen werden. Trotzdem stimmen diese Zahlen sehr nachdenklich. Niemand kennt die Dunkelziffer, die Zahl jener, die eben nicht von diesem Angebot Gebrauch machen und ihre Spitzen mehrmals gebrauchen oder untereinander tauschen.

---

12 Szeneausdruck für verschmutzte Spritzen

Der Teufel im Gehirn

Junkie-Golgotha

Mit 19 Jahren kippte Bettina aus Wien (Name geändert, Anm. d. A.) in die Szene. Heute, zwei Jahre später, dauert ihr persönliches Drama weiter an:

»Alles begann im April 2004, als mich mein Freund verließ. Ich war verzweifelt, am Boden zerstört und konnte mir nicht vorstellen, ohne ihn zu leben.

Da lernte ich einen jungen Mann aus Sri Lanka kennen, der mich ein bisschen aufmunterte, mit mir ausging und mit mir Gras rauchte. Irgendwann besorgte er Heroin und das machte mir das Leben zunächst einigermaßen erträglich. Meine Leere nach dem Verlassenwerden empfand ich nicht mehr so unerträglich, und da wir immer Geld brauchten, arbeitete ich viele Nächte in einer Bar.

Ende Juli wurde mir klar, dass ich niemals so viel Geld verdienen konnte, um diese Sucht zu finanzieren. Bereits nach drei Monaten wurde mir klar, dass ich mich in einer Sackgasse befand. Ich entschloss mich für einen Entzug.

Am Mittwoch, dem 28. Juli 2004, fuhr ich in der Früh ins AKH [Allgemeines Krankenhaus] in die Drogenambulanz und wollte eigentlich stationär aufgenommen werden, um so rasch als möglich und sofort von der Sucht loszukommen. Die stationäre Aufnahme wurde sofort abgelehnt, aber auch in der Ambulanz konnte und wollte man mir nicht helfen. Ich wurde zur

Psychosozialen Stelle für Suchtkranke in der Borschkegasse verwiesen, wo man mir bis Montag über die Runden helfen sollte. Ins AKH könnte ich erst wieder am Montag kommen.

In der Borschkegasse wurde ich behandelt wie der letzte Dreck. Eine Ärztin mischte sich in mein Gespräch mit einem anderen Arzt. ›Die braucht eh nichts, die ist eh voll drauf.‹ Das entsprach jedoch nicht den Tatsachen. Schließlich bekam ich ca. acht [Stück] Coditol [Codein/Morphin-Präparat], zwei [Stück] Dominal [Neuroleptikum] und noch andere Tabletten, an die ich mich nicht mehr erinnere.

Da ich große Schmerzen hatte, versuchte ich am nächsten Tag noch einmal mein Glück in der Drogenambulanz, wurde aber weggeschickt. Nach einem schrecklichen Wochenende meldete ich mich am Montag, 2. August, wieder in der Drogenambulanz im AKH. Meine Mutter begleitete mich, wollte mit einer Ärztin sprechen, bekam aber keine klare Auskunft.

Ich wurde in ein Programm aufgenommen und musste täglich ins AKH, um meine Dosis Methadon [Ersatzmittel] einzunehmen. Ich begann mit 20 mg Methadon, das innerhalb einer Woche auf 90 mg gesteigert wurde. Doch die Schmerzen blieben.

Nach einer Woche wurde ich auf Compensan [retardiertes Morphin] eingestellt. Von 200 mg beginnend auf 800 mg. Ich war durch dieses Medikament sehr benommen und konnte nicht mehr klar denken – auch das Reden fiel mir schwer, meine Verdauung funktionierte nicht mehr und auch meine Menstruation blieb aus.

Meine Mutter war verzweifelt und konnte nicht glauben, dass ich nun schlechter dran war als damals, als ich Heroin gespritzt hatte. Ich war nicht mehr Herr meiner Sinne, lag nur mehr im Bett herum und war unfähig, irgendwie mein Leben zu meistern.

Meine Mutter begleitete mich am 9., 14. und 18. August ins AKH und versuchte vergeblich, mit den behandelnden Ärzten zu sprechen. Endlich am 18. August, nach einstündiger Wartezeit, hatte ein Arzt eine Minute Zeit, in der er ihr erklärte, dass die Therapie zwei Jahre dauert.

Wir glaubten, nicht richtig zu hören. Was war das für eine Relation? Drei Monate [auf] Heroin zu zwei Jahren Entzug! Das konnte nicht sein! Ich war zu diesem Zeitpunkt zu schwach, um mich zu wehren, aber meine Mutter gab nicht auf. Da mir meine Verdauung heftige Schmerzen bereitete – ich konnte seit Wochen nicht mehr auf die große Seite gehen – versuchten wir Gehör bei anderen Ärzten zu finden.

Am 19. August ging ich zu einer praktischen Ärztin in unserer Nähe, weil unser Hausarzt auf Urlaub war. Sie verschrieb mir ein Abführmittel, das aber nichts half. Bei Drogenproblemen kenne sie sich nicht aus.

Am 20. August hatte ich eine Durchuntersuchung mit Gastroskopie im AKH. Da sie mir im AKH nicht helfen konnten und keine Ursache für meine Verstopfung fanden, versuchten wir es bei einem Internisten: Dr. M. im 20. Bezirk. Ich kann nicht sagen, ob sein Blick mitleidig oder abwertend war, aber es kam so herüber, wer Drogen nimmt, müsse auch die Konsequenzen tragen. Er verschrieb mir ein Abführmittel.

Mittlerweile machten sich Resignation und Trostlosigkeit breit. Mein Leben bekam immer weniger Sinn. Sogar Dinge, die mir früher Freude bereiteten, waren für mich unmöglich geworden. Ich war nicht einmal mehr imstande, in ein Theater oder Kino zu gehen.

Vom AKH wurde ich schließlich an einen praktischen Arzt verwiesen, der auf Drogenprobleme spezialisiert ist: Dr. S. im 9. Bezirk. Ich bekam ein Dauerrezept und musste nun die Compensan in der Apotheke einnehmen. Auch dorthin begleitete mich meine Mutter [zu Dr. S.], redete mit dem Arzt und wollte ihm klar machen, dass diese Situation unerträglich und dass die Dosis viel zu hoch sei. Darauf antwortete er, dass ich diese Dosis eine Weile nehmen müsse, um sie dann zu reduzieren und richtig einzustellen. Auf die Verdauungsprobleme angesprochen, reagierte er lakonisch. Das sei bei der Einnahme der Tabletten normal.

Es folgten Gespräche beim ›Dialog‹ [Beratungs- und Betreuungszentrum in Wien], weil mittlerweile auch meine Mutter nicht mehr konnte und Hilfe brauchte. Am 18. Oktober versuchten wir Hilfe bei einer Kinesiologin zu erhalten. Diese bestärkte mich, dass ich selbst die Dosis reduzieren sollte. So begann ich, immer weniger einzunehmen.

Es folgten – speziell an Wochenenden und in der Nacht – Notarzteinsätze. Für die Bauchkrämpfe und Übelkeit bekam ich Paspertintropfen [gegen Übelkeit]. Doch leider war ihre Wirkung nicht so, wie ich mir das gewünscht hätte. Dabei erfuhr ich, dass es einen Unterschied zwischen Substitutionstherapie und Entzug gab. Ich war, ohne es zu wissen, in einer Substitutionstherapie!

Mittlerweile kam zur Verstopfung und zu den Bauchkrämpfen auch heftiges Erbrechen dazu. Eines Abends, als ich es einfach nicht mehr aushielt, rief meine Mutter die Rettung. Ich war wieder einmal fest entschlossen, ins Krankenhaus zu gehen und dort unter ärztlicher Aufsicht zu entziehen. Irgendwo musste ich doch Hilfe bekommen!

Der Rettungsarzt meinte jedoch, wenn er mich auch mitnähme, das bringe nicht viel. Am besten sollte ich einen Revers unterschreiben, dass ich auf die Mitnahme verzichte, und im Übrigen solle ich die Tabletten einfach nehmen, die mir der Arzt verschrieb.

Als ich im AKH bei einer Kontrolle von meinen Schmerzen und Problemen erzählte, bekam ich erneut einen Termin für eine Gastroskopie. Als ich am 3. November dort erschien, wusste niemand von diesem Termin – ich war gar nicht vorgemerkt. Ich empfand es ohnehin für sinnlos, weil sie ja schon im August nichts gefunden hatten.

Mittlerweile konnte ich meine Dosis von vier Tabletten (oral) auf eine halbe Tablette (intravenös) reduzieren, weil ich endlich wieder arbeiten gehen, Geld verdienen und ein normales Leben führen wollte.

Als ich Anfang Dezember mit meiner Mutter Schifahren war und mir das großen Spaß machte, mir jedoch bereits am zweiten Tag wieder so schlecht war, dass ich maximal eine Stunde auf der Piste war, entschloss ich mich, mit allem aufzuhören. Ich wollte wieder frei sein – weder von Tabletten noch sonst von etwas abhängig sein. Ich wollte wieder aufwachen ohne Schmerzen und wieder Freude empfinden.

Am Mittwoch, [dem] 15. Dezember, erzählte ich meinem Arzt, Dr. S., von meinem Wunsch. Der entgegnete, dass das ausgeschlossen und bei ihm sowieso nicht möglich sei. In meiner Verzweiflung konsultierte ich meine Hausärztin, Dr. K. Diese war zwar verständnisvoll, gab jedoch zu, damit keine Erfahrung zu haben. Sie verwies uns jedoch an eine praktische Ärztin – Dr. Margarete Gross im 22. Bezirk.

Gleich am nächsten Tag fuhr ich mit meiner Mutter dorthin. Zum ersten Mal war hier jemand, der mich verstand. Nun bekam ich Subutex. Jetzt hoffe ich, damit zurechtzukommen.«

Bettina ist bei dieser Ärztin noch immer in Behandlung, hat sich jedoch schon seit längerer Zeit nicht mehr bei ihr blicken lassen.

Der Krake Sucht

Was ist Sucht?

Was bedeutet es, süchtig zu sein?

Wie sind die Auswirkungen?

Millionen Seiten hoch wissenschaftlicher Abhandlungen sind über dieses Thema schon verfasst worden. Kompetente Experten zerbrechen sich darüber ihre Köpfe. Scharlatane glauben, vermeintlich gute Ratschläge zu geben und vergrößern dadurch nur den Schaden. Es ist eine vielschichtige Thematik, da jeder Mensch Sucht anders empfindet, anders darauf anspricht und anders reagiert.

Das Fachmagazin »Kriminalpolizei« schreibt in seiner Ausgabe Dezember 06 / Jänner 07, »die Hauptlast der Suchtprävention tragen Eltern und das enge Umfeld suchtgefährdeter Menschen. In der Suchtprävention der öffentlichen Hand liegt vieles im Argen«.

»Süchte sind entgleiste Sehnsüchte des Menschen in seiner Suche nach Vollkommenheit und Glück. So gesehen hat jede Zeit und jeder Kulturkreis seine spezifischen Sehnsüchte und daher auch Suchtgewohnheiten. Allerdings leben wir heute in einer Zeit, in der das Ausmaß von Süchten alles bisher Bekannte weit überschreitet und kein Ende abzusehen ist«, meinte bereits 1993 Alfred Pritz, der Präsident des österreichischen Bundesverbandes für Psychotherapie.[14] 13 Jahre später hat sich seine Prophezeiung mehr als bewahrheitet.

---

14 Renate Brosch, Günter Juhnke (Hrsg.), Sucht in Österreich. Ein Leitfaden für Betroffene, Angehörige, Betreuer, Wien 1993, S. 5

Eine weitere Suchtdefinition in Bezug auf Drogen wird als psychischer und manchmal auch physischer Zustand dargestellt, der aus der Interaktion zwischen einem lebenden Organismus und einer Droge resultiert und gekennzeichnet ist durch Verhaltensweisen und andere Reaktionen: immer mit dem Zwang verbunden, die Droge ständig oder in periodischen Zuständen einzunehmen, um ihre psychischen Auswirkungen zu erleben, und manchmal, um den unangenehmen Zustand zu vermeiden, der auftritt, wenn die Droge längere Zeit nicht genommen wird. Die physische Abhängigkeit ist ein Zustand, in dem der Organismus die Droge zur Aufrechterhaltung seiner Homöostase braucht. Homöostase bedeutet die relative Konstanthaltung bestimmter physiologischer Größen wie Körpertemperatur, Blutzuckergehalt u. a. und wurde 1932 vom amerikanischen Physiologen Cannon erstmals eingeführt.

Bei Entzug tritt ein abgrenzbares, charakteristisches Abstinenz-Syndrom auf. Die Definition der WHO (World Health Organization) impliziert psychische Faktoren bei allen Formen der Sucht.[15]

Wenn wir wieder zum Ausgangspunkt, der Drogensucht, zurückkehren, kommen drei gleichgewichtige Schwerpunktbereiche zum Tragen:

1. Pharmakologie und Toxikologie – die Eignung eines Stoffes, einer Substanz für Suchtzwecke,
2. Charakterologie und Psychiatrie – die ursprüngliche Persönlichkeit des später Abhängigen und seine Wandlung zur süchtigen, suchtkranken Person,
3. Soziologie – Duldung der Suchtgewohnheiten in der Gesellschaft.[16]

---

15 Wilhelm Arnold, Hans Jürgen Eysenck, Richard Meili (Hrsg.), Lexikon der Psychologie, Bd. 3, Freiburg 1997, S. 2245f.
16 Uwe Henrik Peters, Wörterbuch der Psychiatrie und medizinischen Psychologie, Augsburg 1997, S. 513

Wir sind eine Konsum- und Genussgesellschaft. Insgeheim wird sich jeder eingestehen müssen, dass er auf Bestimmtes besonders abfährt, und dabei muss es sich keineswegs um eine besondere Substanz bzw. Stoff handeln. Süchte sind mannigfaltig. Die Ursachen für Suchtverhalten entstehen durch biologische Vorgänge im Körper.

»Nicht nur die Substanz selbst, sondern auch die Persönlichkeit und das soziale Umfeld können zu einer Substanzabhängigkeit beitragen«, sagt OA Dr. Walter Wagner vom Zentrum für seelische Gesundheit im Landeskrankenhaus Klagenfurt (www.drogensubstitution.at). Fachleute nennen es das »**Suchtdreieck**« – die Wechselbeziehung zwischen Substanz, Persönlichkeit und Umwelt.

»Zu Persönlichkeitsmerkmalen, die eine Substanzabhängigkeit begünstigen, zählen ... eine erhöhte Impulsivität, das starke Bedürfnis nach Spannungsreduktion oder ein ständiges Gefühl der Unzulänglichkeit ...« (ebenda). Ein unsicheres, zerrüttetes oder zerstörtes soziales Umfeld wird zu einer weiteren Belastung, die tägliche Lebenssituationen und/oder auftretende Probleme unerträglich machen. Zu den vorhandenen Schwierigkeiten gesellen sich ständig neue hinzu. Daher lassen sich suchtkranke Menschen nicht über einen Kamm scheren, und das Krankheitsbild jedes einzelnen Patienten muss differenziert und individuell analysiert werden.

Auf der Encare-Tagung 2005 (www.praevention.at) meinte Dr. Michael Klein, Professor für Klinische Psychologie und Sozialpsychologie an der Katholischen Fachhochschule Nordrhein-Westfalen, Abteilung Köln, Forschungsschwerpunkt Sucht: »Lange Zeit wurde in der Praxis der Jugendhilfe genauso wie in der professionellen Suchthilfe übersehen, dass Suchtkranke häufig Kinder haben und dass Suchtkranke als Kinder selbst vielfach in suchtbelasteten Familien lebten. Dies gilt sowohl für Alkoholabhängige als auch für Drogenabhängige, die durch ihr niedriges Durchschnittsalter fast ausnahmslos im zeugungs- und gebärfähigen Alter sind. Dass Suchterkrankungen in der Familie – besonders in Form von Alkoholstörungen – ein Risiko für die nächste Generation darstellen, ist jedoch schon seit langem bekannt. Schon bei den alten Griechen galt der Satz: Trinker zeugen Trinker. Dennoch wurde dieses Problem überwiegend ignoriert, geleugnet oder verdrängt, so dass erst allmählich eine fundierte Forschung hierzu entstand ...«

Kein Mensch kann und darf von sich behaupten, nicht suchtanfällig zu sein. Das ist eine glatte Lüge und Verdrehung der Tatsachen. Es ist Teil der menschlichen Natur. Dafür braucht sich niemand zu schämen. Vielmehr geht es darum, wie der Einzelne damit umzugehen versteht, wie gefestigt er in seiner Persönlichkeit ist und welche Voraussetzungen ihm dafür von Kindesbeinen an mitgegeben werden.

In eine Sucht hinzuschlittern, geht schneller, als man glaubt. Ebenso wie es purer Nonsens ist zu behaupten, man könne niemals kriminell werden. Es sind die Umstände im engsten persönlichen Umfeld, die Schwachstellen in der eigenen Persönlichkeit, Ängste, die plötzlich auftauchen und nicht mehr verschwinden. Rückschläge, Niederlagen, nicht erfüllte Hoffnungen, zerplatzte Träume. Eine endlose Liste. Auch darüber sind ganze Stapel von Abhandlungen, Studien, Enzyklopädien und Bücher verfasst worden. Das Rad kann nicht neu erfunden werden.

Es ist leicht, gerade beim Drogenproblem und der damit verbundenen Thematik, sämtliche Schuld auf die Gesellschaft zu schieben. Oder wie der vor einigen Jahren verstorbene »Drogenpapst« Günter Pernhaupt, Gründer und langjähriger Leiter der Therapieeinrichtung »Grüner Kreis«, behauptete, dass Kinder und Jugendliche drogenabhängig werden, läge ausschließlich an der Schuld der Eltern.

Das ist zum einen falsch und zum anderen unfair, weil jedes Individuum Bestandteil dieser unserer Gesellschaft ist. Vielmehr geht es darum, das dieses Problem vorhanden ist und wir uns in einem ständigen Lernprozess befinden, wie man vernünftig damit umgeht. Dass es sich nicht aus der Welt schaffen lässt, wird wohl auch dem Naivsten klar sein. Es ist allerdings wichtig und dringlich, in gewissen Bereichen keinen Vorschub zu leisten.

Helmut Kuntz von der Fachstelle für Suchtprävention im deutschen Saarbrücken sieht »in der modernen Konsum-, Leistungs- und Kommunikationsgesellschaft in ihrem innersten Kern einen kranken Organismus. Um ihre Funktionstüchtigkeit zu erhalten, müssen zwangsläufig süchtige Gesetzmäßigkeiten die Folge sein. So wie suchtkranke Menschen wenig fürsorglich mit sich und ihren Gefühlen umzugehen imstande sind, sind vom materiellen Denken geprägte Gesellschaftsvorstellungen unfähig, tiefste menschliche Bedürfnisse wie Liebe, Geborgenheit, Sicherheit, Kontakt und Beziehung zu uns nahen Menschen sowie Selbstentfaltung in konstruktiver Abgrenzung von anderen angemessen zu befriedigen.« Kuntz schreibt weiter: »[Diese Gesellschaftsvorstellungen] zwingen die Menschen, in sekundäre Konsumbedürfnisse auszuweichen. Die Konsumgesellschaft lebt so von der seelischen Not ihrer Mitglieder. Sie kann überhaupt nur dadurch existieren und überleben. Als Gesellschaft der Maßlosigkeit ist sie ... eine Suchtgesellschaft par excellence.«[17]

Einer der bedeutendsten zeitgenössischen deutschen Philosophen, Günther Anders, geboren in Breslau und ab 1950 in Wien lebend, stellte bereits 1956 die Frage »nach dem Verbleib der Seele im Zeitalter der zweiten industriellen Revolution« und kam zu dem Schluss, dass wir damit »Schritt zu halten unfähig sind und die [Welt] zu ›fassen‹, die Fassungskraft, die Kapazität sowohl unserer Phantasie wie unserer Emotionen wie unserer Verantwortung absolut überfordert.«[18]

---

17 Helmut Kuntz, Das SuchtBuch. Was Familien über Drogen und Suchtverhalten wissen müssen. Weinheim und Basel 2005. S. 23
18 Vgl. Günther Anders, Die Antiquiertheit des Menschen, München 1956; und Gerald Hüther, Kurzfristige Wirkungen und langfristige Folgen der Einnahme von Psychostimulanzien und Entaktogenen auf das sich entwickelnde Gehirn von Kindern und Jugendlichen, In: Christoph Möller (Hg.), Drogenmissbrauch im Jugendalter. Ursachen und Auswirkungen. Göttingen 2005, S. 47

Diese Anders'schen Sätze haben bis in unsere Gegenwart nichts an Gültigkeit verloren. Die Angst vor der Zukunft und die damit verbundene Perspektivenlosigkeit werden von uns, der Erwachsenenwelt, täglich neu geschürt. Es zählen nur Profit und Leistungsdruck. Ob dabei die menschliche Psyche vor die Hunde geht, interessiert nicht in den Chefetagen. Wer auf der Strecke bleibt, hat Pech gehabt. *Hire and fire.* Die Umsätze, die Bilanzen, die Gewinne, die Kontostände müssen stimmen. Wer aus diesem Hamsterrad hinauskatapultiert wird, stand entweder längst schon auf der Liste der Posteneinsparungen oder konnte dem Druck nicht standhalten und wird nahtlos ersetzt. Zehn neue Anwärter lauern bereits auf diesen Job.

Wir sind keine guten Wegbereiter für die Zukunft unserer Kinder. Es sind letztlich die kleinen Dinge, die im Alltag auffallen, jedoch in Summe später ein unlösbares Problem darstellen.

Bereits im Kindergarten, und das setzt sich in der Volksschule usw. fort, wird den Kids Markenbewusstsein eingehämmert. Wer nicht mit den neuesten Modetrends, ob Turnschuhe oder anderes, mithalten kann, weil es die finanzielle Lage der Eltern nicht erlaubt, wird geschnitten und ausgegrenzt. Wer heute keinen Gameboy oder keine Playstation der neuesten Generation besitzt, wird ausgelacht und verhöhnt. Ganz zu schweigen vom total ausufernden Handy-Irrsinn. Oft spielen die Eltern mit, da ihnen meist gar keine andere Wahl bleibt, wenn sie nicht wollen und nicht zusehen können, wie ihre Sprösslinge überall unten durch sind. Aber auch die Eltern selbst können den Wahnsinn auf die Spitze treiben und dementsprechend fördern. Schließlich gilt es, den sauer erworbenen gesellschaftlichen Status zu bewahren. Wie müssen Eltern geistig beschaffen sein, wenn sie beispielsweise ihrer Tochter zur bestandenen Matura eine Schönheitsoperation bezahlen? Nur um dem Kind den sehnlichsten Wunsch zu erfüllen, endlich seinem Idol zu gleichen. Und wie gewissenlos und gierig sind jene Ärzte, die sich auf dieses miese Geschäft einlassen?

Wir haben verlernt, uns mit uns selbst zu beschäftigen. *We Love To Entertain You* – ein Slogan, der alles sagt. Unterhaltet mich, aber ich bin nicht bereit, meinen Teil dafür beizutragen.

Süchte sind mannigfaltig und müssen nicht immer etwas mit Psychostimulanzien oder Entaktogenen zu tun haben. Magersucht (Bulimie), Fett- und Fresssucht, Schokoladesucht – Schokolade als Frust-»Droge« – Macht-, Kontroll- und Herrschsucht, Glücksspielssucht, Computer- und Internetsucht, Kaufsucht, Arbeitssucht – die berühmten Workaholics – selbst verletzendes Verhalten, Sexsucht ... alles Verhaltensmuster, die über Gebühr und das normale Maß betrieben werden und letztendlich den Alltag bestimmen, keine anderen Interessen mehr zulassen, nur auf das Eine fokussiert sind, weder Zeit noch Ausweichmöglichkeiten gewähren, keine Gefühle mehr zulassen und alles, was vorher wichtig war – Familie, Kinder, Freunde, Beruf, Zukunftspläne – völlig ins Abseits drängen und als unwichtig erscheinen lassen.

Sucht hat immer einen psychischen Defekt, ein psychisches Defizit als Ursache und Grundlage. Jeder Mensch hat seinen Knackpunkt. Ausgelöst durch ein Ereignis, ein Erlebnis, einen Verlust, ein Trauma, einen entscheidenden Misserfolg, einen Schicksalsschlag, einen gesundheitlichen Rückschlag, wie auch immer. Vielleicht bereits geschehen, vielleicht passiert es erst. Niemand ist vor Tiefschlägen gefeit. Manche stecken es leichter weg, andere schaffen es nicht und suchen nach einem Ausweg, nach einer Lösung, begehen den fatalen Fehler, sich mit einem vermeintlichen Problemlöser einzulassen. Während der Griff zur Zigarette noch relativ harmlos scheint, ist der Griff zum Glas nicht mehr ganz so harmlos. Wer kennt sie nicht, die Sprüche? Jetzt brauche ich eine Zigarette, sonst drücke ich das nicht durch, jetzt brauche ich einen Cognac, das verkrafte ich nicht. Wenn auch das nichts mehr hilft, dann folgt der Griff in den Medikamentenschrank. Man frequentiert den Arzt, lässt sich dies und das verschreiben. »Mothers Little Helper« heißt ein Song der Stones und bringt es auf den Punkt. Veröffentlicht

1966 und ein Hohelied auf Valium, einen Benzodiazepin-Tranquilizer, der 1960 erfunden wurde und damals sehr populär war. »Es gibt ja schon alternative Drogen. Die Medizin als kontrollierter Drogenhändler«, sagt folgerichtig Renate Balic-Benzing, Leiterin der Magistratsabteilung MAG ELF – Amt für Jugend und Familie.[19] Ist auch hier der Plafond erreicht, sprich die Tablette zeigt nicht mehr die erwünschte Wirkung, kann der Schritt von der legalen zur illegalen Droge ein sehr kleiner sein.

Je öfter dieses Nichtverkraften auftritt, desto schneller setzt sich die Suchtspirale in Bewegung. Reichen Nikotin und Alkohol nicht mehr aus, dann muss etwas anderes her, was diesem Wunsch nach Vergessen, nach Abtauchen, nach dem Vermitteln eines bisher unbekannten Glücksgefühls und der Zufriedenheit am schnellsten entgegenkommt. Und die Suchtspirale rotiert wieder ein wenig schneller, sie hat uns bereits umschlossen, wir drehen uns mit und glauben auch noch, dass es uns gefällt.

Ich bin nicht süchtig. Ich bin nicht abhängig. Ich habe das im Griff. Ich kann jederzeit aussteigen, wenn ich will. Selbstbetrug und Selbsttäuschung. Der Krake Sucht hat mich längst mit seinen Fangarmen umschlungen.

Für die Suchtmittelabhängigkeit werden heute international **zwei Diagnosesysteme** benutzt, anhand derer sich Abhängigkeiten eingrenzen lassen. Die Internationale Klassifikation psychischer Störungen (ICD-10) orientiert sich an klinisch-diagnostischen Leitlinien und wird meist in Deutschland angewandt. Das Diagnostische und Statistische Manual Psychischer Störungen (DSM) wird hingegen in den USA und anderen Staaten, immer wieder neu revidiert, verwendet.

Nach ICD-10 erfolgt die Diagnose eines Drogenkranken nur, wenn mindestens drei dieser Kriterien zutreffen:

---

19 Interview mit dem Autor am 26. Juli 2006

- starker Wunsch oder ein unabwendbarer innerer Zwang für den Konsum psychoaktiver Substanzen
- verminderte Kontrollfähigkeit bezüglich des Beginns, der Beendigung und der Menge des Konsums
- Substanzgebrauch, um auftretende seelische Entzugssymptome zu vermeiden oder deren Linderung
- merkbare körperliche Entzugserscheinungen nach Konsumbeendigung oder Einschränkung
- Gewöhnung an eine höhere Dosierung (Toleranzentwicklung), um die gleiche Wirkung zu erzielen
- fortschreitende Vernachlässigung anderer Tätigkeiten oder Interessen zugunsten des Konsums; erhöhter Zeitaufwand für Erholungsphasen nach dem Konsum
- anhaltender Konsum trotz nachweislicher schädlicher Folgen (Müdigkeit, Depressionen, Verminderung der Gedächtnisleistung, Arbeitsplatzverlust, Beziehungsstress etc.)
- eingeengtes Verhaltensmuster im Substanzumgang

Die einzelnen Punkte im derzeit gültigen DSM-IV lauten ähnlich, wobei jedoch noch ein wesentliches Kriterium herangezogen wird: der anhaltende Wunsch oder die erfolglosen Versuche, den Substanzgebrauch zu verringern oder zu kontrollieren.[20]

»Selbst-Geschichtlichkeit, Selbst-Affektivität, Selbst-Kohärenz und das Gefühl der Urheberschaft und Wirksamkeit« nennt Helmut Kuntz von der Fachstelle für Suchtprävention in Saarbrücken die **vier Säulen**, die eine menschliche Persönlichkeit ausmachen und prägen. Unter »Selbst-Geschichtlichkeit« versteht er das Gefühl für Beständigkeit und Kontinuität. Der Mensch ist in den Lauf der Zeit, in den Lauf des Lebens, fix eingebunden. Trotz begangener Fehler, trotz Schicksalsschlägen bleibt er auf dem Boden der Realität, ver- und überwindet

---

20 vgl. Kuntz, S. 42ff.

sie. »Selbst-Affektivität« ist die Fähigkeit, sowohl eigene Gefühle zu erkennen, auszuleben, mit ihnen umgehen zu können, als auch für die Gefühle seiner Mitmenschen empfänglich, zugänglich und aufnahmebreit zu sein. Das Wissen, ein eigenständiger Mensch mit Empfindungen und Lebensaktivitäten zu sein, das Begreifen und Erleben des eigenen Körpers, die Erfahrung der Eigenart seiner Bewegungen sowie die Ausprägung seines persönlichen Lebensrhythmus bezeichnet Kuntz als »Selbst-Kohärenz«. Die vierte Säule für die Selbsterfahrung ist das »Gefühl der Urheberschaft und Wirksamkeit«: »... das sichere Gefühl eines Menschen, selbst der Urheber der eigenen Handlungen zu sein. In Einheit mit der eigenen Willensbekundung wird die Welt unterteilt in Handlungen, welche das eigene Selbst unterteilt in Handlungen, welche das eigene Selbst bewirkt, und in Auswirkungen von Aktivitäten auf die eigene Person, die von anderen verursacht werden. Ein Mensch braucht die Zuversicht, durch sein eigenes zielgerichtetes Zutun im Leben etwas erreichen zu können. Bestandteil des Gefühls für die eigene Wirkmächtigkeit ist das innere Vermögen, andere Menschen gefühlsmäßig erreichen und in befriedigende Beziehungen zu ihnen treten zu können.«[21]

Wird eine dieser vier Säulen gewissermaßen erheblich beschädigt, sei es durch Eigenverschulden oder durch Fremdeinflüsse, gerät die eigene Persönlichkeit ins Wanken, leiden darunter das Selbstwertgefühl und das Selbstvertrauen. Gibt es nun niemanden, der einen aufzufangen versteht, der wieder Kraft verleiht und imstande ist, einen aufzubauen, und passiert das häufiger, als man es selbst verkraften kann, dann kann es durchaus geschehen, dass man Vergessen in jenen falschen Freunden, den psychoaktiven Substanzen – den Drogen – sucht.

Kein Vater zeugt ein Kind, keine Mutter gebärt es und keiner der Eltern setzt dieses Menschlein in die Welt, mit der

---

21 ebenda, S. 28f.

Absicht, dass es später einmal drogenabhängig werden soll. Daher darf auch niemand den Eltern die Schuld geben, wenn ein Kind in die Szene abdriftet. Mitunter können die familiären Umstände eine Rolle spielen, die Tristesse in den vier Wänden, in der ein Kind aufwächst, die Umgebung, das Milieu, in das das Kind hineingeboren wurde, jedoch bedeutet das im Grunde gar nichts. Selbst wenn das Kind mit dem goldenen Löffel im Mund heranwächst, kann es ebenso entgleiten und abrutschen wie das Kind jener Familie, in der zuerst zugeschlagen und danach gefragt wird.

»Um klar zu sehen, genügt oft ein Wechsel der Blickrichtung«, schrieb einst Antoine de Saint Exupéry, der Schöpfer des »Kleinen Prinzen«. Der »Wechsel der Blickrichtung« ist vielleicht entscheidend. Einmal über den Tellerrand hinausgucken, ob es denn da nicht noch etwas anderes gibt, weil schließlich kann das doch für den Rest des Lebens nicht alles gewesen sein?

Genau dieser Blick über den Tellerrand wird von vielen wissentlich falsch und nahezu oft in krimineller Weise gefördert, weil sie gierig nach fetten Profiten sind. Ufert es schließlich aus, heuchelt man Betroffenheit. Wie konnte es bloß so weit kommen? Selbstverständlich sind dann immer nur die anderen, wer auch immer das ist, an der Misere schuld.

Drogen waren immer da und werden auch nicht verschwinden, so lange diese Welt existiert. Nehmen wir nur als Beispiel Opium. Die Geschichte des Schlafmohns ist zugleich ein Stück Kulturgeschichte, vom ursprünglichen Segen zu einem Fluch geworden. Beschreibungen von Schlafmohn und Opium finden sich bereits vor über 5000 Jahren in den Keilschriften der Assyrer. Opium galt als Schlummertrunk für die Cäsaren, war die Geständnisdroge und im Mittelalter fixer Bestandteil des Hexenwahnsinns. Erst in unserer Zeit wurde aus dem Opium der »weiße Teufel« – das Heroin. Und warum? Weil es sich als sattes Geschäft erwies. Im 19. Jahrhundert nannte man Opium »Laudanum«, es war ein gewöhnliches Genussmittel wie Tee oder Kaffee und völlig legal. Damit die Profite nicht versiegten, zettelte man Kriege an. Allen voran, wie bereits erwähnt, England mit seinen Opiumkriegen gegen China. Erst durch medizinische und chemische Forschungen erkannte man den Januskopf des Opiums. Durch seine Derivate – ob als Schmerzmittel oder Droge.

Der Mensch erkannte sehr schnell, dass Sucht ein **hervorragendes Geschäft** ist. Zynisch formuliert: Drogenabhängige schaffen und sichern durch ihre Krankheit Arbeitsplätze. Die Pharmaindustrie floriert, Ärzte machen ihren Schnitt, Selbsthilfevereinigungen können ihre Existenz rechtfertigen und staatliche Förderungen in Anspruch nehmen, Steuergelder werden in staatliche Einrichtungen für Prävention, Hilfe und Therapie gebuttert. So werden neue Jobs geschaffen. Hinz und Kunz können jederzeit eine Drogeneinrichtung eröffnen. In Österreich schiebt kein Gesetz dagegen einen Riegel vor. Tür und Tor sind weit aufgestoßen für Scharlatane, von denen noch die Rede sein wird. In den Kassen der Apotheken klingelt es; Exekutive und Justiz können über mangelnde, zusätzliche Arbeit nicht klagen.

Jene, die sich lautstark über diese *Giftler* beschweren und protestieren, sind die Gleichen, die mit ihnen Geschäfte machen. Beispiel Kärntnertorpassage am Wiener Karlsplatz, ein Szenetreffpunkt mit langjähriger Tradition: Dort landen jene, die nichts mehr zu verlieren haben, die an der untersten Sprosse der Drogenabhängigenkarriereleiter angelangt sind. Denen es scheißegal ist, ob sie von Kameras beobachtet werden oder nicht. Über die auch die Polizisten in der Polizeiinspektion Karlsplatz unisono sagen, dass sie die Ärmsten der Armen sind, die nichts mehr haben und sich auch nichts mehr erwarten. Dennoch sind diese abgestürzten Menschen potenzielle Kunden für sämtliche Imbissstände in der Passage. Oft genug werden neue Fress- und Saufbuden eröffnet. Die Genehmigungen dafür erteilen die Wiener Linien, denn ihnen gehört das Areal. Es findet niemand etwas dabei, wenn selbst

Minderjährigen Alkohol verkauft wird. Das bestätigt auch der Wiener Drogenkoordinator Michael Dressel, und es kommt deshalb auch häufig zu Beanstandungen der Betreiber.

»Und genau die sind es aber, die den lautesten Wirbel machen«, erzählt mir ein Polizist von der Polizeiinspektion Karlsplatz, »dass diese *Giftler* das noble Bild stören. Schließlich befinde man sich in der Innenstadt. Dann aber verkaufen sie ihnen die Bierdose um 80 Cent.«

Oder wie jener Inhaber eines Hutgeschäftes in dieser Passage, dem anscheinend fad ist, weil er Strichlisten anfertigt, wie oft die Polizei an seinem Geschäft vorbeipatrouilliert. Ist es seiner Meinung nach zu wenig, erfolgt prompt der Anruf höheren Orts, was wiederum den Beamten Zeit kostet, die sie sinnvoller nützen könnten, als wegen eines Querulanten Rede und Antwort stehen zu müssen.

Inzwischen, im Gegensatz zu den 90er-Jahren, hat auch die Gesellschaft zu einem großen Teil begriffen und verstanden, dass drogenabhängige, drogensüchtige Menschen als krank einzustufen und nicht als Kriminelle zu stigmatisieren sind.

Ein Krimineller im klassischen Sinn verübt vorsätzliche Handlungen und Taten, wobei es auch hier wieder sehr genaue Differenzierungen gibt. Niemand wird kriminell geboren. Auch im Leben jedes späteren Kriminellen gab es einen Knackpunkt. Angekommen an diesem Scheideweg, fällte er dann die Entscheidung, die Seiten zu wechseln. Das ist nicht das Thema.

Anfänglich verlaufen die Biographien, sowohl des Kriminellen wie auch des Drogenabhängigen, parallel. Erst die Knackpunkte in den Lebensläufen verursachen die Trennung. Während der eine die Gesetze des Staates, die Normen und Dogmen einer Gesellschaft ignoriert und sich darüber hinwegsetzt, indem er, quer durch das Strafgesetzbuch, Taten setzt, die vom Gesetzgeber mit dementsprechenden Strafen geahndet werden, gleitet der spätere drogenabhängige Mensch in eine Szene ab, die in ihrem Ursprung niemals kriminell war. Erst die Umstände, unter denen sie sich jene Substanzen beschaffen müssen, die für die Suchtbefriedigung nötig sind, zwingen sie dazu, und somit sind wir bei der Beschaffungskriminalität gelandet. Regelmäßiger Drogenkonsum verschlingt bekanntlich sehr viel Geld. Wer nicht von Beginn seiner Drogensucht an über einen beträchtlichen finanziellen Polster verfügt, was allerdings auch keine Gewähr auf Dauer bietet, wird es schwer haben und zwangsläufig Straftaten begehen müssen.

Vereinfacht ausgedrückt: Hier steht jener Mensch, selbst wenn es nun einem Klischee entspricht, dem ehrliche Arbeit zuwider ist und der daher auf bequemere und vor allem schnellere, wenn auch nicht unbedingt leichtere, Art zu Geld und Reichtum kommen will. Hier der andere, der auf der Suche ist und auf diesem Weg zu seinem ureigensten, persönlichen Ziel in die Drogenfalle tappt, da er dem fatalen Irrtum aufgesessen ist, dieses Erreichen seines Ziels könnten ihm herkömmliche, von der Gesellschaft und vom Staat erlaubte Mittel und Wege nicht ermöglichen.

Beide, der Drogenabhängige und der Kriminelle, werden sich bald begegnen. Sei es auf der Straße, weil der Kriminelle z.B. Dealer ist, selbst aber keine Drogen nimmt und nur am schnellen Geld interessiert ist, sei es in der Haftanstalt. Jeder für sich jedoch aus völlig anderen Motiven.

Der Prozess zur Entkriminalisierung drogenkranker Menschen macht weiterhin ausgezeichnete Fortschritte, dennoch ist es noch ein weiter und beschwerlicher Weg, bis diese Tatsache, nämlich dass drogenabhängig nicht automatisch kriminell bedeutet, fest in unseren Köpfen verankert sein wird.

Sucht selbst hat in der ursprünglichen Wortbedeutung mit Suche überhaupt nichts zu tun. Im etymologischen Sinn stammt Sucht vom alt- bzw. mittelhochdeutschen Wort *suht* ab. *Suht* bedeutete Krankheit. Gelb-, Schwind- und Fallsucht sind klassische Beispiele, die sich bis heute als Krankheitsbilder erhalten haben.[22] Sucht ist ein gesellschaftspolitisches Problem.

---

22 vgl. ebenda, S. 38

Daran gibt es nichts zu rütteln. Süchte, nicht nur die Drogensucht, entwickeln eine Eigendynamik, die, sobald wir ihnen verfallen, mit den eigenen Fähigkeiten und Möglichkeiten kaum oder nur in Einzelfällen kontrollier- und steuerbar sind. Der Krake Sucht nimmt schleichend und hinterhältig Besitz von Geist, Seele und Körper. Ohne Hilfe von außen ist es nur selten möglich und machbar, sich aus seinen Fangarmen zu befreien.

»*Kalt runter lassen*[23] ist nicht das Problem«, sagen Drogenabhängige, aber ebenso Leute, die *clean*[24] geworden sind, und Leidtragende, die den Absturz ihrer Verwandten, Freunde und Bekannten in den Drogensumpf hautnah miterleb(t)en. »Das Problem ist im Kopf. Erst wenn das *Gift*[25] aus deinem Kopf heraußen ist, dann bist du wirklich *clean*.«

Der Drogenteufel sitzt im Gehirn.

---

23 kalt herunterlassen – Szeneausdruck für den »kalten« Entzug, also ohne ärztliche Hilfe und Unterstützung
24 drogenfrei
25 Szeneausdruck für Drogen allgemein

Kleines »Gift«-Brevier

Rund um die Uhr und rund um den gesamten Erdball blubbert, zischt, köchelt und dampft es in den Reagenzgläsern der legalen und illegalen Labors. Chemiker und Pharmazeuten tüfteln unaufhörlich an immer neuen Rezepturen: für jede Stimmungsschwankung, jedes Wehwehchen die passende Tablette, die richtige Tinktur, die wirksame Substanz. Jedes Mittelchen, ob auf dem legalen Markt per ärztlich verschriebenem Rezept verkauft oder illegal auf dem Schwarzmarkt verschoben, füllt die Kontostände der Produzenten.

Das Angebot ist breit gefächert:
Analgetika lindern den Schmerz.
Antidepressiva machen aus dem zu Tode betrübten Menschen wieder einen Himmel-hoch-Jauchzenden.
Anxiolytika vertreiben Ängste.
Aphrodisiaka polen einen lahmen Gaul wieder zu einem tollen Hengst, eine Desinteressierte wieder zu einer kaum zu bändigenden Stute um, und es stimmt wieder im Bett, obwohl Aphrodisiaka nicht immer nur mit Sex zu tun haben müssen.
Designerdrogen sind synthetisch hergestellte Rauschmittel, deren Ausgangssubstanzen und deren biochemische Wirkung bekannt sind, deren Molekularstruktur jedoch geändert wird, sodass immer wieder neue Drogen auf den Markt geworfen werden können, die von der bestehenden Gesetzeslage (noch) nicht erfasst sind.
Dissoziative Substanzen lösen Entfremdungsgefühle, Selbstauflösung, Nahtoderlebnisse, Verspüren fremder Wesen (Geister, Aliens etc.) aus.

Als **Einstiegsdrogen** gelten jene Substanzen und Stoffe, die für eine spätere Suchtkarriere ausschlaggebend waren. Nach Kuntz[26] sind es in unseren Breiten vorwiegend Zigaretten und Alkohol und weniger Cannabis. Wobei sich gerade in Wien bzw. Österreich die Geister scheiden, ob nicht Cannabis der tatsächliche Auslöser ist.

Empathogene Drogen gelten, nach Kuntz, als so genannte »Herzensöffner«, fördern zwischenmenschliche Kontakt- und Kommunikationsbedürfnisse.[27]

Entaktogene Mittel sollen den Weg ins eigene Innere ebnen und zum wahren Selbst führen.

Entheogene Rauschdrogen rufen äußerst fragliche Halluzinationen hervor, indem man in übersinnliche Götterwelten eintauchen soll, Zugang zu den Ahnen erhält und die Welt des Übersinnlichen erfährt. Daher werden diese Substanzen oft auch für Spiritualität genützt.

Ethnobotanische Drogen sind pflanzlicher Herkunft. Diese werden in ihren Ursprungsregionen mit höchstem Respekt behandelt, gelten vielfach als heilig und finden ihre Verwendung bei spirituell-sakralen Ereignissen (Stammesgebräuche, Initiationsriten, Heilungs-, Hochzeits-, Begräbniszeremonien etc.).

Euphorika sind Stimmungsaufheller und vermitteln Glücksgefühle.

Halluzinogene Substanzen bewirken starke Bewusstseins- und Sinnesveränderungen, indem sie Trugbilder hervorrufen. Diese Halluzinogene können auch längst verdrängte Erlebnisse wieder lebendig werden lassen, mit der Folge, dass Psychosen, Paranoia und horrorartige Zustände vakant werden.

Horrordrogen in dem Sinne gibt es nicht, sie sind eine Schöpfung der Medien. Drogen oder Rauschmittel im Allgemeinen können unter den entsprechenden Umständen immer zu Horrordrogen werden. Dennoch gibt es einige Mittel auf

---

26 vgl. Kuntz, S. 106
27 ebenda

synthetischer und pflanzlicher Basis, die Negativismus und Zerstörungswut gegen sich selbst oder gegen andere auslösen können.

Narkotika finden ihren Einsatz in der Human- und Veterinärmedizin.

Mode- und Partydrogen sind solche, die im Trend der jeweiligen Drogenkultur angesagt sind. Zum Beispiel galt Kokain noch bis vor wenigen Jahren als die Droge der Schönen und Reichen. In den letzten Jahren ist der Preis für den einstigen Schickeriaschnee derart in den Keller gerasselt, dass heute eine line oder Straße für jeden erschwinglich geworden ist.

In den 60er-Jahren entwickelte sich ein neues Selbstverständnis im Umgang mit psychoaktiven Substanzen. Cannabis- und LSD-Konsum, später Heroin und Kokain waren Ausdruck einer rebellierenden Jugend gegen die Kriegselterngeneration, gegen verknöcherte Strukturen und ein erzkonservatives Establishment. Der demonstrative, öffentliche Drogenkonsum galt als einziger öffentlicher Protest und war gleichzeitig der Versuch, sich in einer Millionenmassenbewegung für eine friedvolle, kriegsfreie Welt einzusetzen. Ein Aufbruch zu neuen Ufern, auch für und in die eigene Persönlichkeit. Das legendäre Jahr 1968 mit den weltweiten Studentenprotesten war der Höhepunkt, es setzte sich mit dem Protest gegen den Vietnamkrieg fort, erlebte eine weitere Steigerung im legendären Woodstock-Festival. Die Impulse, die in diesen Tagen gesetzt wurden, haben bis heute nichts von ihrer damaligen Strahlkraft verloren: San Francisco als Ausgangspunkt der Flower-Power-, der Love & Peace-Generation und Wallfahrtsort für Hippies aus aller Welt.

In den 80er- und 90er-Jahren war die Technokultur mit ihren harten, schnellen, hämmernden Beats der Nährboden für völlig neue synthetische Drogen auf Amphetaminbasis – Ecstasy, Speed – und zugleich Wegbereiter für die damals Heranwachsenden in das aufkeimende, digitale Zeitalter unserer Tage, in dem nur Geschwindigkeit zählt und für Müßiggang kaum mehr Zeit vorhanden ist, Hand in Hand gehend mit der bekannten Orientierungs- und Zukunftsangst und Perspektivlosigkeit.

Psychedelika bewirken sehr starke Veränderungen der Wahrnehmungsfähigkeit. Raum und Zeit lösen sich auf.

Sedativa sind Mittel für Entspannung und Ruhestellung von Körper und Seele.

Stimulanzien dienen der seelischen Antriebssteigerung sowie zur Steigerung des Selbstbewusstseins, verbunden mit Schlaflosigkeit.[28]

Das **Internet** ist ein Segen, kann aber auch gleichzeitig ein Fluch sein. Alle, die über einen Web-Zugang verfügen, kennen die einschlägigen Spams, die Mailboxen mit dubiosen Angeboten für Viagra und Pseudoarzneien »zumüllen«. Womit wir wieder einmal beim Geschäft angelangt sind. Das Internet eignet sich hervorragend für windiges Business und dafür, um auf die Schnelle Kohle zu scheffeln. Warum soll sich dieses Medium nicht auch die (illegale) Pharmazie zunutze machen? Wie ernst die Lage ist, zeigt eine Studie des Österreichischen Bundesinstituts für Gesundheitswesen (ÖBIG) im Auftrag des Bundesministeriums für soziale Sicherheit und Generationen aus dem Jahr 2000 mit dem Titel »E-Pharma. Arzneimittelvertrieb im Internet«. Darin heißt es:

»... Recherchen mittels Suchmaschinen ergaben, dass den potenziellen Kunden Millionen Websites zu E-Pharma zur Verfügung stehen. [Es] wurden rund 150 Adressen von von E-Pharma Shops – das sind Anbieter von Arzneimitteln oder ähnlichen Produkten im Internet – identifiziert, hinter denen sich jedoch, wie eine detaillierte Überprüfung ergab, de facto nur 100 Anbieter verbargen. Darunter fanden sich Herbal Shops mit Wellness-Produkten und äußerst dubiose Underground Shops, bei

---

28 ebenda, S. 105ff.

denen Suchtgifte wie Opiate, Narkotika oder Designerdrogen bezogen werden können. Einige Adressen stellten sich als ›Mittler‹ heraus, die auf Internetapotheken weiter verwiesen. Die meisten Geschäfte waren aber klassische Internetapotheken, die Arzneimittel – schwerpunktmäßig Lifestyle-Produkte wie das Potenzmittel Viagra, die Abnehmpille Xenical, das Nikotinentwöhnungsmittel Zyban und die gegen Haarausfall eingesetzten Propecia-Tabletten – zum Verkauf anboten. Wie im Falle von Viagra und Zyban werden somit Arzneimittel, die in Österreich rezeptpflichtig bzw. nicht zugelassen sind, frei verkauft.«[29]

Wozu stundenlang in Wartezimmern herumhängen und sich die Krankengeschichten anderer Patienten anhören müssen? Keine bissige Sprechstundenhilfe, keine zerfledderten, uralten Zeitschriften, kein Praxis-PC, der die e-card partout nicht akzeptieren will. Ein paar Mausklicks – der Cyber-Doc ist 24 Stunden im Dienst. Kein Rezept, keine Gebühren, nur der (meist überhöhte) Kaufpreis und die Versandspesen. Zwei Tage später liegt das gewünschte Medikament, aber auch die illegale Droge, diskret verpackt im Briefkasten. Wenn man Glück hat. Selbstverständlich sind auch im E-Pharma-Business genug kriminelle Figuren unterwegs, die nur auf Abzocken aus sind. Viel Spaß beim Finden dieser Betrüger im virtuellen Raum.

Wenn man Glück hat, ist nur das Geld weg und man selbst um eine Erfahrung reicher. Wer die zugesandten Produkte konsumiert, hat gar nichts in der Hand, wenn es schief geht. Jeder, der sich darauf einlässt, ist ein Abenteurer und spielt russisches Roulette mit seiner Gesundheit. Sicherlich kann es bei seriösen Anbietern auch problemlos ablaufen. Qualitätssicherung ist selten. Dr. Web stellt keine lästigen Fragen. Kreditkartennummer, die Akzeptanz einer Haftungsausschluss-

---

[29] Sabine Vogler, Claudia Habl, E-Pharma. Arzneimittelvertrieb im Internet. Österreichisches Bundesinstitut für Gesundheitswesen (ÖBIG) im Auftrag des Bundesministeriums für soziale Sicherheit und Generationen. Wien, August 2000, S. III

erklärung – schließlich sind die Produzenten, die Be- und Vertreiber nicht blöd und lassen sich auf Schadenersatzklagen ein, wenn es daneben geht. Vogler und Habl schreiben in ihrer Studie weiters:

»... Ärztliche Verordnungen sind fast nie erforderlich. Bei knapp 40 Prozent der untersuchten Internetapotheken muss zwar eine Online-Konsultation bei einem Cyber-Doc absolviert werden, was aber nur finanziellen Mehraufwand für extra verrechnete Leistung bedeutet ... [Es gilt] im Allgemeinen lediglich, einen Fragebogen zu ihrer Person und gesundheitlichen Situation auszufüllen, wobei manchmal die ›richtigen‹, das heißt, zum Kauf führenden Antworten bereits vorgegeben sind.«[30] *Englisch ist von Vorteil, da »vier von fünf Anbietern nur auf Englisch auftreten«.*[31] *Auch das Konto wird gefordert. Neben dem Arzneimittelpreis schlagen sich noch die Online-Konsultation mit rund 54 Euro (Stand 2000) sowie horrende Versandspesen zu Buche. »Ein Preisvergleich für sieben probebestellte Arzneimittel, die auch in Österreich erhältlich sind, kam zu dem Ergebnis, dass der legale Bezug von Arzneimitteln in österreichischen Apotheken in allen Fällen weitaus günstiger als der Kauf im Internet ist.«*[32]

Welch abgefeimte Typen hinter diesem miesen Geschäft mit der menschlichen Gesundheit stecken, veranschaulicht ein anderer Passus in dieser Studie:

»Nischen im World Wide Web ermöglichen dubiosen Anbietern, zweifelhafte Geschäfte im Internet innerhalb kurzer Zeit aufzuziehen – und schnell wieder zu schließen. Jeder siebte Anbieter hatte bereits zwei bis drei Monate später ›seine Zelte‹ wieder abgebrochen. Verschleierungstaktik als Geschäftsphilosophie

---

30 ebenda
31 ebenda
32 ebenda

konnte bei zahlreichen Anbietern im Internet festgestellt werden. Trotz umfangreicher Recherchen konnte bei einem Drittel der untersuchten E-Pharma Shops nicht einmal der Firmensitz eruiert werden; die Hälfte der übrigen virtuellen Geschäfte war in den USA angesiedelt.«[33]

Dank WWW ist es heute auch kein Problem, sich selbst als Chemodesigner zu versuchen. Es existieren genügend – und es werden täglich mehr – einschlägige Websites mit genauen Anleitungen, wie man sich in einem Garagenlabor Designerdrogen selbst zusammenpanschen kann. Die dafür notwendigen so genannten Vorläufersubstanzen sind ebenso problemlos im Drogeriehandel und in chemischen Fachgeschäften zu beziehen.

Hier wäre der Gesetzgeber gefordert, sowohl EU- als auch weltweit, diesem schäbigen Handel via Internet endgültig einen Riegel vorzuschieben. Ansätze und Vorstöße in die richtige Richtung dafür sind bereits vorhanden, aber entschieden zu wenig.

---

33 ebenda

Das Drogen-Shopping-Center

Dort, wo es hell erleuchtet und alles hübsch dekoriert ist, treffen wir uns mit unseren Einkaufswägen. Schließlich kaufen wir legale Drogen. Es wird zwar ein bisschen dauern, denn die Schlange ist ziemlich lang. Das stört uns nicht. Denn niemand wird uns an der Kasse Probleme machen. Wir bezahlen und können uns sofort dem Genuss hingeben.

Die Geschichte des **Alkohols** geht auf viele Jahrtausende zurück. Das Nahrungs-, Genuss- und Rauschmittel hat eine lange Tradition. Der Ursprung reicht zurück bis ins Altertum. Im Mittelalter und in der beginnenden Neuzeit entfaltete sich der Alkoholkonsum erst richtig. Mitunter wurden Leibeigene und Taglöhner mit Alkohol entlohnt. Mit der späteren Industrialisierung im Frühkapitalismus mehrten sich auch verstärkt die Anzeichen für eine zunehmende alkoholbedingte Verelendung.

Welcher Herrscher, welche Regierung auch immer gegen den Alkohol antrat, hatte bereits verloren. Prohibitionsversuche wie in den USA ermöglichten der *Cosa Nostra* erst ihren unaufhaltsamen Aufstieg im Land der unbegrenzten Möglichkeiten. Beispielsweise hätte Las Vegas nie ohne Prohibition entstehen und sich entfalten können.

Alkohol ist gesellschaftsfähig und hat sich im Laufe der Jahrtausende zur beliebtesten Geselligkeitsdroge gemausert.

Der Wirkstoff des Alkohols ist Ethylalkohol oder Ethanol. Gemäßigte Alkoholeinwirkung bzw. die Auswirkungen übermäßigen Genusses können als bekannt vorausgesetzt werden. Die fatalen Folgen des Alkohols, beispielsweise im Straßenverkehr, sind ebenfalls nicht neu. Die Friedhöfe sind voll mit

Unfallopfern, die durch Alkoholeinfluss starben oder durch einen Alkolenker aus dem Leben gerissen wurden. Die Unfallstatistiken weltweit sprechen für sich. Ebenso wenig neu ist, dass Alkohol Familien zerstört, Existenzen vernichtet und unter Alkoholeinwirkung Straftaten – quer durch das Gesetzbuch – verübt werden. Trotzdem finden es Kinder, Jugendliche und junge Erwachsene cool, Alkohol zu konsumieren. Keine Party ohne Alk. Kein Kind hat ernsthafte Schwierigkeiten, im Supermarkt Alcopops zu kaufen. Kaum eine Kassiererin wird es zur Rede stellen. Alcopops sind Softdrinks mit bis zu 40 Prozent Alkoholanteil. Die Werbung trägt ein Übriges dazu bei, damit Marken wie Eristoff, Bacardi u. a. an die richtige Zielgruppe gelangen. Alcopops sind geil. Hip Hop, harte *bad guys*, Rapper, scharfe *girlies* und Alk bis zum Abwinken.

»Je früher Jugendliche regelmäßig Alkohol trinken, desto früher beginnen sie mit illegalen Drogen zu experimentieren«, stellt Martin Hefel von der Vorarlberger Suchtvorbeugungsstelle »Supro« fest. Je früher das Experimentierstadium, je früher daher auch Kontakte mit harten Drogen wie Heroin und Kokain.[34] *Kampftrinken*, *Binge-Drinking*, *Komasaufen* lautet der Szenejargon fürs Saufen bis zum Umkippen. 2004 war die traurige Rekordhalterin eine 13-jährige Vorarlbergerin mit 2,3 Promille im Blut.

Für Hefel ist Alkohol *die* Einstiegsdroge in Österreich. Wir stehen auch auf dem Treppchen, worauf wir eigentlich sehr gut verzichten könnten. In der EU liegen österreichische Jugendliche unter 15 suffmäßig an dritter Stelle, bei Zigaretten stehen sie sogar auf dem Siegerpodest (2004).[35]

Der Jugendliche unterliegt dem Gruppenzwang. Wer nicht mithält oder gar verweigert, gilt als *Weichei*, wird von allen gemieden, ist bei vielen Mädels chancenlos, da auch Mädchen zunehmend zur Flasche greifen. Ihm bleiben nur zwei

---

34 Vom Alcopop ins Koma, In: Kriminalpolizei, Fachzeitschrift der Vereinigung Österreichischer Kriminalisten, Nr. 10 – 11 / 04
35 ebenda

Möglichkeiten. Sich weich kochen zu lassen und mitzumachen oder die Clique zu wechseln, wobei das Zweite in einer Großstadt leichter fällt als auf dem Land, wo jeder jeden kennt. Wenn wir Erwachsene allerdings weiterhin so blöd sind, dass wir Jugendliche auch noch zum Alkoholkonsum animieren, sollen sie später doch richtige Männer und gestandene Frauen werden, dürfen wir uns auch nicht wundern, wenn sich unsere Kids eine Pulle nach der anderen reinziehen. So lange in vielen Discos Alkohol noch immer billiger als antialkoholische Getränke sind, brauchen wir nicht entsetzt die Hände über dem Kopf zusammenschlagen, wenn Söhnchen und Töchterchen gegen Morgengrauen sternhagelvoll nach Hause torkeln oder die Polizei uns behutsam mitteilt, dass sich unsere Nachkommen mitsamt Auto um einen Alleebaum gewickelt haben. Schließlich fahren wir doch auch öfters mit ein paar Promille und uns passiert auch nichts.

So gesehen ist der Slogan »Lieber bekifft ficken als besoffen fahren!« aus einem Papier der Sozialistischen Jugend Österreichs (SJ)[36] beinahe richtig. Aber nur beinahe, denn in diesem Text wird der Cannabiskonsum eher verharmlost. So heißt es: »… 8000 Menschen sterben in Österreich jährlich an den Folgen des Alkoholkonsums. Über 12 000 Personen sterben pro Jahr in Österreich wegen Nikotin. Niemand in Österreich und weltweit ist bis jetzt an den Folgen von Cannabiskonsum gestorben. Trotzdem sind Alkohol und Nikotin legal, … Cannabis nicht.«

Wir schieben unseren Einkaufswagen in die nächste Regalreihe. Noch immer hell und eine nette Dekoration. Noch immer befinden wir uns im legalen Bereich des Drogen-Shopping-Centers. Wir treffen auch fast alle Leute wieder, die sich vorher mit Alkohol eingedeckt haben und sich nun ein paar Stangen Zigaretten in ihren Wagen legen. Schließlich sind ein gutes

---

36 Im Besitz des Autors

Gläschen Wein, ein Cognac oder was auch immer und ein Zigarettchen, eine Zigarre, eine Pfeife wirklich vom Feinsten.

Nikotin als Wirkstoff kann leicht entspannend bis anregend sein, je nachdem, wie man selbst drauf ist. Und außerdem sang bereits Johannes Heesters »Da zünd ich mir ein kleines Zigarettchen an und blas die Wölkchen vor mich hin« – immerhin ist der Grandseigneur bereits 103 Jahre alt!

Wir müssen weiter. Inzwischen ist es nicht mehr so hell. Eher düster, obwohl die Dekoration noch immer ganz brauchbar wirkt. Es ist auch einiges los, obwohl die Leute bemüht sind, nicht aufzufallen. Bei manchen entsteht der Eindruck, als wollten sie sich unsichtbar machen. Ja, wir sind bereits in den illegalen Bereich gewechselt.

Cannabis gibt es hier in allen Sorten und Arten. Oder wie wir es nennen: *Shit*, *Dope*, *Piece*, *Rauchecke*, *Pot*, *Ganja*, *Bhang*, *Gras*, *Kif*. Cannabis ist beinahe eine eigene Wissenschaft für sich. Nur geeichte *Kiffer* (Konsumenten) kennen sich aus. Es wird in zwei Varianten angeboten. In den USA als Marihuana *(Gras)*, in Asien, Afrika und im arabischen Raum als Haschisch, in Europa sind beide gebräuchlich.[37] Cannabis sativa lautet der richtige botanische Name, Cannabis als Bezeichnung wird sowohl für die Nutzpflanze Hanf als auch für die Rauschpflanze (Rauschmittel) verwendet. Die wirkstoffarme Nutzpflanze Hanf kann vielseitig verwendet werden. So können daraus Papier, Kleidung, Kosmetika, Duftkissen, Heil- und Lebensmittel, Seile u. a. hergestellt werden.

Seit mindestens 4200 v. Chr. ist Cannabis als Kulturpflanze bekannt. Rund 150 Millionen Menschen schwören heute weltweit auf die berauschende Wirkung dieser Pflanze. Somit zählt sie zu den meistverwendeten illegalen Rauschdrogen.[38]

---

37 vgl. Wolfgang Schmidbauer, Jürgen von Scheidt, Handbuch der Rauschdrogen. München 1997, S. 79
38 vgl. Kuntz, S. 116

Den großen Boom erlebte Cannabis mit dem zunehmenden Drogenkonsum in den 60ern. Pakistan, Libanon und Marokko teilen sich weitgehend den Weltmarkt, wobei durch den Konflikt mit Israel der Libanon sicher Einbußen verzeichnen und dieser Einbruch in den folgenden internationalen Statistiken seinen Niederschlag finden wird. Beispielsweise stammt das nach Deutschland geschmuggelte Cannabis zu 70, 80 Prozent aus den Niederlanden, wo der Anbau in Gewächshäusern erfolgt.[39]

Die liberale Einstellung der Holländer gegenüber dem Cannabiskonsum ist hinlänglich bekannt. Wer kennt die *coffee shops* in Amsterdam nicht?

In Österreich wird ebenfalls fleißig angebaut. Immer wieder fliegen illegale Hanfkulturen in Wohnungen, Häusern oder Lagerhallen auf, wo mit Hightech-Zucht das bestmögliche Ernteergebnis erzielt werden soll. Wer nicht auf seinen *Joint*, seinen *Ofen*, seine *Tüte* verzichten kann oder will, der findet im Internet genügend Angebote, um seine eigene Züchtung hochzuziehen. Auch in Wien und anderen österreichischen Städten gibt es genügend Geschäfte mit einschlägigen Utensilien für den *Kiffer*. Vom Samen bis zum *Bong*, der Haschpfeife.

Reichlich ernten können Jahr für Jahr auch die Türkei, Afghanistan, das jedoch unter dem Taliban-Regime erheblich in den internationalen Statistiken zurückgefallen ist, der Iran, Nepal und Indien. Allerdings ist auch in den USA, und hier vorwiegend in Kalifornien, in Mexiko und in Kolumbien ein verstärkter Anbau von Rauschcannabis zu verzeichnen. Durch Kreuzungen und Genmanipulationen erzielen die Produzenten einen immer höheren und damit stärkeren THC-Gehalt, dem Cannabiswirkstoff Delta-9-Tetrahydrocannabinol (THC).

Haschisch (*Hasch*) gewinnt man aus dem Harz oder den Harzdrüsen der weiblichen Pflanze. Nach dem Trocknen kann es in die unterschiedlichsten Formen gepresst werden. Ist es von

---

39 vgl. Lisa Lindberg, Wenn ohne Joint nichts läuft. Was man über Cannabis wissen muss. München 2006, S. 40

minderer Qualität, werden auch Streckmittel beigemengt. Die gängigsten Sorten sind *Brauner Marokkaner*, *Roter Libanese*, *Grüner Türke* und – heute eher schwer erhältlich, aber dafür umso stärker – der *Schwarze Afghane*. Abhängig von Herkunft und Qualität kann der THC-Gehalt zwischen sieben und zehn Prozent liegen, manchmal auch bis zu 26 Prozent. Haschisch-Öl ist zwar durch seinen hohen THC-Gehalt (20 bis 60 Prozent) sehr stark in der Wirkung, jedoch heute äußerst selten.[40]

Die häufigste Konsumationsform von Cannabis ist das Rauchen, man kann es aber auch essen, z.B. wie in Kuchen.

Nach den Beschreibungen von Kuntz soll der Genuss von Cannabis euphorische Stimmung und unbeschwerte Heiterkeit auslösen, weiters körperliche Entspannung, Glücksgefühle, Steigerung der bildlichen Vorstellungskraft, gesteigerte Einfühlsamkeit und Wahrnehmung von Musik und Texten, man ist frei von Ängsten, hat traumartige Zustände, ein gesteigertes Berührungsempfinden, das Aggressionspotenzial wird herabgesetzt. *Kiffer* gelten als friedliche Zeitgenossen.[41]

Da kein Rausch – zum Glück – von Dauer ist, folgt das unweigerliche Erwachen, und damit die Nebenwirkungen, die sich durch erhöhten Puls- und Herzschlag, gerötete Augen, trockenen Mund, Hustenreiz, Übelkeit, Heißhungerattacken und, so Kuntz, unlustvolle Körperwahrnehmungen dokumentieren. Langfristig werden Atemwege und Lunge in Mitleidenschaft gezogen. Auch Depressionen können eine Folgeerscheinung sein, ebenso wie psychotische Zustände. Während die körperliche Abhängigkeit als gering einzuschätzen ist, kann die Psyche auf Dauer sehr wohl Schäden davontragen, die noch immer unterschätzt werden.

Im Urin lässt sich Cannabis bis zu zwölf Tage, im Blut zwischen ein und zwei Tage lang nachweisen, allerdings bei einmaligem Konsum. Längerfristiges *Kiffen* verlängert auch die

---

40 ebenda, S. 24
41 vgl. Kuntz, S. 117

Nachweismöglichkeit (Urin: zwischen vier und sechs Wochen, Blut: zwei bis drei Tage). Durch Haartests kann Cannabis, bei längerem Konsum, auch über Monate und Jahre festgestellt werden.

Langsam heißt es aufpassen, wo wir unseren Einkaufswagen hinschieben. Der DJ gibt sich alle Mühe, die Kunden bei Laune zu halten. Wir dringen immer tiefer in den illegalen Verkaufsbereich ein. Die Beats sind hart und schnell, die Bässe wühlen in den Eingeweiden. **Ecstasy** (*E, XTC, Adam*) steht auf unserer Einkaufsliste.

Jetzt ist Vorsicht angebracht. Bei Ecstasy wird alles Mögliche hineingemixt und unter dem gleichen Namen verdealt. Was wirklich enthalten ist, kann der Konsument niemals exakt wissen – ein Bungee-Sprung mit lädiertem Seil.

Die bekanntesten Wirkstoffe sind 3,4-Methylen-Dioxy-N-Methylamphetamin (MDMA), 3,4-Methylen-Dioxy-Amphetamin (MDA), 3,4-Methylen-Dioxy-N-Ethylamphetamin (MDE, MDEA), Methamphetamin, Paramethoxyamphetamin (PMA), Paramethoxymethamphetamin (PMMA).

MDMA als Basissubstanz ist seit 1914 bekannt, erwies sich jedoch als nicht kommerziell genug für die Pharmaindustrie. In den 70ern und 80ern fand es als Droge in der psycholytischen Therapie und Analyse Einsatz, bevor es die Technokultur entdeckte und damit den Weg zur Partydroge ebnete.

Ecstasy ist als Pille oder Tablette im Umlauf. Eher selten ist seine kristalline Pulverform. Der *User* (Konsument) erhofft sich, laut Kuntz, eine Steigerung des Einfühlungsvermögens auch in Bezug auf seine Mitmenschen. Das eigene Selbstwertgefühl wird bestärkt. Es kommt zu Trancezuständen und magischem Erleben.[42] Weniger angenehm sind die Nebenwirkungen: Schlafstörungen, verbunden mit erhöhter Herzfrequenz, Übelkeit, ausgetrockneter Mund, Kiefersperre, erweiterte Pupillen,

---

42   ebenda

Hyperthermie (Überhitzung des Körpers) und Depressionen. Wer Ecstasy über einen längeren Zeitraum einwirft, muss mit Kreislaufkollaps und Herzversagen rechnen. Ebenso werden die inneren Organe – Hepatoxizität (Leberschäden) – schwer geschädigt. Der Bezug zum Alltag geht verloren. Sprachstörungen und psychotische Zustände treten auf, das Gehirn wird geschädigt.

MDMA (Ecstasy) wird über das serotonerge System wirksam, wobei der Botenstoff Serotonin für die Regulierung der Gefühlszustände zuständig ist. Im Blut ist es ca. einen Tag, im Urin zwei bis vier Tage nachweisbar und kann von standardisierten Schnelltests analysiert werden.

Für diese Partydroge hat die Stadt Wien bereits vor einigen Jahren das Projekt »checkIt« ins Leben gerufen, von dem noch die Rede sein wird.

»Entweder ich schaffe Ecstasy oder ES schafft mich!«, so die Aussage eines jungen *Users* – und das sagt wohl alles über die Gefährlichkeit aus.[43]

Wir müssen noch vorsichtiger sein. Wenn uns jetzt die *Bullen* erwischen, sind wir geliefert. Wir dringen noch tiefer in den illegalen Drogenmarkt ein: das Regal mit **Amphetamin** (*Speed*, *Pep*, *Amph*), ebenfalls eine synthetische Designer- und Partydroge, die als weißes oder eingefärbtes Pulver gehandelt wird. Eher seltener sind Pillen-, Tabletten- und Kapselformen. Der Wirkungsstoff lautet (RS)-1-Phenylpropan-2-ylazan und seine Derivate.

Für den Gebrauch gibt es mehrere Möglichkeiten. *Sniefen* und Schnupfen durch die Nase ist am gebräuchlichsten, aber es geht auch auf dem oralen Weg, als Pille oder durch Einreiben der Mundschleimhäute. Der intravenöse Konsum durch Spritzen ist eher selten.

Erstmals wurde Amphetamin 1887 hergestellt, gelangte allerdings erst 1930 in die Humanmedizin. Auch das Militär

---

43 ebenda

verwendete es. Durch die hohe Sucht- und Abhängigkeitsgefahr wurden die Indikationen aber bald untersagt bzw. fielen unter das Betäubungsmittelgesetz.[44]

Speed (Amphetamin) gilt als Motor auf den Dancefloors. Leistung, Konzentration, Selbstwertgefühl steigen ins Unermessliche bis hin zur – von sich selbst überzeugten – Genialität und Grandiosität. Man hebt ab, kennt keinerlei Alltagssorgen und befindet sich in einem absoluten Wohlbefinden. Wer auf *Speed* ist, unterliegt einem unkontrollierten Rededrang und -fluss, wird von einer nervösen Unruhe getrieben, die Pupillen vergrößern sich, Schlafstörungen treten ein. Bei längerem Konsum treten entweder enorme Aggressivität oder Depressionen auf. Die Gefahr des *Hängenbleibens* ist groß. Dadurch entstehen wieder psychotische Zustände. Abstumpfung ist eine weitere Folge. Der *User* setzt ausgeprägte und oft fatale Fehlhandlungen. Äußerlich manifestiert sich diese Droge durch die so genannten *Speedpickel*; die Zähne verfaulen und fallen aus. Der Mensch wird physisch und psychisch ausgezehrt, leidet unter ständigen Gliederschmerzen und erleidet Herzschäden. Die Dauernervosität durch Amphetamin (*Speed*) entsteht durch die enorme Freisetzung der Botenstoffe Noradrenalin und Dopamin. Der Körper steht gleichsam unter Starkstrom.[45]

Bei der Nachweisbarkeit greifen auch hier Schnelltests (Urin: zwei bis vier Tage, im Blut rund einen Tag).

Speed ist auf Partys und in Discos, aber auch im Alltag gebräuchlich, wobei jedoch, nach Kuntz, diese Droge aufgrund der Stärke und Wirksamkeit von den *Usern* »sträflich unterschätzt« wird.[46]

Ist Amphetamin (*Speed*) bereits ein Teufelszeug, findet es in **Methamphetamin** (*Crystal*, *Ice*, *Crank*, *Meth*, *Thaipille*, *Yaba*, *Shabu*, *Glass*, *Super-Speed*, *Freebase-Speed*) eine weitere

---

44 ebenda
45 ebenda
46 ebenda

Steigerung. (*Crystal* hat nichts dem Narkosemittel Phencyclidin, das unter dem gleichen Namen gehandelt wird, zu tun!)

Der Wirkstoff (S)-(Methyl)(1-phenylpropan-2yl)azan wurde 1919 erstmalig synthetisiert und kam 1930 auf den Markt. Bald wandte man sich von dieser Substanz wegen der gefährlichen Nebenwirkungen ab. Abarten strukturverwandter Stoffe werden als Betäubungsmittel verschrieben. Erst in den 80ern und 90ern entdeckte man Methamphetamin als weitere Party- und Designerdroge.

Auf dem Schwarzmarkt wird Methamphetamin-Hydrochlorid (Methamphetamin-HCL) als *Meth* in Pulverform angeboten, die reine, kristalline Form kursiert als *Crystal, Ice, Crank, Glass, Super-Speed* und *Freebase-Speed*. Meth kann geschnupft, oral eingenommen oder inhaliert werden, wobei dafür spezielle Pfeifen erforderlich sind. Auch Folienrauchen ist möglich.

In der Wirkung ist *Meth* (Methamphetamin) körperlich und seelisch stimulierend, es euphorisiert, verstärkt Konzentration und Leistung, ist sexuell anregend und ruft gleichzeitig Halluzinationen hervor. Die Nebenwirkungen dokumentieren sich als Fahrigkeit, Zittern, Unruhe, Kopfschmerzen, Übelkeit, Schwitzen, trockener Mund, erweitere Pupillen, Herzrhythmusstörungen, Aggressivität bis zur Eigen- und Fremdgefährdung.[47]

Wer *Meth* länger konsumiert, handelt sich Schlafstörungen, Hautentzündungen und Haarausfall ein. Der Körper wird stark ausgezehrt. Aggressivität und Depressionen, Gefühlskälte und Größenwahn folgen. Stark angestiegener Bluthochdruck kann Hirnblutungen auslösen. Es kommt zu Paranoia, psychotischen Symptome, inneren Blutungen, Organ- und Hirnschäden, Bewusstlosigkeit, Atemlähmung, Koma, Tod.

Bei Einnahme von Methamphetamin (*Meth*) spielt sich im Körper ein Szenario ab, bei dem die Neurotransmitter Noradrenalin, Dopamin und Serotonin vermehrt ausgeschüttet werden.

---

47 ebenda

Gleichzeitig wird aber die Wiederaufnahme dieser Botenstoffe in die präsynaptische Membran der Nervenzellen im Gehirn gehemmt und daher kommt es zu Schädigungen des dopaminergen und serotonergen Systems im Gehirn.

Auch Methamphetamin (*Meth*) ist mit Schnelltests nachweisbar (Urin: drei bis vier Tage, Blut: ca. einen Tag).

Helmut Kuntz von der Fachstelle für Suchtprävention in Saarbrücken wertete hunderte *User*-Erfahrungsberichte aus dem Internet aus, davon möchte ich nur zwei zitieren:

»Ihr werdet mit der Zeit garantiert merken, wie im Arsch euer Körper [ist] und vor allem euer Geist eigentlich sein kann. Leute, bemerkt endlich, dass Crystal die schlechteste Droge ist, die je auf den Markt der Partydrogen kam und euch genauso in den Arsch richten kann wie Heroin oder Ähnliches.«

»Ich würde sogar so weit in meiner Behauptung gehen, dass Crystal die härteste Droge ist, die es je gab, da die Ausmaße einfach nicht abzuschätzen sind und auch der Körper rapide zu Grunde geht.«[48]

Etwas aus der Mode gekommen, aber deshalb nicht minder gefährlich, ist **LSD** (*Acid*, *Trips*, *Tickets*, *Micros*, *Pappen*), eine bewusstseinserweiternde, (halb)synthetische Droge mit dem Wirkstoff Lysergsäurediethylamid.

Der Schweizer Entdecker, Albert Hofmann, war Forschungschemiker bei der Sandoz AG in Basel und nannte seine Entdeckung selbst »mein Sorgenkind«.[49] Ursprünglich wollte er eine Kreislaufstimulans herstellen. 1938 erstmals synthetisiert, entdeckte er aber ein Psychostimulans, das Geschichte machte und zu einem Mythos wurde. In der Zeit der Flower-Power-Bewegung und der Hippie-Ära war diese Droge besonders en vogue, nicht zuletzt bekannt durch Timothy Leary, den »Drogenapostel«, der von dieser Substanz geradezu schwärmte.

---

48 Kuntz, S. 128
49 Albert Hofmann, LSD – mein Sorgenkind. München 1993

LSD wird oral in Form von Tabletten und Kapseln eingenommen, kann aber auch als Lösung auf Löschpapier und Pappe aufgetragen werden, die mit unterschiedlichsten Motiven bedruckt sein können (Logos, Comics etc.).

In den 70ern und 80ern wurde wegen LSD in Wien bzw. Österreich öfters Panikmache betrieben, indem in regelmäßigen Abständen meist anonyme Schreiben an Schulen verschickt wurden, die vor immer neuen LSD-Comics warnten. Kaum eine Woche verging ohne einen solchen Brief. Selbst Briefmarken wurden verdächtigt, LSD-hältig zu sein. Der Legendenbildung war Tür und Tor geöffnet.

Ein LSD-Trip hat es in sich: intensive Steigerung der Berührungsempfindlichkeit und Sinnlichkeit, euphorische Stimmung, schwerste Halluzinationen. Sämtliche Sinne werden stimuliert. Synästhesien treten auf, die Aufhebung und Trennung aller Sinne, traumartige Trancezustände, Zeitgrenzen verschwimmen. Die Nebenwirkungen sind Pupillenerweiterung, Atembeschwerden, Herzrasen, Schweißausbrüche oder Kälteempfinden, abrupte Stimmungsschwankungen, Panikattacken, Auflösung der Identität, Horrortrip.[50]

Die Langzeitfolgen finden in ausgeprägten Fehlhandlungen, im Identitätsverlust, in der Auflösung des Ichs und Selbst, in existenziellen Lebenskrisen, in psychotischer Symptomatik und im *Hängenbleiben* auf dem Horrortrip ihren Niederschlag.

Eindringlich beschreibt Kuntz, was die Droge im Gehirn auslöst. »LSD wirkt auf verschiedene Neurotransmittersysteme. Insbesondere bindet es sich auf Grund seiner strukturellen Ähnlichkeit an spezifische Serotoninrezeptoren. Über diesen Weg ahmt es die Wirkungen dieses Botenstoffes nach. Da dabei nur eine ganz spezielle Auswahl an Rezeptoren aktiviert wird, verändert sich die Informationsverarbeitung im Gehirn. Es wird die Filterfunktion unterdrückt, welche die

---

50 vgl. Kuntz, S. 129f.

Großhirnrinde unter normalen Umständen von der Reizüberflutung abschirmt. Der ungebremste Strom an Sinneseindrücken, Bildern und Visionen während einer LSD-Reise wird als faszinierende Bereicherung der Wahrnehmung erlebt.«[51]

Die Nachweisbarkeit von LSD ist im Blut mit einem Tag, im Urin mit zwei bis vier Tagen gegeben. Während die Droge körperlich keine Schäden anrichtet, ist die Gefahr psychischer Schäden umso größer.

Die Natur bietet ein reichhaltiges Angebot an Rauschmitteln wie z. B. **Halluzinogene Pilze** (*Psilos*, *Magic Mushrooms*, *Zauberpilze*) mit den Wirkstoffen Psilocybin (4-Phosphoryloxy-N, N-dimethyltryptamin) und Psilocin (4-Hydroxy-N, N-dimethytryptamin).

Diese Halluzinogenen Pilze galten als heilig und zählen zu den ältesten Rauschmitteln, die in Zeremonien eingesetzt und verwendet wurden. Für die frühen mittelamerikanischen Hochkulturen (Inkas, Azteken, Mayas) waren sie ein Fixpunkt ihrer Spiritualität und bei magischen Ritualen. Halluzinogene Pilze werden auch heute noch von den indogenen Völkern verwendet.

Die psychoaktive Substanz Psilocybin konnte erstmalig 1959 isoliert und anschließend synthetisiert werden. Schließlich blieb Psilocybin auch dem Weltdrogenmarkt nicht verborgen. Auf dem Schwarzmarkt werden die Pilze vorwiegend frisch oder getrocknet angeboten, eher selten in pulversierter Form in Kapseln, ebenso wie vollsynthetisch hergestelltes Psilocybin. Sämtliche notwendigen Utensilien für die Selbstzüchtung können über einschlägige Adressen und über das Internet bezogen werden.

Beim Genuss dieser Pilze, die der *User* oral einnimmt, verfällt er in ein traumartiges Erleben, dass die Euphorie steigert und zugleich sanft und warm wirkt. Es ist ein Eintauchen in

---

51 ebenda, S. 130

eine besondere Mystik mit einem Gefühl des Schwebens bis hin zur (vermeintlichen) Loslösung des Körpers.

Lässt die Wirkung nach, folgen Hyperthermie (Überhitzung des Körpers) oder Kältegefühl, verbunden mit Herzrasen und Atembeschwerden, Übelkeit, starker Pupillenerweiterung bis hin zur Identitätsauflösung.

Bei Abhängigkeit treten Angstvisionen und psychotische Reaktionen auf. Fehlhandlungen werden gesetzt. Persönlichkeitsspaltung kann die weitere Folge sein. Oft wird falsch dosiert und immer wieder kommt es zu akuten Notfällen durch die Verwechslung mit Giftpilzen.

Im Gehirn wirkt Psilocybin auf unterschiedliche Neurotransmittersysteme. Nach Kuntz bindet es sich aufgrund seiner strukturellen Ähnlichkeit an spezifische Serotoninrezeptoren und ahmt über diesen Weg die Wirkungen dieses Botenstoffes nach. Allerdings wird nur eine bestimmte Auswahl an Rezeptoren aktiviert und dadurch kommt es zu einer Veränderung der Informationsverarbeitung im Gehirn.[52]

Die standardisierten Schnelltests können Halluzinogene Pilze nicht nachweisen. Ansonsten halten sich die Wirkstoffe im Blut ca. einen Tag, im Urin rund zwei bis drei Tage.

Die einstige Droge der Schönen und Reichen ist inzwischen, wie bereits erwähnt, durch Preisverfall und Überproduktion für jedermann erschwinglich: **Kokain** (*Schnee*, *Koks*, *Coke*) mit dem Wirkstoff Methyl(3ß-(benzoyloxy)-tropan-2ß-carboxylat), auch Methyl-Benzoyl-Ecgonine.

In Südamerika gilt der Cocastrauch seit Jahrtausenden als Kulturpflanze und erfährt auch eine dementsprechende Huldigung. Im Grunde ist es eine hinterhältige Pflanze. Sie kann bis zu viermal im Jahr geerntet werden. Man kann ihr gleichsam beim Wachsen zusehen. Die Cocablätter werden von den Indios gekaut, da sie das Hungergefühl dämpfen und die

---

52 vgl. ebenda, S. 133

Leistungsfähigkeit anheben. Auch Cocatee, überall in den Anbauländern frei erhältlich, wird aus den Blättern gewonnen. Albert Neumann gelang 1859 erstmals die Isolierung des Kokains. 1902 erfolgte die Erstsynthese durch Richard Willstätter.

In der Humanmedizin fand Kokain Verwendung als schmerzstillendes Mittel. Der Vater der Psychoanalyse, Sigmund Freud, experimentierte ebenfalls mit der Droge und empfahl sie seinen Patienten. Nach neuen historischen Erkenntnissen reiste auch Kaiserin Elisabeth, »Sisi«, stets mit der Kokainspritze im Handgepäck.

Es war und ist – heute mehr denn je – eine schicke Droge, die auch in dementsprechenden Kreisen konsumiert wird. Pitigrilli, eigentlich Dino Segre, der italienische Autor und Journalist, widmete dem Schnee einen eigenen Roman – »Kokain«. Der Urvater des Satanismus, Aleister Crowley, huldigte dem Koks ebenso wie in der Gegenwart verschiedenste Künstler wie z. B. Konstantin Wecker, Jörg Immendorff und viele andere. Von AC/DC bis Frank Zappa kommen und kamen in der Rock- und Popmusik irgendwann so ziemlich alle mit dieser Droge in Berührung. Auch das heimische Musikgeschäft bleibt davon nicht verschont, siehe Tony Wegas, Rainhard Fendrich und einige andere, von denen man es ebenso weiß, sich jedoch gekünstelt medial entrüstet, sobald es auf fliegt.

Nachdem das ungeheure Suchtpotenzial erkannt worden war, verzichtete man auf den Einsatz in der Humanmedizin. Heute ist Kokain eine der führenden Drogen auf dem Weltdrogenschwarzmarkt und sichert ihren Produzenten unermessliche Gewinnspannen.

In den Handel gelangt Kokain – Kokainhydrochlorid – als weißes kristallines, bitter schmeckendes Pulver oder als reine Kokainkristalle.

Unzählige Male in Filmen gezeigt, weiß man, wie Kokain konsumiert wird. Auf einem Spiegel oder einer Glasplatte wird das Kokain mit der Kreditkarte, sofern sie durch die Sucht nicht längst eingezogen ist, fein gestoßen und zu einer *Linie (line)* oder *Straße* zusammen geschoben. Mit einem zusammengerollten Geldschein – passionierte bzw. betuchte *User* verwenden dafür auch spezielle Röhrchen – wird das *Koks* dann gesnieft.

Der *Schnee* kann intravenös gespritzt oder in die Mundschleimhäute eingerieben werden. Besonders teuflisch ist die Mischung aus Kokain und Heroin – *Speedball*.

Worin besteht die Faszination des Kokains? In der aufputschenden Wirkung, durch die Erhöhung des Antriebs, der Denk-, Konzentrations- und Leistungsfähigkeit, in einer kalten, rationalen Euphorie; es wirkt enthemmend, sexuell stimulierend und vermittelt Gefühle der Unschlagbarkeit, Überheblichkeit, Unbesiegbarkeit und des absolut Unbezwingbaren.

Parallel dazu sind ein erhöhter Pulsschlag und eine Erweiterung der Pupillen festzustellen. Es können Kreislaufkomplikationen auftreten, gefolgt von Halluzinationen des Körperempfindens mit Krämpfen und paranoiden Reaktionen. Die Langzeitfolgen sind nicht zu unterschätzen: Erschöpfungszustände, körperliche Auszehrung und psychische Deformation; Verätzungen und Perforationen der Nasenschleimhaut bzw. der -scheidewand; maßlose Selbstüberschätzung, Psychosen, Aggressivität, asoziales Handeln, Ausbildung von Ticks, Depressionen, Verlust des Selbstwertgefühls, schwere Leberschäden.

Ein Paradebeispiel für den optischen Niederschlag eines über Jahrzehnte exzessiven Drogenkonsums im Gesicht ist Stones-Gitarrist Keith Richards. Ein grinsender Gesichtsfelsen. Wie er selbst zugibt, hat er alles konsumiert, was es im Drogen-Shopping-Center gibt. Nur ist Richards, aufgrund seines Reichtums, in der Lage, sich jederzeit aus der Scheiße ziehen zu können, wenn es eng wird. Seit vielen Jahren wird das Gerücht kolportiert, dass durch seine Adern kein einziger Tropfen eigenen Blutes mehr fließt. Einmal pro Jahr soll er sich in eine Spezialklinik begeben, wo ein kompletter Blutaustausch erfolgt.

Kokain trickst – wie alle Drogen im Übrigen, nur auf unterschiedliche Weise, das Gehirn aus, indem Dopamin, Serotonin und Noradrenalin intensiviert werden. Dadurch erfährt die Psyche die Illusion einer Dauerbelohnung.

Kokain im Körper kann durch Schnelltests festgestellt werden (Blut: ein bis zwei Tage, Urin: bis zu vier Tage). Durch Haartests kann der Konsum auch über längere Zeiträume nachgewiesen werden.

Gefährliche Abarten des Kokains sind **Crack und Freebase** (*Supercoke*, *Steine*, *Rocks*) mit dem Wirkstoff Methyl-Benzoyl-Ecgonine (Methyl-[3ß-(benzoyloxy)-tropan-2 -carboxylat).

Zum Glück haben Crack und Freebase in Österreich bislang nicht Fuß gefasst. In Gesprächen mit Ärzten, Therapeuten und Polizisten lautet die einhellige Meinung, dass der Wiener und in Folge der österreichische *User* eher einer der gemütlichen Sorte ist und vor diesem Zeug wegen seiner fatalen Wirkungen schlichtweg (noch) ordentlich Respekt und Angst hat.

Crack hat keine Geschichte. Es ist der Auswuchs des gierigen, menschenverachtenden Kokaindrogenmarktes, noch mehr Abhängige an sich zu binden.

Gehandelt wird diese Droge als freie Kokainbase als weißgelbliche Kristalle oder als Kokain mit Backpulver versetzt (Crack). Der Name Crack geht auf das Verbrennen der kleinen Klumpen zurück (to crack = knistern, to crackle = knistern). Beide, Crack und Freebase, können inhaliert werden. Entweder in speziellen Crackpfeifen oder durch Folienrauchen, bei dem direkt von der Alufolie inhaliert wird, wobei der Rauch nach verbranntem Styropor stinkt.

Die Rauschzustände sind kurz, jedoch sehr heftig. Es kommt zu einem *Flash*, einer totalen Sinn- und Reizüberflutung. Die Stimmung hebt sich und steigert sich bis zur Euphorie. Energie, Wachheit und Leistungsfähigkeit werden kurzfristig gepusht.

Als Nebenwirkungen treten erhöhter Blutdruck, erweiterte Pupillen, Schlaflosigkeit, Schädigungen der Schleimhäute, Angstgefühle, Depressionen, Aggression und erhöhte Reizbarkeit auf.

Wird Crack länger konsumiert, ist der Totalabsturz vorprogrammiert. Neben Zahnverlust und -ausfall werden Atemwege, Lunge, Leber und Gehirn schwer geschädigt. Paranoia und Psychosen sowie körperliche und psychische Auszehrung sind weitere Folgeerscheinungen. Da ein Crackrausch nur kurz anhält und der Abhängige immer mehr braucht, ist hier die Beschaffungskriminalitätsrate sehr hoch und der Weg in die Prostitution vorgezeichnet. Binnen kürzester Zeit tritt soziale und körperliche Verelendung ein. Bei Schwangerschaften ist das Risiko, später ein schwer behindertes Kind zu gebären, extrem hoch.

»Unter all den Mitteln, die es dem Allmächtigen gefallen hat uns zu geben, auf das wir unsere Leiden lindern, ist keines so umfangreich anwendbar und so effizient in seiner Wirkung wie das **Opium**«, sagte der Arzt Thomas Sydenham (1624–1689), der auch als der »englische Hippokrates« bezeichnet wird.

Opium ist der durch Anritzen gewonnene getrocknete Milchsaft unreifer, ausgewachsener Samenkapseln des zu den Mohngewächsen (Papaveraceae) gehörenden Schlafmohns (Papaver somniferum L.). Durch Oxidation entsteht während eines Trocknungsprozesses eine braune bis schwarze Masse, das Rohopium.

Rauchopium (*Chandu*) wird inhaliert, kann aber auch in Alkohol gelöst getrunken, als Pulver gegessen oder intravenös gespritzt werden.

Für die legale, pharmazeutische Verwendung ist die Gewinnung zu aufwändig und arbeitsintensiv, daher wird Opium aus Mohnstroh gewonnen.

Opium, früher auch als Laudanum bezeichnet, enthält 37 unterschiedliche Alkaloide, die im Rohopium bis zu einem Viertel der Masse ausmachen können, wobei der Hauptbestandteil das Morphin (rund zehn Prozent) ist, eines der stärksten bekannten Schmerzmittel.

Der deutsche Apotheker Friedrich Sertürner isolierte Morphin erstmals 1804. Nach Morphium ist Codein das am häufigsten pharmakologisch angewandte Opiumalkaloid. Weitere wichtige Alkaloide sind Noscapin (Narcotin), Papaverin, Thebain und Xanthalin. Nach UNODC-Quellen sind Afghanistan, Myanmar und Laos die Hauptopiumanbauländer. Die Taliban förderten anfänglich den Drogenanbau – Waffen gegen Drogen. Durch den Krieg kam der Opiumanbau in die Krise, hat jedoch mit der Machtübernahme durch die Nordallianz wieder stark zugenommen.

Opium wirkt beruhigend und ruft hypnotische Zustände hervor. Daher ist es auch im asiatischen Raum eine sehr beliebte Droge mit Tradition und Geschichte. Zu den körperlichen Langzeitfolgen zählen Appetitlosigkeit, demzufolge rapider Gewichtsverlust, Abmagerung und völlige Entkräftung, Kreislaufstörungen und Muskelschmerzen. Bei Überdosierung droht akute Atemlähmung mit Todesfolge. Die psychischen Auswirkungen lassen sich mit Antriebsschwäche, Depressionen, Impotenz, starken Persönlichkeitsveränderungen, Apathie und Teilnahmslosigkeit zusammenfassen.

Das am häufigsten verbreitete und illegale Opium-Derivat ist das **Heroin** (*H*, *Hero*, *Brown Sugar*; in Wien als *Braunes* bezeichnet) mit dem Wirkstoff Diacetylmorphin. Bereits 1898 begann die kommerzielle Vermarktung des Diacetylmorphins unter der bis heute gängigen Bezeichnung Heroin. Damals glaubte man, ein nicht suchterzeugendes Mittel gegen alle möglichen Krankheiten gefunden zu haben. Nachdem genau das Gegenteil eintrat, verlor es in der Humanmedizin rasch an Bedeutung.

Neben Cannabis und Kokain ist Heroin die dritte Droge im Bunde, die am internationalen Schwarzmarkt die fettesten Gewinne abwirft.

Heroin ist ein weißes bis beigefarbenes kristallines, geruchloses und bitter schmeckendes Pulver, wird aber auch als weißbräunliches Granulat mit leichtem Essiggeruch gehandelt.

Der Heroinabhängige (*Junkie, Fixer*) spritzt es intravenös in die Venen. Auch nasal, durch ein Röhrchen, kann Heroin gesnieft werden. Ebenso ist es rauchbar oder es wird auf einer Folie verdampft und die Dämpfe werden inhaliert (*den Drachen jagen*). Obwohl möglich, ist die orale Aufnahme äußerst selten.

Die erwünschte Rauschwirkung zeigt sich in einer euphorisierenden Gefühlsüberflutung mit absolutem Wohlbefinden, gepaart mit Sorglosigkeit, Ausgeglichenheit und Zufriedenheit. Weniger angenehm sind Übelkeit und Erbrechen, Kreislaufstörungen, eine Engstellung der Pupillen und eine Herabsetzung des Stoffwechsels.[53]

Die Langzeitfolgen sind verheerend. Neben der physischen und psychischen Auszehrung kommen Hepatitis- und HIV-Infektionen durch unsterilen intravenösen Spritzengebrauch hinzu. Weiters bilden sich eitrige, bakterielle Entzündungen und Abszesse, die sehr schlecht abheilen.

Der Beschaffungsdruck für den nächsten *Schuss* ist enorm. Daraus resultieren soziale Verelendung, Beschaffungskriminalität, Prostitution. Das Leben ist nur mehr auf die nächste Spritze fokussiert. Bei Überdosis drohen Atem- und Herzstillstand, Koma und schließlich der Tod.

Opioidrezeptoren, die im Gehirn und im Rückmark vorhanden sind, sind für die Anbindung des Heroins verantwortlich. Mit der Aktivierung dieser Rezeptoren setzt auch die Wirkung der Droge ein.

Heroin ist im Blut zwei bis vier Tage nachweisbar. Eine Heroinsucht erfordert den körperlichen Entzug, die Entgiftung sowie eine anschließende Psychotherapie. Die Rückfallsquoten sind hoch. Nach Kuntz erfüllen Substitutionsbehandlungen nur eingeschränkt die in sie gesetzten politisch-gesellschaftlichen Hoffnungen.[54]

Heroinabhängige greifen oft als Überbrückung bis zum nächsten *Schuss* zum *O-Tee*, indem sie Mohnkapseln auskochen. Mohnkapseln werden in Wien auch legal verkauft.

---

53 ebenda
54 ebenda, S. 142

Allerdings sind sie dann auch dementsprechend präpariert und können tatsächlich nur für Dekorationszwecke verwendet werden. Aber es existieren auch Geschäfte, die Mohnkapseln – zur Tarnung – ausschließlich für »Bastelzwecke« anbieten wie beispielsweise ein kleines Gassenlokal im 2. Bezirk, in dem sich jedoch Abhängige die Klinke in die Hand geben.

Die Auseinandersetzung mit Heroin fand auch in Texten der Rock- und Popmusik statt. Songs, die sich mit dieser Droge beschäftigen: »Sister Morphin« von Marianne Faithfull, »Brown Sugar« und »Dead Flowers« von den Rolling Stones, »The Needle and the Damage Done« von Neil Young, »Under the Bridge« von den Red Hot Chilli Peppers, »Heroin« und »I'm Waiting For The Man« von Velvet Underground, »Mr Brownstone« von Guns N' Roses, »There She Goes« von The La's, »Not If You Were The Last Junkie on Earth« von Dandy Warhols, »Heroin« von Sinéad O'Connor & U2, »Golden Brown« von The Stranglers, »Heroin, She Said« von Wolfsheim, »Comfortably Numb« von Pink Floyd, »My Sweet Prince« von Placebo, »Chinese Rock« von The Ramones, »Perfect Day« von Lou Reed, »Kokain-Blues« von Hubert von Goisern, »Ganz Wien« und »Mutter, der Mann mit dem Koks ist da« von Falco. Die Aufzählung erhebt keinen Anspruch auf Vollständigkeit.

In regelmäßigen Abständen tauchen in den Medien Meldungen über neue Horrordrogen auf. In letzter Zeit war es »News«, das über **Liquid Ecstasy** berichtete. Es »macht willenlos, stürzt ins Koma«.[55] Die Rede ist von der Vergewaltigungsdroge GHB (*Liquid X, Fantasy, Gamma, Liquid Ecstasy*) mit dem Wirkstoff Gamma-Hydroxybutyrat und Gamma-Hydroxybuttersäure. Der Name Liquid Ecstasy ist überaus irreführend, da die Wirkung von GHB nichts mit der von Ecstasy gemein hat.[56]

---

55 NEWS, 16. Juli 2006
56 vgl. Kuntz, S. 143

»Als Gina aufwacht, ist sie splitterfasernackt«, schreibt NEWS. »... In ihrem Kopf hämmert und dröhnt es, in ihrem Mund spürt sie einen bitteren Geschmack. Der Typ streift sich sein T-Shirt über ...«

In den USA wird GHB die »date rape drug«, also Vergewaltigungsdroge, genannt. »Immer wieder tauchen Frauen bei uns auf und berichten von derartigen Erlebnissen,« zitiert NEWS Gabriele Fischer, Leiterin der Drogenambulanz am Wiener AKH. »In geringer Dosierung handelt es sich um eine enthemmende Substanz, doch in größeren Mengen und in Verbindung mit Alkohol legt es vorübergehend das Bewusstsein völlig lahm.«

In Wahrheit nichts Neues. Es sind die so genannten **K.o.-Tropfen**, ein Mittel für Trieb- und Sexualstraftäter, sich ihre Opfer willenlos und gefügig zu machen, aber auch für Nutten, vorwiegend aus dem ehemaligen Osten, um geile Freier abzuzocken oder auszurauben.

Bei K.o.-Tropfen handelt es sich um ein Schlafmittel, das man Personen unbemerkt in die Nahrung oder ins Getränk mischt. Es ist geruchlos, von Wasser kaum zu unterscheiden, noch dazu im schummrigen Licht einer Bar oder Disco. Der leicht salzige Geschmack verschwindet sofort, wenn sich die Tinktur mit einem süßen Cocktail mischt.

Früher waren die Wirkstoffe Chloralhydrat und Barbiturate. Heute werden Benzodiazepine, meist Flunitrazepam, und neuerdings auch GHB verwendet.

1961 kam es erstmals zur Synthetisierung von GHB. Später wurde die gleiche Substanz auch als körpereigener Stoff entdeckt und in der Humanmedizin als Antidepressivum verwendet. Inzwischen wird GHB, zumindest in Deutschland, als Narkosemittel eingesetzt. GHB-Missbrauch wird auch in Bodybuilderkreisen betrieben, indem die Substanz für den Muskelaufbau angewandt wird.

GHB wirkt leicht euphorisierend, löst Ängste und Depressionen. Es fördert die zwischenmenschliche Kontaktaufnahme und ist sexuell anregend. Nach Kuntz sind bei »vernünftiger« Dosierung keine nennenswerten Nebenwirkungen zu verzeichnen.[57] Jedoch bei Überdosierung und in Verbindung mit verschiedenen Substanzen treten Übelkeit, Erbrechen, Kopfschmerzen, krampfartiges Muskelzucken, Atemdepression, Kreislaufkollaps, schlagartige Bewusstlosigkeit und Koma und als letzte Konsequenz der Tod auf.

Im Gehirn verstärkt GHB die Wirkung des dämpfenden Neurotransmitters Gamma-Aminobuttersäure (GABA) und verursacht eine erhöhte Dopaminausschüttung. Bei regelmäßigem Konsum kann psychische Abhängigkeit ausgelöst werden.

Von den derzeitigen Drogenscreenings kann GHB nicht erfasst werden.

1965 wurde **Ketamin** (*Special K, Vitamin K, Ket*) mit dem Wirkstoff 2-(2-Chlorphenyl)-2-(Methylamino)-Cyclohexanon erstmals in der Human- und Veterinärmedizin eingesetzt. Die Nebenwirkungen haben allerdings dazu beigetragen, dass Ketamin in der Drogenszene angewendet wird.

Der Dealer bietet es als flüssige Injektionslösung oder als kristallines Pulver an. Weniger gebräuchlich sind Pillen oder Tabletten. Der Ketaminkonsum erfolgt intravenös, intramuskulär, oral und nasal.

Der Rausch löst schwere Halluzinationen aus; es erfolgt eine Befreiung vom Körper; es kann zu Traumbildern und Visionen, Erfahrungen von universeller Grenzenlosigkeit, Bewusstseinsveränderungen, Nahtoderfahrungen, Seelenreisen, existenziellen Erfahrungen von immateriellen Bewusstsein kommen.

Die Nebenwirkungen gehen mit motorischen Koordinationsstörungen und erhöhtem Speichelfluss einher. Zusätzlich können Bewegungsunfähigkeit, Inkontinenz, Filmrisse, Angst-

---

57 ebenda, S. 144

reaktionen, Fehlhandlungen, Kontrollverlust, Bewusstlosigkeit erfolgen.

Wer sich länger auf Ketamin einlässt, muss mit plötzlicher Ohnmacht, Krampfanfällen, Hirndrucksteigerung, Atemstillstand, Persönlichkeitsveränderungen und totalem Realitätsverlust rechnen.

Ketamin kann mit den gängigen Schnelltests nicht erfasst und nachgewiesen werden.[58]

»PCP ist die schrecklichste Droge auf diesem Planeten. Ich hasse sie. Wenn du sie konsumierst, hasst du dich und alles andere.«

»Ein Freund hat sich auf PCP mal auf die Bahnschienen gelegt und hätte gewartet, bis der Zug kommt. Hätte ich ihn nicht gerettet, wäre es aus gewesen.«

»Die PCP-Atome dringen überfallsartig in das Gehirn und killen alles, was sich bewegt. Das überträgt sich auch auf dich. Du willst alles killen, was sich bewegt.«

»Du wirst auf dieser Droge zum Monstrum, du würdest sogar deine Familie abschlachten und am Ende lachst du darüber.«

»Diese Droge hat einen Trip aus Angst und Sadismus bei mir ausgelöst.«

»Verpfeift keine Kiffer, aber Leute, die PCP verkaufen.«

»Im Allgemeinen ist PCP eine der kältesten, nervösesten, uneuphorischsten und unkontrolliertesten Trips überhaupt.«

Das sind nur ein paar jener Einträge in Internetforen, die Helmut Kuntz von der Fachstelle Suchtprävention in Saarbrücken gesammelt hat.[59]

PCP (*Angeldust, Crystal, Peace Pill, Killerjoint*) mit dem Wirkstoff Phenyl-cycloexyl-piperidin ist tatsächlich eine Killerdroge. In den 50ern und 60ern wurde PCP in der Human- und Veterinärmedizin als Narkosemittel verwendet, aber bald ließ

---

58 ebenda
59 ebenda, S. 149

man die Finger davon, sobald man die für Menschen absolut nicht geeigneten Nebenwirkungen erkannte.

Über PCP kursieren wahre Horrorgeschichten. Ich selbst sah in einem amerikanischen Fachbuch für Kriminalistik Fotos eines Mannes, der sich auf PCP mit einer Spiegelscherbe die Gesichtshaut abzog und an seinen Hund verfütterte. Im PCP-Rausch werden die Abhängigen völlig schmerzunempfindlich. Es kam vor, dass sich Leute lachend Hände abhackten. Oder jener Mann, der in einer amerikanischen Polizeistation auftauchte, sich vor den entsetzten Cops die Augäpfel herausriss und sie ihnen vor die Füße schmiss.

Im Schwarzhandel existiert PCP als weißes Pulver oder in kristalliner Form als Tabletten oder Pillen, wobei diese Droge, weil sie so extrem gefährlich ist, öfter auch unter falschem Namen verdealt wird. Sie kann oral, nasal, inhaliert (geraucht in Kombination mit Tabak oder Marihuana) und gespritzt (selten) werden.

Die Wirkung ist euphorisierend, wobei das körperliche Empfinden bis zum Verlust jeglichen Körpergefühls führen und extremste Wahnvorstellungen hervorrufen kann. An Nebenwirkungen stellen sich Übelkeit, Fehlhandlungen, Bluthochdruck, Hyperventilation, Schweißausbrüche, Verlust der Körperkontrolle, Panikattacken, regungslose Starre und Bewusstlosigkeit ein. In der Langzeitwirkung ergeben sich oft negative Verläufe bis hin zu Horrortrips, epileptischen Anfälle, unkontrollierten Muskelkontraktionen, Koma, psychotischen Reaktionen, Gefühlskälte, Gedächtnisstörungen, *Löcher im Kopf* (Gehirnschäden).

PCP lässt sich mit Schnelltests erfassen und im Urin ist es zwischen zwei und vier Tagen nachweisbar. In Österreich ist PCP bislang noch nicht in Erscheinung getreten.

Sie besitzt zwar einen himmlischen Namen und doch ist sie, bei falscher Anwendung, ein Teufelswerk: die **Engelstrompete** mit den Wirkstoffen Skopolamin und Hyoscyamin. In der

Szene ist sie als *Brugmansia* bekannt, was auch zugleich der botanische Name dieser Pflanze ist.

Die Pflanze blickt auf eine lange Geschichte zurück, ist vermutlich prähistorischen Ursprungs und galt in ihrer südamerikanischen Urheimat als heilig. Der rechtliche Status dieser Pflanze ist legal. Brugmansia-Samen bzw. die Pflanze selbst sind in jedem gut sortierten Blumengeschäft zu kaufen, da sie beliebt und schön ist. Gerne wird sie in Gärten und auf Balkonen angepflanzt.

Blüten und Blätter werden als Rauschmittel genutzt, wobei daraus meist ein Aufguss zubereitet wird. Die getrockneten Blätter eignen sich zum Rauchen. Die widrige Anwendung der Engelstrompete ruft Visionen und Halluzinationen hervor. Als Nebenwirkungen sind Schluckbeschwerden, trockene Schleimhäute, extreme Pupillenerweiterung, Herzrasen und Herzrhythmusstörungen, Gedächtnisverlust und Gewalttätigkeit bekannt. Psychotische Zustände bis zum Fall ins Delirium und schließlich der Tod zählen zu den Langzeitfolgen. Der Genuss von Engelstrompete kann nicht nachgewiesen werden.[60]

Natürlich könnte unser Besuch im Drogen-Shopping-Center noch länger andauern. Denn wir haben nur eine Auswahl der wichtigsten Drogen, von denen einige in Wien bzw. in Österreich zum Glück noch nicht in Erscheinung getreten sind, in unserem Einkaufswagen. Genauere Informationen bieten einige Handbücher, die in der Bibliographie am Ende dieses Buches zu finden sind.

Selbstverständlich dürfen bei dieser Auflistung auch nicht die völlig legalen und für jedes Kind, jeden Jugendlichen leicht erwerbbaren Substanzen unerwähnt bleiben. Zum Beispiel sind diese in jedem Baumarkt, in jedem Papierfachgeschäft einfach zu kaufen. Oder auch in der Trafik. Und in diesem Sinne haben diese Substanzen mit Drogen überhaupt nichts

---

60 ebenda, S. 110–152

zu tun: Kontaktkleber, der Klebstoff UHU und Phiolen mit Feuerzeuggas. Besonders die Ärmsten der Armen in Dritte-Welt-Ländern, aber auch in Rumänien und in anderen ehemaligen Staaten des Ostblocks werden zu Leimschnüfflern, indem sie den Klebstoff in eine Plastiktüte füllen, sie zudrehen, um dann am offenen Ende ständig daran zu inhalieren. Die Wirkung ist der blanke Wahnsinn, da die Abhängigen durch den Ätheranteil in diesen Mitteln binnen kürzester Zeit total verblöden.

Ähnliches geschieht auch bei längerem Missbrauch von Butan- oder Feuerzeuggas. Extrem gefährlich ist es, wenn das Gas in geschlossenen Räumen inhaliert wird. Auch in Österreich hat man schon öfters gehört, dass Jugendliche in einem Auto Gas inhalierten und einer sich anschließend – besonders intelligent – eine Zigarette anzündete.

Wenn das Hirn durchdreht

Das Gehirn (lat. cerebrum) ist die Schalt- und Befehlszentrale des menschlichen Körpers. Verantwortlich für sämtliche motorischen Abläufe, für die Gedanken und Gefühle, für die menschlichen Handlungen.

Übertragen in unser digitales Zeitalter und in die PC-Welt wäre der Körper die Hardware und das Gehirn die entsprechende Software. Wird an der Software manipuliert, kommt es zu Störungen. Plötzlich ist die Funktionalität beschränkt, beschädigt oder wird gänzlich lahm gelegt. Das Gehirn erleidet Schaden.

Gehirnschäden entstehen entweder durch äußere, nicht vorhersehbare Umstände (Krankheit, Unfall, Verbrechen) und sind daher nicht vom Menschen beeinflussbar oder durch in Kauf genommene, wenn auch nicht immer bewusste Einflüsse.

»Alle Ding' sind Gift und nicht nichts ohn' Gift; allein die Dosis macht, dass ein Ding kein Gift ist«, sagte bereits im 16. Jahrhundert der deutsche Arzt, Naturforscher und Philosoph Paracelsus (eigentlich Theophrastus Bombastus von Hohenheim).

Eine Manipulation der Software ist der Rausch, ein Zustand veränderter Wahrnehmung, der entweder als angenehm oder unangenehm empfunden wird. Ein Rausch kann die Wahrnehmung trüben, vertiefen, beflügeln oder betäuben.

Der **Rausch** ist ein körpereigener reaktiver Vorgang, der durch verstärkte Ausschüttung körpereigener Hormone wie Adrenalin und Endorphine ausgelöst wird. Rauschzustände können durch Sport, Tanzen, Musik, Meditation u. a. entstehen. Diese drogenfreien Rauschzustände, zumindest einige davon, haben wir selbst mehrmals erlebt, verursacht durch hohe Geschwindigkeit, extreme Höhen und Tiefen (z. B. Klettern, Tauchen, Gefahr durch Sauerstoffmangel), Gefahren (in brenzligen Situationen), Wettbewerb (Schule, Beruf u. a.), Kreativität, Meditation (Trance), Genuss (Essen, Trinken, Sex u. a.), Askese, Entzug (Absetzen von Medikamenten, Drogenentzug) und Amok (destruktiv, Zerstörungswut, blinde Mordlust).

Wird nun das Gehirn einer durch **Psychostimulanzien** hervorgerufenen Manipulation ausgesetzt, spielt das komplette System verrückt. Die Schalt- und Befehlszentrale rotiert, weiß nicht mehr, was der nächste Schritt ist. Schaltkreise fallen aus oder arbeiten nur mehr eingeschränkt.

»Die meisten Drogen – auch ›weiche‹ Suchtmittel wie Alkohol und Cannabis – werfen den Stoffwechsel im Gehirn oft völlig aus der Bahn. Der Mechanismus, der zur Sucht führt, ist immer gleich«, schreibt Gerhard Brenner.[61]

1954 setzten die kanadischen Forscher James Olds und Peter Milner neue Maßstäbe in der Hirnforschung. Seit den 1940er-Jahren versuchten Neurophysiologen sich an den Theorien Sigmund Freuds zu orientieren. Das Geheimnis der grauen Zellen, deren Funktionen und Wirkungsweisen, war längst nicht gelüftet. Olds und Milner arbeiteten mit Versuchsratten und pflanzten in ihre Gehirne winzige Elektroden. Für die Tiere gab es nur zwei Möglichkeiten. Weg A bedeutete Futter, Weg B nichts zum Fressen, dafür einen Stromschlag. Trotz Hunger bevorzugten die Ratten die Stromschläge. Für Olds und Milner war damit klar, dass in den Gehirnen der Nagetiere die elektrischen Impulse eine besondere Art von Glücksgefühlen auslösen mussten. Nur pure Neugier war es anscheinend nicht. In einem weiteren Experiment konnten sich die Ratten ihre Stromschläge selbst verpassen – und sie taten es. Bis zu 5000 Mal pro Stunde setzten sie sich dem Strom aus. Fazit: Sie waren süchtig nach den elektrischen Schlägen. Olds hatte eines der

---

61 Gerhard Brenner, Psychotische Zustände, In: Öffentliche Sicherheit Nr. 5–6/06, S. 10

Vergnügungszentren (Pleasure-Center) im Gehirn entdeckt, jene Teile, die auch von Drogen angesprochen werden.

Für die unterschiedlichen Suchtstoffe ist es gar nicht so einfach, über die Blutbahn bis zum Gehirn vorzudringen. Das Gehirn schützt sich selbst, indem es eine natürliche Schranke eingebaut hat, damit nur die benötigten Substanzen wie Glukose, Vitamine, Eisen oder Sauerstoff zu den Nervenzellen im Gehirn vordringen können. Auf einer Länge von 650 Kilometern durch den Kopf sind die Blutgefäße dreifach gegen unerwünschte Besucher abgesichert.

Das erste Hindernis stellen Endothelzellen mit Proteinen dar, die sich eng ineinander verschränkt haben und gleichsam die Funktion der *doormen*, der Türsteher, der Security, übernehmen. Ihre Aufgabe ist es, ungebetene Gäste abzuweisen. Die zweite Schranke bilden Bindegewebszellen, die von außen die Blutgefäße umklammern, und die dritte Barriere setzt sich aus Versorgerzellen zusammen. Diese schützen die Außenwände der Blutbahnen.

Substanzen, die diese Barrikaden überwinden wollen, müssen besonders winzig sein, unter 500 Dalton (Dalton = Maßeinheit für molekulare Masse) haben und außerdem fettlöslich sein, um diesen Schutzwall zu durchbrechen. Endothelzellen besitzen extrem fetthaltige Membrane, und sollten es wasserlösliche Substanzen versuchen, durchzudringen, ist dieses Vorhaben bereits im Ansatz zum Scheitern verurteilt. Schaffen es fremde Substanzen dennoch, diesen dreifachen Sicherungsring zu durchbrechen, ist noch lange kein Sieg in Sicht. Zwei weitere Verteidigungslinien sind zu überwinden. Enzyme legen sich quer. Ihr Job ist es, fremde Stoffe entweder abzubauen oder wieder zurück in die Blutbahn hinaus zu komplimentieren. Und dann sind, gleichsam als letzte Bastion, noch die so genannten Exportpumpen zu überwinden, die fremde Substanzen als unerwünscht abschieben.

Drogen sind hinterhältig und wenden daher auch alle Mittel an, um ihr Ziel zu erreichen. Sie sind Hirnterroristen. Auf

Schleichwegen tricksen sie sämtliche Sicherungsmaßnahmen aus. Ecstasy und Kokain sind in ihrer chemischen Struktur legalen Botenstoffen derart ähnlich, dass es diesen Drogen ein Leichtes ist, einen »Passierschein« ausgestellt zu bekommen. Alkohol-, Nikotin- und Heroinmoleküle sind bereits so winzig, dass sie problemlos durch sämtliche Schranken hindurchschlüpfen. Andere Medikamente- und Drogenmoleküle verschanzen sich hinter Fettkügelchen, schieben sie gleichsam als Schutzschilde vor sich her und gelangen dadurch in die Nervenzellen des Gehirns. Einer dieser Schleichwege läuft zum Beispiel über die Nasennerven wie beim Kokainsniefen.

Der amerikanische Forscher Bryan Yamamoto von der Boston University entdeckte 2005, dass Ecstasy-Moleküle diese »Blut-Hirn-Schranke« nachhaltig außer Kraft setzen. Bei Versuchen mit Ratten waren diese Sicherungen im Gehirn bis zu zehn Wochen völlig ausgeschaltet. Das Gehirn war offen wie ein Scheunentor. Nicht nur für Psychostimulanzien, sondern auch für jede Art von Krankheitserregern. Zehn Ratten-Lebenswochen entsprechen fünf bis sieben menschlichen Lebensjahren.[62]

In der Suchtforschung ist es heute längst erwiesen, dass Sucht im langläufigen Sinn durch das körpereigene Belohnungssystem ausgelöst wird. Egal, um welche Form von Sucht es sich dabei handelt. Drogen wie Heroin oder Kokain »regen die Produktion körpereigener, aufputschender oder dämpfender Botenstoffe im Gehirn an – oder sie haben eine ähnliche Zusammensetzung.« So steigt bei Kokaineinnahme der Dopaminspiegel auf das Fünfzehnfache des Normalen im Körper an. Dopamin ist der Antriebsfaktor im menschlichen Gehirn.

Suchtexperten glauben, dass man bereits im Kindesalter lernen kann, sein körpereigenes Belohnungssystem zu steuern und zu kontrollieren – in späteren Jahren daher weniger suchtgefährdet ist. »Solange das Belohnungssystem ein Selbstverwaltungsorgan mit vielen Möglichkeiten ist, ist die Gefahr

---

62 ebenda, S. 10ff.

gering ... Der Unterschied zwischen den verschiedenen Süchten liegt allein in der Geschwindigkeit, wie sie abhängig machen. Durch direktes Eingreifen in das Botenstoffsystem des Gehirns über die Blutbahn machen beispielsweise ... Heroin und Kokain rascher abhängig als ›nichtstoffliche‹ Mechanismen, wie Spiel-, Schmerz-, Fett- und Magersucht«, heißt es in einem Artikel der Fachzeitschrift »Kriminalpolizei« (Dezember 06 / Jänner 07, S. 10).

Seit 1981 ist Sucht in Österreich als Krankheit offiziell anerkannt.

Jeder dritte erwachsene Österreicher ist nikotinabhängig.

Jährlich sterben 14 000 RaucherInnen an den direkten Folgen ihrer Sucht.

Auf rund 800 000 wird die Zahl jener Menschen in diesem Land geschätzt, die ein massives Alkoholproblem haben. Daran sterben 8000.

160 000 ÖsterreicherInnen gelten als tablettensüchtig.

Rund 30 000 unterziehen sich einem problematischen Opiat-Konsum. (ebenda, S. 15).

Warum mein Kind?

»Ich habe meinen Kindern viel zu wenig zugehört ...«

Plötzlich läuft das Leben aus dem Ruder. Einfach so. Was rund war, ist nun eckig, was bunt war, ist nun grau und trist. Nichts geht mehr. Die Sorge um das eigene Kind schnürt einem die Luft ab, versetzt unterbrochen Hiebe in die Magengrube. Der Problemberg wächst Stunde um Stunde. Mit einem Schlag ist alles zerstört. Träume, Hoffnungen, Wünsche sind zunichte gemacht worden. Alles vorbei. Was wollte man? Ein bisschen Glück in diesem kurzen, beschissenen Leben. Das war nicht gegönnt.

Wallensteinstraße im 20. Bezirk. Eine laute Straße. Hoher Ausländeranteil. Wenige, die hier auf die Butterseite gefallen sind. Die Butter schmieren sich andere, woanders, auf ihr Brot. Hier bestimmt nicht.

Ein baufälliges Haus, abgewohnt und abgehaust. Dem Hausherrn scheint der Zustand der Bausubstanz egal zu sein. Nur das Notwendigste wird repariert. Ein Altbau, erbaut um die Jahrhundertwende, als die österreichisch-ungarische Monarchie längst in ihren letzten Zügen lag.

Eine Garnitur der Straßenbahnlinie 5 fährt vorbei. Geschäfte, dicht aneinandergereiht mit sämtlichen Waren für die Bedürfnisse des Alltags. Ob deren Inhaber auch mit den Umsätzen zufrieden sind, sei dahingestellt.

Ich stehe vor dem Haus Nummer ... das tut nichts zur Sache. Ich drücke das lädierte Haustor auf, trete in das düstere, muffige Stiegenhaus ein, steige die ausgetretenen Stufen hinauf in den zweiten Stock und werde bereits erwartet.

»Kommen Sie nur weiter«, sagt Martha W. (Name geändert) und entschuldigt sich sofort, dass »es hier ein bisschen ausschaut. Nehmen Sie ruhig Platz«.

Ich setze mich auf eine Couch, sehe, mir gegenüber auf einer Bettbank, ein geistig und körperlich schwer behindertes Mädchen, vielleicht sieben, acht Jahre alt, liegen. Eines von Marthas Enkelkindern.

Zwei weitere kleine Mädchen, im gleichen Alter, beobachten den fremden Mann zuerst etwas mit Abstand, bevor sie merken, der Typ scheint in Ordnung zu sein, und kümmern sich dann wieder um ihre Belange. Eine junge Frau, gefolgt von einem jüngeren Mann, gesellt sich zu uns. Es sind Marthas Tochter und deren Lebensgefährte.

Ich stelle ein kleines Tonbandgerät auf den Tisch und frage, ob ich unser Gespräch mitschneiden darf. Es wird mir erlaubt. Dann beginnt sie zu erzählen.

»Meine drei Söhne sind alle am Gift. Seit mehreren Jahren. Der S. ist 31 Jahre alt, der P. ist 30 und der R. ist 26. Nur meine Tochter nimmt nichts.«

Der Mutter fällt es sichtlich schwer, über ihre Familie zu sprechen. In ihrem Gesicht arbeitet es. Hastig nimmt sie Zug um Zug von ihrer Zigarette. Natürlich interessiert mich, wie es möglich ist, dass alle drei Söhne in die Drogenszene abgleiten konnten.

»Durch Freunde ... einer verleitet den anderen ... sie haben alles gehabt ... Führerschein ...«, Martha zündet sich eine neue Zigarette an, »... Auto ... Motorrad ... alles weg ... der Sohn sitzt.«

Zehn Jahre insgesamt hat P. bekommen. Eigentlich acht, aber es waren noch zwei Jahre auf Bewährung offen. Alles wegen der Drogen. Seit sechs Jahren sitzt er schon.

»Ich weiß es nicht, wie ich das alles schaffe. Ich weiß es wirklich nicht. Gut, ich habe meine Tochter und die Enkel.

Aber, Sie sehen ja«, ihr Blick wandert zur Bettbank hinüber, wo das behinderte Kind liegt, »mit der sind wir auch gestraft ... Warum? Die Kleine hat niemandem etwas getan und wird so bestraft ...«

Wieder eine neue Zigarette.

»Es wird denen allen viel zu leicht gemacht. Überall gibt es Drogen. Oder sie bekommen Subutex [Substitutionsmedikament, Anm. d. A.] ... das wird ihnen verschrieben, aber dann verkaufen sie es am Karlsplatz ... oder sie spritzen es sich ...«

Marthas Mann hält sich aus allem raus. Keine geschiedene, allein stehende Frau, die sich selbst durchbringen muss.

»Intakte Familie ... ja, kann man so nicht sagen. Der [Mann] arbeitet immer und trinkt. Vielleicht ist das auch mit schuld? Er hat immer gearbeitet und sich nie darum gekümmert. Es interessiert ihn auch nicht. Sie [die Söhne] sind alt genug. Die sollen machen, was sie wollen. Ich fahre jede Woche zu ihm [P.] nach Sonnberg [Haftanstalt, Anm. d. A.] ... Ich habe es einfach zu spät gemerkt. Das war auch mein Fehler. Ich habe es mir auch eingeredet, wissen Sie, was ich meine? Ich habe auch immer geglaubt, das ist nicht wahr, mir kann das nicht passieren. Sie kommen auch immer wieder zu mir, und so komme ich auch immer wieder in diesen ganzen Scheißdreck hinein.«

Ich spreche Martha auf die Hilfe seitens der Stadt Wien an. Es kostet sie nur ein müdes Lächeln.

»Es ist alles so umständlich. Da gehen Sie hin ... ich war mit dem einen überall. Ich habe gesagt, ich gehe mit ihm überall hin. Dort kriegen sie einen Termin. Sechs Wochen müssen Sie warten. Was mache ich mit ihm in diesen sechs Wochen? Muss ich auch kaufen [Drogen] gehen. Wir waren in der Borschkegasse. Sechs Wochen warten! Dass er überhaupt einmal Ersatzdrogen bekommen hat ... Methadon [Ersatzdroge, Anm. d. A.] ... Jetzt ist er selbst auf Substitol [Ersatzdroge, Anm. d. A.] umgestiegen ... Ich bin nicht dafür ... Es ist nichts. Es ist ja doch nur wieder Morphium. Da kommt er nie wieder weg ... Ich sage mir immer, die Ärzte machen es sich auch leicht. Es gibt so viele Ärzte in Wien, die ihnen alles verschreiben. Und dann wird es am Karlsplatz verkauft. Ich sage immer, die wollen das alles nicht in den Griff bekommen. Und überall die Schwarzen [Schwarzafrikaner, Anm. d. A.] ... die sind überall ... kriegen tun Sie das an jeder Ecke ... Was kostet denn heute so eine depperte Kugel? [kleine, in Folie verschweißte Kokainkügelchen, die von schwarzafrikanischen Dealern vorwiegend im Mund transportiert werden, Anm. d. A.] ... Zehn Euro ...«

Der junge Mann, der Lebensgefährtin der Tochter, kommt wieder zurück ins Wohnzimmer. Auch er war schwer auf Drogen, saß deshalb im Gefängnis und ist seit vier Jahren *clean*. Während seiner Suchtzeit nahm er alles, was er bekommen konnte. Er hat mit diesem dunklen Kapitel in seinem Leben längst abgeschlossen und will damit nichts mehr zu tun haben. Trotzdem will ich wissen, ob Cannabis die Einstiegsdroge ist? Er verneint. Er kennt genügend Leute, die seit 20 Jahren Cannabis konsumieren, normal arbeiten gehen und niemandem fällt es auf.

Martha W. ist anderer Ansicht.

»Ich sage: Ja. Und dann steigen sie auf Härteres um, weil es ihnen zu wenig ist. Ich kenne Bankangestellte, die Heroin und Kokain nehmen.«

»Bankangestellte?«, ich bin skeptisch, »woher wissen Sie das?«

»Ich kenne einen sogar persönlich«, wirft der Lebensgefährte der Tochter ein.

»Ich bin für eine Drogenfreigabe. Dann sollen sie Einrichtungen schaffen, wo sie es kontrolliert bekommen. Dann würden sie auch saubere Spritzen bekommen«, sagt resignierend Martha W.

»Diese Einrichtung existiert doch«, wende ich ein.

»Die holen sie sich doch auch nicht«, wischt Martha W. meinen Einwand vom Tisch, »dafür sind sie doch auch zu faul!«

»Der ›Ganslwirt‹ [Wiener Drogeneinrichtung, Anm. d. A.] und die Streetworker sind schon in Ordnung«, meldet sich wieder der Lebensgefährte zu Wort.

»Aber viele Apotheken verkaufen ihnen nicht einmal saubere Spritzen. Die [Apotheken] wollen das nicht«, behauptet Martha W.

Ich komme nochmals auf das Hilfsangebot der Stadt Wien zurück, will mehr wissen, aber die Mutter macht nur eine wegwerfende Handbewegung.

»Hilfe der Stadt Wien? Da gibt es keine Hilfe. Man wird einfach im Stich gelassen. Und dann schauen die mich an, als ob ich daran Schuld hätte? Als ob ich einen Fehler gemacht hätte! Ich gebe mir oft genug die Schuld. Ich weiß es nicht, was ich verkehrt gemacht habe in diesem blöden Leben. Warum die [Söhne] alle so sind?«

Martha W. ist verbittert. Aus ihren Aussagen dringen Ratlosigkeit und Verzweiflung. Warum junge Menschen mit Drogen in Berührung kommen? Dafür hat sie, nach all diesen Jahren, auch keine Erklärung. Der Lebensgefährte der Tochter springt ein.

»Es war Neugier. Da ist so eine Partie beisammen. Da hört man das, und es reizt einen und man will es selbst ausprobieren. Haschisch ist für mich nicht die Einstiegsdroge. Meistens fängt es mit Alkohol an. Wie soll ich sagen? Ich habe ein Fahrrad und der hat ein Moped. Das will ich auch haben ... Mir hat, aus heutiger Sicht, die Haft geholfen. Im Häfen [Gefängnis, Anm. d. A.] war für mich der beste Entzug ...«

Trotzdem, obwohl es zynisch klingt, kann Martha W. noch von Glück sprechen. Ihre Söhne leben. Einer von ihnen arbeitet, ist im Substitutionsprogramm. Eine bemerkenswerte Frau, die durch die Drogenabhängigkeit ihrer Söhne gelernt hat, zu kämpfen und nicht leicht aufgeben wird, der man auch kaum ein X für ein U vormachen kann.

Ortswechsel. 22. Bezirk, Hirschstetten. Über diesem Bezirksteil in Donaustadt scheint ein Fluch zu hängen. Vor einigen Jahren erntete hier der Drogensensenmann reichlich.

Pirquetgasse. Hässliche Plattenbauten aus den 70ern. Das wenige Grün, eingerahmt von Beton und abermals Beton.

Quaderförmige Schlafburgen. Obwohl die Häuser in den letzten Jahren, im Auftrag der Stadt Wien, von Grund auf saniert und renoviert wurden, Farbe an den Fassaden für ein freundlicheres Bild sorgen, die beinahe körperlich spürbare Tristesse lässt sich nicht wegretuschieren.

Die Wohnung, die ich betrete – hell und hübsch eingerichtet.

Sigrid Szmodits, eine gepflegte ältere Dame, wirkt müde und ausgebrannt. Doch sie darf sich keine Schwäche erlauben. Das kleine, achteinhalbjährige Mädchen mit den Kulleraugen braucht sie. Ihre Großmutter muss jetzt Vater und Mutter zugleich sein.

Wir sitzen in einem abgrenzten Teil des Wohnzimmers. Auf einem Stuhl liegt ein Stapel frisch gewaschener und gebügelter Hemden.

»Da ist noch seine Wäsche«, sagt Sigrid Szmodits und zeigt hin, »die habe ich noch für ihn gerichtet gehabt. Das vorläufige Todesdatum meines Sohnes ist der 9. Juni 2006 ... So ist es angegeben. Aber es dürfte vom 7. auf den 8. passiert sein. Gefunden habe ich ihn in seiner Wohnung im 2. Bezirk. Thomas verstarb im 33. Lebensjahr. Am 25. August wäre er 33 Jahre alt geworden ...«

Die Todesursache stand am Tag des Interviews (25. Juli 2006) noch nicht fest. Auch die Ärztin, bei der Thomas in Behandlung war, hatte zu diesem Zeitpunkt noch keinerlei Obduktionsergebnis.

»... Ich habe das nämlich auch nicht gewusst, dass man da keinen ordentlichen Befund kriegt«, erzählt die Mutter weiter. »Ich habe da nur ein Blatt Papier, nicht einmal sein Name steht darauf ... das ist ja kein Befund. Es ist eine Frechheit ... Natürlich starb er im Zusammenhang mit seiner langjährigen Drogenabhängigkeit. Laut seiner Ärztin hatte er seinen letzten Rückfall im Jänner [2006] ... Soviel ich weiß, Heroin ... geschnupft ... Er hat nicht gespritzt. Er hat aber Methadon bekommen. Er war am Mittwoch [5. Juni 2006] noch bei ihr [Ärztin], und da hat sie ihm 27 mg Methadon gegeben. Das ist eher eine geringe Dosis. Ein Fläschchen hat er [in seiner Wohnung] getrunken, eines ist dort gestanden [ebenfalls in seiner Wohnung]. Es war in der Wohnung nichts zu finden. Keine Medikamente, nichts. Der Polizist, der mit mir hineingegangen ist und mit der Feuerwehr, dem habe ich ein bisschen so erzählt über die Drogen[sucht des Sohnes], und der hat gesagt, ich werde Ihnen was sagen. Ich habe jahrelang mit den Drogentoten hier zu tun im Bezirk, aber so schauen keine Drogentoten aus. Und die saubere Wohnung. Das muss etwas anderes sein. Hat er gemeint … Herz oder sonst irgendein Organversagen im Zusammenhang mit dem jahrelangen Missbrauch. Er wollte weg von den Drogen. Er hat gekämpft, aber es hat ihn immer wieder eingeholt … Er hat gearbeitet und hat sich seit 1. Mai [2006] selbstständig gemacht.«

Thomas wollte einen Lederwarenhandel eröffnen. Doch dazu kam es nicht mehr. Die Droge forderte ihren Tribut. Sigrid Szmodits zeigt mir verschiedene Fotos ihres Sohnes. Ein fescher junger Mann, dem seine jahrelange Abhängigkeit nicht anzusehen ist. Thomas' Vater erlebte die Tragödie nicht mehr. Er starb vor 14 Jahren durch einen Arbeitsunfall. Wann Thomas erstmalig mit Drogen in Berührung kam, kann seine Mutter heute nicht mehr genau sagen.

»Ich glaube während der Lehrzeit. Er hat im Palais Schwarzenberg Koch gelernt und da haben sie ihm ziemlich das Leben zur Hölle gemacht. Er war halt von Natur aus ein bisschen langsam, und ich habe mir gedacht, wenn er so langsam ist, muss der Küchenchef etwas sagen. Aber das ist darüber hinausgegangen. Sie haben ihn dort geschlagen und so richtig schikaniert. Dann ist er drei Jahre lang im Zug als Koch und Keller gefahren. [In dieser Zeit] lernte er die spätere Kindesmutter kennen, das heißt, zuerst ihren Bruder, und der war auf Drogen. Die sind eben in einem gewissen Milieu zu Hause, und da ist er dann hineingeschlittert.«

Sigrid Szmodits legt immer öfters Pausen ein, blickt auf ein Bild ihres toten Sohnes. Wann hat sie bemerkt, dass mit ihm etwas nicht stimmen kann?

»Vor ungefähr acht, neun Jahren. Da lebte noch mein Vater, und der sagte zu mir, der Bursch kommt mir komisch vor. Ich hab mir auch gar nichts dabei gedacht. Na ja, die Jugend, die sind doch alle ein bisschen verrückt.«

Eine Schulkollegin, der sich Thomas anvertraute und der er mehr erzählte als der eigenen Mutter, sagte mir am Telefon, dass ihr Freund schon viel früher mit Drogen, Cannabis, in Berührung kam. Sie war es auch, die die Mutter informierte, und für Sigrid Szmodits ist Cannabis *die* Einstiegsdroge.

»Wenn er [Thomas] mit seiner Freundin mit ihren zwei Kindern, die aus früheren Beziehungen stammten, zu mir kam, hat die Wohnung so komisch gestunken. So einen eigenartigen Geruch haben die alle gehabt ... Ich habe ihm immer die Wäsche gewaschen und das war später nicht mehr der Fall. Und das dürfte so gewesen sein, wie die [Haus]Ärztin gesagt hat ... Dezember [2005], Jänner [2006] ... Da habe ich diesen Geruch wieder bemerkt ... Die [Freundin] hat halt schon zwei Kinder gehabt ... jedes von einem anderen ... er hat sich dort erwachsen gefühlt ... er hat jetzt eine Familie ... diese Frau ruiniert aber jeden Mann. Die kann das. Die ist jetzt verheiratet. Auch mit einem Vater von drei Kindern. Die [Kinder] sind auch aufgeteilt ... in ihrem Milieu ... Jetzt glaube ich, haben sie den jüngsten Sohn bei sich und die Kinder sind alle weggekommen. Die 13-Jährige, die Halbschwester von ihr [Sigrid Szmodits Enkelkind, das bei ihr lebt und Thomas' Tochter ist], lebt bei ihrer Mutter und beim Stiefopa, wobei die Mutter selbst keine Verbindung zu ihr hat ... und der Bub, der das erste Lehrjahr hinter sich hat, der ist bei seinem Vater, das heißt, er ist in einer Wohngemeinschaft untergebracht. Zu beiden Kindern habe ich einen guten Kontakt. Wir schauen, dass die Kinder sich nicht aus den Augen verlieren. Die Mutter hätte alle 14 Tage Besuchsrecht unter meiner

Aufsicht. Sie kommt seit über einem Jahr nicht mehr. Sie ruft nicht an ... gar nichts.«

Sigrid Szmodits glaubt auch, dass einer der Gründe für den Absturz ihres Sohnes der frühe Verlust des Vaters gewesen sein könnte.

»Er hat seinen leiblichen Vater mit 16 verloren. Und dann starb auch noch der Stiefvater, an dem er auch sehr gehangen ist. Das könnte schon der Auslöser gewesen sein.«

Wieder unterbricht die Mutter, Tränen steigen ihr in die Augen.

»Ich muss das verkraften. Schon wegen dem Kind [Enkel] ... Ich war 27, als ich den ersten Mann verloren habe. Der ist am Muttertag tot in der Küche gelegen und die Kinder siebeneinhalb und fünf. Dann war ich zwei Jahre allein. Dann habe ich wieder geheiratet. Der Mann ist am Lungenkrebs gestorben. Das war der Vater von Thomas. Und dann wieder geheiratet ... der hat einen Buben mit in die Ehe gebracht. Den habe ich auch mit groß gezogen. Und dann war der Arbeitsunfall ...«

Wieder fließen die Tränen.

»Am Vatertag [11. Juni 2006] hat sie [Enkelkind, Thomas' Tochter] erfahren, dass sie keinen Papa mehr hat.«

Mit ihrem kindlichen Gemüt versucht die Kleine, das Schreckliche zu verdrängen.

»Ich frage zum Beispiel«, fasst sich Sigrid Szmodits wieder, »bist du nicht mehr traurig? Ich nicht. Ich habe es schon vergessen [sagt die Kleine]. Aber ich habe Betreuung in der ›Boje‹ [Einrichtung für Kinder in Krisensituationen in der Hernalser Hauptstraße, Anm. d. A.], und da kann ich jederzeit anrufen, mache einen Termin aus, wenn irgendwelche Fragen kommen. Dann gehe ich mit ihr hin und dort wird ihr alles richtig beantwortet. Das ihr nichts bleibt fürs Leben.«

Wir wechseln wieder zu Thomas' Leben zurück.

»Er wollte weg von den Drogen. Er war im ›Grünen Kreis‹ [Therapieeinrichtung, Anm. d. A.] ... 18 Monate. Dort ist es ihm gut gegangen. Er hat gut ausgeschaut, er hat zugenommen. Er ist dann nach Göttlesbrunn [Niederösterreich, Anm. d. A.] zu meiner Nichte. Dort hat er Arbeit in deren Transportunternehmen gefunden. Er bekam wieder seinen Führerschein. Er hätte dort wohnen können, aber er hatte dann schon die Wohnung in Wien [im 2. Bezirk] ... Göttlesbrunn war ihm zu einsam und abgelegen ... Da hat das Verhängnis wieder begonnen. In der Vorgartenstraße ... das Milieu rundherum ... da ist er wieder hineingeschlittert ...«

Thomas wurde von seiner Mutter in seiner Wohnung gefunden. Sie fragte auch, ob ihr Sohn vielleicht Einstiche aufwies. Das war nicht der Fall. Sie wusste nicht, ob er vielleicht nicht doch gespritzt hatte.

»Wir sind dann noch bei ihm geblieben. Meine Tochter ist gekommen, der Schwiegersohn und der andere Sohn ... wir sind dann lang bei ihm gesessen ... bis sie ihn geholt haben. Ich habe drei Söhne, einen Stiefsohn, einer von den leiblichen ist jetzt gestorben, und eine Tochter. Die haben mit Drogen nichts zu tun. Nur der älteste Sohn ist zur Zeit eingesperrt ... viereinhalb Jahre schon ... viereinhalb Jahre hat er noch ... angeblich soll er seine geschiedene Frau vergewaltigt haben ...«, was die Mutter aber bezweifelt.

Sigrid Szmodits ist in diesem Viertel eine bekannte Persönlichkeit, war sie doch einmal die Trafikantin hier. Natürlich wissen die Leute über ihr Schicksal Bescheid. Die Leute kennen sie seit Jahren und haben Mitleid, vor allem mit dem kleinen Mädchen.

»Ich merke nichts, dass mich vielleicht jemand schief anschaut ...«

Die Mutter quält sich mit Selbstvorwürfen.

»Ich habe immer arbeiten müssen ... hab immer die verkehrten Männer gehabt, die kein Geld hergeben ... ich hab immer für alles aufkommen müssen ... wie zahle ich meine Miete ... Das«, und mit einem gewissen Stolz zeigt sie ihre Wohnung, »habe ich alles allein geschaffen ... Das hat mein [letzter] Mann nicht mehr gelebt. Der Letzte [Mann] war ein schwerer Alkoholiker ... der konnte den Urin nicht mehr halten ... das Auto war ganz nass ... es war ganz schlimm bei ihm ... Ich habe ein bisschen die Stärke von meinem Vater geerbt. Nicht so sehr von meiner Mutter. Die war eher himmelhoch jauchzend – zu Tode betrübt. Auch meine Familie lässt mich nicht im Stich ... Für meine Enkeltochter habe ich die Obsorge. Sie ist schon seit dem dritten Lebensjahr bei mir.«

Für die Zukunft ihrer Enkeltochter hat sich Sigrid Szmodits vorgenommen, vieles anders zu machen.

»Da werde ich ganz sicher anders aufpassen als beim Sohn, weil ich das ja jetzt schon weiß. Ich will nur, dass aus ihr ein ordentlicher Mensch wird ... Der Stiefsohn ist verheiratet ... intakte Ehe ... nächstes Jahr Silberhochzeit ... aber auch der älteste Sohn drogensüchtig ... Die jungen Leute halten heute keinen Druck mehr aus so wie unsere Generation. Das Leben ist nun einmal ein Kampf. Dem muss man sich jeden Tag aufs Neue stellen. Das begreifen die nicht. Wenn ihnen nur das Geringste gegen den Strich geht, dann gleich Alkohol oder Drogen. Da [in diesem Viertel] sind ja viele, wo man es noch verstehen kann, diese Verhältnisse. Ich kenne ja hier viele Eltern, die gehören ja mehr erzogen. Aber bei uns? Ich weiß es nicht. Er [Thomas] hat ja alles gehabt ... Ich habe vielleicht meinen Kindern zu wenig zugehört ... eben, weil ich immer berufstätig war ... Ich habe meinen Kinder viel zu wenig zugehört. Das war vielleicht mein Fehler ... Ich glaube auch, dass das [Drogenproblem] beschönigt wird. Es hat ja sehr lange gedauert, bis Thomas einen Therapieplatz bekommen hat. Und das gehört gleich. So wie sich die entschließen, davon loszukommen, müssen die einen Platz bekommen. Er hat sich dann immer im AKH melden müssen ... dann haben die angerufen, er muss sofort reinkommen ... und da war er, glaube ich, eine Woche im AKH ...«

»Dann haben die angerufen.« Das dauerte nach der Sigrid Szmodits Aussage rund ein halbes Jahr. Wie überbrückt ein Abhängiger die Wartefrist?

»Weitermachen«, lautet die knappe Antwort der Mutter, »aber das [die Sucht] muss so stark sein ... er hat so gekämpft dagegen ... aber es hat ihn immer wieder eingeholt. Er hat Tagebuch geschrieben ... für seine Tochter ... und zum Muttertag hat er zu mir gesagt, du bist die beste Mutter. Ich möchte nicht, dass du vor mir stirbst. Das könnte er nicht ertragen.«

Ich drücke die Stopptaste meines kleinen Aufnahmegerätes. Nun geht auch nichts mehr bei mir. Hier hat eine zutiefst getroffene Mutter erzählt. Die Realität, mit ihren eigenen Worten. Wäre Sigrid Szmodits eine Fiktion, die Erfindung eines Romanciers, seine Leser hätten es ihm nicht abgekauft und ihn gescholten, da wäre wohl ein bisschen zu viel die Phantasie mit ihm durchgegangen. Aber es ist Realität und es ist kein Einzelfall. Allein in Wien gibt es tausende solcher Schicksale.

Ich hätte nicht weit gehen müssen, als ich die Wohnung von Sigrid Szmodits verließ. Nur ein Stockwerk höher: Ein Sohn erhängte sich mit 21 Jahren in einer Zelle des Landesgerichts, einer starb mit 16 den Drogentod. Beide Todesfälle, so erzählte mir Sigrid Szmodits, liegen schon Jahre zurück. Und da das Schicksal ein verdammter Schweinehund sein kann, ist nun der dritte Sohn an Lymphdrüsenkrebs erkrankt.

Am 31. August 2006 fragte ich bei Sigrid Szmodits nochmals wegen der Todesursache an. Nichts. Sie sagte mir zu diesem Zeitpunkt sei sie mit ihrem Enkelkind auf Urlaub gewesen, um ein bisschen Abstand zu gewinnen, sobald sie wieder in Wien zurück sei, »werde ich in der Sensengasse [Wiener Gerichtsmedizin, Anm. d. A.] einen fürchterlichen Wirbel schlagen. Ich empfinde es als Frechheit, dass ich nicht weiß, woran mein Sohn gestorben ist.«

Das Obduktionsergebnis für Szmodits' Sohn war erst am 14. September 2006 bekannt. Im Obduktionsbefund, ausgestellt von der Magistratsabteilung MAG 15, heißt es, dass Opiate im Leichnam gefunden wurden, auch Lungen- und Herzödem sowie Herzerweiterung sind als weitere Todesursachen genannt.

Ausgestellt von Amtsärzten den Dr. Kinscher und Dr. Krauskopf. Selbstverständlich ist auch der Tod nicht gratis. Daher wurden der Mutter € 42,29 für diesen Befund in Rechnung gestellt. Von der Gerichtsmedizin gab es, laut Frau Szmodits, nur zwei kaum leserliche Zettel ...

So traurig dieser Todesfall auch immer ist, Sigrid Szmodits ist kein Einzelfall. Woran liegt es, dass man sie, immerhin fand sie ihren toten Sohn bereits am 9. Juni 2006, so lange im Unklaren lässt?

Ursachen für die Ungewissheit?

Ein Brief des Bundesministeriums für Gesundheit und Frauen[63] an die Leitung der Wiener Gerichtsmedizin (Department für Gerichtliche Medizin der Medizinischen Universität Wien), datiert mit 12. Mai 2006, gibt vielleicht Aufschluss, woran es krankt.

Das Gerichtsmedizinische Institut bekommt jedes Jahr die Aufforderung, diesem Bundesministerium alle Drogenleichen zu melden. Der Gerichtsmediziner ist verpflichtet, diesem Verlangen unaufgefordert nachzukommen.

»... Betreff: Suchtgiftbezogene Todesfälle im Jahre 2005; Anforderung der Obduktionsgutachten und Befunde ... Das Bundesministerium für Gesundheit und Frauen bezieht sich auf § 24 Abs. 1 Z 8 des Suchtmittelgesetzes, wonach ihm von dem eine gerichtliche oder sanitätspolizeiliche Leichenbeschau oder Leichenöffnung vornehmenden Arzt unverzüglich eine Gleichschrift des Totenbeschauscheins sowie das Obduktionsprotokoll oder im Falle einer gerichtlichen Obduktionsanordnung das Gutachten (§ 129 StPO) samt den Ergebnissen einer chemisch-toxikologischen Untersuchung, wenn der Todesfall in einem unmittelbaren oder mittelbaren kausalen Zusammenhang mit dem Konsum von Suchtmitteln steht, zu übermitteln ist.

Die für die Erstellung der Statistik und Analyse der suchtbezogenen Todesfälle des Jahres 2005 benötigten Gutachten und Analyseergebnisse sind noch nicht vollzählig ho. [hierorts,

---

63 Brief im Besitz des Autors

Anm. d. A.] eingelangt ... Hinsichtlich der noch ausstehenden Gutachten dürfen wir auf die in der Beilage übermittelte Excel-Datei jener nach ho. Kenntnisstand im do. Wirkungsbereich im Jahr 2005 verstorbenen Personen hinweisen, hinsichtlich derer nach ho. vorliegenden Informationen eine Leichenöffnung angeordnet wurde. Die diese Personen betreffenden Unterlagen liegen ho. noch nicht vor.

Im gesundheitspolitischen Interesse einer möglichst raschen Kenntnis der für die Todesfälle Ausschlag gebenden Zusammenhänge wird ersucht, die betreffenden Obduktionsgutachten samt den chemisch-toxikologischen Untersuchungsergebnissen so rasch als möglich, längstens jedoch binnen 2 Wochen ab Zustellung dieses Schreibens, zu Handen ... zu übermitteln.

Soweit eine Übermittlung dieser Unterlagen bis zum o. a. Termin nicht möglich ist, wird zum o. a. Zeitpunkt um schriftliche Benachrichtigung ersucht, bei welchem die genannten Personen eine Obduktion angeordnet wurde und bis wann mit der Übermittlung der Ergebnisse gerechnet werden kann.

Sollte im do. Wirkungsbereich die Obduktion weiterer im gegebenen Zusammenhang relevanter, ho. noch nicht zur Kenntnis gelangter Todesfälle vorgenommen worden sein, so wird um Bekanntgabe der Personaldaten (Name, Geburtsdatum, Sterbedatum, Bundesland) bzw. gleichfalls um Übermittlung der Gutachten und Analyseergebnisse bis zum o. a. Zeitpunkt gebeten.

Im Interesse einer ehesten Finalisierung der Auswertung des Jahres 2005 wird dringend gebeten, verlässlich rückzuantworten und den o. a. Termin zu wahren ...«

Dem Brief ist eine Liste mit den noch nicht vollständig geklärten »suchtgiftbezogenen Todesfällen« des Jahres 2005 beigefügt[64]: für Wien 46, für Niederösterreich 16 suchtgiftbezogene Todesfälle und für das Burgenland einer.

---

64 Daten der Verstorbenen sind dem Autor bekannt

Um die Verwirrung zu vergrößern, vermeldete Wien (OTS) am 16. November 2005:

»Drogentote in Wien. Kommunikationsproblem zwischen Drogenkoordination und zuständiger Magistratsabteilung. Gesundheitsministerium übermittelte Obduktionsbefunde von Drogentoten bereits im August 2005.

Verwundert zeigten sich ... die Verantwortlichen im Gesundheitsministerium über den Vorwurf des Wiener Drogenkoordinators Michael Dressel. Dieser behauptete in einem Interview, die Obduktionsberichte von Drogentoten lägen trotz einer Einigung in diesem Punkt noch immer nicht vor. Entsprechende Maßnahmen gegen die steigende Zahl an Drogenopfern in Wien könnten jedoch nur ergriffen werden, wenn konkrete Untersuchungsergebnisse der Todesfälle vorlägen.

Der Bundeskoordinator im Gesundheitsministerium Franz Pietsch reagierte mit Unverständnis auf diese Kritik. Schon im August habe man die für das 2005 vorliegenden Obduktionsgutachten übermittelt. Geschickt habe man sie allerdings nicht an den Fonds Soziales Wien, an den die Gemeinde die Drogenhilfe ausgelagert hat, sondern – aus Datenschützgründen – an das Gesundheitsamt (Magistratsabteilung 15) als zuständige Behörde. Von einem ›Skandal‹ könne also keine Rede sein!

›*Sollten die Daten innerhalb der Wiener Verwaltung nicht weitergegeben worden sein, dann liegt das nicht im Ministerium*‹, *so Pietsch.* ›*Offensichtlich gibt es hier ein internes Kommunikationsproblem zwischen der Drogenkoordination und der MA15. Auch auf ältere Befunde könnten die zuständigen Stellen jederzeit Einsicht nehmen.*‹«

Was nun? Wie erklärt sich, wenn ohnehin alles erledigt wurde, der Brief des Ministeriums vom 12. Mai 2006 an die Gerichtsmedizin, in dem die suchtgiftbezogenen Todesfälle für das Jahr 2005 urgiert werden?

Am 6. August 2006 sandte ich ein Mail an die zuständige Sachbearbeiterin im Ministerium. Da ich bis 10. August keine

Antwort bekam, rief ich sie an, und sie war alles andere als erfreut. Wie ich darauf käme, sie so etwas zu fragen? Was ich mir erlauben würde etc. Sämtliche Angaben zu meiner Person bzw. warum mich diese Frage interessiere – das alles stand in meinem Mail vom 6. August. Die Dame war sehr erstaunt, dass ich überhaupt über diese Informationen verfügte. Sie dürfe keine Interna herausgeben. Ich muss das akzeptieren, doch mir hätte ein einfaches Ja oder Nein gereicht. Schließlich lautete meine Frage, ob die Gerichtsmedizin bereits der Aufforderung des Ministeriums nachgekommen sei. Sie wisse auch nicht, weshalb das für mich relevant wäre. Die Relevanz ist immer noch meine Entscheidung. Das Telefonat endete mit dem Hinweis, dass der Drogenbericht 2005 in Kürze fertig würde und dann auf der Homepage abrufbar sei.

Nachdem der Leiter der Gerichtsmedizin, Univ. Prof. Dr. Hans Goldenberg, bis 21. August 2006 auf Urlaub war, versuchte ich mein Glück bei seinem Stellvertreter, Univ. Prof. Dr. Christian Reiter. Am 11. August 2006 sandte ich ein Mail an ihn und ersuchte um Aufklärung. Vorerst das große Schweigen im Walde ...

Am 22. August 2006 erhielt ich von Goldenberg das ersehnte Antwortmail, jedoch mit einem mehr als lapidaren Text: »... Das sind, wie man im Norden sagt, olle Kamellen, vergessen Sie es einfach. Es ist längst erledigt ...«

In der »Ärzte Woche« (19. Jg., Nr. 24/2005) kritisiert Prof. Dr. Alfred Springer, Leiter des Ludwig-Boltzmann-Instituts für Suchtforschung am Anton-Proksch-Institut, das Gesundheitsministerium und die Gerichtsmedizin:

»... Vor allem gibt es über die Drogentoten bedauerlicherweise keine oder nur sehr späte und dürftige Informationen aus dem Gesundheitsministerium. Ein großes Problem ist auch, dass immer weniger Obduktionen vorgenommen werden, obwohl es sich doch eigentlich um Todesfälle unter ungeklärten Umständen handelt und Fremdverschulden ausgeschlossen werden müsste.«

Zum besseren Verständnis: Die Wiener Fälle werden am Gerichtsmedizinischen Institut seziert. Die niederösterreichischen Todesfälle werden von Sachverständigen privat, nach 16 Uhr Dienstschluss, z. B. in Tulln und Wiener Neustadt, untersucht. Wohin die Proben kommen, in welche Labors sie geschickt werden – das ist unbekannt. Bei der Obduktion dieser Leichen muss eine histologische Untersuchung durchgeführt werden. Das bedeutet, dass aus allen möglichen Organen Proben entnommen werden müssen. Durch das intravenöse Spritzen der Drogen können Verunreinigungen mitinjiziert werden, die u. a. Veränderungen (Granulume, Talkkörperchen) in der Lunge verursachen können und dementsprechend wichtig für das Gesamtergebnis sind. Drogenabhängige weisen überdurchschnittlich viele Herzklappenentzündungen auf, die ebenfalls auf Verunreinigungen zurückzuführen sind. Daher ist es äußerst wichtig, dass man diese Leichen schon während bei ihrer Auffindung genau äußerlich genau untersucht, prüft, welche Stoffe dort vorhanden sind und alles genau protokolliert.

In Wien ist dafür die polizeiliche Kommissionierung zuständig. Eine Drogenleiche wird immer gerichtlich angezeigt. Jedoch werden in letzter Zeit, so berichteten mir unterschiedliche Informanten, diese Leichen von der Staatsanwaltschaft immer öfter abgelehnt, da es keinen Hinweis auf Fremdverschulden oder Fremdeinwirkung gibt. Eine eher lockere Auslegung, weil man nicht wissen kann, von wem die Drogen stammen.

Werden Leichen auf eine gerichtliche Anordnung hin seziert, so entstehen Kosten für Chemie, Histologie und Leichenbegutachtung. Nach der Aussage eines Informanten bezahlt die Stadt Wien bei einer sanitätspolizeilichen Sezierung knapp 40 Euro, damit der Nachweis für Drogen im Blut erbracht werden kann. Das ist nicht einmal annähernd kostendeckend. In Wahrheit lassen sich mit diesem Betrag nicht einmal die dafür nötigen Apparaturen einschalten, berichtet einer der Informanten. Denn derartige Analysen kosten zwischen 500 und

600 Euro. Daher ist auf dieser Basis eine ordentliche chemische Untersuchung (Blut, Harn) unmöglich.

Wer bestimmt in der Gerichtsmedizin Wien die Qualitätskriterien, nach denen eine Obduktion eines Drogentoten zu erfolgen hat?

Welche Organe sind zu entnehmen?

Welche Körperflüssigkeiten?

Unter welchen Voraussetzungen wird an der Wiener Gerichtsmedizin eine chemisch-toxikologische Untersuchung eines Drogentoten vorgenommen?

Es existieren **Checklisten** für Laboratorien, die vom Bundesministerium für Wirtschaft und Arbeit erstellt wurden. Die aufgelisteten Punkte müssen vollständig erfüllt werden.

»Offiziell gibt es diese Liste nicht, weil dann müsste [diese] offiziell jemand durchgehen ... es ist nur eine fiktive Checkliste ... wenn du [sie] heute als Gutachter durchgehst, findest du keinen einzigen Punkt erfüllt«, packt einer der Informanten weiter aus, »auf internationalem Standard arbeiten ... SOP ... Standard Operating Procedure. Das heißt, international arbeiten Labors, die solche Analysen durchführen, nach diesen Qualitätskriterien. Man kann auch nicht auf der Homepage der Gerichtsmedizin feststellen, dass so etwas vorhanden wäre.« Auch von der Österreichischen Gesellschaft für gerichtliche Medizin wurden im Jahr 2002 Mindeststandards festgelegt, wie chemisch-toxikologische Labors arbeiten müssen.

Ein Vorfall, der beweist, wie schlampig, anders kann man es wohl nicht bezeichnen, mit Proben umgegangen wird, ereignete sich im Juni 2006. Eine Kühlbox, bestimmt für die forensische und toxikologische Chemie, enthielt neben den Proben (Körperflüssigkeiten und Gewebe) auch einen offenen Plastiksack mit *Junkie*-Utensilien und Suchtgift (Heroin und Kokain). Natürlich ist anzunehmen, dass diese Suchtgiftutensilien mit Drogen kontaminiert sind. Daher kann diese Gewebeprobe mit dem in der Kühlbox ebenfalls gelagerten Suchtgift in

Berührung gekommen sein. Das Endergebnis könnte deshalb verfälscht sein.[65]

International kommt für chemisch-toxikologische Untersuchungen das so genannte LC-MS, das Liquid Chromatography Massenspektrometer, zum Einsatz, das genaue Ergebnisse gewährleistet. In der Wiener Gerichtsmedizin ist dieses Gerät nicht vorhanden, weil es nämlich im AKH steht. Doch würde es nichts nützen, denn für die Bedienung dieses Geräts fehlen in der Gerichtsmedizin die Fachleute.

Somit stellt sich eine weitere Frage, nämlich auf welchen nachvollziehbaren Kriterien die Befundung und Begutachtung der meisten österreichischen Drogenleichen, und die sind nun einmal in Wien, in der Wiener Gerichtsmedizin, überhaupt beruhen?

Tatsache ist, so einer der Informanten, dass die Proben gar nicht im eigenen Haus zur Untersuchung gelangen. Man weicht auf ein Münchner Privatlabor und nach Seibersdorf aus, wo ein ehemaliger Angehöriger des Gerichtsmedizinischen Instituts, der sich freiwillig frühzeitig pensionieren ließ, ein Labor betreibt.

Das Fehlen der Mindeststandards und international eingesetzter Geräte bedeutet auch, dass offiziell veröffentlichte Statistiken über Drogentote mit Skepsis zu betrachten sind, da eben bestimmte Charakteristika bei Drogenleichen entweder nur ungenau, sehr schwierig oder gar nicht nachzuweisen sind. Wird eine Leiche nur auf Morphin untersucht, wird zwar dieser Nachweis erbracht, was aber gleichzeitig bedeuten kann, der Betroffene hat Heroin gespritzt oder substituierte Morphine eingenommen. Eine Differenzierung ist nicht möglich. Ebenso wenig lässt sich der Nachweis auf LSD, Medikamente, Designerdrogen u. a. erbringen. Mit den derzeit vorhandenen Geräten in der Wiener Gerichtsmedizin können niemals neue Trends bei Drogentodesfällen erkannt werden,

---

65 Genauer Wortlaut dieses Vorfalls ist dem Autor bekannt

da es unmöglich ist, diese modernen, synthetischen Substanzen, die sich auch laufend ändern, exakt nachzuweisen.

Daher können Abhängige, die an einer Überdosis Morphin verstorben sind, durchaus Designerdrogen konsumiert haben, und die wahre Todesursache wäre dann der Mischkonsum gewesen. Fälle dieser Art scheinen in den Statistiken nicht auf, berichtet einer der Informanten.

Am 3. Dezember 2004 war es zu einer spektakulären Polizeiaktion in der Wiener Gerichtsmedizin gekommen, wobei die Hintergründe in der Öffentlichkeit nicht bekannt wurden. Ein Irrer kletterte auf dem Dach der Gerichtmedizin herum. WEGA-Beamte (ein Spezialkommando der Wiener Polizei) holten den Mann herunter. Im Zuge der Bergung fanden die Polizisten auf dem Dachboden der Gerichtsmedizin, ungesichert, mehr als 400 Kilogramm Suchtgift (Heroin, Kokain, Ecstasy u.a.), die abtransportiert wurden. Offenbar das über einen längeren Zeitraum angesammelte Probenmaterial, das nicht ordnungsgemäß entsorgt wurde. Verwahrt in einfachen Blech-, und nicht in Stahlschränken. Zwar versperrt, aber leicht zu knacken. Laut Insidern ist es Usus, größere Suchtgiftmengen, die aus Proben stammen, längere Zeit aufzubewahren. Erst zu einem späteren Zeitpunkt wird das Suchtgift dann abgeholt und entsorgt. Bei mehr als 400 Kilogramm wirft sich dennoch die Frage auf, wie viele Proben aus wie vielen Jahren das eigentlich sind? Und wie sind die Sicherungsmaßnahmen beschaffen, wenn jeder Irre über das Dach in die Gerichtsmedizin einsteigen kann?

Auch darüber wollte ich im Mail vom 11. August 2006 an Prof. Reiter Aufklärung. Keine Antwort.

Ohne Mindeststandards und Qualitätskriterien stellt sich weiters die Frage, ob nicht manche Leiche, so einer der Informanten, mit völlig falschen Methoden analysiert wurde, und zwar durch Schnelltests, so genannte immunologische Tests, Streifen, die im Serum und im Harn eingetaucht werden, und ob es aufgrund dieser Screening-Analysen zu Leichenfreigaben kam.

Eine Screening-Analyse, die auf Opiate positiv ausgefallen ist, kann bedeuten, dass der Verstorbene Heroin, substituierte Morphine, Hustensaft, ein codeinhältiges Medikament gegen Durchfall eingenommen hat oder bloß nur einen Mohnstrudel verzehrt hat. Auch für diese immunologischen Vortests, so einer der Informanten, existieren keine Qualitätskriterien.

Die Sachverständigen an der Gerichtsmedizin arbeiten in Eigenverantwortlichkeit und unterliegen keinerlei Kontrolle. Einer meiner Informanten stellt die lapidare Frage: Was geschieht tatsächlich mit den Proben? Werden diese nach Seibersdorf, München oder sonst wohin verschickt?

Man ist ja nicht nur gegenüber den Angehörigen, dem Auftraggeber – dem Gericht, in weiterer Folge der Republik Österreich – verpflichtet, sondern auch gegenüber einer europäischen Drogenpolitik, und diese EU-weite Politik kann doch nur funktionieren, wenn diese gerichtsmedizinische Arbeit, die Befunderhebung, auf international standardisierten Kriterien beruht. Ob jene tatsächlich vorhanden sind, ist in Frage zu stellen.

Warum schottet sich das DGM (Department Gerichtsmedizin) dermaßen ab? Was gibt es dort zu verbergen?

Mir ließ die Sache keine Ruhe. Daher schrieb ich am 27. November 2006 abermals ein Mail an den Leiter der Gerichtsmedizin, Hans Goldenberg, mit dem Ersuchen um ein Interview. Er antwortete auch sofort, verwies mich aber an einen seiner Kollegen. Auch diesem Professor sandte ich ein Mail, der mich auch umgehend anrief. Wir vereinbarten für den 7. Dezember 2006, 12.30 Uhr, einen Interviewtermin in der Gerichtsmedizin. Vorab verlangte der betreffende Professor meine Fragen, die er auch postwendend per Mail bekam. Auffällig war bereits am Telefon, dass er das Mitschneiden des Interviews mittels Diktiergerät vorab verweigerte und mir nur eine Mitschrift erlauben wollte. Soll sein ...

Selbstverständlich erschien ich zum vereinbarten Termin, ebenso wie der Professor. Nachdem er in seinem Büro aus einem Fach den Ausdruck mit meinen vorab gemailten Fragen gezogen hatte, teilte er mir klipp und klar mit, dass er dafür nicht zur Verfügung stehe, woher ich überhaupt mein Wissen beziehe und dass es sich dabei – wörtlich – um »inquisitorische« Fragen handle. Daraufhin komplimentierte er mich aus seinem Büro hinaus und gab mir noch auf den Weg mit, dass er in diesem Buch keinesfalls »seinen Namen lesen möchte und dass er das Interview verweigert habe.« Anzumerken wäre noch, dass er mich mit meinem Interviewwunsch an eine Kollegin von ihm verwies. Doch das unterließ ich, weil mir dieses Katz-und-Maus-Spiel inzwischen längst auf die Nerven ging. Außerdem, warum ließ mich dieser Professor in seinem Büro antanzen, wenn er doch längst wusste, dass er verschlossen wie eine Auster bleiben würde? Ein kurzes Mail oder ein Anruf hätten genügt. Schließlich war ihm meine Handynummer bekannt.

Ich wage anzuzweifeln, dass die Verweigerung des Interviews seitens dieses Professors nur wegen meiner »inquisitorischen« Fragen zustande kam. Vielleicht hatte es auch damit zu tun, dass sich 2006 in der Gerichtsmedizin mehrere Wochen lang der Rechnungshof (RH) aufhielt und die Fertigstellung des Rohberichts unmittelbar bevorstand. Obwohl der RH mehrmals auf verschiedene Missstände in der Gerichtsmedizin hingewiesen hatte, fasste man das Institut, nach meinen Informationen, nur mit Glacéhandschuhen an. Vieles wurde von den Beamten ignoriert, entschärft oder gar nicht in den Bericht aufgenommen. Doch bis dato gelangte davon nicht eine Silbe an die Öffentlichkeit ...

Sisyphusarbeit

Das tägliche Drama

Drogenszene – ein Begriff, der nur geschaffen werden konnte, nachdem Drogen die Menschheit überschwemmten. Jeder gebraucht dieses Kunstwort, jeder meint zu wissen, worüber er spricht. Der Normalbürger, der mit Drogen, außer den legalen wie Alkohol und Nikotin, nichts am Hut hat, sieht es naturgemäß anders als der Politiker – jeder findet den Zugang auf seine eigene Weise.

Ein uniformierter Polizist sieht die Drogenszene, vorgegeben durch seinen Beruf, aus einem anderen Blickwinkel, wie auch der Suchtgiftfahnder, dessen Blick auf das Geschehen sich bereits aufgrund seines Tätigkeitsbereiches in vielen Punkten von dem seines Kollegen von der Sicherheitswache differenziert. Das Blickfeld der Staatsanwälte und Richter ist durch den Gesetzgeber in Form der entsprechenden Paragraphen im Strafgesetzbuch vorgezeichnet. Hier findet auch die Überschneidung mit dem Standpunkt der Exekutivbeamten statt. Streetworker und Sozialarbeiter plädieren für eine durchwegs lockere Sichtweise des Drogenproblems. Jene, die direkt in die Drogenproblematik verstrickt sind – Abhängige und deren Angehörige – haben aufgrund ihrer Erfahrungen wieder einen komplett anderen Zugang. Für Ärzte, Therapeuten und Psychotherapeuten bedeutet Drogenszene in erster Linie Hilfe und Hilfestellung für jene, die sich mit der Droge eingelassen haben. Medien gebrauchen – und leider oft missbrauchen –

die Drogenszene für reißerische Artikel und aufwühlende Reportagen. Der Passant sieht nur die lästigen *Giftler*, die ihn auf seinen Wegen oder in der U-Bahn anschnorren wollen. Der Politiker benutzt das Drogenproblem für seine Fraktion, um in der Öffentlichkeit zu punkten. Ich wage die Behauptung, dass es den PolitikerInnen in den seltensten Fällen ein persönliches Anliegen ist, sofern sie nicht in ihrer unmittelbaren Umgebung selbst davon betroffen sind.

Jeder bildet sich auf seine Art seine Meinung und Blickrichtung. Eine Seite plädiert für die totale Drogenfreigabe, die andere wiederum für härtere Vorgehensweise sowohl gegen Abhängige als auch Dealer und fordert absolute Restriktion.

Das Wort Szene verbindet man in erster Linie mit Film und Theater, als die Gliederung eines Aktes in einem Stück. Der Begriff bedeutet aber auch Schauplatz, Vorgang, Anblick, Zank, Streit, Vorhaltung (jemandem eine Szene machen), einen charakteristischen Bereich für bestimmte Aktivitäten. So lautet die Definition des Dudens.

Der Begriff ist auch längst zu einem Modewort geworden: Musikszene, Promiszene, Lokalszene usw.

Wolfgang Preiszler, einer der profunden und engagierten Suchtgiftkriminalbeamten von der EGS (Einsatzgruppe zur Bekämpfung der Straßenkriminalität – Suchtgiftgruppe 1 SG1) in Wien, bezeichnet in einer hervorragenden internen Arbeit die »offene Wiener Drogenszene« als ein« tägliches Drama über Leben, Überlebenskampf und Sterben«. Die Personen der Handlung sind die »Süchtigen und deren Angehörige, Anrainer, Geschäftsleute, Bezirks-, Landes- und Bundespolitiker, in- und ausländische Dealer sowie Exekutive und Sozialarbeiter«.[66]

---

66 Wolfgang Preiszler, Ausländische Tätergruppen in der offenen Suchtgiftszene. Eine Bestandsaufnahme in Wien und Österreich ab 1945. Wissenschaftliche Arbeit für die Dienstprüfung zur Ernennung in die Verwendungsgruppe E1, Sicherheitsakademie Traiskirchen, 2002, S. 34.

Major Wolfgang Preiszler, EGS Wien
Foto: Manfred Burger

Jede Großstadt differenziert ihre Drogenszene und Wien bildet dabei keine Ausnahme. Die **private Drogenszene** (Wohnungsszene, teilweise auch Lokalszene) spielt sich logischerweise in Wohnungen und Lokalen ab, wird von einzelnen Personen und Gruppen geleitet. In der Wohnungsszene (privaten Drogenszene) ist alles im Drogenangebot, was auch auf der Straße zu haben ist und was der Schwarzmarkt bietet, wobei die Klientel vorwiegend zur Upperclass zählt, Leute, die es sich aus Imagegründen, wegen ihres gesellschaftlichen Status oder ihrer beruflichen Positionierung – kurzum jene, die in der Öffentlichkeit stehen – nicht leisten können, ihr Quantum Stoff beim Dealer an der nächsten Straßenecke zu kaufen.

»Den Nimbus der Schickeriadroge hat Kokain längst nicht mehr«, sagte Preiszler am 21. Dezember 2006 gegenüber der »Presse«.

In der 70er- und 80er-Jahren war Kokain für einen Konsumenten mit schmaler Brieftasche unerschwinglich. Kostete doch ein Gramm damals, je nach Qualität, bis zu 7000 Schilling (509 Euro). Dann setzte aufgrund der Überproduktion und der steigenden Nachfrage ein schleichender Preisverfall ein. Das Gramm kostete »nur« mehr 3000 Schilling (218 Euro). Mitte der 90er konnte sich plötzlich auch Otto

Normalverbraucher den *Schnee* leisten. Heute ist Kokain längst zu einer Straßendroge geworden. Der Grammpreis beträgt heute zwischen 50 und 70 Euro.

Die einschlägige Wiener **Lokalszene** ist ein Kapitel für sich, wobei der Verkauf der Drogen streng überwacht wird – entweder vom Betreiber, seinem Vertrauten oder einem Hausdealer, da die Droge mit dem Lokalimage vereinbar sein muss[67] –, im Gegensatz zur Straßenszene, und dieser Markt ist »fest in der Hand von Afrikanern«, so Preiszler in der »Presse« vom 21. Dezember 2006.

Eine der ersten Wiener *Gifthütten* ist die »Camera« im 7. Bezirk, die bereits seit den 70ern existiert und in der vornehmlich Cannabis konsumiert wird.

Berüchtigt war das »Flesh« im 15. Bezirk, das jedoch vor einigen Jahren durch die Polizei abgedreht wurde. Jahrelang kämpften die Anrainer gegen dieses Lokal. Zuerst erfolglos, dann wurde aber der Druck zu massiv, und der offizielle Besitzer, der allerdings nur Strohmann war, musste das Handtuch werfen. Tatsächlich dahinter stand das »Vienna Chapter« der berüchtigten Motorradgang Hells Angels, wie mir Suchtgiftfahnder Wolfgang Preiszler in einem Interview erzählte. Heute ist aus dieser einstigen *Gifthütte* ein nicht minder übel beleumdetes Rotlichtlokal geworden und für die Anrainer bedeutet das – vom Regen in die Traufe.

Am Donaukanal, am Schottenring, bereitet das »Flex« Probleme. Rund um das Lokal wird emsig gedealt. Im Lokal selbst wird neuerdings sehr darauf geachtet, dass es, so weit möglich, drogenfrei bleibt.

Die Szene Votivpark, jener große Park zwischen Ringstraße, Zweierlinie und neben der Universität – intern als *Goldenes Dreieck* bezeichnet – konnte inzwischen vollständig aufgelöst werden.

---

67 vgl. Preiszler, S. 36

Mit den richtigen *connects* (von connection für Verbindung, Kontakt; Anm. d. A.) lässt sich im Grunde in einer Reihe von Innenstadtlokalen – oder überhaupt in ganz Wien – alles organisieren. In manchen Lokalen fegen zu jeder Jahreszeit erhebliche *Schneestürme*. Selbst beim Heurigen, dieser uralten Wiener Tradition, lässt sich zum Viertel eine *line* organisieren. Beispielsweise in Neustift, wo der Inhaber eines Nobelheurigen jährlich eine Medaille an seine prominente Klientel verleiht, und niemand weiß, wofür diese eigentlich gut sein soll.

Trotzdem bleibt dem stillen Beobachter und Insider in der Szene nicht verborgen, dass anscheinend bestimmte Lokale unantastbar und tabu sind: Go-Go-Girl-Schuppen im 1. Bezirk, wo angeblich nur auf die *hills* geguckt, aber nicht gegrapscht werden darf und vielleicht die eine oder andere Ostmaus sich den Künstlernamen »Beverly« zugelegt hat. Gleich angrenzend ein verspiegeltes Etablissement, in dem sich »babylonische« Orgien zutragen sollen, oder ein paar Schritte weiter in die andere Richtung, wo in Schaukästen die *big apples* der Go-Go-Girls auf Hochglanzfotos zu bewundern sind: Vergnügungsstätten für die Schönen und Reichen und auch weniger *G'stopften*. Für alle, die dazugehören, und für jene, die gerne dabei sein möchten, für die Halb- und Unterwelt. Wo man Gesichter finden kann, die auch aus den Medien bekannt sind.

»Von tabu und unantastbar kann keine Rede sein« dementieren die erfahrenen Kriminalbeamten Karl Kmoch und Roman Krammer vom Referat 4/Sucht im KKZO (Kriminalkommissariat Zentrum Ost) im 2. Bezirk.

»Das würde ich aber nicht sagen, dass diese [Lokale] tabu sind«, entgegnet Kmoch, »genau diese drei sind momentan massiv auf der Abschussliste. Da gibt es ein paar Probleme in dieser Geschichte, aber das sind keine Tabu-Lokale. Bei manchen ist die KD 1 [Kriminaldirektion, Anm. d. A.] drauf [angesetzt, Anm. d. A.]. Tabu, nein, da möchte ich mich

Oberstleutnant Karl Kmoch, Major Roman Krammer, Kriminalbeamte
Foto: Manfred Burger

schwer dagegen verwehren.«[68]

Sämtliche Lokale hier aufzulisten, wo etwas *läuft*, hätte wenig Sinn, abgesehen davon würde es den Rahmen dieses Buches sprengen. Seit ich 1994 in meinem ersten Drogenreport bestimmte Lokale anprangerte, hat sich, aus meiner Sicht als Autor und Journalist, nichts Wesentliches verändert.

Im Gegenteil, Wolfgang Preiszler schrieb sieben Jahre später, im Jahr 2001: »Dieser Lagebestimmung Günther Zäuners ist nichts mehr hinzuzufügen. In jedem [der] Lokale kam es bereits zu mehr oder weniger umfangreichen und auch durchaus erfolgreichen Amtshandlungen, ohne jedoch das Kokainproblem auch nur annähernd in den Griff zu bekommen.«[69]

Unter **halboffener Szene** versteht die Exekutive diverse Clubs, Clubbings, Jugendzentren, legale und illegale Rave-Events. Ein Eindringen in diese in sich abgeschottete Szene ist ähnlich schwierig wie in der privaten Drogenszene. Man kennt sich

---

68 Interview mit Kurt Kmoch und Roman Krammer am 28. Juni 2006
69 vgl. Preiszler, S. 36f.

untereinander und hält dicht. Daher sind auch die Kenntnisse darüber eher als gering anzusehen.

Die **offene Wiener Drogenszene** wird nach den Örtlichkeiten oder nach den dort verkauften Drogen eingeteilt.[70] Dazu zählen der Stadtpark und der Burggarten im 1. Bezirk, wo mit Haschisch (Cannabis) gedealt wird. Den Markt beherrschen Inländer sowie Gastarbeiterkinder der zweiten und dritten Generation. Heroin und Kokain sind an diesen Orten verpönt und werden von den etablierten Dealern auch nicht geduldet. Damit soll das Entstehen neuer Heroin- und Kokainszenen vermieden werden. Jedoch nicht aus purem Humanismus. Es soll dadurch ein zu häufiges Erscheinen der Exekutive vermieden werden. Schlecht für das Geschäft.[71]

Die österreichweit bekannteste, zu trauriger Berühmtheit gelangte und zugleich älteste Wiener offene Drogenszene befindet sich in der Kärntnertorpassage, besser bekannt als Karlsplatz mit dem angrenzenden Resselpark. Ebenfalls ein geschichtsträchtiger Ort, da in der Besatzungszeit (1945–1955) hier der Schleichhandel blühte und das gängige Zahlungsmittel damals Sacharin war.

Zu Beginn der 90er war der Karlsplatz Umschlagplatz für Heroin, Kokain und unterschiedliche opiat- und codeinhältige Medikamente. Damals gab es am Markt vorwiegend Antapentan, Adipex, Xenical, Mundidol, Rohypnol, Paracodein u. a.

Eine lokale Berühmtheit dieser Szene war der inzwischen verstorbene »Antn-Willi.« Sein Spitzname hatte nichts mit dem Wiener Dialektausdruck für Ente – Ant'n – zu tun, sondern ist auf den Appetitzügler Antanpentan (Phendimetrazin) zurückzuführen, den er in rauen Mengen verdealte. Nachdem die starke Suchtwirkung dieses Medikaments bekannt war, wurde es 1992 vom Markt genommen. Willis Geschäfte konnte das

---

70 vgl. ebenda, S. 37
71 ebenda

nicht trüben. Bis heute sind seine direkten Bezugsquellen ungeklärt. Seine zweifelhafte Dealerkarriere erlebte ihren Höhepunkt am Karlsplatz. Willi war meist mit Krücken unterwegs. Sämtliche Perlustrierungen seiner Person verliefen negativ. Bis eines Tages ein findiger Polizist sich der Krücken annahm und die Gummistopper herunternahm. Willi war fällig. Aus dem Gehbehelf kullerten die Tabletten. Später wurde Willi der Straßenhandel zu mühsam und er verlegte sein Geschäft in den 16. Bezirk, wo er in einem *abgefuckten Tschecherl*[72], stets in Begleitung eines Kampfhundes, gleich neben seiner Parterrewohnung, residierte. Um die Mittagszeit stellte er ein Pappschild in das Fenster seiner Behausung: »Parteienverkehr von 13 bis 15 Uhr«– und das Geschäft florierte.

Heute hat sich der Karlsplatz verändert, nicht zuletzt auch, weil dieser Verkehrsknotenpunkt zur Schutzzone erklärt wurde und eine neue Polizeiinspektion, direkt am Ausgang zum Resselpark, errichtet wurde. Heroin und Kokain gibt es kaum mehr, dafür floriert der Deal mit Tabletten und retartierten Morphinen wie *Substi*, der Szeneausdruck für Substitol. Außerdem ist dieser Ort auch eine Kommunikationsplattform. Trotz intensiver Kameraüberwachung. Doch, wie bereits erwähnt, tummeln sich hier nur die Allerletzten der Letzten in der Drogenhierachie. Die, die nichts mehr zu verlieren haben. Heroin- und Kokaindeals werden hier nur angebahnt. Die Warenübergabe erfolgt entweder in der näheren Umgebung oder per U-Bahn, ein paar Stationen weiter, an einem anderen Ort.

Politisch und medial wird dem Karlsplatz auch heute noch eine sehr hohe Reverenz erwiesen, die ihm längst nicht mehr gebührt. Bei Schönwetter ist die Donauinsel ein hervorragender Schwarzmarkt für Heroin und Kokain. Das weitläufige Erholungsgebiet mitten in der Großstadt, besonders die »Copacagrana« bei der Reichsbrücke, in unmittelbarer Linie

---

72 Wiener Dialektausdruck für übel beleumdetes Lokal

der U-Bahn-Station »Donauinsel«, mit ihren zahlreichen und oft reichlich dubiosen Lokalen hat dem Karlsplatz im Sommer längst den Rang abgelaufen.[73]

Vielleicht sollten sich bei uns die zuständigen Stellen einmal die Mühe machen und die Wasserqualität der Donau, des Donaukanals, des Wienflusses und des Entlastungsgerinnes, besonders im Bereich der »Copacagrana«, näher in Augenschein nehmen. Gut möglich, dass dann sämtliche bisherigen Statistiken über den Haufen geworfen werden müssten. Zum Beispiel nur anhand von Kokain. In Deutschland wurde 2005 eine umfangreiche Studie gemacht, und es kamen erschreckende Auswertungen zutage. Das Nürnberger Institut für Biomedizinische und Pharmazeutische Forschung (IBMP) untersuchte das Wasser deutscher Flüsse auf Kokainspuren und kam zu dem Ergebnis, dass die Deutschen offensichtlich mehr Koks konsumieren als Suchtgiftexperten bisher geahnt hatten. Anhand von Benzoylecgonin, einem Kokain-Abbauprodukt, kann auf die konsumierte Menge der Droge geschlossen werden. Die Analyse des Rheinwassers ließ den Experten die Haare zu Berge stehen. An die elf Tonnen (!) reines Kokain pro Jahr konsumieren allein rund jene 38,5 Millionen Menschen, deren Abwässer der Rhein bei Düsseldorf enthält. Pro Tag gelangen die Abbauprodukte von ca. 30 Kilogramm (!) reinem Kokain über die Toiletten in die Kläranlagen. Das ergibt einen Straßenverkaufswert von 4,5 Millionen Euro. Pro Jahr erzielt damit allein der Großraum Düsseldorf einen Wert von sagenhaften 1,64 Milliarden Euro. (»Spiegel online«, 9. November 2005).

»Die Bundesregierung und die EU gehen in aktuellen Veröffentlichungen davon aus, dass 0,8 Prozent der 18- bis 59-Jährigen ... rund 400.000 Menschen, mindestens einmal im Jahr koksen. Doch angesichts der Konsummengen, die die Chemiker des IBMP anhand ihrer Wasseranalysen hochgerechnet

---

73 Preiszler, S. 37f.

haben, scheint klar: Die aktuellen Statistiken zeichnen ein zu rosiges Bild ...« (ebenda).

»... ›Sind die Ergebnisse des IBMP korrekt, dann liegt die tatsächliche Zahl der Kokainkonsumenten offensichtlich deutlich über den bisherigen Annahmen‹, sagt Roland Simon vom Münchner Institut für Therapieforschung [IFT], das die Bundesregierung und die EU mit den deutschen Kokainkonsum-Statistiken beliefert ... Bei Köln haben die Nürnberger Forscher ähnliche, bei Mannheim deutlich höhere Werte gemessen. Anderswo lagen die Benzoylecgonin-Mengen wiederum niedriger ...« (ebenda).

Doch kehren wir nach Wien zurück. Ich wollte nur eine Anregung geben. Sofern das nötige Geld für eine derartige Studie zur Verfügung stehen sollte, könnte wahrscheinlich das Wiener, respektive das österreichische Drogenproblem in einem völlig neuen Lichte erscheinen.

Es ist noch nicht lange her, dass in der Kärntnertorpassage/Karlsplatz massive Probleme mit Georgiern, Russen und Tschetschenen auftraten, erzählten mir Beamte der dort ansässigen Polizeiinspektion. Allerdings traten sie nicht als Dealer in Erscheinung, sondern als Kunden. Besonders die Tschetschenen waren so aggressiv, dass selbst die einheimischen Abhängigen ihnen aus dem Weg gingen. Sie waren Einbrecher und benötigen die Tabs, um auf ihren Raubzügen durchzuhalten. Man hätte sie bereits zu Hause in der Armee bewusst süchtig gemacht, packten sie vor den Beamten aus, wenn sie gefasst wurden. Damit sie das lausige und immer zu knappe Essen sowie den schikanösen Drill überstehen konnten bzw. ihrer Mission als Killermaschinen gerecht werden konnten. Gut vorstellbar. Mit dem neuen Fremdenpolizeigesetz kam es allerdings in diesem Punkt zu einer Verbesserung.

»Die Problem verursachenden offenen Drogenszenen in Wien, mit all ihren für die Bevölkerung unangenehmen Begleiterscheinungen, befinden sich durchwegs entlang öffent-

licher Verkehrsmittel, insbesondere entlang der USTRABA
[Untergrundstraßenbahn, Anm. d. A.] und U-Bahnen. Meistens
befindet sich eine Massenunterkunft für Fremde [Asylwerber,
Anm. d. A.] in der Nähe«[74], sagt Preiszler.

Der Suchtgiftfahnder rechnet damit, dass sich mit der Verlängerung der U-Bahn-Linie U1 Richtung Leopoldau eine neue offene Szene zu etablieren versuchen wird. Nach den Beobachtungen der EGS tummeln sich in letzter Zeit bereits auffällig viele Schwarzafrikaner in der Wagramer Straße im 22. Bezirk, die zum Kagraner Platz führt, wo eine der neuen U-Bahn-Stationen erbaut wurde.

Die offenen Wiener Drogenszenen im Überblick (Stand: März 2005)[75]

Innere Stadt (1. Bezirk)

- Schwedenplatz durchgehend bis Morzinplatz: am Tag unter Kontrolle, ab 22.00 Uhr SMH (Suchtmittelhandel) durch Schwarzafrikaner. Durch die inzwischen installierte Kameraüberwachung des Schwedenplatzes konnte die Situation nachhaltig verbessert werden (Anm. d. A.).
- Franz-Josefs-Kai zwischen den U4-Stationen Schwedenplatz und Schottenring
- Rudolfsplatz samt Seitengasse: am Tag unter Kontrolle, ab 22.00 Uhr SMH durch Schwarzafrikaner
- Hoher Markt, Rotenturmstraße bis Stephansplatz inkl. Seitengassen: am Tag verdeckter SMH durch Schwarzafrikaner
- Karlsplatz: Tablettenhandel, keine »klassische« Suchtgiftszene

---

74 ebenda, S. 38
75 Nach den Ermittlungen von Wolfgang Preiszler und der EGS

Leopoldstadt (2. Bezirk)

- Vom Schwedenplatz ausgehend über die Marien-, Salztor- oder Schwedenbrücke in die Seitengasse entlang der Oberen Donaustraße: am Tag unter Kontrolle, ab 22.00 Uhr SMH durch Schwarzafrikaner
- Mexikoplatz entlang der Vorgartenstraße bis in den 20. Bezirk: zerstreut bzw. aufgelöst
- Praterstraße/Nestroyplatz: zerstreut bzw. aufgelöst

Landstraße (3. Bezirk)

- keine; 2004 noch massive offene Suchtgiftszene im Bereich Würtzlerstraße – Schlachthausgasse: zerstreut bzw. aufgelöst
- Kardinal-Nagl-Platz/Hainburger Straße inkl. Nebengasse: zerstreut bzw. aufgelöst

Wieden (4. Bezirk)

- Taubstummengasse/Mayerhofgasse als Ausläufer des Drogenhandels in der U-Bahn-Linie U1: derzeit zurückgehend

Margareten (5. Bezirk)

- keine; bis Ende 2003 sehr massive offene Suchtgiftszene entlang der gesamten USTRABA über Margareten Gürtel bis zur Gumpendorfer Straße; zerstreut bzw. aufgelöst

Mariahilf (6. Bezirk)

- U-Bahn-Station U6 Gumpendorfer Straße inkl. Nebengassen im Bereich des 6. Bezirks
- Verändertes Täterverhalten

Neubau (7. Bezirk)

- U-Bahn-Stationen der Linie U6 im gesamten Bezirksbereich
- Urban-Loritz-Platz inkl. Nebengasse; sehr massive offene Suchtgift-Szene
- Gesamter Gürtelbereich inkl. Nebengassen im 7. Bezirk
- Verändertes Täterverhalten

Josefstadt (8. Bezirk)

- U-Bahn-Stationen der Linie U6 im gesamten Bezirksbereich
- Gesamter Gürtelbereich inkl. Nebengassen des 8. Bezirks
- Verändertes Täterverhalten

Alsergrund (9. Bezirk)

- U-Bahn-Stationen der Linie U6 im gesamten Bezirksbereich
- Gesamter Gürtelbereich inkl. Nebengassen des 8. Bezirks
- Berggasse, Collingasse bis Lichtenstraße inkl. Nebengassen
- Kinderspitalgasse/Lazarettgasse inkl. Nebengassen
- Park rund um die Votivkirche; bis Februar 2005 sehr massive Suchtgift-Szene und SMH bei Tag und Nacht durch Schwarzafrikaner; seit drei Wochen keine Suchtgift-Szene mehr

Favoriten (10. Bezirk)

- SMH durch Schwarzafrikaner in den Zügen und Stationen der U-Bahn-Linie U1 und fallweise im Bereich der Fußgängerzone Favoritenstraße
- Reumannplatz/Favoritenstraße bis Keplerplatz inkl. Nebengassen; zerstreut bzw. aufgelöst

Simmering (11. Bezirk)

- Keine Suchtgiftszene; jedoch massive Ansiedlungen durch potenzielle Täter; in diesem Bereich ist eine ständige Beobachtung erforderlich

Meidling (12. Bezirk)

- Längenfeldgasse inkl. Nebengassen und U-Bahn-Station (jedoch stark reduziert)
- Aßmayergasse bis Wilhelmstr. inkl. Nebengassen (stark reduziert)
- Schedifkaplatz (stark reduziert)

Hietzing (13. Bezirk)

- Derzeit keine Suchtgiftszene
- Verändertes Täterverhalten

Penzing (14. Bezirk)
- Derzeit keine Suchtgift-Szene

Rudolfsheim (15. Bezirk)
- U-Bahn-Stationen der Linie U6 im gesamten Bezirksbereich; massiver SMH durch Schwarzafrikaner bei Tag und Nacht
- Gesamter Gürtelbereich inkl. Nebengassen des 15. Bezirks; massiver SMH durch Schwarzafrikaner bei Tag und Nacht
- Stiegergasse inkl. Nebengassen; massiver SMH durch Schwarzafrikaner bei Tag und vor allem bei Nacht
- Verändertes Täterverhalten

Ottakring (16. Bezirk)
- U-Bahn-Stationen der Linie U6 im ganzen Bezirksbereich
- Gesamter Gürtelbereich inkl. Nebengassen des 16. Bezirks
- Ottakringerstraße/Brunnengasse inkl. Nebengassen
- Verändertes Täterverhalten

Hernals (17. Bezirk)
- U-Bahn-Stationen der Linie U6 im gesamten Bezirksbereich
- Gesamter Gürtelbereich inkl. Nebengassen des 17. Bezirks
- Verändertes Täterverhalten

Währing (18. Bezirk)
- U-Bahn-Stationen der Linie U6 im Bezirksbereich
- Gesamter Gürtelbereich inkl. Nebengasen des 17. Bezirks
- Verändertes Täterverhalten

Döbling (19. Bezirk)
- Derzeit keine Suchtgiftszene

Brigittenau (20. Bezirk)
- U-Bahn-Stationen der Linie U6 im Bezirksbereich; hier zeigt sich deutlich die Tendenz der Abnehmer, auf vorbeifahrende Dealer zu warten

- Öffentliche Verkehrsmittel U6 und (Buslinie) 11A beim Milleniumstower; zerstreut bzw. aufgelöst
- Vorgartenstraße/Engerthstraße inkl. Nebengassen; zerstreut bzw. aufgelöst
- Verändertes Täterverhalten

Floridsdorf (21. Bezirk)

- Derzeit keine Suchtgiftszene (nach den Angaben von Wolfgang Preiszler gab es im Bereich des Franz-Jonas-Platzes den kurzfristigen Versuch, eine Szene aufzubauen, der jedoch rasch unterbunden werden konnte, Anm. d. A.)

Donaustadt (22. Bezirk)

- Derzeit keine Suchtgiftszene
- U-Bahn-Station U1 Kagran; zerstreut bzw. aufgelöst
- Donauinsel (im Sommer aktuell)

Liesing (23. Bezirk)

- Derzeit keine Suchtgiftszene

Inhaftierte nach dem Suchtmittelgesetz (SMG) in Wien[76]

Gesamt im Jahr 2003: 2087 (Am 15. September 2003 wurde die EGS (Einsatzgruppe zur Bekämpfung der Straßenkriminalität) mit einem Personalstand von acht Beamten gegründet.)

Gesamt 2004:	3096
Gesamt 2005:	3323
Gesamt 2006:	2464
Österreicher (2003):	517
Österreicher (2004):	847

---

76 ebenda

Österreicher (2005): 1103
Österreicher (2006): 1074

Ausländer (2003): 1687
Ausländer (2004): 2248
Ausländer (2005): 2221
Ausländer (2006): 1391

Schwarzafrikaner (2003): 1293
Schwarzafrikaner (2004): 1714
Schwarzafrikaner (2005): 1639
Schwarzafrikaner (2006): 843

Asylwerber (2003): 1153
Asylwerber (2004): 1734
Asylwerber (2005): 1701
Asylwerber (2006): 943

Gesamt 2003–2006: 10.970
Davon Österreicher: 3540
Davon Ausländer: 7430
Davon Schwarzafrikaner: 5375
Davon Asylwerber: 5531

Sicherstellungen[77]

2003

    Heroin 27.684 (Gramm)
    Kokain 22.194
    Cannabis 229.678
    Ecstasy 258.785 (Stück)
    Psychotrope 15.771 (Gramm)

---

77 ebenda

Amphetamine 5583
Opium 11.975
Bargeld 899.846 €

2004

Heroin 171.121 (Gramm) [Sicherstellung von 113,5 Kilogramm Heroin im Jänner 2004 eingerechnet]
Kokain 36.113
Cannabis 698.753
Ecstasy 59.196 (Stück)
Psychotrope 30.550 (Gramm)
Amphetamine 5966
Opium 34.559
Bargeld 1.228.496 €

2005

Heroin 36.228 (Gramm)
Kokain 29.132
Cannabis 325.078
Ecstasy 14.908 (Stück)
Psychotrope 33.147 (Gramm)
Amphetamine 5472
Opium 12.591
Bargeld 1.392.691 €

2006

Heroin 34.073 (Gramm)
Kokain 19.543
Cannabis 1.639.001 (Sicherstellung von 1,5 Tonnen Cannabis im Albaner Hafen eingerechnet)
Ecstasy 19.305 (Stück)
Psychotrope 39.085 (Gramm)
Amphetamine 26.770
Opium 5140
Bargeld 1.132.762 €

Gesamt 2003–2006

    Heroin 269.106 (Gramm)
    Kokain 106.982
    Cannabis 2.962.510
    Ecstasy 352.194 (Stück)
    Psychotrope 118.553 (Gramm)
    Amphetamine 43.791
    Opium 64.265
    Bargeld 4.653.795 €

Landeskriminalamt (LKA) Wien: Einsatzgruppen Wien (Suchtgift)

2003

    Streifen 0
    Haft 245
    Identitätsfeststellung 0
    Asylwerber 230
    Anzeigen (nach SMG) 405
    Bargeld 40.747,50 €
    Heroin 462,65 (Gramm)
    Kokain 2054,25

2004

    Streifen 212
    Haft 876
    Identitätsfeststellungen 240
    Asylwerber 725
    Anzeigen (nach SMG) 1396
    Bargeld 221.523,70 €
    Heroin 21.238,38 (Gramm)
    Kokain 13.090,90

2005

Streifen 249

Haft 1557

Identitätsfeststellungen 454

Asylwerber 1019

Anzeigen (nach SMG) 2488

Bargeld 323.128,49 €

Heroin 17.994,36 (Gramm)

Kokain 7059,39

2006

Jänner

    Streifen 12

    Haft 60

    Identitätsfeststellungen 69

    Asylwerber 48

    Anzeigen (nach SMG) 98

    Bargeld 15.668,00 €

    Heroin 198,60 (Gramm)

    Kokain 170

Februar

    Streifen 18

    Haft 133

    Identitätsfeststellungen 57

    Asylwerber 73

    Anzeigen (nach SMG) 236

    Bargeld 25.516,72 €

    Heroin 185,60 (Gramm)

    Kokain 332,40

März

    Streifen 21

    Haft 130

    Identitätsfeststellungen 31

　　　　Asylwerber 72
　　　　Anzeigen (nach SMG) 210
　　　　Bargeld 30.796,00 €
　　　　Heroin 2724,30 (Gramm)
　　　　Kokain 364,50

April

　　　　Streifen 19
　　　　Haft 111
　　　　Identitätsfeststellungen 18
　　　　Asylwerber 31
　　　　Anzeigen (nach SMG) 197
　　　　Bargeld 26.343,50 €
　　　　Heroin 450,80 (Gramm)
　　　　Kokain 229,40

Mai

　　　　Streifen 20
　　　　Haft 119
　　　　Identitätsfeststellungen 57
　　　　Asylwerber 48
　　　　Anzeigen (nach SMG) 189
　　　　Bargeld 39.660,00 €
　　　　Heroin 893,20 (Gramm)
　　　　Kokain 530,20

Juni

　　　　Streifen 16
　　　　Haft 80
　　　　Identitätsfeststellungen 42
　　　　Asylwerber 46
　　　　Anzeigen (nach SMG) 139
　　　　Bargeld 20.812,00 €
　　　　Heroin 317,10 (Gramm)
　　　　Kokain 158,80

Juli
- Streifen 26
- Haft 114
- Identitätsfeststellungen 50
- Asylwerber 50
- Anzeigen (nach SMG) 202
- Bargeld 70.363,00 €
- Heroin 103,80 (Gramm)
- Kokain 660,05

August
- Streifen 19
- Haft 140
- Identitätsfeststellungen 27
- Asylwerber 91
- Anzeigen (nach SMG) 225
- Bargeld 22.294,60 €
- Heroin 4469,10 (Gramm)
- Kokain 727,20

September
- Streifen 21
- Haft 78
- Identitätsfeststellungen 67
- Asylwerber 47
- Anzeigen (nach SMG) 123
- Bargeld 36.719,70 €
- Heroin 1706,80 (Gramm)
- Kokain 569,40

Oktober
- Streifen 24
- Haft 77
- Identitätsfeststellungen 35
- Asylwerber 23

Anzeigen (nach SMG) 106
Bargeld 23.446,00 €
Heroin 93,00 (Gramm)
Kokain 290,30

November
Streifen 23
Haft 111
Identitätsfeststellungen 22
Asylwerber 47
Anzeigen (nach SMG) 172
Bargeld 29.127,00 €
Heroin 225,30 (Gramm)
Kokain 1150,20

Dezember
Streifen 1
Haft 5
Identitätsfeststellung 1
Asylwerber 4
Anzeigen (nach SMG) 7
Bargeld 930,00 €
Heroin 0,00 (Gramm)
Kokain 2,60

Stand 2006

Streifen 220
Haft 1158
Identitätsfeststellung 476
Asylwerber 580
Anzeigen (nach SMG) 1904
Bargeld 341.676,52 €
Heroin 11.366,60 (Gramm)
Kokain 5185,05

Gesamt 2003–2006

>Streifen 681
>Haft 3836
>Identitätsfeststellungen 1170
>Asylwerber 2554
>Anzeigen (nach SMG) 6193
>Bargeld 927.076,21 €
>Heroin 51.061,99 (Gramm)
>Kokain 27.389,59

Aus dem Suchtgiftlagebericht Wien (März 2005):

»… Keine Statistik, weder Haft, Sicherstellungs- und Suchtgifttotenstatistik kann auch nur annähernd die gesamte Dimension dieser Problemstellung aufzeigen oder dokumentieren. Dies vermögen auch keine Berichte oder subjektive Erfahrungswerte. Ein Suchtgiftlagebericht einer Millionenstadt, eine Suchtgiftlagedarstellung von Wien, wird immer das bleiben was es auch in Wahrheit ist. Eine subjektive Darstellung der exekutiven Sichtweise über eine objektiv nicht wirklich messbare Kriminalitätsform.

Suchtgiftkriminalität ist ein ›Erfolgsdelikt‹, wodurch klar zum Ausdruck gebracht wird, dass entsprechende Ressourcensteuerung und taktische Vorgaben massiv auf das jeweilige Ergebnis einwirken …

… An öffentlichen Plätzen ist die offene Drogenszene für die Öffentlichkeit wahrnehmbar, wobei sich diese Wahrnehmbarkeit im subjektiven Empfinden der Bevölkerung im Zusammenhalt mit der Folgedelinquenz zu einem massiven Bedrohungsbild entfaltet hat.

Wien ist seit Jahren, nicht zuletzt wegen seiner geografischen Lage, Dreh- und Angelpunkt für den kriminell organisierten Suchtgifthandel durch international agierende Tätergruppierungen in Österreich.

Die Bundeshauptstadt ist zum einen der größte und stabilste Markt für den illegalen Drogenhandel in Österreich, zum anderen entwickelte sich Wien, begünstigt durch die günstige Verkehrslage auf der Balkanroute, immer mehr zum zentralen Umschlagplatz harter Drogen (Heroin, Kokain) regional, national wie aber auch im europäischen Raum, insbesondere für türkische und iranische Tätergruppen.

Vor allem in der auf Markterweiterung ausgerichteten Strategie der Tätergruppierungen aus westafrikanischen Staaten, zumindest 70 bis 80 Prozent Marktanteil in der offenen Szene, hat Wien eine zentrale Bedeutung.

Die kriminell organisierten westafrikanischen Gruppierungen haben eine Infrastruktur in Form von Verbindungsstellen, Zwischenstationen für Geldwäscheaktivitäten und Suchtmitteldepots, Zentrallager unter anderen in Massenunterkünften, Betreuungseinrichtungen zur Legendenbildung und Rechtsberatung eingerichtet.

Aus Schwerpunktermittlungen ist objektiviert, dass es sich bei den genannten Gruppierungen nach sämtlichen Kriterien um kriminell organisierte Tätergruppen handelt.

1. Nach dem zeitlichen Element auf Dauer (Monate, Jahre) ausgerichtet
2. Mehrere tausend Täter, die den Wiener Drogenmarkt indirekt bzw. direkt beeinflussen
3. Erfüllung bestimmter struktureller Voraussetzungen (arbeitsteiliges Vorgehen, hierarchische Struktur, gewisse Infrastruktur)
4. Logistische und strategische Mindestbedingungen (Abschirmung, Abschottung, Tarnung der kriminellen Geschäftsaktivitäten, Operationalisierung von Drittpersonen, marktstrategische Zielsetzung, systematischer Gebrauch von Gewalt und Drohung bis hin zu Angriffen gegen Leib und Leben, um Mitglieder bei der Stange zu halten, zum Schweigen zu bringen bzw. einzuschüchtern und gefügig zu machen)

5. Fortgesetzte Begehung von Katalogstraftaten (Suchtgift-, Urkunden-, Betrugs- und Falschgelddelikte, Geldwäsche, Delikte gegen Leib und Leben) als gemeinsames und verbindliches Ziel.

Das strategische und logistische Konzept der marktbeherrschenden kriminell organisierten, regional, überregional und international agierenden westafrikanischen Tätergruppierungen ist auf die Erreichung der Monopolstellung im illegalen Drogenhandel ausgerichtet.

Ein klares Indiz dafür ist, dass diese Tätergruppierungen über den Beobachtungszeitraum der letzten Jahre in mehreren Landeshauptstädten, wie unter anderem in Graz und Linz, einen nicht unwesentlichen Marktanteil für illegale Drogengeschäfte errungen haben.

Diese Tatsache spiegelt sich auch im Verhaltensmuster der Täterschaften wider. An öffentlichen Orten und Plätzen wird das massive Auftreten von unbeteiligten Dritten genutzt, um kriminelles Handeln zu verbergen bzw. die Ansammlung von einer Personenvielzahl zur Abschottung zu nutzen. Die gewinnsüchtigen Absichten sind getragen von hochwertiger Gleichgültigkeit gegenüber Gesundheit und Leben anderer Menschen (Drogenverkauf an Minderjährige unter sexueller Ausnutzung), einem völligen Mangel an Verantwortungsbewusstsein, enormem Gewissensdefizit und hochgradiger asozialer Einstellung wie u. a. die Operationalisierung der Sozial- und Fremdenpolitik zur Optimierung der kriminellen Organisationsziele, insbesondere der finanziellen Wertschöpfung aus dem Drogenhandel.

Die kriminellen Verbindungen werden nach marktwirtschaftlichen Leitsätzen geführt und ergeben sich in der Auswertung der Kriminalitätslagebilder eindeutige Anhaltspunkte, dass die Koordinatoren und Organisatoren für den Drogenabsatzmarkt in Wien durch Tarnung der Verteiler als Streetrunner niedrigster Ordnung, teilweise aber auch als abhängige

Kleinkonsumenten ein kostengünstiges wie wirksames Vertriebsnetz aufgebaut haben ...«[78]

In der vorangegangenen Auflistung der offenen Wiener Drogenszenen ist mehrmals für verschiedene Wiener Bezirke ein *verändertes Täterverhalten* angeführt worden. Das erklärt das Suchtgiftlagebild folgendermaßen:

»... *Ein verändertes Täterverhalten kann durchaus als Erfolg der Einsatzgruppe zur Bekämpfung der Straßenkriminaliät [EGS] gewertet werden, da zu Beginn der Streifen die Drogendealer ungeniert und ohne Hemmungen ihre Drogen in der Öffentlichkeit anboten und auch verkauften, was den Zugang zu Drogen für den Konsumenten jeder Altersstufe, zu einem buchstäblichen Kinderspiel machte ...*«[79]

Auf dem Schwedenplatz, so Preiszler, wurde in jüngster Vergangenheit der bislang jüngste Heroinkonsument mit elf Jahren (!) aufgegriffen. Er war in Begleitung seiner 13-jährigen Freundin, die für die Schwarzafrikaner auf den Strich ging.

Weiters heißt es in dem Bericht:
»... Nach mehr als 1500 festgenommenen Drogendealern gehen diese Täter ihrer kriminellen Neigung nicht mehr so ungeniert nach. Die Drogenübergaben öffentlich wahrzunehmen, wird zusehends schwieriger, da diese immer mehr im Verborgenen stattfinden. Die Drogen werden nicht mehr jedermann angeboten. Es wird darauf geachtet, überwiegend an Stammkunden zu verkaufen.

... von den Beamten konnte beobachtet werden, dass junge Menschen von Dealern weggeschickt werden, da dieser auf seinen Stammkunden wartet und keine ›Laufkundschaft‹ bedient.

---

78 Wolfgang Preiszler, Suchtgiftlage Wien mit Stand März 05 (EGS)
79 ebenda, S. 5

Dieses geänderte Täterverhalten ist zu einem großen Teil auf die Furcht vor einer Festnahme zurückzuführen und bedingt auch einen automatischen Einkommensverlust der Dealer.«[80]

Wie raffiniert und ausgebufft die Trickkiste der Dealer sein kann, zeigt ein Beispiel für Drogenverstecke. Oder wer vermutet, dass auf der Rückseite der Blätter eines Strauches oder Buschwerks Drogenportionen mit Tixoband befestigt sind?

Die Kriminalbeamten Karl Kmoch und Roman Krammer vom KKZO, zuständig für den 1., 2., 3. und 20. Bezirk, sehen die gegenwärtige Lage ähnlich. Besonders im 1. Bezirk haben sie Probleme mit der Tablettenszene rund um den Karlsplatz.

»Das ist einer der neuralgischen Punkte«, sagt Kmoch, »wir haben die Erfahrung gemacht, dass die Tabletten legal bezogen werden. Jemand [der Abhängige] geht zum Arzt, lässt sie sich verschreiben, weil er diese ja auch braucht. Mit dem Rezept geht er in die Apotheke und von dort direkt auf den Karlsplatz. Er steht in ärztlicher Behandlung, kommt regelmäßig hin, bekommt sie verschrieben. Momentan ist der Gebrauch noch so, dass er oft nicht nur seine Tagesration bekommt, sondern auch eine Wochenendration, oft sogar Urlaubsrationen. Damit geht er dann auf den Karlsplatz und verkauft es. Schwarzafrikaner lassen sich dort nicht blicken. Den Markt haben vorwiegend Inländer in der Hand.«

Eine Verbesserung des Status quo brachte sicherlich, so Kmoch, die Inbetriebnahme der neuen Polizeiinspektion. Waren früher die Beamten in eine Art fensterlose, unterirdische Besenkammer verbannt, haben sie nun freie Sicht, da sich die Polizeiinspektion über jenes Areal ausdehnt, das früher bevorzugt von den Abhängigen in Beschlag genommen wurde, und sich in unmittelbarer Nähe der Evangelischen Schule befindet. Außerdem ist das Gelände permanent videoüberwacht. Der Resselpark wurde zur Schutzzone erklärt.

---

80 ebenda, S. 5f.

Weniger Freude mit der Schutzzone haben die Polizisten in der Polizeiinspektion Kärntnertorpassage. Sie sind zwar durch den Neubau ihr altes »Bergwerkimage« los, aber dafür müssen sie ihren Dienst in einer der arbeitsintensivsten Exekutivdienststellen Österreichs versehen. In den ersten viereinhalb Monaten des Jahres 2005 tippten sie über 3500 Anzeigen und nahmen 230 Personen fest.[81]

Trotz der täglichen Sisyphusarbeit sind die Beamten hier hoch motiviert. Sie spielen mir keine Show vor. Einige von ihnen kenne ich seit vielen Jahren. Mit mir sprechen sie offen.

Die breite Öffentlichkeit empfindet für diese Berufsgruppe noch immer keine besonderen Sympathien, obwohl in den letzten Jahren von der Führungsseite her sehr viel für eine Imageverbesserung gemacht wurde. Was sich in letzter Zeit an Machtkämpfen in den oberen Chargen abgespielt hat und auch weiterhin zuträgt, liegt außerhalb des Einflussbereiches jeder Beamtin und jedes Beamten, die in einer Polizeiinspektion ihrem Dienst nachgehen. Hier spielen auch politische Interessen eine gewichtige Rolle, die aber die tägliche Arbeit des Polizisten um keinen Deut erleichtern. Selbstverständlich ist das für den Job der Kriminalbeamtinnen und Kriminalbeamten ebenso gültig.

Für die Öffentlichkeit gilt der Inspektor nur dann als Hero, wenn man selbst in der Scheiße sitzt und froh ist, dass jemand zur Stelle ist und hilft. Sämtliche selbst ernannte Gutmenschen, die beim geringsten Vorfall bei der Polizei sofort lautstark aufschreien, sollen sich nur einmal die Mühe machen, deren Alltag genauer unter die Lupe zu nehmen – objektiv und als neutraler Beobachter ohne jegliche Vorurteile. Ich garantiere jedem, der sich damit näher auseinandersetzt und befasst, dass sich sein bisheriger Blickwinkel total verändern wird. Doch das ist meine persönliche Meinung und die gestehe ich mir als Autor auch zu.

---

81 vgl. Öffentliche Sicherheit. Nr.7-8/06, S. 6

Die Schutzzone Resselpark findet in dieser Polizeiinspektion deshalb weniger Anklang, weil die Kärntnertorpassage nur mehr zum Anbahnen des Deals benutzt wird, die Übergabe aber in der näheren Umgebung stattfindet.

»Zum Beispiel auch in den Objekten, in den Häusern rund um den Karlsplatz«, sagt einer der Beamten, der es schließlich wissen muss, »in den Dach- und Kellergeschoßen. Auch beim »Spar« [Lebensmittelmarktkette, Anm. d. A.], so erzählte uns deren eigener Sicherheitsdienst, haben Leute ihre Drogenrationen auf der Gemüsewaage abgewogen. Das sind die negativen Auswirkungen dieser Schutzzone.«

»Man muss zu diesem Konstrukt Karlsplatz auch sagen«, wirft ein weiterer Kollege ein, »dass man sich auch einmal in einen Süchtigen hineinversetzen muss. Ein Süchtiger steht auf in der Früh und alles dreht sich nur mehr um Gift, Gift und nochmals Gift. Wo bekomme ich es her? Hier. Wenn sich dann die Leute [Passanten, Anrainer] aufregen und andauernd beschweren, muss man das schon auch dazu sagen. Das ist zum einen ein Verkehrsknotenpunkt von drei U-Bahn-Linien, also ein Treff- und Kreuzungspunkt für viele Menschen. Zum anderen, als Süchtiger habe ich den ganzen Tag nichts anders zu tun, als dafür Sorge zu tragen, woher bekomme ich rasch mein Gift her? Hier gibt es alles. Alkohol und Drogen. Da hat man hier eine wunderbare Infrastruktur geschaffen. Jede Hütte verscherbelt das Bier um 80 Cent. Was soll also einen Süchtigen davon abhalten, hier nicht herzukommen? Hier ist es für ihn einfach schön. Und wir? Wir perlustrieren sie, schauen, dass es hier in halbwegs geordneten Bahnen abläuft und gehen den strafrechtlichen Tatbeständen nach. Ansonsten können wir nicht viel mehr machen. Es gibt kein Gesetz in der Demokratie, dass es einem freien Menschen verbietet, sich irgendwo aufzuhalten. Und das ist auch gut so. Man darf aber dann auch nicht blöd herumreden, der Karlsplatz ist so schrecklich und grauslich, aber jedem erlauben, einen Stand zu eröffnen und billig Alk zu verkaufen. Und ob die Streetworker auch nicht woanders existieren könnten als hier im Zentrum, frage ich mich auch.«

Inzwischen sind weitere Beamten von ihrem Rundgang zurückgekehrt. Glück gehabt, ausnahmsweise ist nicht viel los an diesem Nachmittag und daher mehr Zeit für eine ausführliche Gesprächsrunde. Wir kommen auf die oftmals betriebene Verniedlichung des Drogenproblems zu sprechen.

»Ich hätte da ein paar schöne Wörter auf Lager«, mengt sich ein weiterer Beamter ein, »aber die ich will jetzt nicht sagen, sonst ist die Öffentlichkeit am Ende noch schockiert. Objektiv betrachtet sind Drogen schlecht und böse. Da gibt es nichts Gutes. Durch diese Sprachregelung – *illegalisiert* – gibt man den Drogen eigentlich einen positiveren Touch. Nur der Staat macht sie böse. Und eigentlich ist doch alles gar nicht so schlimm, da sie ja *nur* illegalisiert sind. Sie sind nicht böse, sie sind nicht illegal, sie sind kein grundsätzliches Gesellschaftsproblem. Sie machen auch nicht die Leute kaputt, sondern der Staat macht die Leute kaputt, indem er diese Drogen für illegal erklärt. Von zehn Süchtigen ist einer vielleicht dabei, der aufgrund seiner Charaktereigenschaften als kriminell zu bezeichnen ist. Der Rest ist einfach Opfer der Umstände, der Lebensumstände und muss sich zwangsläufig mit Begleitkriminalität über Wasser halten.«

»Total arme Hunde«, sagt ein Beamter, der die ganze Zeit über zugehört hat, »die haben nichts mehr. Da ist das Endstadium. Da gibt es nichts mehr.«

Ein Kollege bringt es, aus seiner Sicht, auf den Punkt.

»Sie bezahlen die Zeche für eine komplett verfehlte Drogenpolitik. Man hat es jahrelang schleifen lassen. Man hat sich jahrelang jede Menge Kriminelle in das Land hereingeholt, und jetzt ist man damit natürlich überfordert. Wäre man damals, vielleicht politisch unkorrekt, nicht so tolerant gewesen, hätten wir heute einen Großteil dieser Probleme nicht.«

In den vielen Jahren, in denen ich mich mit der Drogenproblematik auseinander setze, habe ich den Polizisten immer die gleichen Fragen gestellt. Warum tut man sich das an? Warum meldet man sich ausgerechnet für eine der härtesten Polizeiinspektionen in Österreich? Ich habe auch immer die gleichen Antworten bekommen. Der Beruf des Polizisten und seine Arbeit bestehen nicht nur daraus, Falschparker abzustrafen oder einen Ladendieb zu stellen. Hier kann ich vielleicht doch jemandem helfen ...

Die Altersstruktur der Süchtigen, so erzählen die Beamten, reicht von 13, 14 bis zu 30 und mehr Jahren. Geschlechterspezifisch fällt auf, dass in letzter Zeit »sehr viele, junge Dirndln herunten sind«.

Manchmal gibt es auch in diesem oft genug traurigen Berufsalltag Geschichten zum Schmunzeln. Ein dealender Schwarzer wurde erwischt und sprach zum Erstaunen der Beamten wachechtes Tirolerisch, weil er in Tirol geboren worden war.

Während sich alle in dieser Polizeiinspektion einig sind, dass Süchtige als kranke Menschen anzusehen sind, kennen sie mit professionellen Dealern keinen Pardon, und da ist auch die Hautfarbe egal. Einer der Beamten drückt es treffend aus: »Wenn ich einen eingezogen [festgenommen, Anm. d. A.] habe und sehe, wie er etliche hundert Euro aus seinen Hosentaschen fischt und es ihn auch nicht sonderlich kratzt, dass dieses Geld beschlagnahmt ist, dann frage ich mich schon ... Ich gehe dann mit meiner Frau zum »Hofer« [Lebensmitteldiskonter, Anm. d. A.] und gemeinsam studieren wir die Sonderangebote ...«. Und dann weiter: »Hier unten [Kärntnertorpassage] sind die größten Dealer die Ärzte und die Pharmaindustrie ...«

Viele der Polizisten sind Familienväter. Wie schützt man seine eigenen Kinder, sollten sie einmal die Absicht hegen mit Drogen zu experimentieren, wenn man selbst täglich sieht, wie es letztlich endet? Keiner kann mir eine plausible Antwort geben. Eher betretene Gesichter, da es dafür keine schlüssigen Antworten gibt.

Angesprochen auf die Unterstützung, Hilfe und Kooperation

seitens der Stadt Wien bzw. deren Drogeneinrichtungen, ernte ich vorerst Gelächter.

»Da muss man auch ein bisschen differenzieren«, sagt einer der Polizisten, »die haben auch ein anderes Geschäft als wir. Unser Geschäft kann niemals Sozialarbeit, Therapie oder Ähnliches sein. Wir sind für die Aufrechterhaltung der öffentlichen Ruhe, Ordnung und Sicherheit zuständig. Es wird zwar immer so viel davon gesprochen, dass es so viele Bereiche für eine Zusammenarbeit gibt. Meiner Meinung nach stimmt das aber überhaupt nicht. Es gibt nur sehr wenige Dinge, wo man in unserem Job kooperieren kann. Ich darf schließlich nicht selbst die Gesetze brechen. Wenn eine Straftat begangen wurde, muss ich dementsprechend handeln.«

»Eier im Popo«

Schauplatzwechsel, 19. Juli 2006. Wolfgang Preiszler hat es mir ermöglicht, an einer Nachtstreife teilzunehmen. Wir treffen uns im ehemaligen Kommissariat in der Boltzmanngasse im 9. Bezirk, unmittelbar neben der amerikanischen Botschaft. Heute befindet sich hier der Stützpunkt der Suchtgruppe 1 (SG 1) der Einsatzgruppe zur Bekämpfung der Straßenkriminalität (EGS).

Oben, in einem großen Besprechungsraum, erwartet man mich bereits. Mitten in der Runde, am großen Tisch, die Chefin. Eine hübsche aparte Steirerin, die es in die Bundeshauptstadt verschlagen hat, Chefinspektorin Margit Wipfler.

Margit Wipfler Chefinspektorin EGS
Foto: Manfred Burger

Als Jugendliche las sie das berühmte Buch »Wir Kinder vom Bahnhof Zoo« von Christiane F. wird sie mir später erzählen. Die erschütternden Erlebnisse eines jungen Berliner Mädchens in den 80ern, das zum Heroin-*Junkie* wurde und, um ihre Sucht finanzieren zu können, auf dem Babystrich landete.

Das Schicksal dieses Mädchens gab den Ausschlag für Margit Wipfler, sich für eine Laufbahn in der Exekutive zu entscheiden. Heute leitet sie 78 Mann, aufgeteilt in verschiedene Teams. Es war ihre und Wolfgang Preiszlers Idee, eine Einsatzeinheit für die Bekämpfung der Straßenkriminalität ins Leben zu rufen.

Im Herbst 2003 inspizierten die beiden zusammen mit dem damaligen Leiter des Kriminalamtes Wien, Roland Horngacher, den Schwedenplatz, wo die Drogenszene gefährlich auszuufern drohte. Rasch wurde aus der Idee ein Konzept: »Eine operative Einheit auf die Beine zu stellen, die sich ausschließlich auf die Bekämpfung des Suchtgifthandels auf der Straße konzentriert«, sagt Wipfler. Hoch motiviert und couragiert setzte sie, gemeinsam mit Wolfgang Preiszler, die Pläne um.

»Wir haben mit acht Mann begonnen«, erinnert sich Preiszler, der die EGS bis November 2005 leitete, bevor er zum stellvertretenden Leiter des Landeskriminalamtes Wien (LKA) wurde. Organisatorisch ist ihm die EGS unterstellt. Preiszlers Wunsch ist es, dass diese Truppe bald zu einer eigenen Abteilung innerhalb des Polizeiapparates aufsteigt. Mit eigenen Planstellen und mehr Personal sowie einem einzigen Standort. Derzeit verteilt sich die EGS auf drei verschiedene Stützpunkte in Wien[82].

Bei den Festnahmen ging es für die Beamten nicht immer glimpflich ab. Es gab 95 Widerstände gegen die Staatsgewalt, wobei mehrere Kriminalbeamte, mitunter erheblich, verletzt wurden[83]. In Summe, nach Angaben der EGS, wurden 18 Kilogramm Heroin, sieben Kilogramm Kokain, 5600 Kilogramm Cannabis und 324.000 Euro beschlagnahmt – weitere Zahlen seit Gründung der EGS im September 2003 bis zum Mai 2006, die zu denken geben, obwohl Wien, seitens der Stadtverwaltung, gerne mit den weitaus schlimmeren Zuständen in puncto Drogenszenen mit anderen europäischen Großstädten

---

82 ebenda
83 ebenda

verglichen wird und wir, zu unserem Glück, hier positiv abschneiden. Tatsache ist, dass in anderen Metropolen Europas auch weitaus mehr Menschen leben als in Wien. Somit ist diese Sichtweise zwar positiv, zugleich aber beschönigend. Ich behaupte, es reicht allemal, was sich hier abspielt.

Bei Kaffee und einem überaus köstlichen Obstkuchen findet die Lagebesprechung für die heutige Nachtstreife statt. Wieder die gleiche Situation für mich wie in der Polizeiinspektion Kärntnertorpassage. Eine lockere Atmosphäre, man kennt sich schon lange, gehört dazu.

Während Interna für die Nachtstreife besprochen werden, nutze ich die Gelegenheit, mir die Leute ein bisschen näher anzusehen. Leger gekleidet, oft in Freizeitkleidung – ein Teil der Tarnung, abgesehen davon, dass es an diesem Abend unerträglich heiß ist. Kein Fahnder in der Suchtgiftszene wird im Nadelstreif und Krawatte Erfolg haben. »Miami Vice« spielt sich auf der Leinwand ab. Einer mit längeren Haaren, vom Alter und Outfit her könnte er glatt als verbummelter Politologiestudent im 15. Semester durchgehen. Ein anderer Kollege mit Vollglatze und Ohrring. Ein Bär von einem Mann. Wenn es hart auf hart gehen würde, würde ich mich äußerst ungern auf eine Konfrontation mit ihm einlassen. Zugleich ein Kumpeltyp, mit dem man bestimmt Pferde stehlen kann, in einer rauen Schale mit einem weichen Kern.

Ein Kollege eines anderen Teams kommt herein, legt der Chefin fünf oder sechs Haschischplatten, fein säuberlich in Klarsichtfolie verpackt, auf den Tisch. Schwarzmarktwert – etliche tausend Euro. Wipfler bedankt sich, und der Beamte gönnt sich eine Verschnaufpause.

Selten so ein gut eingespieltes Team erlebt. Obwohl der Beruf dieser Menschen nicht viel zum Lachen bietet, ist hier keiner frustriert und jeder ist sichtlich mit Freude bei der Arbeit. Es ist auch nicht gespielt, nur weil ich da bin. Man spürt: Das ist ehrlich und jeden Tag so. Kleine freundschaftliche Neckereien untereinander. Kein lautes oder böses Wort fällt. Jeder

Einzelne ein Profi. Margit Wipfler hat ihre Männer fest im Griff. Nicht dominant, keine, die mit jedem Wort die Vorgesetzte heraushängen lässt, sondern in einem angenehmen Klima. *Good vibrations* eben. Als neutraler Beobachter merke ich, dass hier jeder für jeden einsteht, und für ihre Chefin würden sie glattweg durchs Feuer gehen. Und umgekehrt ist es ebenso. Die Beamten melden sich freiwillig für den Dienst in der EGS. Der Altersdurchschnitt liegt bei 25 Jahren. »Die Arbeit funktioniert deshalb so gut, weil wir ein eingespieltes Team sind«, sagt Wolfgang Preiszler mit sichtlichem Stolz, »engagierte Idealisten, die flexibles Arbeiten beherrschen.«

Wir brechen auf. Knapp vor 21.30 Uhr. Neutrale PKWs stehen bereit. Unterschiedliche Marken. Für den ahnungslosen Passanten nicht erkennbar, dass sich hier ein kleiner Konvoi, vollbesetzt mit *Kiberern*[84], Richtung 12. und 15. Bezirk in Bewegung setzt. In einem Auto wird sogar ein Mountainbike mitgeführt. Wenn es für die Autos in dem engen Gassengewirr bei einer eventuellen Verfolgung zu eng wird, schwingt sich der Beamte aufs Rad und saust dem Verdächtigen hinterher. Einfaches Mittel und optimaler Erfolg.

Ich fahre bei Wipfler und Preiszler mit. Nicht immer können wir uns an die Regeln der Straßenverkehrsordnung halten, was uns auch öfters ein böses Schimpfwort oder den Stinkefinger einbringt. Wie kann der brave Autofahrer auch wissen, dass es sich um einen Polizeieinsatz handelt? Blaulicht und Folgetonhorn können aus logischen Gründen nicht eingesetzt werden.

Wir kommen in das Gebiet Ullmannstraße. Selbstverständlich wird das wiederum einigen Gutmenschen sauer hochkommen, aber ich habe mehrmals das Gefühl, ich sei in einem Stadtteil von Johannisburg oder in einem schwarzen Gangviertel in L.A. Permanent huschen Schwarzafrikaner, geschäftig mit Handys telefonierend, durch die Gassen, eifrig am

---

84 Wiener Gaunersprache für Kriminalbeamte

verchecken (dealen). Die Burschen sind gerissen. Kurvt eines unserer Fahrzeuge mehr als dreimal um einen Block, bedeutet das – Pause einlegen. Sofort läuft der Rundruf – *Bullen* sind hier. Einige Beamte sind zu Fuß unterwegs, machen auf Nachtschwärmer. Auch der Radfahrer zieht seine Runden. Untereinander herrscht ständiger Funkkontakt. Jeder Beamte hat einen Ohrhörer mit Freisprecheinrichtung. Beim allgemeinen Handywahnsinn fällt das nicht weiter auf.

Wipfler und Preiszler halten vom Auto aus Kontakt zu den Kollegen. Der »verbummelte Politologiestudent« schlendert mit seiner Umhängetasche und dem »Che-Guevara«-T-Shirt daher. Aber seine Augen sind überall. Wer von den Beamten einen Deal beobachtet, erteilt auch die so genannte Zugriffsberechtigung, das heißt das Kommando zum Einschreiten. Schließlich muss der Suchtgiftmittelhandel nachgewiesen werden können. Meist endet das mit der Festnahme. Zumindest in dieser Nacht. Manchmal ist auch der Gegner schneller und haut ab.

»Schwarzafrikanische Dealer sind nie bewaffnet«, erzählt Preiszler, »sie verlassen sich auf ihre Körperkraft und Schnelligkeit. Werden sie allerdings in die Enge getrieben, reagieren sie wie ein weidwundes Tier.«

Treten, schlagen, beißen, sich wehren mit allen Leibeskräften – was den Beamten öfters schwere Verletzungen einträgt, wie einem Polizisten, der einem Schwarzafrikaner nachrannte und ihn auch einholen konnte. Plötzlich blieb der Dealer abrupt stehen, sprang mit beiden Beinen dem Fahnder gegen die Brust, worauf dieser mit dem Rücken gegen eine Mülltonne geschleudert wurde und sich erhebliche Rückenverletzungen zuzog.

»Im Gegensatz zu den Albanern und Kosovo-Albanern«, führt Preiszler weiter aus, »die sind ziemlich *aufmagaziniert* [schwer bewaffnet, Anm. d. A.], aber auch unsere einheimischen Dealer. Im Stadtpark«, kramt er weiter in seinem reichen Erfahrungsschatz, »wurden zwei Jugendliche gefasst, wobei der eine in der Hose ein langes Messer verbarg, dass er kaum das Bein abbiegen konnte, und der andere trug eine Art von Säbel über die Schulter gehängt.«

»Auffällige weiße Turnschuhe, weißes T-Shirt, Dreiviertel-Hose, Baseballkappe, geht ins ›Obiz‹«, tönt es aus dem Funkgerät.

Preiszler drückt das Gaspedal durch. Von allen Windrichtungen kommen auch die anderen Kollegen hinzu.

Das »Obiz« in der Ullmannstraße 45, im 15. Bezirk, ist ein berüchtigtes Lokal. Geführt von Schwarzen und Treffpunkt der Dealer. Ein lausiges, verdrecktes, absolut beschissenes Lokal. Undefinierbare Gerüche hängen in der Luft. An die 30 bis 40 Typen, durchwegs Schwarzafrikaner, sitzen an den Tischen und sehen gelassen zu, wie die Bullen in das Lokal kommen. Preiszler hat Recht. Die brauchen keine Waffen. Die Männer machen einen mehr als durchtrainierten Eindruck. Ihre *Muckis* können sich sehen lassen.

Einem einzigen Weißen, mit hoher Wahrscheinlichkeit ein Anrainer aus der nächsten Umgebung, scheint es hier zu gefallen. Vielleicht ist es auch sein Beitrag zur Integration? Ich weiß es nicht. Mit großem Appetit isst er etwas Undefinierbares, Breiartiges von einem Teller. Auch das will ich nicht näher in Augenschein nehmen. Die Wirtin telefoniert ungeniert mit dem Handy. Wahrscheinlich mit dem Besitzer. Das Lokalschild an der Außenmauer ist eine Erwähnung wert. In der Mitte groß der Lokalname – »Obiz« –, darüber eine Werbung für Zwettler Bier und darunter »Echt Waldviertel«.

»Auffällige weiße Turnschuhe, weißes T-Shirt, Dreiviertel-Hose, Baseball-Kappe« lautete die Personenbeschreibung via Funk. Zu blöd, dass rund ein Drittel der anwesenden Schwarzafrikaner ebenfalls »auffällige weiße« Turnschuhe trägt, und die Baseballkappe hat sich in Luft aufgelöst. Die Schwarzafrikaner nehmen die Razzia gelassen. Schließlich sind sie es gewöhnt. Mit stoischer Ruhe, durchwegs freundlich, lassen sie sich *filzen*, geben ihre Personalien bekannt, die sofort von einem Beamten mittels Laptop überprüft werden.

Sieht man ihnen allerdings in die Augen, und das ist meine persönliche subjektive Wahrnehmung, ist mit ein bisschen Beobachtungsgabe und Menschenkenntnis der unverhohlene Hass auf uns nicht zu übersehen. Objektiv, von ihrer Warte aus auch verständlich.

Inzwischen ist der Lokalbesitzer eingetroffen. Ein toller Schauspieler. Er gibt jedem Beamten die Hand, auch mir, gibt sich betroffen und verwundert. Er spricht respektabel Deutsch und kann es nicht fassen, dass ausgerechnet in seinem Lokal ... Nein, so etwas? Eine oscarwürdige Darbietung. Einer der Fahnder sieht sich seine Pappenheimer nochmals genau an. Und siehe da, natürlich ist der Verdächtige darunter. Er hatte sich nur blitzartig im Lokal ein zweites T-Shirt übergezogen. Das war es für ihn. Er bekommt den *Achter*[85] verpasst und wird abgeführt.

»I'm confused«, ist seine erste Reaktion – er spielt den Ahnungslosen.

Der Weiße isst noch immer mit Genuss sein Nachtmahl und sieht dabei interessiert dem Geschehen zu.

Vor dem Lokal diskutiert der Festgenommene noch ein wenig mit den Beamten. Inzwischen ist auch die Baseballkappe zum Vorschein gekommen. Natürlich kennt er diese Kopfbedeckung nicht. »I'm confused ...« Er wird abgeführt.

Ein weiterer Schwarzer biegt um die Ecke, steuert das Lokal an. Natürlich weiß er, wenn er jetzt kehrt machen würde, würde er sich erst recht verdächtig machen. Freundlich lächelnd kommt er auf die Beamten zu. Ihm bleibt keine andere Wahl. Selbstverständlich wird auch er angehalten und nach seinen Personalien befragt. Ein kleine, kaum wahrnehmbare Schluckbewegung und die Ware – die Kokainkügelchen – flutscht bereits durch die Speiseröhre abwärts. Sein Mund wird kontrolliert. Bereitwillig lässt er die Prozedur über sich ergehen. Negativ für die Beamten, positiv für ihn. Die Beamten

---

85 Wiener Gaunersprache für Handschellen

geben ihm seine Ausweispapiere zurück. Er wünscht noch einen schönen Abend und verschwindet im »Obiz«.

»Die können das«, sagt Preiszler zu mir, »die haben eine Technik entwickelt, dass sie 30 bis 40 Kugeln im Mund versteckt transportieren und dabei problemlos essen und trinken können. Die lagern das Gift irgendwie über dem Kehlkopf und holen es bei Bedarf hervor. Die sind dermaßen spezialisiert, dass sie mit der Zungenspitze zwischen einer Heroin- und einer Kokainkugel unterscheiden können und sofort das Gewünschte zum Vorschein bringen.«

Dafür gibt es winzige Unterscheidungen in der Verpackung der Heroin- bzw. Kokainkügelchen. Der Deal auf der Straße muss blitzschnell ablaufen.

»Wir hatten aber auch schon Fälle«, erzählt Preiszler weiter, »da hatten sie sich richtige kleine Maultaschen in die Innenseiten ihrer Wangen hineinoperieren lassen.«

Hier ist es für heute gelaufen. In und um das »Obiz« wird heute Nacht kein einziger Deal mehr abgewickelt werden. Wir kehren zu unserem Auto zurück und fahren weiter.

Margit Wipfler verfolgt den Funk.

»Ah, er hat bereits gestanden«, sagt sie, und mit einem Lächeln: »Zu viele Eier im Popo.« Ich sehe sie erstaunt an. Bisher dachte ich immer, ich kenne mich halbwegs in der Szene aus, aber man lernt nie aus.

»In den Kinderüberraschungseiern«, klären mich die beiden auf, »gibt es diese kleinen Plastikeier, wo irgendein Spielzeug drin ist. Die Schwarzafrikaner nehmen diese Behälter, füllen sie mit dem Gift, führen sie sich in den After ein und sind zugleich ihr eigener *Bunker*.[86] Manche transportieren auf diese Art bis zu acht Stück im Darm.« Unser festgenommener Mann aus dem »Obiz« hat einfach Schmerzen. Wäre er nicht gefasst worden, hätte er weitergemacht.

Ist die Ware aus dem Mund verkauft, sucht er sich eine

---

86 Szeneausdruck für Drogendepot

Toilette, presst einen Behälter heraus und die neue Ware wandert in den Mund. Der Kunde kauft das *Gift*, übernimmt es direkt aus dem Mund in seine Hand, beißt die Kugel in einer ruhigen Ecke auf, weil ihn die Gier der Sucht treibt, und konsumiert den *Stoff*. Ein Eldorado für sämtliche gefährlichen Krankheitserreger.

»Zumal«, sagt Preiszler, »fast alle diese Schwarzafrikaner tatsächlich krank sind. HIV, Hepatitis, alles Mögliche.«

Der 19-jährige festgenommene nigerianische Staatsbürger und Asylwerber ohne Unterkunft ist ein so genannter *Bodypacker*. Im Arrest wird er noch ein weiteres *Bodypack* ausscheiden, anschließend ins Krankenhaus zur Röntgenuntersuchung gebracht werden und auch gestehen, während der Festnahme mehrere Suchtgiftkugeln verschluckt zu haben.

Wir sind im 9. Bezirk in Höhe der Rossauer Lände eingetroffen.

Ein 27-jähriger Österreicher türkischer Abstammung ist nicht besonders schlau und bietet einem verdeckten Fahnder Marihuana an. Er wird in einer Nebengasse *gefilzt*. Er muss seine Schuhe, seine Socken ausziehen, wird abgetastet, der Inhalt seiner Taschen liegt auf dem Gehsteig. Demütigend und entwürdigend. Dem Abhängigen ist das egal. Für die Befriedigung der Sucht nimmt er alles in Kauf. Kurzfristig wird er festgenommen und kommt mit einer Anzeige davon. Das Marihuana, das er bei sich trägt, wird beschlagnahmt. Das wäre doch nur für den Eigenbedarf gewesen, lautet seine faule Ausrede. Er wollte sich doch nur drüben im Park einen *Joint* drehen. Die Beamten klären ihn auf, dass die Sache mit dem Eigenbedarf ein Ammenmärchen ist. Doch das weiß der Typ bestimmt selbst. Aber man probiert es.

Kaum eine halbe Stunde später sehen wir ihn in der Oberen Augartenstraße mit stierem Blick Richtung »Flex« hinaufhetzen – auf der Suche nach einem Dealer, der ihm etwas verkauft.

Im Lauf der Nacht werden noch weitere Personen festgenommen:

Ein 43-jähriger Mann aus Sri Lanka – Suchtmittelhandel in der Umgebung des »Flex« am Schottenring; ein 32-jähriger Österreicher, ein unterstandsloser 26-jähriger Österreicher bosnischer Herkunft, ein 25-jähriger Bosnier – alle drei im Zuge einer Personenkontrolle im Bereich des »Flex«, wobei man bei ihnen ein undefinierbares Pulver fand. Später noch in der Unteren Augartenstraße ein 30-jähriger, in Wien geborener Bosnier, wegen observiertem Suchtmittelhandel.

Während einer freiwilligen Nachschau an einem Ort, der aus kriminaltaktischen Gründen nicht genannt werden darf, wird eine größere Menge Suchtgift vorgefunden und sichergestellt.

Da auch am Tage Streifen gefahren wurden, lautet die endgültige Bilanz für den 19. Juli 2006:

12 Festnahmen, davon am Tag: ein 26-jähriger Nigerianer und Asylwerber, ein 26-jähriger Serbe, eine 24-jährige Österreicherin, ein 42-jähriger Italiener, ein 52-jähriger Türke, ein 37-jähriger Österreicher und ein 21-jähriger Liberianer – alle wegen Suchtmittelhandel

18 Anzeigen

17 Identitätsfeststellungen nach dem Sicherheitspolizeigesetz (SPG)

3 Festnahmen von Asylwerbern

Sicherstellungen:

16,70 Gramm Heroin

20,60 Gramm Kokain

7,00 Gramm andere Drogen

1015 Euro Bargeld

Es gilt als erwiesen, dass in Wien die offene Suchtgiftszene zu drei Vierteln von ausländischen Tätern dominiert wird, davon wieder vier Fünftel fest in Händen von Westafrikanern.[87]

---

87 vgl. Öffentliche Sicherheit, Nr. 7-8/06, S. 13

Selbstverständlich wollen auch immer wieder Österreicher im großen Stil am Suchtgiftkuchen mitnaschen, wie zuletzt die ehemalige Gürtelgröße[88] und Boxpromotor, der 49-jährige Peter »Pedro« P., der im Herbst 2006 seinen Prozess bekam. Bei Hausdurchsuchungen wurden mehrere Kilogramm Haschisch, Marihuana, Kokain und Ecstasy im Verkaufswert von 280.000 Euro sichergestellt. Inzwischen ist »Pedro« das Dealerimage los. In einem Prozess wurde er freigesprochen, lediglich für die Aufbewahrung der Drogen verurteilt, doch ist diese Strafe durch die Verbüßung der 18-monatigen Untersuchungshaft getilgt.

Knapp vor Weihnachten 2006 gelang den Suchgiftfahndern des KK West mit Oberst Georg Rabensteiner und Chefinspektor Wolfgang Hottowy (Gruppe Zeiner) ein schwerer Schlag gegen einen serbischen Suchtgiftring. Seit dem letzten Sommer war die Bande observiert worden, deren Kopf ein 32-jähriger Gastwirt aus dem 17. Wiener Gemeindebezirk war, dessen Lokal als Drehscheibe fungierte. Per LKW wurde Cannabis aus Holland nach Wien geschmuggelt. Ingesamt beschlagnahmten die Fahnder 67 Kilogramm. Weiters fanden sie zwei Pistolen und 34.000 Euro Bargeld. Auch zwei Fahrzeuge der obersten Preisklasse wurden von der Polizei konfisziert.

Die EGS hat sich zum Ziel gesetzt, Kriminalität an so genannten *Hotspots*, gleichsam den Angelpunkten der Suchtgiftszene, zu bekämpfen. Falls erforderlich, leistet die EGS auch Unterstützungsarbeit für regionale Dienststellen bei Schwerpunktaktionen in den Bereichen Suchtmittel, Eigentums- und Gewaltkriminalität. Die EGS-Teams im Bereich Suchtgift arbeiten selbstständig und machen jeden Akt gerichtsfertig. Schulungen in Psychologie, Observation, Einsatztaktik, Technik und Dokumentenfälschung gehören zum Standardrepertoire.

Preiszler bezeichnet die Kooperation mit dem Fonds Soziales Wien und dem Wiener Drogenkoordinator als gut. EGS-

---

88 Der Gürtel, jene Straße, die die Innenstadtbezirke umfasst und das Zentrum des Rotlichtmilieus bildet

Leute halten Vorträge vor den Verantwortlichen für Asylheime, in der Pädagogischen Akademie in Wien, bei Elternabenden und für Kollegen in anderen Dienststellen und -bereichen.[89]

Die EGS rund um Margit Wipfler und Wolfgang Preiszler gerät immer wieder mal ins Kreuzfeuer der Kritik. Polizeiintern wird der Gruppe öfters der Erfolg geneidet. Die vorläufige Suspendierung ihres Vorgesetzten Roland Horngacher trug ebenfalls ihren Teil dazu bei.

Nach außen hin werden die Suchtgiftfahnder oft des Rassismus bezichtigt. Natürlich fördern Vorfälle wie die Misshandlungen von Bakary J. durch WEGA-Beamte sowie die tragischen Todesfälle von Marcus Omafuma und Cheibane Wague diese Vorwürfe. Ebenso kritisieren diverse Berichte im »Rassismus Report 2005« von ZARA (Zivilcourage und Anti-Rassismus-Arbeit, www.zara.or.at) die Polizeiarbeit und verursachen Kratzer am Image der Polizei. Doch es sind Einzelfälle. Niemand ist berechtigt, einen an sich intakten, funktionierenden und erfolgreichen Apparat aufgrund einzelner Ausraster pauschal in Misskredit zu ziehen. Gerade jene, die bei diversen Vorfällen so vehement auf die Barrikaden steigen und leichtfertig Pauschalurteile fällen, beschwören indirekt das Gespenst der schrecklichen Hakenkreuzepoche herauf, indem sie an der Sippenhaft rühren.

Schwarze Hautfarbe bedeutet nicht gleichzeitig Drogendealer. Dieses Vorurteil hat sich inzwischen in zu vielen Köpfen unserer Gesellschaft regelrecht eingebrannt. An dieser Grundhaltung sind die Medien ebenso schuldig wie die sattsam bekannten Plattitüden der FPÖ und des BZÖ, die damit politisch punkten wollen. Leider erhalten sie auch einen nicht unbedeutenden Zuspruch von der Bevölkerung in Wiener Bezirken mit hohem Ausländeranteil. Mehr gibt es darüber nicht zu sagen, da sich die Tiraden von Strache, Westenthaler, Partik-Pablé & Co. ständig gebetsmühlenartig wiederholen. Ein Teil der

---

89 Öffentliche Sicherheit, Nr.7-8/06, S. 13

Schwarzafrikaner selbst ergreift die Initiative und will nicht mit Dealern in einen Topf geworfen werden, sind es leid, ständig wegen ihrer Hautfarbe über einen Kamm geschoren zu werden.

Die AHDA (Association for Human Rights and Democracy in Africa) – Vereinigung für Menschenrechte und Demokratie in Afrika, www.ahda.at) ist eine gemeinnützige, unparteiische Menschenrechts- und Nichtregierungsorganisation (NGO) mit Hauptsitz in Wien. Gegründet wurde sie 1998 mit dem Ziel »zur Förderung und Aufrechterhaltung der Demokratie in derzeit undemokratisch regierten Ländern Afrikas ... Die in Österreich lebenden AfrikanerInnen können bei der Durchsetzung unserer demokratischen Ziele am afrikanischen Kontinent eine große Rolle spielen. Deshalb sind Hilfestellung in ihrer sozialen Situation, bei ihren Problemen und Chancen für ihre erfolgreiche Integration ein weiteres zentrales Anliegen unserer Organisation.«

So ist einer der Schwerpunkte der Arbeit der AHDA eine Antidrogenkampagne mit Erfahrungsaustausch und Lösungsfindung. AHDA wird von der Europäischen Kommission, dem Wiener Integrationsfonds, dem AMS (Arbeitsmarktservice) und dem Renner-Institut gefördert.

Beatrice Achaleke ist Obfrau des Vereins Schwarze Frauen Community (SFC, www.schwarzefrauen.net). Dieser Verein ist sozialpolitisch tätig und hat – im Rahmen seiner Möglichkeiten– unter anderem acht fixe Arbeitsplätze und vier Praktikumsplätze für schwarze Menschen geschaffen. Achalekes Motivation, als Mitbegründerin dieses Vereins, war es, mit dem SFC einen Gegenpol zur ständigen Diskriminierung zu schaffen und zugleich eine Kommunikationsplattform für die Probleme schwarzer Menschen ins Leben zu rufen.

»In erster Linie bin ich Angehörige der Community, die junge Kinder hat, die in dieser Gesellschaft aufwachsen. Die Drogenproblematik ist für uns sehr beunruhigend«, sagt Achaleke. »Es ist ein staatliches, ein politisches Problem. Wir haben auch schon einmal von Dr. Helene Partik-Pablé gehört, dass

Beatrice Achaleke,
Obfrau des Vereins
Schwarze Frauen
Community (SFC) www.
schwarzefrauen.net
Foto: Manfred Burger

Schwarze von Natur aus aggressiv, meistens illegal hier und Drogendealer sind. Wenn das im Hohen Haus gesagt wird, in dem Land, wo ich lebe, und keiner sagt etwas dagegen, dann ist das sehr beunruhigend. Sehr beunruhigend insofern, als nicht alle Schwarzen Drogendealer sind. Es sind bestimmt welche da, die mit Drogen dealen. Ich denke, es liegt grundsätzlich an der Einstellung zu dieser Gruppe von Menschen und die sie zu Drogen haben.

Drogendealer ist kein Beruf, den sich ein schwarzer Mensch bewusst aussucht. Menschen werden zu Drogendealern gemacht und diese Seite der Geschichte wird nicht betrachtet. Schwarzafrikaner ist inzwischen zu einem Begriff geworden. Schwarzafrikaner ist gleich Drogendealer. Wenn ich als Mutter herumgehe und sehe, wie das Land damit umgeht, habe ich das Gefühl, es könnte morgen meinem Kind ebenso ergehen.«

Die Angst um ihre Kinder ist Beatrice Achaleke deutlich anzusehen. Sie hat zwei Kinder, einen fünfeinhalbjährigen Sohn und eine vierjährige Tochter. Die Familie lebt in Breitenfurt. Mehr will sie an Privatem nicht preisgeben.

»Meine Kinder wachsen in einer Gesellschaft auf«, setzt Achaleke fort, »die diese Menschen [Schwarze, Anm. d. A.] systematisch schubladisiert und kriminalisiert ... Ich möchte nicht als Entschuldigung gelten lassen, dass Menschen zu

Drogendealern gemacht werden. Ich sage aber dazu, dass der Staat zu wenig dafür tut oder kaum etwas dagegen unternimmt, um Menschen am Drogendealen zu hindern. Es gibt keine Alternative. Das soll aber nicht als Entschuldigung gelten. Wir als Community haben kaum Möglichkeiten, dagegen zu kämpfen. Es ist so, wie wenn ein kleiner Stein gegen eine Mauer kämpfen würde. Die Mauer ist einerseits der Staat, das ist die Politik und das sind die Medien, all jene Institutionen, die Meinungen in der Gesellschaft bilden.

Wir [werden] als kleine Gruppe in der Gesellschaft meist diskriminiert oder verallgemeinernd als Kriminelle beurteilt. Nicht zuletzt werden schwarze Frauen als Prostituierte gesehen oder Schwarz ist gleich Drogenmissbrauch. Es gibt keinen Unterschied. Ich möchte keine Linie ziehen und sagen, das sind die guten und das die schlechten Schwarzen.

Aber ich denke, diese Drogenproblematik in der Gesellschaft zeigt einfach, widerspiegelt, wie die Gesellschaft mit diesen Menschen umgeht. Es ist ein gesellschaftspolitisches Problem, mit dem sich das Land noch auseinander setzen muss.«

Die SFC-Obfrau hat ihre eigene Meinung darüber, warum Schwarzafrikaner als neuen Lebensraum immer wieder Europa und in weiterer Folge Österreich anpeilen.

»Ich möchte das Wort Schwarzafrikaner nicht benutzen«, verwehrt sich Beatrice Achaleke gegen diese Bezeichnung, »weil Afrikaner ist Afrikaner. Wir haben einen Kontinent ... Gerade deshalb, weil Schwarzafrikaner als Drogendealer angesehen werden, und man tut so, als ob die anderen die sauberen Afrikaner wären. Das wäre genauso, wie wenn ich sagen würde ›Weißeuropäer‹. Daher bleibe ich bei dem Begriff Schwarzer oder Afrikaner.

Ich denke, die meisten kommen nach Europa zu einer Art von Gegenbesuch. Zuerst kamen die Europäer zu uns und machten, was sie wollten.«

Indem wir, die doch so zivilisierten Europäer, auf diesem Kontinent eingefallen sind, zerstörten, vergewaltigten, folterten, brandschatzten, versklavten, töteten, Landstriche entvölkerten, Stämme ausrotteten, Traditionen verboten und Kulturen vernichteten. Wir bestimmten, was von nun an Kultur zu sein hat und zwangen den Afrikanern unsere Sitten und Gebräuche auf. Wir verhielten uns genau so wie wir es in Mittel- und Südamerika getan hatten. Auch in Afrika trugen wir oftmals das Kreuz als fadenscheinige Legitimierung voran. In Wahrheit waren wir nur an den Bodenschätzen interessiert. Daran hat sich bis heute nichts geändert. Weiße ziehen im Hintergrund die Fäden der afrikanischen Politik, Weiße verkaufen in Unmengen und zu Unsummen Waffen, Weiße fungieren als Hintermänner bei Revolutionen, Aufständen und Putschen, um anschließend willfährige Marionetten einzusetzen, die uns garantieren, dass wir unseren Schnitt machen können, indem wir das Land und seine Menschen ungehindert und ungestraft ausbluten lassen.

»Und nun statte ich den Europäern meinen Gegenbesuch ab«, sagt Beatrice Achaleke, »nachdem sie [die Europäer] uns erzählt haben, dass in Europa Milch und Honig fließen, kann ich dort hingehen. Ich brauche nur ein Flugticket, und es wird mir gut gehen. Die Menschen kommen hierher, weil sie ein besseres Leben haben wollen. Sie kommen her, weil sie denken, ich kann dort meinen Beitrag leisten und irgendetwas erreichen. Sie kommen her, weil sie ihre Lebensbedingungen verbessern wollen. Wenn sie dann hier sind, ist die Realität eine völlig andere. Eine fremde Sprache, fremdes Essen, das Klima anders. Man muss die Garderobe zweimal im Jahr wechseln. Man braucht eine Aufenthaltsgenehmigung, man benötigt eine Arbeitserlaubnis. Das sind Dinge, die ein Europäer in Afrika nicht braucht. Es kommt auf uns [Schwarze] ein Integrationsvertrag zu. Das ist nichts anderes als Anpassungsforderungen gegenüber den anderen. Assimiliert euch! Wenn wir das ablehnen, gibt es Sanktionen und wir können abgeschoben werden.

Das alles überlegt ein schwarzer Mensch, wenn er hierher kommt. Er glaubt, die Europäer sind gastfreundlich. Ich gehe mal hin. Ich habe studiert oder ich möchte studieren, ich habe einen Beruf erlernt oder ich möchte einen Beruf erlernen. Das sind die Gründe, weshalb die Menschen herkommen und diese gefährliche Reise auf sich nehmen. Und ich bin mir ganz sicher, wenn viele Jugendliche zu Hause die wahre Realität kennen würden, kämen sie nicht. Andererseits ist es höchste Zeit für die Europäer nachzudenken, warum kommen die Leute überhaupt hierher? Kommen sie, weil sie denken, der Europäer konsumiert gern Drogen? Ich verkaufe Drogen und werde dadurch reich? Nein. Kommen Sie deshalb, weil sie denken, dass der Europäer ein besonders freundlicher Mensch ist?«

Die Afrikaner kommen deshalb, weil wir ihnen im Laufe der Jahrhunderte durch Ausbeutung, Sklaverei, Kolonialisierung und Missionierung ihre ureigensten Lebensgrundlagen geraubt haben. Von diesen Raubzügen gegen Mensch, Tier und Natur konnte sich der Schwarze Kontinent nie wieder gänzlich erholen. Das genaue Gegenteil ist der Fall – Neoliberalismus, Neokolonialismus und Globalisierung fügen diesem Erdteil ständig neue Wunden hinzu.

»Sie [die Schwarzen] kommen her, um besser leben zu können und nicht, um kriminell zu werden oder Drogen zu verkaufen«, fügt Beatrice Achaleke leise hinzu und sie erfährt die Diskriminierung jeden Tag am eigenen Leib, wenn sie ihre Wohnung verlässt.

»Man wird gefragt, willst du mit mir ficken? Das ist die Sprache. Ich zahle. Oder man wird als blöde Kuh beschimpft. Dieser Rassismus ist immer mit Sexismus verbunden, dass man in jeder schwarzen Frau nur ein Sexobjekt sieht. Dieses Bild wird auch ständig vermittelt. Die [Frauen] sind heiß und was weiß ich noch alles. Man kennt die älteren Männer, die nach Afrika kommen, ebenso wie nach Thailand. Dieses Bild, das die Gesellschaft von uns hat, widerspiegelt sich in unserem Alltagsleben. Man sieht uns nur als Objekte der Begierde ... Ich arbeite in einem Verein, und ich habe mir einmal von einem Leiter einer Institution, mit dem wir gemeinsam ein Projekt durchgeführt haben, sagen lassen müssen, dass schwarze Frauen da sind, um Männer zu fressen. Als ich ihm dann erklärte, was ich täglich an Aufgaben bewältige, meinte er: ›Ich will *Sie* nicht annehmen, ich erkenne *Sie* nicht an.‹ Und das sagt mir mein Partner, mit dem ich ein Antirassismus-Projekt durchführen soll.«

Ein weiterer Punkt der Diskriminierung, so Achaleke, ist auch der Umstand, dass afrikanische Schul-, Lehr-, Studien- und Berufsabschlüsse nicht anerkannt werden.

»Wir werden einfach als nicht qualifiziert, als unzureichend dargestellt. Unsere Hautfarbe ist sehr sichtbar und zugleich sind wir unsichtbar, weil uns weder staatliche Institutionen noch die Privatwirtschaft anerkennen. Wir werden zu Unterhaltungsobjekten degradiert. Wir können trommeln, tanzen, singen. Mich stört, dass meine Kinder in einer Gesellschaft heranwachsen müssen, in der es keine Vorbilder für sie gibt. Sie denken, ein Schwarzer muss unterhalten können. Die Gesellschaft lässt für uns aufgrund verschiedener Ausschlussmechanismen keine Vorbilder zu ... Aufnahme im Berufsleben oder im Alltag. Der einzige Schutz für meine Kinder ist, dass ich versuche, ihnen sehr viel Selbstbewusstsein mitzugeben. Sie mögen anders aussehen, aber sie sind gleichwertig. Sie verdienen ebenso viel Respekt wie ein Kind mit blonden Haaren und blauen Augen. Sie sollen merken, dass eine schwarze Frau nicht nur Hausfrau sein muss, sondern auch beruflich Erfolg haben kann, und ein schwarzer Mann muss nicht unbedingt mit Hiphop unterwegs sein, sondern kann durchaus auch ein erfolgreicher Anwalt sein.«

Beatrice Achalekes Kinder besuchen den Kindergarten, und sie müssen früh erfahren, was Diskriminierung bedeutet, denn sie werden von Gleichaltrigen beschimpft und verspottet.

»Und das kommt vom Elternhaus«, ist Achaleke der festen Überzeugung. »Mein Sohn kommt nach Hause und sagt, Mama, diese Hautfarbe möchte ich nicht haben. Schwarz ist schlecht ... Das sind die Momente, wo ich mir denke, ich muss meinen Kindern viel Kraft, viel Durchhaltevermögen mitgeben ...«

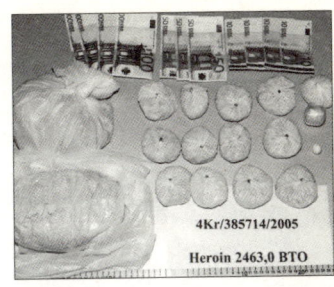

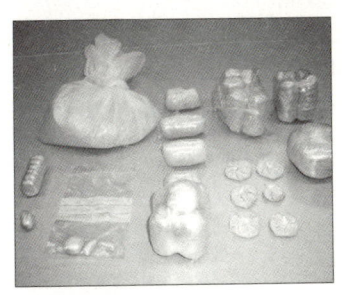

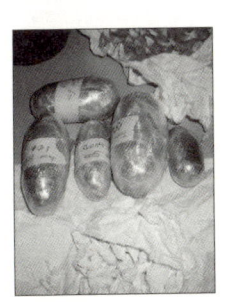

LINKS OBEN: 1. Februar 2005: Beschlagnahme von 25.700 € Drogengeld, einem knappen, Kilogramm Kokain; Ecstasy
DARUNTER: Beschlagnahmte Drogengelder und Kokain, Cannabisharz, Speed und Ecstasy; Schwarzafrikanischer Dealer
(Fotos: EGS)

Das große Umdenken I

Von 1992 bis Mitte der 90er-Jahre kam es zu einem massiven Drogenanstieg in Wien. Damit verbunden auch das Problem – wie damit umgehen?

»Wir wussten nicht warum«, erinnert sich Wolfgang Preiszler, »Heroin kam über Jugoslawien nach Wien und in einer bislang unbekannten Topqualität, die man nicht gewöhnt war. Kokain war noch nicht auf der Straße, nur in gewissen Lokalen erhältlich. Bis Mitte der 90er hatten wir nur mit Jugoslawen und nordafrikanischen Tätergruppen zu tun, die die offene Drogenszene beherrschen, wobei die Nordafrikaner, an die 100, also eine relativ kleine Gruppe, für die Jugoslawen arbeiteten. Ungefähr ab 1994 kam die grundlegende Änderung in der Suchtgiftkriminalität und in deren Bekämpfung. Wir müssen uns an die Täter anpassen und nicht umgekehrt. Der springende Punkt war, dass die ersten schwarzafrikanischen *Checker* ins Land kamen. Plötzlich gab es auch Kokain auf der Straße. Vorher lebten natürlich auch Schwarze in Wien, aber die hatten mit Suchtgift und Suchtgifthandel nichts zu tun. Die Haschischszene geriet völlig ins Hintertreffen. Cannabis war im Burggarten und im Stadtpark zu bekommen, Heroin ausgehend von der Gumpendorfer Straße, damals die größte Szene, entlang dem Gürtel, in sämtlichen U-Bahnstationen [U-Bahn-Linie U6, Anm. d. A.] und in die andere Richtung zum Matzleinsdorfer Platz, Kliebergasse, Arbeitergasse, Berufsschule Mollardgasse.

An Anfang lachten wir noch über die ersten schwarzafrikanischen Dealer, weil wir sie komplett unterschätzten. Wir ahnten nicht, dass sie sich so schnell organisieren konnten und dementsprechend rasch den Markt übernahmen. Für unsere Arbeit damals war dieser Lobbyismus, der betrieben wurde, zusätzlich erschwerend. Von gewissen unterstützenden Vereinen und gewissen politischen Strukturen, was wir einfach nur zur Kenntnis nehmen konnten.

Ein jugoslawischer oder nordafrikanischer Täter interessierte niemanden. Die waren denen völlig egal. Den [Täter] konnte man einsperren, so oft und wann man wollte, so lange die Gesetze eingehalten wurden. Das hat keine Maus interessiert. Dafür hat uns jeder auf die Schultern geklopft. Burschen, weiter so. Bei den Schwarzafrikanern war es vorbei.

Warum konnten die [Schwarzafrikaner] so schnell den Markt in der offenen Szene aufmischen? Jetzt von meinem Standpunkt des Kriminalbeamten und meiner Arbeit aus gesehen. Meine uniformierten Kollegen lasse ich momentan außen vor, da sie logischerweise aufgrund ihrer Uniform im Nachteil waren.

Wenn wir damals etwas gegen die Drogenszene unternehmen sollten, fuhren wir von der Berggasse [Sitz des alten Sicherheitsbüros, Anm. d. A.] aus – *Shit* [Cannabis] hat uns damals schon nicht mehr wirklich interessiert, muss man auch dazu sagen – in die Gumpendorfer Straße, parkten uns versteckt ein, dass sie [*Junkies* und Dealer] uns nicht gleich bemerkten. Natürlich erkannten sie uns auch in Zivilkleidung, wenn sie bereits öfters mit uns zu tun gehabt hatten. Dann haben wir auf den Vermittler gelauert. Man brauchte einen Vermittler, das Bindeglied zwischen *Junkie* und *Checker*. Vermittler machten diesen Job entweder gegen Bares oder Heroin, wenn sie selbst drauf waren. Oder beides als Mischform.

Das heißt, ich komme jetzt von Niederösterreich herein und will mir in Wien Heroin *aufstellen* [besorgen], also weiß ich, die Szene befindet sich in der Gumpendorfer Straße, kenne aber nicht den Dealer. Der trägt schließlich kein Schild um den Hals. Also bekunde ich mein Interesse, indem ich auf und ab gehe. Dann kommt ein *Junkie* und fragt nur: ›Brauchst du etwas?‹

Nicht mehr. ›Ja ... ein oder zwei Briefchen‹ [Heroinportionen, meist in Alufolienstückchen abgepackt, Anm. d. A.].«

Der *Junkie* ging mit diesem Auftrag zu seinem *connect* [Vermittler]. Selten wurde der Kunde mitgenommen. Das war ein Sicherheitsrisiko, wenn der Kunde sah, wer der *Checker* war. Denn sollte er hochgehen, könnte es sein, dass er vor der Polizei singt.

»Damals saßen die Nordafrikaner auf den Parkbänken in der näheren Umgebung, die Briefchen hatten sie irgendwo versteckt. Der Vermittler ging hin, sagte, was er brauchte. Der *Checker* schickt ihn kurz weg, damit er nicht wusste, wo sich der *Bunker* [geheimer Aufbewahrungsort für die Heroinbriefchen] befand. Ware geholt, Geld kassiert und übergeben. Für uns relativ einfach. Zuerst den potenziellen Kunden observiert und *eingezogen* [festgenommen], etwas abseits, damit es die anderen nicht mitbekamen. In einem Stiegenhaus gefilzt, Sicherstellung des Heroins. Der Kunde wurde von uns unter Druck gesetzt, indem er uns sagen musste, von wem er das Zeug gekauft hatte. Natürlich wussten wir das bereits, nur brauchte er das nicht wissen.«

Hätte der Kunde nicht gestanden, wäre er für die Polizei der Dealer und müsste mit einer dementsprechend höheren Strafe rechnen.

»Der Kunde«, fährt Preiszler fort, »sagte meist das, was wir wissen wollten. Der Vermittler sitze dort und dort. Der Nordafrikaner war kaum geständig. Die waren ziemliche Steher. Somit wären wir wieder den Wiener Tätern. Die waren gemütlich, mit denen konnte man reden und sich arrangieren. Bei diesen Leuten meistens nicht. Da musste dann weiter ermittelt werden.«

Plötzlich erschwerte Mitte der 90er-Jahre die rasante und sprunghafte Entwicklung in der Handytechnologie die Arbeit der Suchtgiftfahnder ungemein. Die Vermittlung des *Gifts* lief nun über das Mobiltelefon. Die Polizei wurde zwar auch mit

Handys ausgerüstet, aber in diesem Fall nützten ihnen die kleinen Dinger oft nicht sehr viel.

»Dann kamen die Schwarzafrikaner. Mit einem gravierenden Nachteil für sie, da sie wegen ihrer Hautfarbe nicht zu übersehen waren. Der Vorteil für den *Junkie* war, er brauchte keinen Vermittler mehr, denn jeder Schwarze, der sich länger in der Szene herumtrieb, musste logischerweise ein *Checker* sein. Wozu ein Bindeglied, der ein Risiko darstellt? Größtenteils [der Vermittler] selbst süchtig und dadurch kein Steher. Spätestens auf Entzug packte er aus. Außerdem kostete der Vermittler eine zusätzliche Vermittlungsgebühr. Das heißt nichts anderes, als dass die Schwarzafrikaner sofort eine Ebene in der Struktur ausgeschaltet haben, sie waren dadurch viel effizienter, auch in der Fluktuation, und billiger, durch den Wegfall der Vermittlungsprovision. Da konnten die Jugoslawen und Nordafrikaner nicht mithalten. Das ist meiner Meinung nach der Hauptgrund, warum die Schwarzafrikaner so rasch in den Markt eindringen konnten. Und sie verkauften nur Kokain. Am Beginn hatten sie kein Heroin. Die hatten 30, 40, 50 Gramm, einfach in einem Säckchen, eingesteckt. Den modus operandi änderten sie jedoch sehr schnell. Dann stiegen sie um auf die Kugeln, die sie in alle Körperöffnungen einführen konnten. Das ist die praktischere Methode. Ich habe schon jahrelang kein Briefchen mehr gesehen. Ein Briefchen ist sperriger. Ebenso ausgestorben wie der klassische Vermittler. Sie [Schwarzafrikaner] machten das Geschäft in Wien nicht mit Kokain, sondern mit Heroin. Der Markt war dafür noch nicht aufbereitet. Die *User* waren noch nicht an Kokain gewöhnt. Das konnten sich nur die Reichen leisten. Es war ja wahnsinnig teuer. Somit war Heroin angesagt. Die Schwarzafrikaner begannen bereits im Ausland, Heroin mit Kokain zu tauschen und haben auch beides angeboten. Ab diesem Moment waren in der offenen Szene die Jugoslawen, die Nordafrikaner und die Türken weg vom Fenster.«

Die *Junkies* kauften sich ihr Heroin, bekamen aber auch gleich Kokain von den Schwarzafrikanern mit angeboten. Mit dieser *Koks-Promotion* konnte in der offenen Szene Fuß gefasst werden. Dadurch ist heute eine Situation entstanden, die es vorher nicht gab. Früher eine strenge Trennung. Haschisch, Heroin und Kokain gab es nicht. Jetzt sind wir mit *Checkern* konfrontiert, die alles anbieten. Alles in einem Mund. Seit rund eineinhalb bis zwei Jahren führen die Schwarzafrikaner auch Cannabisprodukte im Sortiment. Egal, ob Marihuana oder *Shit*.

»Heute deckt der schwarzafrikanische *Checker* alles ab«, so Preiszler weiter. »Einer unserer wichtigsten Parameter, und so empfinde ich das und gebe es auch so weiter, ist eine Trennung zwischen harter und weicher Drogen, obwohl es diese Begriffe im Suchtmittelgesetz (SMG) nicht gibt. Die Cannabisszene ist eine völlig andere und gehört strikt getrennt. Wir wollen keine Vermischung, kein Abgleiten. Ebenso wollen wir nicht die Vermischung einer Jugendszene mit irgendeiner Suchtgiftszene. Die Deutschen nennen das Neugierkonsum. So wie wir es am Schwedenplatz gehabt haben. 100 *Checker* am Tag! Ich habe sie selbst gezählt! Niemand hat die eingesperrt! Und das in einem Umfeld mit vielen Lokalen mit tausenden Jugendlichen, die diesen Platz frequentieren. Oft betrunken, da ist man sowieso risikobereiter. Dann der gruppendynamische Zwang. Es war der blanke Wahnsinn.«

Wolfgang Preiszler erzählt vom jüngsten Heroinsüchtigen mit elf Jahren, den ich bereits an anderer Stelle erwähnt habe, und seiner 13-jährigen Freundin, die sich auf der Toilette am Schwedenplatz für die Schwarzafrikaner prostituierte.

»Das sind die Auswüchse«, erklärt der erfahrene Fahnder, »wenn es nicht zur Trennung zwischen Jugendszene und Drogenszene kommt. Dass wir heute bei den Konsumenten ca. fifty-fifty haben – weiß, braun, Kokain, Heroin, zieht ja weitere Kreise. Da wird es interessant. Da muss man ansetzen bei Dr. David [Dr. Alexander David, Mediziner und Wiener Drogenbeauftragter, Anm. d. A.] in der Substitution und Therapie. Es gibt keine Kokainsubstitution. Es gibt kein Mittel, um das [die Kokainsucht] sinnvoll zu behandeln. Bis dorthin war der gesamte

Wiener Weg [Wiener Drogenpolitik, Anm. d. A.] von Peter Hacker [ehemaliger Wiener Drogenkoordinator, nunmehr Fonds Soziales Wien, Anm. d. A.] gar nicht darauf angelegt. Das war nicht einmal angedacht. Ein Kokainproblem ... Es war alles auf ein Heroinproblem ausgerichtet.«

Jetzt sind wir mit beidem, einem großen Heroin- und einem Kokainproblem konfrontiert. Aus der Sicht des Suchtgiftfahnders sieht das folgendermaßen aus.

»Wie sieht der Tagesablauf eines Heroinsüchtigen aus? Irgendwann in der Früh steht er auf, dann bekommt er seinen *Kracher*, geht auf die *Pirsch*, stellt sich etwas auf, drückt es sich [Heroin] gleich in einem Stiegenhaus oder Park hinein, wenn er besonders gierig ist, oder er fährt nach Hause, wenn er es aushält, und dann gibt er erstmals für einige Stunden Ruhe. Der Kokainsüchtige bekommt seinen Gusto, geht etwas aufstellen und zieht es sich rein. Das kann man immer wieder beobachten. Der kauft sich beim Schwarzafrikaner seine Kugel, beißt sie gleich auf, weil er bereits so scharf drauf ist. Im Gegensatz zum Heroinsüchtigen erlebt der Kokainabhängig seinen *Flash* völlig anders. Er ist völlig aufgedreht, da Kokain die gegenteilige Wirkung vom *Zeug* [Heroin] hat. Jetzt wird er erst richtig aktiv, hat aber kein Geld und ist meist auch arbeitslos. Ein *Hardcore-User* arbeitet nicht mehr. Zusätzlich hat Kokain noch die fatale Wirkung, dass es immer gieriger macht.«

Die Abstände zwischen den *lines* oder *Straßen*, die sich der Konsument legt und snieft, werden immer kürzer, er braucht höhere Dosen, um die gleiche Rauschwirkung zu erzielen.

»Jetzt muss er [der Kokainabhängige] wieder aufstellen gehen«, erklärt Preiszler, »zehnmal, 15-mal am Tag. Das muss aber auch bezahlt werden. Für Frauen bedeutet das, sich prostituieren zu müssen, für Männer ebenfalls, aber dafür ist der Markt geringer. Somit landen wir in der Begleitkriminalität. Er muss ganz einfach eine Reihe von strafbaren Handlungen setzen. Vom Ladendiebstahl bis zum Auto- und Wohnungseinbruch. Oder einen Raubüberfall. Damit er wieder an Kokain kommt. Das ist das Fatale, dass wir den Schwarzafrikanern zu verdanken haben. Durch sie haben wir eine offene Kokainszene und eine völlige Durchmischung [der Suchtsubstanzen] bekommen. Das sieht man auch bei fast jeder Suchtgiftleiche. Es gibt fast keine klassischen Herointoten mehr. Überall der Schlusssatz von der Gerichtsmedizin – der polytoxikologische Gebrauch verschiedener Substanzen – sagt eigentlich schon alles. Der Mehrfachgebrauch von allem, was giftig ist. Verboten oder nicht verboten. Das beginnt mit Alkohol, Cannabis, Kokain, Heroin, verschiedensten Tabletten; Substitutionsmittel, die sie sich holen, wenn sie im Programm [Entzugsprogramm] sind, in der Apotheke, was schlecht überwacht wird. Sowohl die Abgabe wie die Konsumation. Somit schließt sich der Kreislauf.«

Jetzt stellt sich zwangsläufig die Frage, woher die Schwarzafrikaner ihre Ware beziehen? Schließlich sind Nigeria, Ghana, Gambia, Sierra Leone oder Liberia keine klassischen Anbauländer. Wolfgang Preiszler kennt die Antwort.

»Ganz einfach. In der ganzen Welt, in Brasilien zum Beispiel, einem Kokainland, sitzen tausende Nigerianer, die sich nur mit der Suchtgiftkriminalität und deren Logistik beschäftigen. Oder in Curacao, Niederländische Antillen. Dort gibt es Flugzeuge, in die zwanzig *Bodypacker* einsteigen und ihre Ware in der ganzen Welt verteilen. Heute, wenn ich ein Handy besitze und das nötige Geld zur Verfügung habe, rufe ich meinen Kontaktmann in Brasilien an, einen von meinen nigerianischen Stammesbrüdern, und sage ihm: ›Schick mir eine Brieftaube‹, also einen Schmuggler, ›ich brauche ein Kilogramm Kokain‹. Das kostet mich 1500 Euro mit einem Reinheitsgrad, dass ich in Österreich daraus drei Kilogramm herstellen kann und trotzdem noch eine Superqualität für den Straßenverkauf habe. Ticket und Provision für den *bird*, die Brieftaube, den Schmuggler, kosten mit den Spesen rund 3500 Euro. Okay, schick das Geld per Western Union‹, oder wie auch immer. Sobald das Geld überwiesen ist, wird der Schmuggler losgeschickt.«

In Wien fährt er mit dem Taxi zum Treffpunkt, übergibt die Ware. Ist er ein *Bodypacker*, geht es in eine sichere Wohnung, weil er die Ware erst ausscheiden muss. Dann haut er wieder ab. Die Ware wird verteilt. Eigene Leute verschweißen den ganzen Tag die Kokainkugeln, die von *Streetrunnern* aus dem Mund heraus verkauft werden.

Heute werden die Kugeln so sicher produziert, dass der Dealer beim Verschlucken keine Gefahr befürchten muss. Früher, wenn so eine Kugel oder eine größere Menge im Magen aufging, war das ein sicheres Todesurteil.

»Was brauche ich heute als *Checker*? Nichts außer einem Handy, und das hat auch ein jeder. Jeder Schwarzafrikaner besitzt ein Handy. Abgesehen davon hat er Asylstatus, da tut er sich leichter.«

»Wertkartenhandys?«, frage ich.

»Das ist auch so eine Sache«, führt Preiszler aus, »zu Beginn der Handyära meldeten sie die Geräte auf die Namen der *Junkies* an. Damit hatten wir, als Kriminalbeamte, wieder keine konkreten Ermittlungsansätze. Mit dem Aufkommen der Wertkartenhandys hatten wir wieder die lange Nase.«

Es dauerte eine Weile, bis die Polizei technisch in der Lage war, Telefonüberwachungen von Mobiltelefonen durchzuführen. Die ersten TÜs fanden 1999 während der *Operation Spring* statt. Vom 1994 bis 1999 war es der Kriminalpolizei nur möglich, Festnetzapparate abzuhören, was zur Folge hatte, dass die Betreffenden auf Handys auswichen, wenn das Gespräch zu heiß wurde, und die Fahnder das nur zähneknirschend zur Kenntnis nehmen konnten.

»Eine TÜ«, so Preiszler, »ist eine extrem zeitintensive Ermittlungsmethode. Vor allem bei Schwarzafrikanern. Wenn man Pech hat, führen die 200- bis 300 Gespräche am Tag. Wir müssen alle anhören. Das heißt weiters, dass alle Telefonate übersetzt werden müssen. Dafür brauchen wir Dolmetscher, wobei in Nigeria selbst eine ungeheure Sprachenvielfalt herrscht. Spricht wer Ibo, heißt das noch lange nicht, dass er auch die anderen Sprachen und Dialekte versteht. Für Pidgin [Mischung aus Englisch und einheimischer Sprache, Anm. d. A.] ist es leichter, einen Übersetzer zu finden. Ansonsten mussten wir die Dolmetscher aus Deutschland einfliegen. Wir hatten in Wien keine Übersetzer. Es war nicht nur ein zeitliches und logistisches, sondern auch ein finanzielles Problem. Die Kosten sind explodiert.

Wenn man heute eine Kosten-Nutzen-Rechnung über eine Ermittlung erstellen würde, müsste die Arbeit eingestellt werden. Die TÜ, der Dolmetscher kosten ein Vermögen. Mindestens zwei Kollegen müssen, unter Umständen für Monate, für eine Handy-TÜ abgestellt werden. Jede TÜ wird abgesichert. Das bedeutet, dass der Kollege an zwei bis drei Handys hängt, denn jeder vife Täter wechselt die Handys, nicht nur die SIM-Karte, sondern das komplette Telefon.«

Die Exekutive erkannte Mitte der 90er rasch, dass die Schwarzafrikaner zum Hauptproblem werden, jedoch war es politisch nicht gern gesehen, diesen Tätergruppen mit aller Härte zuzusetzen.

»Dass wir am Ende so schlecht [in der Öffentlichkeit] – um 2000, da war die Lage katastrophal – da gestanden sind, geht auf die Fehler in der Vergangenheit zurück. Aus heutiger Sicht«, zieht Preiszler Bilanz, »wurde das beginnende Problem Mitte der 90er verschlafen. Nicht nur von der Polizei allein. Wir hatten auch daran Schuld, aber von der damaligen Führung her. Wo waren damals gewisse Führungskräfte, haben uns Aufträge erteilt oder uns den Rücken gestärkt? Nirgends. Wir sind nur behindert worden. Ich kenne Kollegenaussagen, die Rechtfertigungen an die Vorgesetzten schreiben mussten. weil eine Frau Ute Bock, die heute als Engel [der Asylanten] hochstilisiert wird, in der Chefetage anrief und sagte: ›Hier fährt ein Sektorwagen in die Zohmanngasse‹, damals ihr Headquarter, und ›der Beamte schaut rassistisch aus dem Fenster‹. Anstatt dass die [Vorgesetzten] auflegen und ihr sagen, dass sie auf diesen Blödsinn nicht reagieren, musste der Kollege eine Rechtfertigung schreiben. Ute Bock führte damals in der Zohmanngasse im 10. Bezirk das ›Gesellenheim‹, hatte aber dort nicht Lehrlinge einquartiert, sondern die gesamten schwarzafrikanischen *Checker*. Da sind wir auch immer wieder hin und sie hat sich auch ebenso oft beschwert.

Es gibt drei zivile Unterstützergruppen für die Täter, die nicht politisch organisiert sind oder zumindest nicht nachweisbar. Ute Bock, Vera Dornhackl und Alexander Wuppinger. Dornhackl und Wuppinger kommen aus einem Stall. Wuppinger ist nichts anderes als ein ehemaliger *Sandler*[90], der bei Dornhackl Unterkunft fand im Männerheim. Dort kam er wieder auf die Beine und arbeitete sich bis zum Hausarbeiter hoch. Dann lernte er bei der Dornhackl, wie man – auf gut Deutsch – Leute ausbeutet. Nichts anderes wird dort gemacht. Unter dem Deckmantel der Resozialisierung und weil es sich immer gut anhört, geben wir dem [Ganzen] noch einen kirchlichen Anstrich … Kirchliche Betreuung, sie veranstalten auch Gottesdienste, sie ziehen singend durchs Haus, Prozessionen. Da kommt einem als Kriminalbeamter das Kotzen, wenn man dem zusehen muss: die ganzen *Checker*, und vorne Dornhackl mit dem Kreuz. Die haben uns *verarscht*. Jahrelang haben die uns *verarscht*, und uns waren die Hände gebunden.«

Nach jeder Razzia hagelte es Beschwerden seitens Dornhackls – bis hinauf zum damaligen Bundespräsidenten Thomas Klestil, und die Beamten wurden zurückgepfiffen.

»Schon etwas dagegen unternehmen«, erzählt Preiszler weiter, »aber nicht zu viel. Wasch dich, aber mache dich dabei nicht nass. Das war die damalige Polizeitaktik und Politik.«

---

90 Wiener Dialektausdruck für Penner, Obdachloser

»Zwei alte Tanten tanzen (den Kriminal-)Tango« (frei nach Georg Kreisler) – Kleiner Exkurs über Engagement

»Ich bin Erzieherin und nicht Polizist oder Richter. Meine Aufgabe ist es, jungen Menschen zu einer Ausbildung oder einer Arbeit zu verhelfen und sie zu unterstützen, dass sie ein einigermaßen lebenswertes Leben führen können. Für mich müsste jeder Mensch dieselben Möglichkeiten und Chancen haben. Ich glaube nicht, dass es klug ist, eine Gruppe von Unzufriedenen und Benachteiligten zu schaffen. Selbst wenn es einmal so sein sollte, dass diese Menschen in ihre Heimat zurückkehren können oder müssen, ist es besser, sie haben hier etwas gelernt, sind hier gut behandelt worden und können das hier Erfahrene in ihre Heimatländer mitnehmen, als sie sind Unzufriedene, die das Gefühl haben, zu kurz gekommen zu sein, sind Alkoholiker, Drogenabhängige und Kriminelle.«[91]

Ute Bock, 1942 in Linz geboren, arbeitete nach der Matura ein Jahr in der Privatwirtschaft und wurde dann Erzieherin. 1969, als Angestellte der Gemeinde Wien, begann sie ihre Arbeit im »Gesellenheim« in der Zohmanngasse ... und wurde 1976 zur Leiterin ernannt. »Seit Anfang der 90er-Jahre schickte das Jugendamt ausländische Jugendliche zu Ute Bock. Waren es zunächst Kinder aus Gastarbeiterfamilien, so kamen später auch unbegleitete minderjährige Flüchtlinge aus Kriegsgebieten, die in Österreich um Asyl ansuchten, in die Zohmanngasse.

---

91 www.fraubock.at

Ute Bock war viele Jahre hindurch die letzte Adresse für Jugendliche, die niemand wollte ...«[92]

Und weiter: »Im September 1999 wurden bei einer Razzia in ihrem Heim mehr als 30 afrikanische Jugendliche und junge Erwachsene wegen des Verdachts auf Drogenhandel festgenommen. Ute Bock wurde wegen Bandenbildung und Drogenhandel angezeigt und kurzfristig vom Dienst suspendiert. Die Anklage gegen Ute Bock wurde fallen gelassen, die Suspendierung aufgehoben, aber die Gemeinde Wien verbot Ute Bock, afrikanische AsylwerberInnen weiterhin in ihrem Heim unterzubringen. Weil Ute Bock es nicht übers Herz brachte, die jungen Menschen auf die Straße zu setzen, organisierte sie private Wohngemeinschaften, die sie selbst finanzierte und in ihrer Freizeit betreute ...«[93]

Heute leitet sie das Flüchtlingsprojekt Ute Bock und auf ihrer Website ist das Logo des Fonds Soziales Wien zu finden. Inzwischen darf sich Ute Bock über eine Reihe renommierter Preise freuen: UNHCR-Flüchtlingspreis (2000), SOS Mitmensch Ute Bock-Preis für Zivilcourage (2000), Dr. Karl-Renner-Preis der Gemeinde Wien (2002), Bruno-Kreisky-Preis für Menschenrechte (2002), Spin the Globe-Award (Siemens, 2004), Preis des Österreichischen Roten Kreuzes (2004), Greinecker-Senioren-Preis des ORF (2004) und Interkultur-Preis des Landes Oberösterreich (2004).[94]

»Gott sei Dank – der Spuk ist vorbei. Dubioses Wohnheim nach Razzia durch Beamte geschlossen« heißt es am 20. Juli 2004 auf www.chilli.cc. »... Bei einer groß angelegten Razzia rückten rund 100 Polizisten und Beamte des Wiener Dezernates für Sofortmaßnahmen in die Hernalser Redtenbachgasse aus, um das umstrittene Asylanten-Wohnheim ›Soteria‹ zu schließen ... Mit Meldungen über Drogen-Delikte in Verbindung mit dem Wohnheim gelangte die Einrichtung in der Vergangenheit

---

92 ebenda
93 ebenda
94 ebenda

immer wieder zu zweifelhaften Ruhm ... es wurden massenhaft Drogen gefunden, so der Chef des Büros für Sofortmaßnahmen, Ernst Graf.«

Es war Vera Dornhackls Heim, die auch dem Verein »Soteria – katholische Heilsbewegung« vorsteht.

»In der Redtenbachgasse eröffnete Dornhackls Verein laut eigener Beschreibung ein Gästehaus für labile und ausgrenzungsgefährdete Personen. Insbesondere wolle man sich um die Integration von Strafentlassenen, Drogenkranken, Arbeitslosen oder psychisch kranken Menschen kümmern.«[95]

Tue Gutes und hänge es an die große Glocke. Ein bisschen Charity bringt immer Publicity. Daher unterstützten auch Barbara Wussow und Albert Fortell das umstrittene Wohnheim.[96]

Inzwischen ist es ziemlich ruhig um Ute Bock, Vera Dornhackl & Co. geworden.

---

95 vgl. www.chilli.cc
96 ebenda

Das große Umdenken II

Wieder zurück in das Innenstadtcafé zum Gespräch mit dem Suchtgiftfahnder Wolfgang Preiszler.

»1998 bekamen wir die gesetzliche Handhabe für den Lauschangriff im Probebetrieb. Da habe ich mir gedacht, TÜ [Telefonüberwachung] kann ich nicht machen [durch das Fehlen der technischen Voraussetzungen]. Man konnte nicht beweisen, dass die Schwarzafrikaner organisiert sind.

Wenn man einen Schwarzafrikaner einsperrt, findet man ein paar Kugeln. In einer Kugel sind 0,2 Gramm Heroin oder Kokain. Nichts de facto. Bei fünf Kugeln habe ich erst ein Gramm. Ein Reinheitsgrad von fünf Prozent bei Heroin. So kommt man nie annähernd an eine Grenzmenge. So konnten sie nur nach § 27/2 SMG [Suchtmittelgesetz, geringster Handel] und § 27/1 SMG [Missbrauch] bestraft werden. Mehr war nicht möglich und auf Dauer frustrierend. Dabei wurden die schwarzafrikanischen Dealer immer frecher und *checkten* bis vor das Tor der Berggasse [ehemaliges Sicherheitsbüro]. Die [Schwarzafrikaner] sind durch die Berggasse gegangen und haben sich sämtliche Autokennzeichen notiert und somit hatten die auch die Deckkennzeichen unserer zivilen Einsatzfahrzeuge. Niemand unternahm etwas dagegen. Deshalb wollte ich einen Lauschangriff durchführen.«

Um diese Ermittlungsmethode in die Tat umsetzen zu dürfen, bedarf es einer entsprechenden Begründung mit einer wasserdichten gesetzlichen Rahmenkonstruktion.

»Das ist uns auch gelungen«, setzt Preiszler fort, »und wir fanden einen Polizeijuristen, der das Vorhaben unterstützte.«

Es war ein Versuch, der mit den damaligen technischen Möglichkeiten heute eher als Flop zu betrachten ist. Es hätte ein gleichzeitiger Audio- und Videoangriff werden sollen. Die mutmaßlichen Täter konnten in dem Lokal zwar gefilmt werden, tonmäßig war aber alles andere zu hören nur nicht die Gespräche der Verdächtigen. Trotzdem konnten, trotz der schwierigen Bedingungen, an die 850 Seiten Abhörprotokolle, die 250 Täter betrafen, zusammengetragen werden. Dann erfolgte die schwierige Auswertung, und Preiszler gibt selbst zu, dass ihnen Fehler unterlaufen sind – Munition für die Anwälte der Verdächtigen, sich medial auf die »schlechte« Arbeit der Polizei einzuschießen, ohne die Hintergründe zu kennen. Trotz aller äußeren und internen Widerstände von den Vorgesetzten konnten 116 Täter in einer bundesländerweiten Aktion dingfest gemacht werden. Die groß angelegte Razzia war die inzwischen legendäre *Operation Spring*.

»Das Ergebnis«, so Preiszler, »Wien war für zwei Wochen frei von Schwarzafrikanern. Vorher war die Szene von denen überfüllt, aber danach trauten sie sich nicht auf die Straße. Dabei waren die 116 Leute nur ein kleiner Bruchteil der *Checker*. Unsere Schätzungen beliefen sich damals auf 3000 bis 5000 Dealer in Wien. Dafür sind sie medial über mich hergefallen. Auch Hacker [der damalige Wiener Drogenkoordinator Peter Hacker] meinte, ich müsse die Zahl widerrufen, das kann man schließlich so nicht sagen. Das ist ein Fakt.

Wohin brachte uns diese Politik? Die [Schwarzafrikaner] sind immer stärker und mehr geworden. Wenn ich ein Problem leugne, dann habe ich kein Problem, bis ich den Deckel nicht mehr zuhalten kann. Irgendwann haut es ihn [den Deckel] herunter, weil der Druck zu groß ist. Bei dieser Politik des Leugnens und Verdrängens wollten wir nicht mehr mitmachen und haben auch nicht mehr mitgemacht. Dadurch konnte erst die Grundlage für unsere heutige Vorgehens- und Arbeitsweise geschaffen werden.

Nach diesen zwei Wochen waren sie [Schwarzafrikaner] wieder am Markt, und wir hatten keine kriminalpolizeilichen Kapazitäten, um das weiter zu bekämpfen. Das gesamte [damalige] Suchtgiftreferat, 24 Mann, war mit der Aufarbeitung der *Operation Spring* beschäftigt. Das gab mir lange Zeit zu denken. Da gelingt eine ausgezeichnete Operation, damit auch endlich der Politik die Augen geöffnet werden ... Aber es fehlen die Kapazitäten, um weitermachen zu können. Man reibt sich mit administrativer Tätigkeit auf.«

Operation Spring

Zum Zeitpunkt ihrer Durchführung war diese Polizeiaktion die größte und umfangreichste Suchtgiftamtshandlung, die jemals in Österreich durchgeführt worden war. Dabei kam auch erstmalig der große Lauschangriff zum Einsatz.

In den Medien wirbelte diese Operation wochenlang Staub auf. Man unterstellte den Beamten auch, es wäre eine rassistisch motivierte Aktion im Zusammenhang mit dem tragischen Tod des Schubhäftlings Marcus Omafuma, gleichsam die Rache für die mediale Schelte. Allerdings wurde mit den Ermittlungen für die *Operation Spring* bereits mehr als sechs Monate vor dessen Tod begonnen.

Der Anlass für diese konzentrierte Vorgangsweise war die nahezu explosionsartige Ausuferung der offenen Drogenszene in der Innenstadt, im 9. und 20. Bezirk zwischen 1997 und 1998.

Zu Beginn gab es einen *Zund*, ein vertraulichen Hinweis, der so konkret war, dass die Ermittlungen am 26. November 1998 aufgenommen wurden, die erst am 27. Mai 1999 abgeschlossen waren. Ausgangspunkt war ein China-Restaurant im 9. Bezirk in der Währinger Straße. Am Ende wurde gegen eine über 200 Personen umfassende Tätergruppe vorgegangen. Dabei handelte es sich um chinesische, afrikanische, ungarische und österreichische Staatsbürger und Staatsbürgerinnen.

In zahlreichen Gesprächen mit Wolfgang Preiszler fiel mir auf, dass immer wieder China-Restaurants im Spiel sind. Der Fahnder erklärt diesen Umstand damit, dass Schwarzafrikaner Probleme mit unserer einheimischen Kost haben. Die chinesische

Küche mundet ihnen besser. Außerdem sind Chinesen verschwiegen wie ein Grab. Ob allerdings bereits Zusammenhänge oder eine Zusammenarbeit zwischen Schwarzafrikanern und der chinesischen Mafia, den Triaden oder Tongs, chinesischen Gangs, existiert, ist derzeit absolut nicht verifizierbar.

Bei der *Operation Spring* kam es zu einer überregionalen Kooperation. Daran beteiligt waren die BPD [Bundespolizeidirektion] Graz, die BPD Linz, die Abteilung II/8 des Bundesministeriums II/8, EDOK [Einsatzgruppe zur Bekämpfung der Organisierten Kriminalität, heute aufgelöst] und die Observationsgruppe/SB [das damalige Sicherheitsbüro]. Gemeinsam wurde der Einsatzplan für den 27. Mai 1999, den Tag des österreichweiten Zugriffs, ausgearbeitet. Um fünf Uhr morgens wurde zeitgleich losgelegt. Dafür waren 850 Beamte abkommandiert. Die Schwerpunkte der Aktion waren Wien und Graz.

»In Wien wurden 34 gemischte Zugriffsteams, bestehend aus KRB/WEGA [Kriminalbeamte/Wiener Einsatzgruppe Alarmabteilung], und in Graz 38 gemischte Zugriffsteams, bestehend aus KRB/MEK [Mobiles Einsatzkommando] gebildet. Eine Reservekompanie stand in Wien als Einsatzreserve bereit. Dazu kamen noch die erforderlichen Kräfte an Polizeihundeführern, Arrestantentransportfahrzeuge, Sicherheitswachebeamte in den Spitälern zur Häftlingsübernahme, Kommandierungen im Polizeigefangenenhaus und Kommandierungen in Linz und bei der Kriminalabteilung Niederösterreich.«[97]

In vier Bundesländern mussten zeitgleich 67 richterliche Hausdurchsuchungsbefehle umgesetzt und 48 richterliche Haftbefehle realisiert werden, in Graz 19 Hausdurchsuchungsbefehle, in Niederösterreich vier, in Oberösterreich drei und in Wien 41.[98]

Die Aktion war von Erfolg gekrönt. 78 Personen, darunter sämtliche Haupttäter der Organisation, gerieten in die Fänge

---

97 vgl. Wolfgang Preiszler, Ausländische Tätergruppen, S. 266
98 vgl. ebenda

der Fahnder. Im Vorfeld der Ermittlungen und bei den nachfolgenden Amtshandlungen der *Operation Spring* konnten weitere 79 Festnahmen verbucht werden. Drei Millionen Schilling (ca. 218.000 Euro) Bargeld, 3.040.000 Schilling (ca. 220.000 Euro) an Überweisungsbelegen und Sparbüchern, 2710 Gramm Heroin, 4288 Gramm Kokain und 567 Gramm Haschisch konnten beschlagnahmt werden. Allerdings lag der Schwerpunkt nicht auf Sicherstellungen, sondern auf den Strukturermittlungen der Organisation.

Bis September 2002 wurden von den Gerichten bislang insgesamt 400 Jahre Haft verhängt. Auch ein schwarzafrikanischer Suchtgifthändler fasste erstmalig vor einem österreichischen Gericht eine zweistellige Haftstrafe aus.

Die Vorarbeit für den erfolgreichen Abschluss der *Operation Spring*, die Preiszler bereits an anderer Stelle in diesem Buch erwähnte, nochmals im Detail.

»Ergebnis der Audioüberwachung
- Die Gespräche der schwarzafrikanischen Täter wurden auf insgesamt 507 DIN-A4-Seiten schriftlich dokumentiert.
- Es gelang, 69 mutmaßlichen und ausgeforschten Tätern kompromittierende Gespräche zuzuordnen …
- Es wurden 202 verschiedene Namen anwesender Personen festgestellt.
- Weitere 237 verschiedene Namen wurden in Gesprächen erwähnt.«[99]

Erschwerend kam hinzu, dass diese Namen nicht die tatsächlichen Namen der Täter waren, da die telefonische Kommunikation über die unterschiedlichsten Spitznamen ablief. Eine Zuordnung gestaltete sich dementsprechend schwierig.

---

99 vgl. ebenda, S. 271

»Ergebnis der Videoüberwachung
- Das nichtöffentliche Verhalten der schwarzafrikanischen Täter wurde auf insgesamt 229 DIN-A4-Seiten schriftlich dokumentiert.
- Im Überwachungsbereich konnten insgesamt 116 Personen festgestellt werden.
- Dabei wurden 234 suchtmittelrelevante Handlungen festgestellt.
- 65 Manipulationen [Weitergabe und/oder Abzählen von Banknoten] mit Geldmitteln konnten dokumentiert werden.«[100]

Das Obergeschoß des observierten China-Restaurants war die Firmen-, Büro- und Kommunikationszentrale dieser Dealerorganisation unter einem Dach. Hier wurden ständig die Mobiltelefone aufgeladen, wurde Suchtgift übernommen, der Erlös aus dem Suchtgifthandel abgeliefert, die Arbeit verteilt und grundlegende Taktiken besprochen. Das Lokal war geschickt gewählt, weil es – verkehrstechnisch günstig gelegen – einen guten Überblick bot, sowohl innen wie nach außen. Die chinesische Geschäftsführung hatte den Suchtgiftmittelhandel in diesen Räumlichkeiten höchstwahrscheinlich geduldet.

Ein *Chairman*, sozusagen der CvD, der Chef vom Dienst, war für die Organisation der Dealer zuständig, trommelte sie zusammen und war ebenso für die Aufteilung und Bezahlung des Suchtsgifts verantwortlich. Die Drogen waren überwiegend im Körper (Mund, Vagina, After) versteckt. Kleinere Mengen bis zu mehreren hundert Gramm wurden von eigenen Leuten in das Lokal gebracht. Aber auch Direktlieferungen im Kilogrammbereich, versteckt in Taschen und Rucksäcken, wurden observiert.

Die Suchtmittel wurden in der Toilette des Lokals ausgeschieden, anschließend an die *Streetrunner* verteilt, die es –

---

[100] ebenda

abgeschirmt vom *Warder*, dem Aufpasser – an die Abhängigen verkauften. Bei Gefahr im Verzug – Polizeikontrollen –, wurde das Gift verschluckt und auf die mitgeführte Reserve im After zurückgegriffen. Ohne größeren Zeitverlust ging der Handel somit weiter.[101]

Aus den Audio- und Videoaufzeichnungen ging eindeutig hervor, dass 95 Prozent der geführten Gespräche vom Suchtgifthandel und der Szene, von Suchtgiftschmuggel in das Bundesgebiet, Taktiken und Routen, Suchtmittellieferungen von Graz nach Wien und vom *Yard* [schwarzafrikanischer Szeneausdruck für Asylheim, -unterkunft] oder von einer konspirativen Wohnung in das Lokal handelten. Die Telefonate drehten sich um die Stoffverteilung für die *Streetrunner* und um die sichere Überweisung der Gewinne ins Ausland, um Käufe von Luxusgütern wie Autos. Zum damaligen Zeitpunkt waren Jeep Cherokee besonders gefragt.

Innerhalb der Organisation herrschte hierarchisches Denken. Anfänger, Neulinge waren für das *Binden* der Suchtgifte zuständig. Der *Oga* (auch *Ogali*) war der Boss, der alles kontrollierte, und es gab den *Chairman*, den Chef vom Tag, der wiederum von *Alaijes* unterstützt wurde. Das Wort *Alaije* ist ein nigerianischer Ausdruck für ein kriminelles Straßenkind, jedoch im anerkennenden Sinn. Für den nigerianischen Dealer ist es eine Auszeichnung, wenn ihn seine Kumpane *Alaije* nennen.[102]

Die Tätergruppe agierte hoch professionell und verstand es, sich vor Strafverfolgung zu schützen. Ständig wurden Strategien besprochen, neu konzipiert und geändert. Auf neue Polizeitaktiken folgte die prompte Reaktion. Entweder flohen die Täter, verschluckten die Ware oder attackierten die Beamten. Dabei schrien die Schwarzafrikaner lauthals, versuchten damit in der Öffentlichkeit, Aufmerksamkeit zu erregen und diese

---

101 ebenda
102 vgl. ebenda, S. 272f.

auf ihre Seite zu bringen, damit die Polizisten als Rassisten diskriminiert wurden.

Auch kannten die Täter die Schlupflöcher in der Gesetzgebung. Dieses Wissen eigneten sie sich durch eine Vielzahl an Polizeikontrollen, vorübergehenden Festnahmen und ihre langjährige Erfahrung im internationalen Suchtgifthandel an. So fürchteten sie in Graz die gerichtlichen Strafen, jedoch nicht die Polizei. In Wien war es genau umgekehrt. Daher benutzten sie Graz als Zwischenlager für größere Suchtgiftmengen, die für Wien bestimmt waren, weil hier der größere Markt vorhanden war. Graz war Anlaufstelle und Meldeadresse, da zu diesem Zeitpunkt in der steirischen Landeshauptstadt von den Schwarzafrikanern bevorzugt Asylansuchen gestellt wurden.

In Wien tauchten sie in konspirativen Wohnungen unter, wobei die Wohnungen häufig durch europide Frauen angemietet wurden. Kamen Vermieter dennoch dahinter, wer ihre Mieter waren, wurden dennoch keine Anzeigen erstattet. Mieten zwischen 6000 und 7000 Schilling [ca. 430 bis ca. 510 Euro] waren keine Seltenheit.

Der Suchtgifterlös wurde so schnell wie möglich in das Heimatland der Täter, meist Nigeria, transferiert. Ein Teil der Gelder war für die Bezahlung neuen Stoffs bestimmt. Wanderte ein Täter ins Kittchen, wurde eine kollektive Sammlung unter seinen Kollegen gemacht und damit der Rechtsanwalt bezahlt.

Diese Tätergruppe stand telefonisch mit Ungarn, Italien, Deutschland, Frankreich, Holland, Spanien, Tschechien, Polen, Rumänien, England, den USA, der Elfenbeinküste, Nigeria, Kolumbien, Peru und Brasilien in Kontakt.

Die festgenommenen Schwarzafrikaner gaben folgende Nationalitäten an: Nigeria (33), Liberia (24), Sudan (21), Sierra Leone (17), Kamerun (4), Guinea (1), Großbritannien (1, ebenfalls ein Schwarzafrikaner), Uganda (19), Kongo (1), Somalia (1), Ruanda (1) und Gambia (1).[103] Allerdings wurden einige

---

103 vgl. ebenda, S. 274ff.

dieser Herkunftsländer von den Tätern aus taktischen Gründen erfunden, damit ihre Chancen bei der damaligen Asylwerbung in Österreich besser stünden. Durch die Telefonüberwachungen konnte auch dafür der eindeutige Beweis erbracht werden.[104]

Die *Operation Spring* sorgte wochenlang für Schlagzeilen und für erregte Diskussionen, besonders innerhalb der schwarzen Bevölkerung. Beatrice Achaleke vom Verein Schwarze Frauen Community (SFC) sieht diese Polizeiaktion aus ihrem Blickwinkel, geht mit der österreichischen Exekutive und Justiz hart ins Gericht.

»... Der Staat vermittelt das Gefühl, dass es ein afrikanisches Drogenkartell gibt. Nehmen wir das Beispiel *Operation Spring*. Es wurden die verschiedensten Menschen als Drogenbosse hingestellt. Der Staat hat ihnen das nicht nachweisen können. Für mich war das eine Situation, wo ich mir denke, der Staat kennt sich nicht einmal aus, gibt nicht zu, sich nicht auszukennen, gibt sich keine Mühe, Informationen einzuholen. Es geht einfach darum, Menschen zu kriminalisieren, ohne nachzudenken, welche Auswirkungen das auf das Leben dieser Menschen hat, und geht noch dazu vor, als wäre es ein Spiel. Jemanden zu kriminalisieren, ohne nachweisen zu können, dass diese Person tatsächlich ein Krimineller ist, und somit mit Menschenleben zu spielen, das finde ich sehr gefährlich. Ich hätte Angst, mich mit dem Thema auseinander zu setzen, weil ich nicht weiß, ob ich nicht morgen als Drogenboss dargestellt werde ...«

---

104 vgl. ebenda

Operation Easy

Diese Aktion folgte auf die *Operation Spring*: Ein entscheidender anonymer Hinweis erreichte das (damalige) Wiener Sicherheitsbüro am 28. März 2003 und richtete sich gegen eine österreichische Staatsbürgerin wegen Suchtmittelhandels mit Heroin, Kokain und Haschisch im großen Stil, das sie von einem Schwarzafrikaner bezog. Durch Telefonüberwachungen konnten die Fahnder einen weiteren schwarzafrikanischen Händler ausforschen. Dadurch konnte ein Schmuggel von Curacao nach Wien nachvollzogen werden. Ein Schmuggler war bereits im Jahr 2001 am Flughafen in Brüssel festgenommen und anschließend zu zwei Jahren Haft verurteilt worden. Aufgrund dieser Kenntnisse kam auch der schwarzafrikanische Auftraggeber in Wien in Haft und kassierte später dafür dreieinhalb Jahre. In Zusammenarbeit mit den holländischen Behörden konnten die Wiener Kriminalbeamten einen weiteren in Wien wohnhaften schwarzafrikanischen Händler dingfest machen. Durchschnittlich kamen pro Woche ein bis zwei Lieferungen Heroin und Kokain aus Holland nach Wien, jeweils zwischen drei und zehn Kilogramm.

Bei dieser Operation wurden 54 Telefonanschlüsse überwacht. Dabei stellte sich heraus, dass sieben Tätergruppen mit 20 bis 40 Mitgliedern am Werk waren. Ingesamt konnten 27,6 Kilogramm Heroin und Kokain und 1,770.000 Schilling (ca. 129.000 Euro) sichergestellt werden. Zehn Millionen Schilling (ca. 726.700 Euro) waren bereits ins Ausland verschoben worden. Insgesamt wurden nachweislich 300 Kilogramm Heroin und Kokain im Wert von 200 Millionen Schilling (ca. 1,453.000 Euro) verkauft.[105]

---

105 vgl. ebenda, S. 280ff.

Die Handlungsweise des Geldtransfers hat sich bis in die Gegenwart nicht geändert. Bevorzugt für Überweisungen werden die Filialen von Western Union. Dafür werden Personen, selten der Haupttäter selbst, herangezogen, die diese Aufträge gegen eine geringe Provision ausführen. Meist werden europide Frauen oder Süchtige dafür eingesetzt. Ebenso werden Fahrzeuge angekauft und nach Nigeria verschifft, meist sind es gebrauchte PKWs, aber auch LKWs. Das bestätigte Gerhard Stadler vom Büro 3.5 Suchtmittelkriminalität im Bundeskriminalamt (BKA) auch mir gegenüber. Die LKWs werden zusätzlich noch mit billigen Elektronikgeräten beladen, in Nigeria von Verbindungsleuten in Empfang genommen und verkauft. Die klassische Geldwäsche.

Bei der *Operation Easy* war die Struktur der Tätergruppen somit klar: Der Lieferant saß in Holland, über Transporteure gelangte das Suchtgift in die Lieferstaaten wie Österreich. In Wien wurde es übernommen. Geldüberweiser transferierten die Gewinne. Als Geldwäscher fungierten Autohändler. Über Subhändler erfolgte die Ausgabe des Stoffes an die *Streetrunner*, die damit die Konsumenten belieferten.

Die Haupttäter warben Transporteure an und schickten sie nach Amsterdam. Von Amsterdam reisten die Schmuggler nach Curaçao, wo schwarzafrikanische Hintermänner bereits auf sie warteten. In präparierten Gepäcksstücken brachten die Schmuggler die heiße Ware zurück nach Amsterdam. Ein Teil wurde nach Österreich gebracht und an die Subhändler verteilt. Der andere Teil blieb in Holland, wurde dort entweder verkauft oder in andere europäische Staaten weitergeschmuggelt. Die Unkosten für die Transporteure trugen die jeweiligen Auftraggeber. Polen, Ungarn, Deutsche, Österreicher und Iren waren die Drogenkuriere.

In Österreich wurde das Suchtgift übernommen und in einer sicheren Wohnung gelagert. Ausgewählte Personen der Organisation holten die Drogen bei Bedarf und übergaben sie den Unterhändlern. Das Geld wurde sofort kassiert und den

Auftraggebern übergeben. Für alle Eventualitäten waren in Verstecken Bargeldbeträge in der Höhe von 500.000 bis zu einer Million Schilling (ca. 36.300 bis 72.600 Euro) aufbewahrt.

Spielte bei der *Operation Spring* ein China-Restaurant die Rolle der Kommandozentrale, so war es bei *Easy* bereits ein Internet Call Center – und daran hat sich bis heute nichts geändert. Internet Call Center schießen in Wien wie die Pilze aus dem Boden. Billigst in die ganze Welt telefonieren und im Internet surfen ist deren Geschäft. Wer's glaubt. Stimmt schon, aber nur nach außen. Schmuddelig im Aussehen, dubiose Figuren hängen herum. Call Center werden von Schwarzafrikanern, Türken und Kosovo-Albanern betrieben. Der Betreiber selbst ist nur ein Strohmann. Schwarzafrikanische Call Center sind aber zugleich meist auch Videotheken und Restaurants mit Heimatkost. Telefonate über Deals werden verstärkt in diesen Centern abgewickelt und dank Internet haben diese Lokalitäten auch die entsprechenden Anschlüsse. Für die *Streetrunner* sind diese Call Center Geld- und Suchtmitteldepot, weil sie aus Sicherheitsgründen keine größeren Mengen an Bargeld und Drogen bei sich führen.[106]

---

106 vgl. ebenda, S. 287f.

Das große Umdenken III

»Tatsache der großen Strukturermittlungen war«, erzählt Preiszler, »dass die Täter [Organisationen] trotz der Erfolge nicht geschädigt werden konnten. Ob ich damals 20, 30, 40, 50 eingesperrt habe, war egal. Das merkte man bei 3000 bis 5000 Dealern, wie es damals [in Wien] war, nicht einmal. Bedeutungslos. Mir hilft es nichts, dem Staat nicht und dem *Junkie* auch nicht.«

Wolfgang Preiszler hatte durch die große Polizeireform insofern profitiert, als er nun seine Vorstellungen von einer effizienteren Vorgangsweise zur Bekämpfung der Suchtmittelkriminalität umsetzen konnte, wenn auch gegen polizeiinterne Widerstände. Und auch wenn ihn so mancher Kollege scheel ansah, er ließ sich nicht aufhalten, und der Erfolg gibt ihm Recht. Regelmäßige Suchtgiftstreifen sind nur eine der Maßnahmen, die Preiszler durchgesetzt hatte.

»Endlich durften wir. Wir mussten nicht mehr verheimlichen, dass wir ein Problem hatten.« Ein großes Suchtgiftproblem in der Stadt Wien.

»Die mediale Berichterstattung erzeugte einen gewissen politischen Druck, und plötzlich hatten wir auch Rückendeckung. Das Rathaus wollte, dass wir etwas tun. Da gibt es klare Aufträge vom Bürgermeister, und die Polizeiführung war ebenfalls dafür. Ab 2002 haben wir ein Massenquartier nach dem anderen gestürmt«, berichtet Preiszler, »das durfte man vorher nicht. Das war unvorstellbar. Caritas-Heim, ein Wiener Krankenhaus. Das hat es vorher noch nie gegeben. Im Rathaus sind sie zusammengebrochen und mussten schlussendlich zur Kenntnis nehmen, dass wir im Recht waren, und haben das auch goutiert. Auf der Baumgartner Höhe [Psychiatrisches Krankenhaus], in einem Pavillon, waren die Suchtkranken für die Substitution, im Nachbarpavillon waren schwarzafrikanische Asylwerber, die allerdings zu einem hohen Prozentsatz *Checker* waren. Das ist doch witzlos!

Das Gericht ordnet Therapie statt Strafe an. Die Eltern der Süchtigen vertrauen dem Weg, dass ihre Kinder therapiert und wieder zu normalen Bürgern werden, lassen sie einweisen, und dort verfügen sie plötzlich über mehr Heroin und Kokain, als sie jemals draußen auf der Straße bekommen hätten. Die [Süchtigen] haben sie [die Dealer] nicht einmal suchen müssen, denn die [Dealer] haben die Kugeln [Heroin und Kokain] durchs Fenster hinüber geschossen. Dann haben wir zugeschlagen. Die Gemeinde [Wien] hat den Fehler eingesehen.«

Eine große Aktion folgt der nächsten, eine Szene nach der anderen wird aufgelöst, berüchtigte Lokale wie das »Flesh«, wie bereits erwähnt, wurden abgedreht.

»Die Hells Angels waren zwar die *Bugln* [Leibwächter], sind aber auch dahinter gestanden«, sagt Preiszler, »da wurden aber die Ermittlungen beendet. Da ist keiner mehr darüber gestiegen und hat sich *niederlegen* [Geständnis ablegen] getraut. Der Haupttäter hatte lieber sechs Jahre und acht Monate in Kauf genommen als gegen die Hells Angels auszusagen. Die sind in der Organisation dahinter gestanden. Gar keine Frage.«

Auch die Gerichte arbeiten jetzt, nach Preiszlers Aussage, straffer und effizienter, da den Staatsanwälten und Richtern einfache Sachverhalte geliefert werden. Ersttäter werden meistens enthaftet und erhalten eine bedingte Haftstrafe, aber kaum wieder draußen beginnen sie auch gleich wieder zu *checken*. Werden sie abermals geschnappt, bekommen sie ein halbes Jahr Haft und sechs Monate von der bedingten Strafe – macht ein Jahr. Sind sie dann noch immer nicht klüger geworden und gehen wieder ins Netz, steigen dementsprechend auch die Haftstrafen.

»Spätestens dann«, weiß Preiszler aus Erfahrung, »geht er, der Herr Dealer, verlässt Österreich. Vorher kann man ihn nicht abschieben, da er Asylwerber ist.«

Kommt es doch zur Abschiebung, kennen diese Leute eine Menge Tricks, z. B. kurz vor Betreten des Flugzeugs, natürlich in Begleitung von Beamten, einfach in die Hose zu scheißen. Kein Flugkapitän wird einen derart stinkenden Passagier an Bord lassen. Das Spielchen beginnt erneut: wieder zurück und warten auf den nächsten Termin.

Auch die Verdienstspanne für die *Checker* ist in den Keller gefallen. Vorher waren es nur wenige, die daher zu Schillingzeiten 30.000 bis 40.000 Schilling am Tag einsacken konnten. Natürlich kam es darauf an, welche Position sie in der Verteilerkette einnahmen, wie viele noch daran mitschnitten.

»Heute«, sagt Preiszler, »macht er ... wenn er 700 Euro macht, ist er ein braver *Checker* und muss viel laufen dafür. Früher, die 30.000 bis 40.000 Schilling machten die in zwei bis drei Stunden, weil ihnen die Kunden die Tür eingerannt haben. Heute muss er zu den unmöglichsten Zeiten unterwegs sein. Das Resultat davon, dass zu viele hier sind.«

Auch falsche Angaben beim Namen oder Herkunftsland nützen dem Dealer heute nichts mehr. Für das Gericht zählt der Tatbestand, denn abschieben ist nicht möglich, da er Asylantenstatus genießt und für die Abschiebung sind genaue Personaldaten erforderlich.

Der Drogenmarkt muss ständig wachsen. Daher sind die Händler erpicht, neue Szenen aufzubauen. Einem vertrauenswürdigen Landsmann wird mitgeteilt, dass man die Absicht habe, regelmäßig Suchtgift an ihn zu liefern. Steigt derjenige ein, werden weitere Modalitäten besprochen. Ist bereits eine Szene vorhanden, wird man versuchen, diese auszubauen. Auch entsprechende Veranstaltungen mit jungem Publikum sind von größtem Interesse. Dort wird versucht, potenzielle KandidatInnen für den Suchtgiftschmuggel zu rekrutieren.

Im »Nationenspiegel 2005« stellt sich die Anzahl der Festnahmen folgendermaßen dar:

>Nigeria 493
>
>Österreich 357
>
>Gambia 149
>
>Serbien und Montenegro 69
>
>Liberia 64
>
>Guinea Bissau 51
>
>Guinea 41
>
>Türkei 40
>
>Sierra Leone 39
>
>Mali 36
>
>Gesamt 1339[107]

Festnahmen 2005 an den Szeneörtlichkeiten:

>U-Bahn-Linie U6 Alser Straße 155
>
>U6 Josefstädter Straße 152
>
>U6 Gumpendorfer Straße 141
>
>U6 Burggasse/Stadthalle 114
>
>Festnahmen nach Hausdurchsuchungen 90
>
>U4/U2 Schottenring 87
>
>U1/U4 Schwedenplatz 78
>
>U2 Schottentor/Sigmund-Freud-Park 71
>
>U6 Thaliastraße 66
>
>U4/U6 Längenfeldgasse 56
>
>U6 Dresdner Straße 48
>
>U6 Währinger Straße/Volksoper 44
>
>U4 Friedensbrücke 41
>
>U6/U3 Westbahnhof 35
>
>Stadtpark 32
>
>U6 Nußdorfer Straße 27

---

107 Wolfgang Preiszler, Jahresbericht 2005 EGS-SG, S. 15

U4/U6 Spittelau 27
U6/S-Bahn Handelskai/Millenium City 24
U1 Wien-Nord/Praterstern 22
Obere Donaustraße 22
Gesamt 1332[108]

Oder ein anderes Beispiel:

Festnahmen im November 2006:

1.11.	1 Nigerianer (geb. 1986) Wien 15., Felberstraße
3.11.	1 Nigerianer (geb. 1986) S-Bahn Handelskai/in S-Bahn zur Traisengasse
3.11.	1 Gambier (geb. 1989) S-Bahn Traisengasse/Engerthstraße
3.11.	1 Nigerianer (geb. 1986) Wien 11., Neu-Albern; (HD)*)
3.11.	1 Liberianer (geb. 1987) Wien 11., Neu-Albern
4.11.	1 Nigerianer (geb. 1986) U4 Heiligenstadt, Bahnsteig
6.11.	1 Nigerianer (geb. 1986) Wien 2., Taborstraße (HD)
6.11.	1 Liberianer (geb. 1976) U4 Längenfeldgasse/Linke Wienzeile
7.11.	1 Nigerianer (geb. 1986) U6-Handelskai, Station
7.11.	1 Liberianer (geb. 1986) U4 Heiligenstadt, Station
7.11.	1 Nigerianer (geb. 1988) U4 Längenfeldgasse/Linke Wienzeile
8.11.	1 Nigerianer (geb. 1985) U6 Gumpendorfer Straße
8.11.	1 Nigerianer (geb. 1980) Wien 15., Jurekgasse (HD)
9.11.	1 Sudanese (geb. 1987) U4 Friedensbrücke/U3 Rochusgasse
10.11.	1 Sudanesin (geb. 1987) U4 Friedensbrücke, Newaldgasse
10.11.	1 Nigerianer (geb. 1979) U6 Philadelphiabrücke, Malfattigasse
10.11.	1 Kongolese (geb. 1981) U4 Schottenring, Franz-Josefs-Kai
11.11.	1 Nigerianer (geb. 1987) U3 Neubaugasse, Station
11.11.	1 Gambier (geb. 1981) U4 Schwedenplatz, Franz-Josefs-Kai
13.11.	1 Gambier (geb. 1988) Wien 17., Weißgasse
15.11.	1 Gambier (geb. 1990) U4 Schottenring, Franz-Josefs-Kai
15.11.	1 Nigerianer (geb. 1979) U4 Schottenring, Franz-Josefs-Kai

---

108 ebenda, S. 16

17.11. 1 Nigerianer (geb. 1986) U4 Längenfeldgasse, Kranzgasse
18.11. 1 Liberianer (geb. 1962) Wien 16., Grundsteingasse (HD)
18.11. 1 Guineer (geb. 1986) Wien 16., Grundsteingasse (HD) (Guinea)
20.11. 1 Sudanese (geb. 1988) U6 Gumpendorfer Straße
20.11. 1 Nigerianer (geb. 1988) U6 Gumpendorfer Straße
22.11. 1 Nigerianer (geb. 1984) U6 Burggasse, in Straßenbahnlinie 49
25.11. 1 Nigerianer (geb. 1982) U4 Meidlinger Hauptstraße, Diefenbachg.
27.11. 1 Nigerianer (geb. 1978) U4 Margaretengürtel, Pliwagasse
28.11. 1 Liberianer (geb. 1984) U6 Handelskai, S-Bahn
28.11. 1 Nigerianer (geb. 1977) U6 Burggasse, Hagengasse
28.11. 1 Nigerianer (geb. 1985) U4 Längenfeldgasse, Storchengasse
28.11. 1 Sudanese (geb. 1984) U6 Josefstädter Straße, Station

*) HD = Hausdurchsuchung

Das sind 34 schwarze Personen innerhalb eines Monats, alle im Asylantenstatus, in den Drogenhandel involviert und das ist nur eine kleine Auswahl.[109]

Die Suchtgiftfahnder des Kriminalkommissariats West (KK West), zuständig für die Wiener Bezirke Ottakring (16.), Hernals (17.), Währing (18.) und Döbling (19.), können sich über mangelnde Arbeit ebenfalls nicht beklagen. Ihre Aufklärungserfolge beweisen das auch.

Chefinspektor Wolfgang Hottowy gilt als Spezialist für die schwarzafrikanische Szene. Seiner Meinung nach hat sich die Situation seit dem Jahr 2000 massiv verschlechtert, da die afrikanischen Dealer immer zahlreicher werden. Auf meine Frage, dass doch nicht alle Afrikaner mit der Absicht nach Österreich bzw. Wien kommen, um sich hier als Dealer zu etablieren, antwortet Hottowy: »Teilweise schon. Ich würde sogar sagen größtenteils. Sie [die Afrikaner] kommen her, wissen, sobald sie am Flughafen Schwechat angekommen sind – mit ihrem richtigen Reisepass, ihrem richtigen Namen, ihrem richtigen

---

109 Polizeiinterne Information

Geburtsdatum, mit einer Einladung oder einem Aufenthaltstitel –, was sie hier erwartet und was sie hier machen wollen. Teilweise kommt es vor, dass sie direkt vom Flughafen aus ihre Bekannten oder Verwandten anrufen und fragen: ›Wo sind meine Drogen? Ich bin hier.‹«

Darauf stellt sich zwangsläufig die Frage, woher die Afrikaner ihre Drogenkontingente beziehen, und Hottowy sagt, »dass wir jetzt in erster Linie von den Nigerianern sprechen. Die sind bei uns am stärksten und mit der höchsten Präsenz. Sie sind ja nicht nur in Österreich, sondern auf der ganzen Welt verbreitet. Sie sitzen in ganz Europa, Asien, natürlich in Afrika, in Süd- und Nordamerika und jeder [von ihnen] hat viele Verwandte sowie Bekannte; teilweise sind es Großfamilien und untereinander irgendwie verwandt. Jene, die bei uns die Drogen importieren, verfügen überall über Ansprechpartner. Der eine hat einen Großcousin in Amsterdam, der nächste einen entfernten Verwandten oder Bekannten in Venezuela, ein anderer hat jemanden in Asien sitzen ... ganz verschieden. Die meisten Drogen, die wir hier in Österreich sicherstellen, waren vorher in einem europäischen Transitland und kommen vorwiegend aus Spanien und Holland. Natürlich gibt es aber auch viele, die direkt aus Kolumbien, Venezuela und Brasilien importieren, weil sie über einen guten Kontakt verfügen. Überhaupt aus dem gesamten karibischen Raum, und inzwischen Heroin teilweise auch aus Asien ... er [der Nigerianer] bestellt direkt sein Heroin in Indien ...«

In den österreichischen Landeshauptstädten versuchen die Nigerianer ebenfalls seit geraumer Zeit, den Drogenhandel in ihre Hände zu bekommen, jedoch ist Wien ihr absoluter Favorit, da in der Bundeshauptstadt der weitaus größte Markt zu bedienen ist. In vielen Landeshauptstädten fehlt es, in den Augen der Nigerianer, an der für sie nötigen Infrastruktur, um einen schwunghaften und lukrativen Handel durchführen zu können.

»Beispielsweise«, sagt Chefinspektor Hottowy, »gab es in Graz sehr viele [Nigerianer]. Dort gibt es genauso eine Szene wie auch in Linz und überall anders. In Wien haben sie [Nigerianer] sich schleichend den Markt erobert, ohne dass irgendwer von den etablierten [Drogendealern] Österreichern, Arabern oder anderen Tätergruppen, Albanern, Jugoslawen, Türken ... irgendetwas rechtzeitig dagegen hätten unternehmen können. Schön langsam waren sie [Nigerianer] hier und haben quasi den Straßenhandel größtenteils übernommen ... Die Nigerianer bieten fast ausschließlich nur Heroin und Kokain an. Andere Tätergruppen, wie beispielsweise aus Gambia, dealen auch sehr viel mit Marihuana.«

Offizielle Zahlen, wie viele Afrikaner im Straßenhandel tätig sind, gibt es nicht. Hottowy sagt, es gab Schätzungen von 3000 bis 4000. Wie viele es tatsächlich sind, so der Chefinspektor, weiß man nicht. In der Justizanstalt Josefstadt, wo ein Teil dieser schwarzafrikanischen Dealer einsitzt, spricht die Leitung von 1000 Personen in Wien, die täglich unterwegs sind.

Die Medikamentenszene, wie zum Beispiel der florierende Handel mit Substitol, einem retardierten Morphin und ein Ersatzmittel, spielt im Wirkungsbereich des KK West eine untergeordnete Rolle.

»Für uns nicht beunruhigend und nicht wirklich relevant«, sagt KK West-Leiter, Oberst Georg Rabensteiner, »weil wir hier so viele schwarze Dealer, so viele aus dem ehemaligen Jugoslawien haben. [Bei den Ex-Jugoslawen] eher weniger Dealer, aber dafür Importeure. Wir haben sehr viel mit Türken zu tun.«

Eine Lösung des Drogenproblems sehen auch die beiden erfahrenen Fahnder nicht.

»So lange es Süchtige gibt, wird es Drogen geben«, meint Rabensteiner, »wir können nur versuchen zu verhindern. Wenn man den täglichen [Drogen]Bedarf in Wien, resultierend aus der Anzahl der Süchtigen, mit unseren Sicherstellungen vergleicht, sieht alles wieder ein bisschen anders aus.«

Einschlägige Lokale und Internet Call Center, in denen schwarzafrikanische Dealer verkehren, wachsen wie die Schwammerln aus dem Boden, sagen Rabensteiner und Hottowy unisono. Drogen können überall übernommen und weitergegeben werden.

»Die Lokale sind nicht die Problematik«, erläutert Chefinspektor Wolfgang Hottowy, »es werden immer mehr. Sie [Nigerianer] wollen ihre gewohnte Nahrung zu sich nehmen, und die bekommen sie nur in entsprechenden nigerianischen Lokalen.« Den Rückzugsorten für Drogengeschäfte.

»Früher waren sie [Nigerianer] sehr massiv in den Straßen vertreten«, wirft Rabensteiner ein, »das ist inzwischen ein bisschen zurückgegangen. Auch eine Folge unserer Maßnahmen. Am Hernalser Gürtel, zum Beispiel, haben wir die Szene zerstört, zusammen mit den Einsatzgruppen [EGS], die unterwegs sind. Es ist für die Straßenhändler viel riskanter und gefährlicher geworden. Die sind nun nicht mehr so in den einzelnen Vierteln präsent. Das hat auch damit zu tun, dass es diverse [Asylanten]Heime [z. B. jene von Ute Bock und Vera Dornhackl] nicht mehr gibt. Dort wohnten viele Schwarze und die sind natürlich nur vor die Türe gegangen und haben verkauft. Ebenso in der Ullmannstraße [15. Bez.]. Dort hielt sich auch eine Zeit lang die Szene, als das Heim bereits geschlossen war. Heute ist sie [Szene] kaum mehr vorhanden. Weder in Hernals [17. Bez.] noch im 15. Bezirk. Nur irgendwo müssen sie [Dealer] ja hin, und da sind sie nun konzentriert in allen möglichen Lokalen. Offensichtlich entdeckten sie nun eine Lokalszene für sich, wo sie wahrscheinlich auch drinnen [in den Lokalen] verkaufen.«

Auch Hottowy bestätigt, dass das Geschäft für den einzelnen *Streetrunner* extrem zurückgegangen ist, weil die Konkurrenz enorm angestiegen ist. Gab es noch vor einigen Jahren *Streetrunner*, die problemlos bis zu 50 Gramm pro Tag verkaufen konnten, müssen sie heute zufrieden sein, wenn sie drei Kugeln verdealen können.

Bei Kokain gibt es hohe Qualitätsunterschiede. Mitunter kann es auch im Straßenhandel einen Reinheitsgrad von bis zu 30 Prozent enthalten, wobei es, als es nach Österreich kam, noch 50 Prozent aufwies. Kommt die Ware direkt aus Südamerika, erhöht sich der Reinheitsgrad. Es kommt darauf an, wo der Subhändler sitzt, ob in Holland oder schon in Österreich. Natürlich wird die Ware nach der Übernahme gestreckt, indem verschiedene Mittel beigemengt werden, um eine größte Menge für den Verkauf zu erzielen. Meist wird mit Milchzucker gestreckt. Die gesundheitsschädlichen Stoffe, so Hottowy, werden meist bereits im Herstellerland beigemischt.

»Die Qualität von Heroin ist auf der Straße äußerst schlecht«, sagt der Chefinspektor, »weil es bereits sehr stark reduziert zuerst nach Holland importiert wird. Dort wird es nochmals gestreckt, und in Österreich streckt es der Subhändler möglicherweise abermals. Oft hat dann Heroin einen Reinheitsgrad nur mehr von zwei, drei oder vier Prozent. Was aber gut ist, denn ist es einmal höher, vertragen sie [*Junkies*] es nicht und fallen wie die Fliegen um.«

Natürlich wissen auch Wolfgang Hottowy und Georg Rabensteiner, dass schwarze Hautfarbe nicht automatisch bedeutet, ein Dealer zu sein. Die Fahnder finden es auch richtig, dass sich Organisationen und Vereine bilden, die sich mit den Problemen der Afrikaner auseinander setzen und nicht dulden, dass das Image der übrigen durch eigene Leute in der Öffentlichkeit erheblich in Misskredit gezogen wird. Obwohl einige dieser Vereine, nach Meinung Hottowys, sehr blauäugig sind und er sich eine Kooperation nur schwer vorstellen kann.

»... Was soll die bringen? Da geht ja auch niemand zu denen hin und sagt, ich möchte zwar bei euch in der Organisation mitmachen, aber ich bin ein Drogenhändler ... Viele dieser Organisationen glauben, dass alle so wie ihre Mitglieder sind, nämlich anständige Leute.«

Bei jenen Schwarzen, die in Wien bzw. Österreich im Drogengeschäft tätig sind, handelt es sich keinesfalls um *boat people*, so Hottowy, also um jene bedauernswerten Menschen, die mit völlig untauglichen Booten über das Meer schippern, entweder von gewissenlosen Schleppern bereits auf hohe See über Bord geworfen werden oder völlig entkräftet an den Küsten und Stränden angeschwemmt werden.

»Diese *boat people*«, so der Chefinspektor weiter, »kommen auch nicht aus Nigeria oder Gambia, sondern aus anderen Ländern. Diese [*boat people*] sind natürlich echte Flüchtlinge, die in Spanien oder in Italien aufgegriffen werden. Das hat mit unseren Leuten [Nigerianer etc.] überhaupt nichts zu tun. Das sind zufällig auch Afrikaner, aber eine komplett andere Gruppe.«

Boat people schlagen sich zum Beispiel in Italien, sobald sie wieder auf die Beine gekommen sind, mit dem Handel von minderwertigen Waren oder dem Verkauf gefälschter Produkte, jedoch nicht mit Drogenhandel durch. Die Erkenntnisse Hottowys stammen von seinen italienischen Kollegen.

»In Neapel haben sich inzwischen nigerianische Dealer mit der Camorra arrangiert«, so der Chefinspektor.

Rabensteiner und Hottowy bestätigen ebenfalls, dass der Straßenhandel in Wien fest in nigerianischen Händen ist. Türken, Araber, Albaner und Ex-Jugoslawen, die nach wie vor im Drogengeschäft, allerdings nicht auf der Straße, mitmischen, haben jedoch nichts mit den Afrikanern zu tun. Eine Zusammenarbeit ist dennoch nicht gänzlich ausgeschlossen.

»Wir haben sehr viele Albaner, Türken und Jugoslawen, die von den Schwarzen kaufen, obwohl ihre eigenen Leute vielleicht direkt an der Quelle sitzen«, so Hottowy.

Der KK West-Leiter, Oberst Georg Rabensteiner, wünscht sich für die Zukunft mehr Personal: »Hätte ich dreimal so viele Leute zur Verfügung wie jetzt, wären wir in der Lage, mehr einzusperren und hätten mehr Sicherstellungen. Wir würden uns darüber freuen, weil wir noch erfolgreicher sein könnten. Aber wir geben uns sicher nicht der Illusion hin, dass wir dadurch etwas verhindern könnten, was mit Sucht, Suchtgift und

Chefinspektor Wolfgang Hottowy , Oberst Georg Rabensteiner, Leiter KK West,
Foto: Manfred Burger

Suchtgiftdelikten zu tun hat. Je mehr wir sie [die Szene] stören, desto höher wird der Preis steigen. Ist der Preis dementsprechend angestiegen, wird es vielleicht weniger geben, die harte Drogen zum ersten Mal in ihrem Leben ausprobieren wollen. Für uns ist es schon ein Erfolg, wenn wir in unserem Rahmen, was die Westafrikaner betrifft, ein positives Echo hören, wie: ›Österreich ist kein gutes Land für uns [Nigerianer etc.]. Es ist besser, ihr kommt gar nicht her, die Polizei ist hier sehr hart und streng.‹ Das freut uns, wenn wir das hören.«

»Es gibt oft Widerstände, die mit Verletzungen für die Kollegen enden«, sagt Chefinspektor Wolfgang Hottowy, »aber in erster Linie will er [Nigerianer etc.] nur weg. Das wollen aber andere auch. Das will der Einbrecher ebenso. Der Afrikaner glaubt: ›Wenn ich jetzt davonlaufe, kriegen sie mich nie wieder, weil sie mich ja doch nicht von den anderen unterscheiden können.‹ Er denkt, für einen Weißen sehen alle schwarzen Gesichter gleich aus. Sobald er ein paar hundert Meter gewonnen hat, meint er, schon in Sicherheit zu sein.«

Derzeit sind im KK West 16 Suchtgiftfahnder tätig.

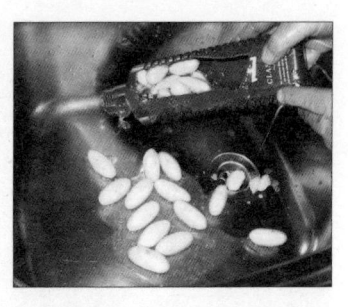

OBEN UND LINKS: Jänner 2006: Verhaftung einer schwarzafrikanischen Tätergruppe mit sechs Kilogramm Kokain durch das KK West; Verstecke in Alben, Ölkanistern und Duschgelflaschen

(Fotos: KK West)

OBEN: Dezember 2006: Verhaftung einer österreichischen Tätergruppe mit zwei Kilogramm Speed durch das KK West

LINKS: 2006: Aufgriff von 67 Kilogramm Cannabis in Wien durch das KK West

(Fotos: KK West)

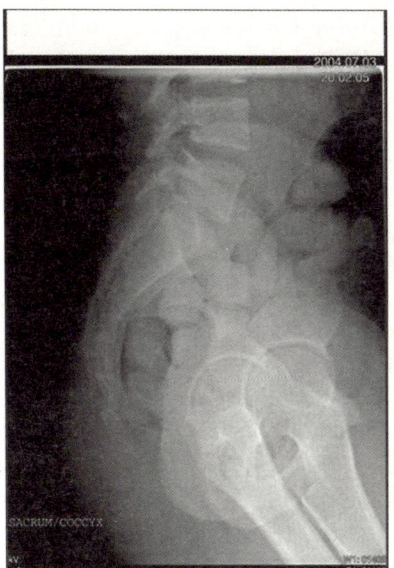

OBEN: Kokain im Autoreifen

DARUNTER: Ende 2004: Aufgriff von 100 Kilogramm Cannabis in Wien durch das KK West; ein Österreicher mit Verbindungen nach Spanien als Drahtzieher

Der Monatsumsatz eines Wiener Szenelokals mit Verkauf von Cannabis

LINKS: Röntgenaufnahme eines Bodypackers (Foto: KK West) Röntgenaufnahme eines Bodypackers

(Fotos: KK West)

Tür zu und wegsperren

Justizanstalt Josefstadt in der Wickenburggasse im 8. Wiener Gemeindebezirk – hier landet ein Teil der *birds*, der *Brieftauben*, also die Schmuggler bzw. *Bodypacker*, *Streetrunner* und Dealer. Derzeit verbüßen, nach Angaben des Anstaltsleiters Oberst Peter Prechtl, 200 Schwarzafrikaner hier ihre Strafen (Stand: Dezember 2006). Auf Österreichs Gefängnisse verteilt, sitzen derzeit die meisten Schwarzafrikaner in der Haftanstalt Suben in Oberösterreich ein – ebenfalls 200 Insassen bei einer Belagsfähigkeit von 350 Personen.

Für den 18. Dezember 2006 erhalte ich die Besuchs- und Interviewgenehmigung für die JA Josefstadt. Nach einer kurzen Besprechung im Büro des Anstaltsleiters werden mein Fotograf Manfred Burger und ich in den Zellentrakt geführt. Unsere Schritte hallen in den langen, hellen Gängen, in denen sich Tür an Tür reiht. Meine Gesprächspartner werden Dealer und Schmuggler vom Schwarzen Kontinent sein. Mit der Anstaltsleitung habe ich vereinbart, dass mich Namen nicht interessieren, lediglich das Alter und das Herkunftsland.

Die Justizwachebeamten sind sehr kooperativ, und ich treffe zuerst auf einen jungen, 19-jährigen Mann aus Gambia. Der westafrikanische Staat mit der Hauptstadt Banjul mit 1.421.000 Einwohnern ist der flächenmäßig kleinste Staat Afrikas und wird von Yahya Jammeh regiert, der 1994 durch einen Militärputsch an die Macht kam. Neben anderen Missständen wird besonders die Pressefreiheit unterdrückt.

Mike [Name geändert, Anm. d. A.], ein schlaksiger großer Mann mit kurzen Dreadlocks, erzählt bereitwillig in Englisch, warum er seine Heimat verlassen hat.

»Meine Wünsche und Hoffnungen, warum ich von zu Hause weg bin, waren, endlich in Freiheit leben zu können. In meinem Land gibt es keine Freiheit.«

Warum es ihn nach Österreich verschlagen hat, ist schwer herauszufinden. Mike verschanzt sich hinter vagen Andeutungen, war vorher in einigen anderen europäischen Staaten, bis er in die Alpenrepublik einreiste.

»2005 kam ich nach Wien, aber ich hatte nie Kontakt mit Drogen«, streitet Mike vehement ab.

Nun, warum ist er dann inhaftiert? Wegen illegalen Aufenthaltes?

»Ich war in einem ›Admiral‹[110] und spielte an verschiedenen Automaten. Plötzlich erschien die Kriminalpolizei und nahm mich fest. Ich fragte, warum? Was habe ich getan? Sie antworteten, dass ich deale und ich sei dabei in einer U-Bahn-Station observiert worden, wie ich gerade mit einem Türken ein [Drogen]Geschäft gemacht haben soll. Dann brachten sie mich hier her.«

Seit zwei Wochen ist Mike nun in Haft. Seine Zukunft sieht er selbst düster, da sein Akt derzeit bei der Staatsanwaltschaft liegt und er auf seinen Prozess wartet.

»Ich will nur frei sein und in Wien arbeiten«, aber so recht mag er selbst nicht daran glauben.

Mein nächster Gesprächspartner stammt aus Guinea-Bissau in Westafrika. Auch dieser Zwergstaat leidet unter permanenten Unruhen. Am 6. Oktober 2004 kam es in der Hauptstadt Bissau zu einer Militärmeuterei. Hunderte Soldaten forderten ihren seit Monaten ausstehenden Sold, beschuldigten die Armeeführung der Korruption und nahmen Armeechef General Verissimo Seabra Correira als Geisel und ermordeten ihn später.

Der 20-jährige Johnny [Name geändert, Anm. d. A.] ist ein schmächtiger Bursche, der zu meiner Verwunderung ausge-

---

110 »Admiral«: Automatenspielsalonkette in Wien bzw. Österreich

zeichnet Deutsch spricht. Auch er träumt von einem Leben in Freiheit, das in seinem Heimatland, einem jederzeit explodierendem Pulverfass, unmöglich ist. Freimütig gibt er zu, dass er deshalb in Haft ist, weil er mit Drogen dealte.

»Ich bin selbst heroinsüchtig und machte es, um mich über Wasser halten zu können.«

Aber er bestreitet, Teil einer Organisation gewesen zu sein, war auch kein *Streetrunner*, sondern dealte, um seine eigene Sucht befriedigen zu können. Seinen Stoff organisierte er sich bei anderen Schwarzafrikanern. Johnny erzählt, dass er erst in Europa mit Drogen in Berührung kam und hier und suchtkrank wurde. In der Haft bekäme er keine therapeutische Hilfe. Er selbst rechnet mit einer Haftstrafe von neun Monaten. Warum er das so exakt einschätzen kann, will er mir nicht sagen. Wie ist er überhaupt nach Europa gelangt?

»Mithilfe von Schleppern«, lautet seine knappe Antwort. Wie viel er oder seine Familie dafür bezahlen musste, lässt er offen. Nach seinen Angaben befindet sich seine Familie in Deutschland und deshalb könne er auch die Sprache sehr gut. Deutschland war auch seine erste Station.

»Ich hatte schon in Deutschland Drogenprobleme«, und als es für ihn eng wurde, setzte er sich nach Wien ab, wo er in Ottakring verhaftet wurde.

»Die Beamten fanden bei mir 33 Heroinkugeln«, die er im Mund transportierte und pro Portion (Kugel) für zehn Euro verkaufen wollte. Johnny gibt auch zu, dass er sich gar nicht bemüht hat, eine legale Arbeit zu finden, weil es zum einen seine eigene Sucht nicht zuließ und er in erster Linie Geld machen wollte. So schnell und einfach wie möglich. Nach dem Absitzen der Strafe in Österreich rechnet er mit seiner Abschiebung nach Deutschland, wo auf ihn, wegen dortiger Drogenvergehen, neue Verfahren zukommen werden.

Jack [Name geändert, Anm. d. A.], 20 Jahre alt, stammt ebenfalls aus Guinea-Bissau und kam über Italien nach Österreich.

»Ich wusste sehr wenig über Europa. Zu Hause hatte ich nur gehört, dass hier das Leben unbeschwert ist und man vor allem frei ist. In meiner Heimat hatte ich keine Wohnung, kein Haus, ich schlief auf der Straße.«

Auch er kam erst, so sagt er, in Europa mit Drogen in Kontakt, ist selbst süchtig und dealte. Allerdings nur zweimal, wie Jack betont, und dabei wurde er erwischt. Drogen hatte er keine bei sich, erzählt er, aber 300 Euro und 30 Dollar. Die Polizei sagte, so er weiter, dass es sich um Drogengeld handle, konfiszierte es und verhaftete ihn.

»18 Monate für 300 Euro«, sagt er sichtlich verbittert.

Wie es danach weitergehen soll, weiß er nicht. Hier ist er völlig auf sich allein gestellt und er hat auch keinen Kontakt zu seiner Familie in Guinea-Bissau. Wider Erwarten stellt Jack der Polizei, und zwar jenen Beamten im Gefängnis, ein ausgezeichnetes Zeugnis aus.

»Hier drin gibt es keinerlei Probleme. Die Schwierigkeiten sind draußen ...«

Während Mike, Johnny und Jack offen für ein längeres Gespräch waren, ist Nancy [Name geändert, Anm. d. A.] vorerst mehr als misstrauisch. Öfters muss ich ihr erklären, warum ich hier bin, weshalb zwischen uns ein eingeschaltetes Diktiergerät liegt, und was der Typ mit seinem riesigen Fotoapparat von ihr will. Immer wieder sagt die 31-jährige Frau: »I hope there is no problem ...«

Nachdem ich ihr zum wiederholten Male versichert habe, mich interessiere nur ihre Geschichte, warum sie hier im *Häfen*[111] gelandet sei, erklärt sie sich bereit, ein wenig preiszugeben.

Nancy stammt aus Nigeria, ebenfalls ein westafrikanisches Land, das neben ethnisch-religiösen Spannungen und politischen Unruhen auch unter der skrupellosen Ausbeutung der

---

111 Häfen: österreichischer Dialektausdruck für Gefängnis

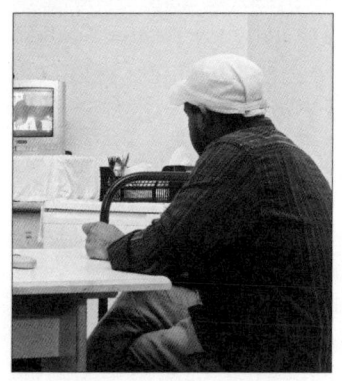

Mike, Johnny, Jack, Nancy, Justizanstalt Josefstadt
Fotos: Manfred Burger

Ölmultis zu leiden hat. Sie versprach sich ein besseres Leben für ihren Mann und ihre beiden kleinen Kinder, als sie sich als *bird*, als Drogenkurier, als *Bodypacker*, als Schmugglerin, von einer Organisation – welcher auch immer, darüber hüllt sie sich in Schweigen –, anheuern ließ. In Palma di Mallorca, Spanien, bestieg sie ein Flugzeug mit 49 Kokainballons im Körper. Nach der Landung in Wien-Schwechat wurde sie auch prompt von den Fahndern gefasst. Wie hoch ihr Lohn für diesen Schmuggelflug gewesen wäre, sagt sie nicht. Ebenso wie sie sich über die Hintermänner, die sie höchstwahrscheinlich gar nicht kennt, beharrlich in Schweigen hüllt. Seit fünf Jahren hat sie ihre Familie nicht mehr gesehen, und sie hat keine Ahnung, wie hoch ihre Strafe ausfallen wird.

Diese vier Menschen wurden mir weder vom Justizministerium noch von der Anstaltsleitung vorgesetzt. Ich hatte freie Wahl, und es oblag sowohl meiner Entscheidung, mit wem ich sprechen wollte als auch der Entscheidung jedes einzelnen Inhaftierten, ob er sich mit mir unterhalten wollte. Ich bekam also keine Parade-, Muster- oder präparierte Häftlinge vorgesetzt, sondern durfte mich frei bewegen.

Auch soll nicht unerwähnt bleiben, dass die Anstaltsleitung darauf pochte, dass ich jenen, die sich für Interviews zur Verfügung stellten, etwas gebe sollte, weil »das ganz arme Hunde sind und sowieso nichts haben«.

Vier menschliche Tragödien, vier Schicksale von unterschiedlichen Menschen, die wahr sein können oder auch ins Reich der Legendenbildung gehören. Für die Polizei und das Gericht zählen Fakten – und diese sind nun einmal vorhanden.

Dealer sind gerissen und die schwarzen haben von ihren weißen Kollegen sehr rasch gelernt. Sofern die schwarzafrikanischen Dealer jemals Papiere besessen haben, werden diese sofort bei Antritt ihrer Flucht aus der Heimat vernichtet, vielfach auch auf Anraten oder Befehl der Schlepper. Oft werden falsche Geburtsdaten angegeben. Die Leute machen sich jünger, um damit Strafminderung zu erreichen. Auch sind sie mit der Rechtslage vertraut, kennen ihre Rechte.

Anfragen seitens der Polizei in den Heimatländern sind weder die Zeit noch das Papier, worauf sie geschrieben werden, wert. Man ignoriert diese Anfragen, und sollte es dennoch einmal geschehen, dass eine Reaktion erfolgt, kann es Wochen und Monate dauern. Daher werden bei Festnahmen von den Dealern auch die abenteuerlichsten Namen genannt – »White Church«, »Friday«, was immer ihnen gerade einfällt oder was sie im Moment der Festnahme in ihrer unmittelbaren Umgebung gerade lesen, erzählt mir Chefinspektor Wolfgang Hottowy vom Kriminalkommissariat West. Dabei kann schon mal ein Produktname auftauchen, für den auf der gegenüberliegenden Plakatwand Werbung gemacht wird.

Im September 2006 erfolgte die Präsentation der Studie »Afrikanische Häftlinge in der Justizanstalt Wien-Josefstadt: Kriminelle und/oder Opfer?« von Dr. Michael Platzer, Dr. Judith Stummer-Kolonovits und Dr. Christian Kuhn in Kooperation mit dem Institut für Strafrecht und Kriminologie der Universität Wien und dem Bundesministerium für Justiz. Die Conclusio dieser Untersuchung lautet aus der Sicht des Ministeriums:

»Diese Leute sind im Wesentlichen Opfer und werden aus der Opferrolle heraus zu Tätern. Sie sind nach der in ihrer Heimat erlebten Gewalt viktimisiert und traumatisiert. Eine Gefahr gegen Leib und Leben geht von ihnen eher nicht aus«, sagt Michael Neider, Sektionschef für Strafvollzug im Justizministerium.[112]

»Es sind keine Mörder, Vergewaltiger, Räuber, Gewalttäter. Das Bild des ›Schwarzen Mannes‹, vor dem man sich fürchten muss, ist nicht gegeben«, ist die Auffassung des Kriminologen Christian Grafl.[113]

Beides hat seine Richtigkeit und Gültigkeit. Trotzdem darf nicht verhehlt werden, dass es immer wieder zu Angriffen gegenüber Exekutivbeamten durch Schwarzafrikaner kommt. Mag sein, dass sich die Lage aus dem Blickwinkel hinter dem Schreibtisch des Ministerialbeamten und aus dem Elfenbeinturm des Wissenschafters rosiger darstellt. Polizisten, Kriminalbeamte und Suchtgiftfahnder werden diesen beiden zitierten Aussagen wohl nicht unwidersprochen zustimmen können.

Zum Zeitpunkt der Studie, im Juni/Juli 2006, saßen im Wiener Landesgerichtlichen Gefangenenhaus 90 Prozent der

---

112 www.vienna.at (URL: engine.aspx/page/vienna-article-detail-print-page/cn/news-20060928-09184308/dc/om:vienna-wien-aktuell-8-bezirk)
113 ebenda

inhaftierten Afrikaner ein. In der Justizanstalt Wien-Josefstadt waren im August 2006 1200 InsassInnen in Haft. Davon waren 475 ausländischer Herkunft und keine Afrikaner, 175 Personen kamen vom Schwarzen Kontinent. Der Ausländeranteil in der JA Josefstadt betrug zum damaligen Zeitpunkt durchschnittlich 55 Prozent, in einigen Abteilungen erhöhte er sich auf bis zu 78 Prozent.[114] Alle, so die Studie, waren als *Streetrunner* tätig. Im Schnitt bekamen sie fünf Euro pro verkaufter Heroin- oder Kokainkugel.[115]

»Das ist für sie eine der wenigen realistischen Möglichkeiten, ihren Lebensunterhalt zu verdienen«, sagt dazu der Kriminologe Christian Grafl.

Damit wirft sich aber die Frage auf, wie sich viele Dealer, trotz dieses geringen Verdienstes teure Markenkleidung, Schmuck, ein Handy der neuesten Generation leisten können? Man muss nur mit offenen Augen durch die Straßen schlendern bzw. die Szenetreffpunkte beobachten, und ich habe auch die Personen bei der bereits erwähnten Razzia im Lokal »Obiz« gesehen: Kein Einziger machte einen verarmten Eindruck.

Ich habe auch Beatrice Achaleke vom Verein Schwarze Frauen Community (SFC) mit dieser Frage konfrontiert, und sie meinte dazu, dass Afrikaner gerne schön sein möchten und dass sie sehr lange auf ein zum Beispiel bestimmtes Kleidungsstück sparen, das dann auch sehr lange halten soll.

Für die oben genannte Studie erklärten sich 100 Personen zu persönlichen und anonymen Interviews bereit. Die Personen stammten aus 22 afrikanischen Herkunftsländern südlich der Sahara, von Angola bis Zimbabwe, größtenteils jedoch aus Nigeria. Das Durchschnittsalter der vorwiegend männlichen Häftlinge (sechs Prozent Frauenanteil) lag bei knapp 26 Jahren. 77 Prozent der Befragten waren Christen und 21 Prozent Muslime.[116] Eine überwiegende Mehrheit vertrat den Standpunkt,

---

114 vgl. www.univie.ac/kriminologie
115 vgl. ebenda
116 vgl. ebenda

»die heimischen Behörden als fair zu erleben bzw. erlebt zu haben. 59 % fühlen sich in Österreich ›sehr sicher‹. 23 % bewerten die Polizei und deren Arbeit als ›eher schlecht‹ ..., 27 % als ›gut‹ oder ›sehr gut‹..., 35 % erschien sie ›mittelmäßig‹. Über 80 % halten die Polizeibehörden für effizient.«[117]

Die Gefahr, Opfer physischer Gewalt zu werden oder gewalttätigen Übergriffen ausgesetzt zu sein, ist in ihren Heimatländern weitaus höher als in Österreich, lautet ein weiteres Ergebnis dieser Studie.

»Die Frage nach einer Viktimisierung durch die österreichische Polizei beantworteten 72% der afrikanischen Häftlinge mit ›Nein‹, während sie jeder Fünfte bejahte. In Bezug auf die Justizwache antworteten nur acht Prozent mit ›Ja‹, während 81% die Frage verneinten.

... 56 % der Insassen [hatten] in Afrika Gewalt am eigenen Leib verspürt, was viele überhaupt erst dazu bewog, nach Europa zu fliehen und hier um Asyl anzusuchen. Wie Michael Platzer, einer der Studienautoren, darlegte, befinden sich im Landesgerichtlichen Gefangenenhaus mehrere ehemalige Kindersoldaten, ein junger Mann, der in Mauretanien jahrelang als Sklave gehalten wurde, und ein Mann aus Sierra Leone, dessen Hütte in Brand gesteckt wurde, wobei seine gesamte Familie umkam.

›Nur er hat halbverbrannt überlebt‹, berichtete Platzer.

Auch gezielter Folter wären einige der Häftlinge in ihren Heimatländern ausgesetzt gewesen.«[118]

Die wichtigsten Ergebnisse dieser bislang einzigartigen Studie bzw. die Forderungen für eine Verbesserung der Lebensbedingungen dieser Personengruppe sind:

- *Afrikanische Häftlinge treten kaum als Diebe, Räuber, Vergewaltiger, Mörder oder Gewalttäter in Erscheinung.*

---

[117] ebenda
[118] ebenda

- *90 Prozent der Inhaftierungen erfolgen wegen Straßenverkaufs von Drogen.*
- *Drogenverkauf (ca. fünf Euro pro Kugel) scheint manchen AfrikanerInnen eine der wenigen realistischen Möglichkeiten, für Nahrung, Unterkunft und lebensnotwendige Dinge aufzukommen. (Asylwerbende müssen mit 40 Euro Bargeld pro Monat auskommen).*
- *Die afrikanischen InsassInnen berichten über sehr unterschiedliche, meist schreckliche Gewalterfahrungen in ihren Heimatländern. Sie weisen weitaus höhere Viktimierungsraten als durchschnittliche österreichische oder EU-BürgerInnen auf.*
- *Afrikanische Häftlinge in der JA Josefstadt sind ebenso »Sicherheits- wie Wirtschaftsflüchtlinge«.*
- *Nach Einschätzung der afrikanischen Häftlinge ist Wien ein sehr sicherer Ort und die Polizei verrichtet im Großen und Ganzen gute Arbeit bei der Kriminalitätsbekämpfung.*
- *Manche PolizeibeamtInnen werden als »rassistisch« bezeichnet, und zwar jene, die AfrikanerInnen selektiv überprüfen oder exzessive Gewalt bei der Inhaftierung anwenden.*
- *Vereinzelte Vorwürfe der interviewten AfrikanerInnen an die Polizei: Diese tritt als »agent provocateur« auf, vertraut Zeugenaussagen von Junkies, inhaftiert AfrikanerInnen, macht aber keine Anzeige gegen weiße KäuferInnen.*
- *Viele afrikanische Häftlinge werden von PflichtverteidigerInnen vertreten, die sie oft nur kurz vor der Verhandlung zu Gesicht bekommen, das Engagement der anwaltlichen Verteidigung ist sehr unterschiedlich.*
- *Gerichtliche Strafen für ähnliche Mengen im Drogenhandel variieren stark.*
- *Das Justizwachepersonal wird von 90 Prozent als fair angesehen.*
- *Die JustizwachebeamtInnen sehen afrikanische Häftlinge weniger problematisch und deutlich kooperativer als andere*

InsassInnen. *(Es gab lediglich vier Disziplinarmaßnahmen gegen AfrikanerInnen in sechs Monaten.)*
- *Die afrikanischen Häftlinge bedauern, dass es wenige Integrationsprogramme in Haft gibt.*
- *In der Ahndung von Kriminalität würden die Interviewten mehr Augenmerk auf gemeinnützige Arbeit statt auf Haft richten.*
- *Die Aufhebung des Arbeitsverbotes (für Asylsuchende) sehen afrikanische Häftlinge als weitaus effizientestes Mittel zur Kriminalitätsbekämpfung!*
- *Es bedarf einer Arbeitsgruppe zur Entwicklung von Pilot-Projekten für Kooperationen zwischen Behörden und NGOs [Non Government Organizations – nichtstaatliche Organisationen, Anm. d. A.] sowie Maßnahmen zur Prävention und Haftentlassenen-Hilfe.*[119]

Angesichts dieser Studie erkennt das Justizministerium Handlungsbedarf und zeigt Gesprächsbereitschaft.

»Wir sehen einen Bedarf, der uns in dieser Form bisher nicht bekannt gewesen ist. Wir wollen mehr Hilfe anbieten, dafür muss Geld vorhanden sein. Und man sollte dieser Personengruppe die Möglichkeit geben, auf anderem Weg als durch Kleinkriminalität den Lebensunterhalt zu verdienen«, ist Michael Neider, Sektionschef für Strafvollzug im Ministerium, der Meinung.[120]

---

119 ebenda
120 www.vienna.at (URL:/engine.aspx....)

»Ich will nicht wissen, was hinter unseren Rücken abläuft ...«

Drogen werden im Auto, mit der Eisenbahn, per Schiff transportiert. Der schnellste Weg erfolgt per Flugzeug. 16 Millionen Menschen frequentieren jährlich den Flughafen Wien-Schwechat. Passagiere, die ankommen und abreisen. Interessant für die Suchtgiftfahnder sind die Einreisenden. Im Gepäck, in den Körpern, überall können Drogen versteckt sein.

Oberstleutnant Werner Schweigerhofer (Chef der Suchtgiftfahndung Flughafen Wien-Schwechat), Chefinspektor Wolfgang Klein (Suchtgiftfahnder)
Foto: Manfred Burger

Werner Schweighofer und Wolfgang Klein von der Stadtpolizei Kommando Schwechat (SPK), Fachbereich 3/Referat zur Bekämpfung der Suchtmitteldelikte, kennen den Flughafen wie kaum jemand anderer. 14 Mann stark ist die Truppe, die den *Bodypackern* und Schmugglern aus aller Herren Länder täglich den Kampf ansagt.

»Heuer wird wahrscheinlich die 100-Kilo-Marke überschritten werden«, sagt Schweighofer, »2005 waren wir knapp darunter.«

Dazu einige Zahlen:

2005

Ingesamt: 93.834 Gramm
- Kokain 66.171 Gramm
- Heroin 2.642 Gramm
- Cannabiskraut 374 Gramm
- Cannabisharz 20.515 Gramm
- Ecstasy 3.501 Stück
- MDMA 60 Gramm
- Psychotrope Substanzen 55 Stück (Methadon)
- Rohopium 16 Gramm
- Cokablätter 500 Gramm

Anzahl der bearbeiteten Akte 1718
- Anzeigen wegen § 28 SMG 38
- Anzeigen wegen § 27 SMG 26
- Gesamtanzeigen 64
- Festnahmen, 49
- davon Einlieferungen 45
- Hausdurchsuchungen 29
- Röntgenkontrollen, 104
- davon positiv (*Bodypacker*): 14
- Telefonüberwachungen 7
- Geldwäschemeldungen 2
- Kontrollierte Lieferungen und Weitergabe von Amtshandlungen*) 2 (an die Landeskriminalabteilung Niederösterreich [LKA NÖ])

*) Das bedeutet, der Schmuggler bleibt vorerst unkontrolliert, wird aber observiert, um an die Hintermänner heranzukommen.

2004

Insgesamt: 109.604 Gramm
- Kokain 35.563 Gramm
- Heroin 6.823 Gramm
- Cannabiskraut 36.952 Gramm
- Cannabisharz 10.219 Gramm
- Ecstasy, MDMA 20.000 Stück
- Psylocibine (Magic Mushrooms 40 Gramm
- Rohopium 8 Gramm
- Amphetamine 26 Gramm

2003

Insgesamt: 42.094 Gramm
- Kokain 16.242 Gramm
- Heroin 12.366 Gramm
- Cannabiskraut 8.357 Gramm
- Cannabisharz 123 Gramm
- Ecstasy 5.000 Stück
- Psychotrope Substanzen 6 Gramm

2002

Insgesamt: 219.525 Gramm
- Kokain 61.331 Gramm
- Heroin 4.327 Gramm
- Cannabiskraut 13.058 Gramm
- Cannabisharz 10.450 Gramm
- Ecstasy 130.034 Stück
- Psylocibine 4 Gramm
- Amphetamine 320 Gramm
- Ephedrin 34 Stück
- LSD 1 Stück

2001

Insgesamt: 124.106 Gramm
- Kokain 73.591 Gramm

Heroin 16.454 Gramm
Cannabiskraut 439 Gramm
Cannabisharz 12.677 Gramm
Ecstasy 50.039 Stück
Psylocibine 126 Gramm
Cathinon 2.800 Gramm
Ephedrin 2.020 Stück
LSD 1 Stück

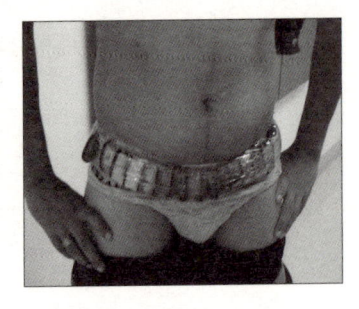

LINS OBEN: Ecstasy; Flughafen Wien-Schwechat

OBEN: Bodypacker; Festnahme am Flughafen Wien-Schwechat

LINKS: »Boyke«, erfolgreiche Fahnderin auf vier Pfoten am Flughafen Wien-Schwechat nach einem Aufgriff von zehn Kilogramm Cannabis aus Katmandu/Nepal

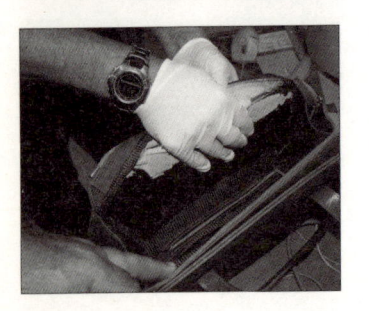

LINKS: Ein Kilogramm Heroin in den Seitenwänden einer Handtasche; geschmuggelt von osteuropäischen Frauen über Istanbul nach Wien; Übernahme sollte durch nigerianische Täter erfolgen. Aufgriff am Flughafen Wien-Schwechat

(Fotos: BPD Schwechat)

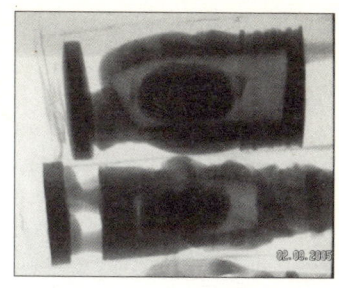

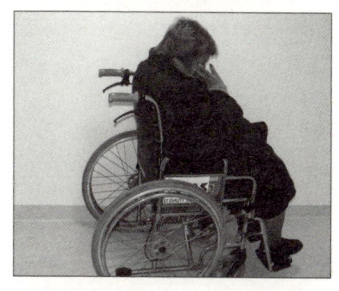

OBEN: 2. September 2005: Sicherstellung von dreißig Kilogramm Kokain aus Amsterdam am Flughafen Wien-Schwechat; versteckt in Holzfiguren aus Nigeria; Festnahmen von drei Nigerianern und einem Österreicher in Linz, Oberösterreich

LINKS: 22. März 2003: Bolivianische Staatsbürgerin als »Behinderte« getarnt; Verhaftung am Flughafen Wien-Schwechat wegen Schmuggels von 1,5 Kilogramm Kokain; versteckt in ihren Schuhen, in der Vagina, in den Seitenverstrebungen des Rollstuhl und im Reisekoffer; Die Schuhe der Bolivianerin

UNTEN: Sicherstellung von fünfzig Kilogramm Kokain, versteckt in Hydraulikzylindern, aus Bogotá/Kolumbien am Flughafen Wien-Schwechat am 13. September 2002. Die Fahnder bekamen einen »Zund« (Tipp, Hinweis).

(Fotos: BPD Schwechat)

Die Flugrouten der Schmuggler sind gleich geblieben, ebenso wie die Herkunftsländer, aus denen der Drogenimport nach Österreich versucht wird.

»Dennoch ist es komplizierter geworden«, erläutert Schweighofer, »da sie [die Schmuggler] jetzt über Schengen hereinkommen. Sie kommen zum Beispiel aus Caracas über Madrid oder Barcelona nach Wien oder von Mailand nach Wien. Jetzt gibt es, durch das Schengener Abkommen, gewisse gesetzliche Schranken. Bei einem Schengen-Flug dürfen wir uns nicht hinstellen und jeden kontrollieren. Gesetzlich nicht vorgesehen. Man muss sich da anderer Hilfsmittel bedienen, um auch diese Passagierströme kontrollieren zu können.«

Diese Hilfsmittel werden natürlich nicht verraten.

»Das wäre nicht so gut«, wirft Wolfgang Klein ein, »wir wollen schließlich keine Anleitungen dazu geben.«

Aus kriminalpolizeilicher Sicht, besonders für die Arbeit der Schwechater Suchtgiftfahnder, die gewissermaßen an einem der großen Eingangstore nach Österreich ihren Dienst versehen, sind EU und Schengener Abkommen nicht sonderlich zuträglich.

»Man benötigt einen größeren Personalaufwand«, sagt Klein.

Was des einen Freud, ist des anderen Leid. Für die Gegenseite ist es wesentlich einfacher geworden. Natürlich ist auch die Globalisierung ein Nachteil.

»Wenn jemand sich im Schengen-Raum aufhält«, pflichtet Schweighofer bei, »kann er sich Schengen-weit kontrollfrei bewegen. Für Drogenkartelle selbstverständlich ein Traum.«

Auch die Arbeitsbedingungen für die Schwechater Fahnder haben sich im Laufe der letzten Jahre verbessert. Schnappten sie vor ein paar Jahren einen *Bodypacker*, und der Verdacht erhärtete sich, dass er Drogen im Körper schmuggelte, musste er in Anwesenheit eines Beamten seine Notdurft in einer speziellen Toilette verrichten. Anschließend hatte der Fahnder die unangenehme Aufgabe, die Ware mit Spezialhandschuhen aus den Exkrementen herauszufischen. Dafür gab es dann am

Monatsende eine geringfügige Schmutzzulage auf dem Gehaltszettel.

Heute wird der verdächtige *Bodypacker* vor Ort geröntgt oder mit Ultraschall untersucht. Ist der Verdacht begründet, wird er mit der Rettung – falls eines der Drogenpäckchen in seinem Körper aufplatzen sollte – sofort in die Justizanstalt gebracht, wo er die Ausscheidung absolvieren muss. Inzwischen sind die Drogen so ausgezeichnet verpackt, dass es keine Zwischenfälle durch Aufplatzen mehr gibt.

»Noch immer werden Kondome dafür verwendet«, erklärt Klein, »manchmal bis zu drei Stück. Darüber kommen eine Wachsschicht und zusätzlich noch eine Art von Klarsichtfolie. Ein dreilagiger Schutzmantel. In Südamerika wird das längst in illegalen Fabriken hergestellt.«

Auftraggeber und Schmuggler lassen sich immer erfindungsreichere Varianten einfallen, um Drogen ins Land zu bringen. Manches ist auch für die Fahnder neu.

»Zum Beispiel in Hydraulikstempeln. Riesendinger. Einer davon ist ungefähr 70 Kilogramm schwer. Die wurden mit einem Frachtflug hereingebracht. In Wahrheit ein Superversteck«, muss Klein neidlos anerkennen.

Klassische Verstecke werden immer wieder gefunden: doppelte Böden in Koffern oder ausgehöhlte Statuen.

»Es gibt nichts, was es hier nicht gibt«, sagt Schweighofer, »ein paar Mal auch in den Deckeln von Fotoalben. Auch dafür gibt es illegale Fabriken. Auffällig ist, wenn jemand mit zehn Alben im Gepäck einreist. Was macht er damit? Oder Honig wird mit LSD versetzt.«

»Drogen werden derzeit in kleineren Mengen geschmuggelt«, ergänzt Klein, »meist im Bereich von einem halben bis dreiviertel Kilogramm. Dafür gibt es mehr Täter und hauptsächlich *Bodypacker*. Oder mit einer guten Legende [gefälschte Frachtpapiere] in großen Mengen zwischen 20 und 30 Kilogramm über die Fracht.«

Österreich ist in Sachen Drogen, besonders bei großen Mengen, nach wie vor ein Transitland. Beispielsweise waren jene Drogen in den erwähnten Hydraulikstempeln für Ungarn bestimmt. England zählt neuerdings zu den Abnehmerländern für Kokain.

»Kokain nimmt zu, Heroin nicht«, sagt Schweighofer.

»Wir können auch feststellen, dass die Schwarzafrikaner den Schmuggel von Spanien aus steuern. Madrid, Barcelona, Mallorca«, erzählt Klein, »die internationalen Routen haben sich verschoben. Es werden nicht mehr so viel Drogen per Schiff direkt nach Spanien transportiert, sondern nach Westafrika und von dort über andere Wege nach Europa.«

Immer öfter gelingt die Ausforschung der Hintermänner. Natürlich ist es manchmal auch frustrierend, weil die Fahnder genau wissen, dass, während sie jemanden kontrollieren, es durchaus möglich ist, dass weitere Schmuggler freundlich lächelnd durchrutschen.

»Das Problem ist«, bringt es Schweighofer auf den Punkt, »dass wir immer nur einen gewissen Prozentsatz abfischen können. Ich will nicht wissen, was hinter unseren Rücken abläuft. Wüsste ich das, dann hätte ich Frust.«

»Schnurz«, der Insider

Christian »Schnurz« Frasl hat mit seinem früheren Leben abgeschlossen. Er war, um in der Wiener Gaunersprache zu bleiben, ein *Strizzi*, *Stoßspieler* und *Pülcher*, also ein Ganove. Jemand, dem man besser ausweicht und dreimal überlegt, ob man sich mit ihm anlegen soll. Er hat einiges auf dem Kerbholz. Im Wiener Rotlichtmilieu auf dem Gürtel war er eine gefürchtete und bekannte Größe, war an verschiedenen Bordellen beteiligt und ließ die Puppen tanzen.

Das ist Vergangenheit. Heute ist er *solid* (rechtschaffen).

Christian Frasl, ehemalige Unterweltgröße und Ex-Dealer
Foto: Manfred Burger

Aufgewachsen im Milieu – sein Vater war eine bekannte Wiener Unterweltgröße, ein echter *Galerist* –, lernte er früh, sich durchzusetzen und im wahrsten Sinne des Wortes auch durchzuboxen. Natürlich wich er den Drogen nicht aus. Selbstverständlich konsumierte er das *Gift* und war, wie er selbst sagt, *schwer drauf*. Er war Dealer im größeren Stil, verkaufte kiloweise ins Ausland und kehrte, im Gegenzug, mit Plastiksprengstoff zurück, für den es auch Abnehmer gab.

Nachdem er beschlossen hatte, auszusteigen, wurde er, wie er erzählt, die erste österreichische Gürtelgröße, die von dem neuen Programm »Therapie statt Strafe« profitieren durfte: Machst du einen Entzug und lässt du dich therapieren, ersparst du dir den *Häfen*. Natürlich nahm Frasl das Angebot an. Da er seit jeher ein cleverer Mann war, wickelte er seine illegalen Geschäfte stets entweder über Telefonzellen oder in Vier-Augen-Gesprächen ab. Daher blieb ihm eine längere Haft erspart. Sein längster Aufenthalt hinter schwedischen Gardinen betrug sechs Wochen Untersuchungshaft.

Ein Blick zurück, in seinen Worten nacherzählt:

»Es gab de facto keinen Straßenhandel, bevor die Schwarzafrikaner aufgekreuzt sind. A bisserl Hasch auf der Straße ... oder im Burggarten ... oder im Stadtpark. Die Pulversszene [Tablettensüchtige] war unten im Karlsplatz versteckt und beim Flohmarkt am Naschmarkt. Das war nur eine kleine, nicht professionell organisierte Szene. Die Schwarzafrikaner haben das professionell organisiert und haben den Wiener Straßenhandel komplett in der Hand. Es kann sich kein Österreicher irgendwo in Wien hinpflanzen [hinstellen] und Drogen verkaufen, da wird er von den Negern niederg'haut. Er muss entweder für die Neger arbeiten, oder er arbeitet gar nicht auf der Straße. Einzige Ausnahme ist noch der Stadtpark. Das ist ihnen [den Schwarzafrikanern] zu klein. Zu wenig Geld. Deswegen wollen sie dort keinen Aufstand, kein Theater machen. Vor allem haben sich auch schon die Ausländerbanden der zweiten, dritten Generation – Türken, Jugos – das [den Stadtpark] gesichert.

Also, der Straßenhandel ist fest in den Händen der Schwarzafrikaner, wobei sich das wieder aufteilt in East-Harlem, das ist alles rund um den Max-Winter-Platz, Hauptallee, Praterstern und Donauinsel. Der zweite Teil ist West-Harlem. Rund um den Westbahnhof und vor allem entlang der [U-Bahn-Linie] U6 und die Querstraßen. Von den Bezirken 12 bis 18. In den 19. [Bezirk] kommen sie [die Dealer] ja schon nicht mehr hin, weil da schaut ja schon die Polizei genauer, weil bei den Millionares [Millionären] darf ja keiner stehen und Drogen verkaufen. (Döbling gilt als ein Wiener Nobelbezirk mit dementsprechend betuchten Bewohnern, Anm. d. A.) Bei den Hacklern [Arbeitern] ist es ja wurscht, ob einer dort steht und vercheckt oder nicht ...

Die Bimbomaten haben ja alles im Angebot. Du haust 20 Euro hinein und er [der schwarzafrikanische Dealer] spuckt schon die Kugeln aus. Drum heißen die in der Szene ...«

Warum sich die Schwarzafrikaner nicht nur in der österreichischen, sondern in den gesamten europäischen Drogenszenen so rasant etablieren konnten, versucht Frasl mit einer eigenen Theorie zu erklären.

»Wie jeder Straßenhandel ist es nach dem römischen Legionärsprinzip [organisiert]. Soldat – Capo – General – Cäsar. Meiner Meinung nach war der Cäsar immer der Bernardo Provenzano ... [Jener sizilianische Mafiaboss, der erst vor wenigen Monaten, nach mehr als 40 Jahren im Untergrund, von den italienischen Behörden in Sizilien gefasst werden konnte. Provenzano war der capo di capi, der Boss aller Bosse. Anm. d. A.]

... Dieses Straßen[verkaufshandels]system, mit dem die Schwarzafrikaner Europa überziehen, haben doch die Italiener in den 70ern, Ende der 70er mit der Pizza-Connection in den USA aufgebaut, die dann Meier gangen ist [verhaftet wurden] und so viele Italiener im Knast wegen Drogenhandels gelandet sind ... [»Pizza-Connection« deshalb, weil die italienische Mafia in den USA Pizzerias als Drogenumschlagplätze und als »Waschmaschinen« für Drogengelder benutzte. In den 70ern wurden in geheimen Labors auf Westsizilien mithilfe von Chemikern aus Marseille Unmengen an Heroin produziert,

das danach in die USA geschmuggelt wurde[121], Anm. d. A.]
... Erstens wurde das Ansehen der Mafia geschädigt, zweitens fehlten die Leute, das Humankapital. Also gingen sie [die Mafia] dazu über, die Schwarzen in den [amerikanischen] Ghettos zu beliefern und die sollten verkaufen. Das Gleiche funktioniert heute über die Häfen in Italien – Brindisi, Lampedusa und wie sie alle heißen. Dort kommen die schwarzen Flüchtlinge an. Es gibt zu wenige Schlafplätze für diese Massen. Jetzt schlafen die im Freien, in der Umgebung. [Für die Mafia] ein Rekrutierungsparadies. Selbst wenn in Österreich bei der Operation Spring 120 Schwarzafrikaner verhaftet werden, sind am nächsten Tag 300 Neue hier. In den Flüchtlingslagern sitzen genug Leute, die herein wollen. Der Staat [Italien] lässt sie nicht weg. Wie können die Leute trotzdem weg? Mit Hilfe der Mafia. Wer hat in Italien die Macht? Die Mafia. Nicht nur, dass es ein mafiöses System ist, sind es die Einzigen, die diese Möglichkeit haben, die Schwarzafrikaner in ganz Europa so zu etablieren. Das schafft kein Staat. Ganz zu schweigen vom Geld; und die Wohnungen zur Verfügung zu stellen, die Leute in sämtliche Länder hineinzuschmuggeln ... die Rechtssysteme ... die [Schwarzafrikaner] werden vollständig aufgeklärt, welche Rechte in welchem Land herrschen. Der weiß genau, wenn ihn in Österreich ein Polizist anspricht, was er zu sagen hat. Das wird ihm antrainiert. Oder wie er sich bei einer Verhaftung aufzuführen hat, dass er noch die Kugeln wegspucken kann. Das ist alles streng hierarchisch organisiert. Vom Süden Italiens wird ganz Europa überschwemmt. Die, die in Spanien oder in Gran Canaria stranden, das sind die wirklichen Wirtschaftsflüchtlinge. Die Drogenhändler kommen alle über Italien herauf.«

Frasl verlässt die Gegenwart und geht in die Vergangenheit zurück, bevor die Schwarzafrikaner im Wiener Drogenhandel das Sagen hatten.

---

121 John Dickie, Cosa Nostra. Die Geschichte der Mafia, Frankfurt/Main 2006, S. 427

»Es gab ein Kaffeehaus, das lange Zeit im Einflussbereich der Kurden war [in den 80ern]. Das Cafe ›Cen‹ in der Seidengasse [7. Bezirk], wo immer um sehr viel Geld gespielt wurde. Dort hat man Ende der 80er, Anfang der 90er, ein paar Häuser weiter in zwei Kellern, vom Sohn des Kaffeehausinhabers angemietet, an die 70 oder 80 Kilogramm reines Heroin gefunden. Das war aber nur ein kleines Zwischenlager. Die Großhändler aus ganz Europa kamen in das ›Cen‹ und holten sich dort ihre Ware ab. Das war aber nur ein Zwischenlager, was damals die Polizei ausgehoben hat. Der Hauptbunker war ganz woanders. Man muss sich das folgendermaßen vorstellen. Du hast ein Lokal, in dem du Stoff verkaufst. Jetzt brauchst du in der Nähe des Lokals einen Bunker. Wenn das Lokal gestürmt wird, darf die Ware nicht gefunden werden und auch nicht das Geld. Somit gibt es immer einen Bunker für die Ware und einen für das Geld. Mit jeweils einem Wächter. Beide Bunkerwächter kennen sich nicht. Klar, sonst könnten sie ja mauscheln. Die beiden kennt nur der Koberer [Lokalbesitzer]. Jetzt ruft der Koberer im Warenbunker an. Die Ware wird gebracht ... Heute arbeiten die Schwarzafrikaner vom System her ähnlich. Da gibt es Leute, die angesehene Geschäftsleute oder Botschaftsangehörige sind, wo die [Drogen] gebunkert werden. Leute, die keinen Fahndungsdruck haben, weil sie nicht im Visier der Fahnder sind. Die Leute horten die Ware in Monats- oder Zweimonatsmengen, geben es an die Capos weiter, was diese für den Tag oder die Woche brauchen. Die Capos geben es an die Leutnants weiter, von denen jeder zehn bis 15 Streetrunner befehligt. Das typische alte römische Prinzip. So war es auch bei den Kurden, bei den Albanern organisiert. Dieses römische System ist für das Verbrechen ideal ...

... Heroin ist deshalb im Rückgang, weil es die Osamas begrenzt haben. Nachdem der Osten nicht mehr existiert, wurde die Balkanroute auch nicht mehr durch den Kommunismus beeinträchtigt. 1987 kostete in Wien ein Gramm pures Heroin zwischen 4000 und 6000 Schilling [ca. 290 bis 440 Euro]. Ein paar Jahre später gab es das Heroin bereits zu einem Spottpreis. Auf der Balkanroute wurden die Zöllner bestochen, und die Schmuggler fuhren mit ihren LKWs hin und her, als hätten sie Würfelzucker geladen …

… Kokain, die Droge der Schönen und Reichen … ohne die Schwarzafrikaner hätten die Normalbürger ja niemals gewusst, wie sie zu einem Stäuberl Koks kommen. Nicht einmal, wenn sie in der Stadt Stammgast in einer Disco gewesen wären. Weil jeder zu paranoid war. Wenn du Österreicher bist und in dem kleinen Mikrokosmos Österreich lebst, denkst du ja über jeden, der zu dir kommt und etwas kaufen will, nach. Durchleuchtest ihn, wenn er dir nicht schmeckt, erkundigst dich, wer ist der? Was macht der? Passen dem seine Aussagen mit dem zusammen, was er vorgibt zu sein, oder ist er nur ein Schaumschläger, der mir etwas schuldig bleiben will, oder gar ein agent provocateur, der mich nun hochgehen lassen soll? Wenn du dich nur in diesem Mikrokosmos bewegst, ist es schwer, zu etwas zu kommen, wenn du nicht eine Eintrittskarte besitzt. Bei den Schwarzafrikanern ist es wurscht. Der braucht nicht nachdenken. Er weiß genau, er kann ein, maximal zwei Jahre checken. Dann wird er verhaftet. Und dann geht es wieder weiter … Die Qualität ist äußerst schlecht. Wenn du heute beim Bimbomaten eine [Kokain-] Kugel kaufst, hast du vielleicht zwei, drei Zehntel Gramm drinnen … einen Reinheitsanteil von zehn Prozent. Der Rest sind Waschmittel, Mehl, Putz, Kalk. Früher wurde noch anders gestreckt. Ein Kilo Kokain, dazu ein halber Kilo Speed, ein halbes Kilo Lydocain – dieses Zahnarztmittel – oder das Manitol – das Babyabführmittel – das war damals noch frei erhältlich. Das waren zwei Kilo und dann noch ein Kilo neutralen Strecker, meistens Milchzucker. Da war das Streckmittel noch qualitativ hochwertiger als das, was der Bimbo heute ausspuckt. Die Leute [Abhängigen] kennen nichts anderes. Die sind eigentlich auf die Streckmittel mehr drauf als auf die eigentliche Ware.«

Wenn nichts mehr läuft ...

»*Die Versuche, die Verfügbarkeit von illegalen Drogen einzuschränken, sind bis jetzt überall gescheitert. [...] Es gibt wenig oder gar keine Beweise, dass [solche Gesetze] jemals im Rahmen akzeptabler demokratischer Bedingungen funktionieren werden. [...] Die Nachfrage nach Drogen wächst weiter, lokal und national. Es ist unwahrscheinlich, dass die bisherige Verbots- und Bestrafungspolitik irgendwelchen Einfluss auf dieses Niveau hat. [...] Wenn die Prohibition nicht funktioniert, dann müssen entweder die Konsequenzen davon akzeptiert werden oder es sollte eine alternative Lösung gefunden werden. [...] Die ernst zu nehmendste Alternative wäre die Legalisierung und geordnete Abgabe von einigen oder allen Drogen. [...] Illegale Drogen sind frei verfügbar, die Preise fallen und der Konsum wächst. Man kann guten Gewissens sagen, dass Verstöße gegen Drogengesetze weit verbreitet sind.*«
    Hochrangige Polizeioffiziere der Grafschaft Cleveland in Großbritannien in einem Bericht 2002[122]

»*Die Strafe für den Gebrauch einer Droge sollte nicht schädlicher sein als die Droge selbst. Wo das der Fall ist, muss es geändert werden. Nirgendwo ist dies eindeutiger als bei Haschisch und Marihuana.*«
    Jimmy Carter, ehemaliger US-Präsident, 3. August 1977[123]

---

122 www.land-der-traeume.de
123 ebenda

»*Das Ansehen der Regierung wurde durch das Prohibitionsgesetz beschädigt. Weil nichts schädlicher ist für den Respekt vor der Regierung und dem Gesetz als die Verabschiedung eines Gesetzes, das nicht durchgesetzt werden kann.*«
Albert Einstein, »Meine ersten Eindrücke in den USA«, 1921[124]

»*Wenn Politiker entscheiden können, welche Drogen gut und welche schlecht fürs Volk (also auch für mich) sind, dann kann ich das auch, da ich mir die gleiche Entscheidungsfähigkeit und Intelligenz zuschreibe wie viele oder die meisten Politiker. Also will ich auch meine Entscheidung selber treffen.*«
Rudi Gaul, Diplompsychologe[125]

»*Alkohol ist als Droge gefährlicher als Cannabis. Alle Kulturen der Welt suchen nach Möglichkeiten, sich in Rausch zu versetzen. Ein ›Recht auf Rausch‹ postuliert keine ›Pflicht zum Rausch‹. Alle Drogen haben Nebenwirkungen, Alkohol auch tödliche. Nur durch eine sachliche und vorurteilsfreie Diskussion besteht eine Chance, Missbrauch darzustellen und wirkungsvoll zu bekämpfen.*«
Günther Jonitz, Präsident der Ärztekammer Berlin[126]

»*Unser Ziel muss eine Gesellschaft sein, die Rausch einmal genauso ächtet wie Kannibalismus.*«
Helmut Kohl, ehemaliger deutscher Bundeskanzler, 18. August 1992[127]

»*Die Prohibition überschreitet die Grenze jeder Vernunft, indem sie die Bedürfnisse des Menschen durch Gesetze zu kontrollieren versucht und Verbrechen aus Dingen macht, die keine*

---

124 ebenda
125 ebenda
126 ebenda
127 ebenda

Verbrechen sind. Ein Prohibitionsgesetz ist ein Schlag gegen die Prinzipien, die die Grundlage unseres Staates sind.«
Abraham Lincoln, ehemaliger US-Präsident,
18. Dezember 1840 [128]

»Gott sei Dank hatte ich nie Freude an Drogen [...] Wir haben hier viel Bier getrunken und zum Teil auch viel Schnaps.«
Friedrich Merz, ehemaliger Vize-Vorsitzender
der CDU-Bundestagsfraktion › im
»Berliner Tagesspiegel«, 2. Dezember 2002 [129]

»Ich rauche ab und zu einen Joint, aber ich mache nichts exzessiv. Ich denke, niemand sollte Drogen nehmen, bevor er 40 Jahre alt ist. Ich rede hier ausschließlich von einem gelegentlichen Genuss. Wenn man mit 40 noch nicht drogensüchtig ist, wird man es auch nicht mehr. Ich habe Drogen auf einer recht hohen Stufe probiert und einige Halluzinogene fand ich äußerst brauchbar.«
Sting, Rockmusiker [130]

»Wer den freien Genuss von Cannabis befürwortet, nimmt in verantwortungsloser Weise den Tod von Tausenden junger Menschen in Kauf.«

Edmund Stoiber, bayerischer Ministerpräsident, 1997 [131]

»Man sollte darüber nachdenken, Haschisch und Marihuana zu legalisieren. Weiche Drogen müssen aus der Kriminalität rausgeholt werden.«
Barbara von Wnuk-Lipinski, Mitglied
im Bundesvorstand der CDU [132]

---

128 ebenda
129 ebenda
130 ebenda
131 ebenda
132 ebenda

»*Ich hab ja auch in Thailand Opium zu mir genommen und grandiose Erfahrungen damit gemacht.*«
Roger Willemsen, Autor und TV-Moderator[133]

»*Die Abgabe von Cannabis muss begrenzt legalisiert werden. [...] Die Polizei muss sich auf die Verfolgung von harten Drogen wie Heroin oder Kokain konzentrieren.*«
Bernhard Witthaut, Vize-Vorsitzender der Gewerkschaft der (deutschen) Polizei, auf »FOCUS online«, 9. März 2002[134]

---

133 ebenda
134 ebenda

»Ich werde auf den Funken achten ...«

Den Betroffenen interessieren die Drogenmarktmechanismen nicht. Die Eltern eines abhängigen Kindes wollen nur schleunigst Hilfe. Schwer genug und oft werden Abfuhren erteilt. Was soll man von der Aussage eines bekannten Arztes und Drogenspezialisten halten, den eine verzweifelte Mutter anrief, weil sie bemerkte, dass ihre Tochter Ecstasy probiert hatte und zur Antwort bekam: »Warten Sie, bis sie auf Heroin ist ...«[135] Hatte dieser Gott in Weiß nicht den Hippokratischen Eid geleistet?

Den Drogenkranken interessiert nur, wie er auf schnellstem Wege seine Sucht stillen kann. Ob nun der Dealer schwarz, weiß, gelb, rot, grün, kariert oder gestreift ist; wer in der Organisation, für die sein *Checker* arbeitet, das Sagen hat, ist unwichtig. Die Zukunft reicht nur bis zum nächsten *Schuss*, der nächsten *line*, bis zur nächsten Tablette.

Ein Anruf kann die Welt aus den Angeln heben. Die bislang heile Welt der Paula K. (Name geändert) geriet vor 16 Jahren, 1990, durch das Klingeln des Telefons aus den Fugen. Plötzlich musste Paula K. selbst therapeutische Hilfe in Anspruch nehmen. Doch ich möchte sie selbst erzählen lassen.

»Hallo Mama, ich bin hier im Wachzimmer in Floridsdorf. Ich habe einen Unfall gehabt. Mir ist nichts passiert. Nur das Auto ist hin. Ein Mann ist verletzt. Habe keine Papiere und du musst

---

[135] Die Namen der betroffenen Mutter und des Arztes sind dem Autor bekannt

herkommen, mich identifizieren. Was ist los? Unfall? Mann verletzt? Was, um alles in der Welt, ist da los?

Ich muss mich noch gedulden, sitze in einer Besprechung. Endlich! Ich fahre wie in Trance. Freundliche Polizisten. Nirgendwo mein Sohn. Wo ist er? Er hat randaliert, ist offenbar auf Drogen. Drogen? Wir mussten ihn wegsperren.

Was ist los? Mein Kind in einer Zelle? Das kann nur ein Irrtum sein! Leider nein. Man lässt meinen Sohn wieder laufen. Wir fahren nach Hause und endlose Gespräche folgen. Ich muss wieder zur Arbeit. Es ist bereits morgen.

Das ist der Beginn. Ich bin gefordert. Jetzt die Ärmel hoch und dagegen etwas unternehmen. Ich beantrage sofort Urlaub. Nur ein paar Tage, dann habe ich das Problem gelöst. Das wäre doch gelacht! Ich bin stark. Ich muss mich bloß anstrengen. Die richtigen Fäden ziehen und dann ist es geschafft. Ich habe schon andere schwierigere Probleme gelöst. Information ist alles. Unzählige Telefonate, Termin bei Ärzten, Drogenstationen ... Wir schaffen das, und im Handumdrehen bist du wieder der alte, liebenswerte, fröhliche Junge.

Mein Gott, war ich blauäugig!

In den vielen Jahren war ich gezwungen Grenzen zu akzeptieren, musste mit der Verzweiflung, der Wut, Traurigkeit und Hilflosigkeit fertig werden. Es war eine schwere Zeit und zugleich ein Lernprozess für mich. Ich verlor die Sicherheit in meinem Leben. Zweifel, ob ich über die nötige Kraft und den eisernen Willen verfüge? Es reicht offenbar nicht. Da muss es noch etwas geben, und dieses Etwas muss ich finden. Schnell, sehr schnell.

Ich war nahe daran, mich selbst aufzugeben, und hatte tatsächlich vergessen zu essen, zu trinken. Wann besuchte ich zuletzt meine hoch betagte Mutter? Von anderen Familienmitgliedern ganz zu schweigen. Freunde sollte ich ebenfalls anrufen. Ich erledige das alles später.

Mein ganzes Leben drehte sich nur um ihn. Erster und letzter Gedanke wie ein Karussell. Es ist nicht zum Abschalten.

Nur die Zeit im Büro brachte eine Unterbrechung, wenn auch nur scheinbar. So konnte es nicht mehr weiter gehen. Ich war am Ende meiner Weisheit. Welcher Weisheit?

Jetzt waren Profis gefragt. Verschiedene Therapeuten kontaktiert, doch dieses Mal für mich. Sie konnten keine akzeptable Lösung für mein Problem finden. Damals hieß es nur, die Drogensucht meines Sohnes ist mein Problem. Ich wusste es nicht besser. Frust machte sich breit und ich hatte mich wieder auf mich selbst reduziert. Meine Sache, mir konnte niemand helfen.

Durch Zufall – ich war wieder einmal mit meinem Sohn unterwegs auf der Suche nach einer adäquaten Einrichtung für ihn – landeten wir bei P.A.S.S. [Verein P.A.S.S., Wiener Therapieeinrichtung, Anm. d. A.] Mein Sohn hatte sein Erstgespräch, und ich, wie immer, wartete.

Eine Tür öffnete sich. Ich wurde gefragt, ob man etwas für mich tun könne. Meine Antwort fiel patzig aus. Mein Sohn ist süchtig. Für ihn sollte etwas getan werden.

Das war der Beginn einer Freundschaft. Nur ich wusste es damals noch nicht. Ich erhielt zehn Einzelsitzungen. Mir war klar, ich komme aus diesem Loch von alleine nicht heraus. Viele Tränen und Wut. Was hatte ich dem [Therapeuten] getan? Warum sprang er so fürchterlich mit mir herum? Langsam gewöhnte ich mich an seine Art, mit mir umzugehen. Nach rund sieben Sitzungen wurde ich an die Selbsthilfegruppe dieses Vereins verwiesen. Wenn mein Therapeut die Abende geleitet hatte, ging es mir gut. War ein anderer hier, ging es mir schlecht. Was war los?

Ganz einfach, ich hatte meinen Problembegleiter gefunden. Später zerschlug sich diese Elterngruppe, und ich war wieder auf der Suche. Ich fand eine, habe dort wertvolle Menschen kennen gelernt und bin mit einigen bis heute in Freundschaft verbunden.

Ich besuchte Seminare, las sehr viel und langsam bekam ich mein Leben wieder zurück. Es war mir aber nicht genug.

Es musste doch einen Sinn gehabt haben, dass mein Sohn krank geworden ist. Trotzdem ich viele Helfer und Wegbegleiter hatte, glaube ich, dass mein Selbsterhaltungstrieb, meine Liebe zu den Menschen, meine fürsorgliche Art und nicht zuletzt mein Glaube mitbewirkt haben, die zu werden, die ich heute bin ...

Es klingt vielleicht provokant, wenn ich sage, die Krankheit meines Sohnes hat mein Leben positiv verändert. So erfüllt sich meiner Mutter liebster Spruch – in allem Schlechten sitzt das Gute im Schoß. Ich habe es lange nicht verstanden, aber es ist zu meinem Lebensmotto geworden ... Jeder Funke einer Erkenntnis bereichert das Leben und sei er noch so klein. Ich werde auch den Funken achten.«

Ich muss gestehen, als ich Paula K. gegenübersaß und sie mir diesen Text in die Hand drückte und dazu meinte, wenn ich ihn brauchen könne ... Ich konnte nach dem ersten Überfliegen nicht sehr viel damit anfangen. Doch ich ließ mir nichts anmerken.

Hier sitzt eine Mutter, die durch die Drogensucht ihres Sohnes in ein – durchaus verständliches und nachvollziehbares – persönliches Dilemma geraten ist, aber anscheinend diesen durch ihr Kind ausgelösten Knick in ihrem Leben als eine Chance sieht, mit den eigenen Problemen ins Reine zu kommen.

»Wie gesagt, seit 16 Jahren kämpft mein Sohn gegen seine Drogensucht. Mit vielen *cleanen* [drogenfreien] Zeiten dazwischen, zwei, zweieinhalb Jahren. Zeiten, in denen er gearbeitet hat. Wo es ausgesehen hat, dass es aufwärts geht. Jetzt ist er 38. Er arbeitet nicht mehr. Zuletzt war er in Haft. Er hat bereits einige Gefängnisaufenthalte hinter sich. Doch die letzte Inhaftierung hat ihn zerstört. Er ist so richtig knastgeschädigt, will mit niemandem mehr Kontakt haben und sucht trotzdem den Kontakt zu anderen Leuten. Er ist nicht mehr der, der er einmal war. Er war ein fröhliches, kommunikatives Kind. Zum

Beispiel war er Kellner aus Leidenschaft, und er hat das auch gut gemacht. Keinen Antrieb mehr. Er lebt von Notstandshilfe und Sozialamt, seit vielen Jahren allein in der Oberen Augartenstraße [2. Bezirk]. Das ist natürlich auch eine wunderbare Gegend. Ein besseres Wohnklosett. Die Miete bezahle ich seit vielen Jahren.«

Paula K. selbst hat zwei Kinder. Das Kind ihres drogenkranken Sohnes übernahm sie mit einem Jahr. Seither lebt der Enkelsohn bei ihr.

»Die Mutter [des Enkels] ist natürlich auch milieugeschädigt. Wo die jetzt ist, weiß ich nicht. Ich glaube, dass er [der Sohn] auf der Substitution hängen bleiben wird. Nicht unbedingt Substitol, es gibt da verschiedene Präparate. Methadon nimmt er jetzt sicher keines, aber was genau kann ich nicht sagen. So weit führen wir unsere Unterhaltungen nicht mehr. Da habe ich mich schon sehr abgegrenzt. Früher habe ich alles gewusst. Er hat mich als Mitwisserin und Mittäterin irgendwie missbraucht. Und ich habe das dann samt meiner Geradlinigkeit ausgebadet. Nicht nur für mich, sondern auch für ihn. Er versucht natürlich mit aller Gewalt davon [von der Sucht] wegzukommen. Er ist gesundheitlich ziemlich angeschlagen.«

Nach Meinung der Mutter war ein Motorradunfall ihres Sohnes, bei dem er schwer verletzt wurde und lange im Krankenhaus lag, der Auslöser. Auch seine damalige Freundin könnte ihn verleitet haben. Mit ihr zeugte er, trotz der Warnungen seiner Mutter, ein Kind. Jenen Buben, inzwischen bereits 17, der seit seinem ersten Lebensjahr bei der Großmutter lebt.

»Natürlich haben sie [der Sohn und seine Freundin] gehascht. Das habe ich schon gewusst. Ich glaube auch, dass die Verantwortung, plötzlich eine Familie zu haben, ein bisschen zu viel war. Da dachte er, er macht mit Hasch dealen in der ›Camera‹ [berühmtes Szenelokal in den 70ern, im 7. Bezirk] eine schnelle, gute Kohle.

Dann ging es Schritt für Schritt bergab. Ich glaube aber nicht, dass Hasch die Einstiegsdroge ist. Eine Zeit lang, da war das Kind bereits auf der Welt, lebten sie – ohne mein Wissen – im Auto. Ich von alledem keine Ahnung. Doch nicht in unserer Familie! Dann war dieser Autounfall, und da habe ich es erfahren. Ich sagte zu seiner Freundin, sie solle zurück zu ihrer Familie nach Gänserndorf [Niederösterreich], wo sie herkam, und zusehen, dass sie wieder auf die Beine kommt. Um meinen Sohn kümmere ich mich. Und für das Kind müssen wir uns etwas überlegen. Das Baby war damals acht Monate alt.«

Dann ein weiterer Schicksalsschlag. Ina [Name geändert], inzwischen Ex-Freundin von Paula K.s Sohn Leon [Name geändert], ruft K. verzweifelt aus dem Krankenhaus an, das Baby sei schwer verletzt und die Ärzte glaubten, sie habe ihr Kind misshandelt.

»Ein Arzt nimmt mich sofort zur Seite und putzt mich zusammen, ob das meine Tochter wäre. Ich bin die Großmutter. Mein Sohn ist mit dieser Frau seit Monaten nicht mehr zusammen. Das Baby hatte einen Schädelbruch, Hand und Fuß gebrochen, Verbrennungen. Ich hätte meinen Enkel, obwohl mir das Kind vertraut war, nicht wieder erkannt. Lebensgefahr ... Aber wir hatten Glück. Es ist ihm auch körperlich nichts geblieben, seelisch wird es sich noch zeigen.«

Woher die Verletzungen stammten, ist bis heute nicht klar. Das Kind wurde Ina, inzwischen drogenabhängig, nach der Genesung wieder übergeben. Aber Ina wollte auf Entzug, ihre Mutter wollte das Kind nicht übernehmen, also musste Paula K. herhalten. Zuerst dachte auch sie, dass es nur vorübergehend wäre, da sie in der Zwischenzeit selbst krebsoperiert war und sich schonen musste. Es kam zu einem Gerichtsbeschluss, und seit diesem Tag lebt der Enkelsohn bei Paula K.

Leon machte einen Entzug um den anderen, *ließ sich kalt herunter* – ohne ärztlichen Beistand bei der Mutter zu Hause. Sie fuhr mit ihrem Sohn von einer Therapieeinrichtung zur nächsten. Dazwischen war er wieder einmal *clean*, ging arbeiten, bevor es wieder von neuem losging. Ein Teufelskreis aus Haft, Substitution, *clean*, wieder drauf, wieder Inhaftierung.

»Von fünf Jahren insgesamt geht nichts ab. Lauter *peanuts*. Fahrraddiebstahl bringt ihm eineinhalb Jahre Häfen aufgrund seiner Vorgeschichte.«

Paula K. ist geschieden. Ihr Ex lebte in Tirol und hatte lange Zeit keinen Kontakt zu den Kindern, worunter die Tochter, Leons Schwester, sehr litt. Natürlich wurde er über den Zustand des Sohnes informiert, aber er vertrat den Standpunkt, für Drogensüchtige gäbe es sowieso keine Hilfe. Inzwischen ist er verstorben.

»Meine Familie, und wir sind eine große Familie – wir waren fünf Kinder –, hat immer zu mir gehalten. Bis auf einen Bruder. Der hat das lange Zeit nicht verstanden. In seinen Augen habe ich etwas schlecht gemacht, die Kinder zu verwöhnt oder sonst etwas. Die Familie erkundigt sich auch. Sie behandeln Leon, wenn er bei Festen dabei ist, nicht als Aussätzigen. Das kann ich nicht sagen. Von Selbstvorwürfen war ich weit entfernt. Ist nicht mehr drin, ist eben nicht mehr drin. Ich glaube auch nicht, dass das zielführend oder von Bedeutung ist. Ich habe sicher meine Fehler gemacht. Das will ich auch nicht abstreiten. In der Kindererziehung passieren Fehler, aber nicht absichtlich. Von Schuld kann ich nur sprechen, wenn ich etwas absichtlich tue.«

Auf die Drogeneinrichtungen der Stadt Wien ist Paula K. nicht gut zu sprechen.

»Angefangen hat das Ganze in der Borschkegasse. In der Borschkegasse war damals der Leiter ein gewisser Dr. Hermann ... dieser Hermann hat mich dann zu einem Gespräch gebeten. Eine Assistentin mit null medizinischer Ausbildung hat Leon in irgendein Kammerl geführt und hat gemeint: Größenwahnsinniger, der größte Dealer von Wien und ich als Mutter dabei. Ich habe zu ihr gesagt: ›Es ist besser, Sie gehen, sonst reiß' i Ihnen ane [zuschlagen].‹ Sie ist dann gegangen. Der Hermann sitzt da, die Beine überkreuzt, in einer Lederhose ... er ist ja auch Lederschneider und Modedesigner ..., platzt schon aus allen Nähten ..., frisst ununterbrochen aus seiner Schachtel Bonbons und sagt zu mir: ›Sie haben selbst ein Riesenproblem.‹ Ich antworte: ›Sie sind aber auch nicht ohne Probleme, fressen ohne Unterlass, sind schon so fett, dass die Hose platzt. Was ist mit Ihnen los?‹ ... Das war der Beginn. Leon ist dann etliche Male in die Borschkegasse gegangen. Mit mir, ohne mich.

Ich hatte dort Erlebnisse, die waren skandalös. Wir sind um acht Uhr morgens hingekommen, ist dort ein Mädchen in einer Ecke gelegen, gekauert. Um ein Uhr mittags mussten wir wiederkommen, ist die dort noch immer gekauert. Ich habe einen Brüller losgelassen. ›Wollt ihr die umbringen? Die pinkelt sich bereits an! Was ist los mit euch? Die kotzt!‹ ›Was sollen wir machen mit ihr?‹ ›Na, vielleicht helfen! Das ist doch menschenunwürdig, was ihr hier macht.‹ Ich habe dort wie am Spieß gebrüllt ... ›Beruhigen Sie sich, beruhigen Sie sich‹ ... ›Ich beruhige mich gar nicht. Entweder Sie helfen ihr oder ich rufe die Polizei‹ ... Ich war mit meinem Sohn auf der Baumgartner Höhe beim Dr. Nord. Sehr kompetent, sehr lieb, sehr einfühlsam, sehr streng. Ich war bei eigenen Therapeuten, auch für mich, weil ich bereits langsam durchdrehte, habe auch einige verschlissen. Das muss ich ehrlich zugeben, weil ich der Meinung war, du lässt dich auf mich ein oder nicht.

Ich war in den unterschiedlichsten Elternkreisen. Meine Mutter war damals schon hoch betagt, bekam auch nicht mehr alles mit ...Wer kann etwas dafür? Wer hat etwas davon, wenn ich auch noch aufgebe? Jetzt hatte ich auch noch den Kleinen [Enkelsohn], der konnte noch nicht einmal laufen ...«

Durch Leon kam Paula K. auch zur Therapieeinrichtung P.A.S.S. und zu Andreas Mauerer. Der Therapeut nahm ihre Persönlichkeit richtig auseinander.

»Mehr als einmal bin ich weinend nach Hause gegangen. Dennoch hat mir das weitergeholfen. Heute hat sich zwischen uns eine sehr gute Freundschaft entwickelt. Ich sage ihm Dinge, die ihm sonst niemand sagen darf und umgekehrt ebenso. Wenn es bei mir eng wird, rufe ich ihn an und will eine Einzelsitzung.«

Neben ihrem Bürojob in der PVA (Pensionsversicherungsanstalt) hat Paula K. inzwischen eine Ausbildung zur Lebensberaterin absolviert. Heute ist sie in Pension und widmet sich voll ihrer neuen Aufgabe.

»Ich habe mich sehr weit von meinem Sohn abgegrenzt. Auch von meiner Tochter. Ich lasse sie leben, wie sie leben wollen.«

Einrichtungen der Wiener Drogenkoordination wie den »Dialog« findet Paula K. »gut, wenn sie sich mehr mit dem Individuum befassen würden, denn jede Suchtart ist nicht gleich. Es gibt 18-Jährige, die substituiert werden, und das ist eine Frechheit. Die werden krank gemacht. Der ist nicht nur suchtkrank, sondern auch morphinabhängig, und ich weiß nicht, was noch alles. Retardierte Morphine lehne ich ab. Das ist Wahnsinn. Da werden 18-Jährige zu Morphinisten ... Die Drogenambulanz im AKH ist eine Sauerei. Dort habe ich komplette Ärmel fertig gestrickt, bis wir [sie und Leon] drangekommen sind. Inkompetente Leute ... Mit dem ›Grünen Kreis‹ [Therapieeinrichtung] bin ich nicht so sehr glücklich. Aber das ist Jahre her. Es hat sich sehr viel verändert.«

Auch an den einflussreichen Wiener Köpfen der Drogenkoordination, Alexander David und Michael Dressel, lässt Paula K. kein gutes Haar.

»Ich würde es einmal so nennen, dass sie sich sehr gut vorkommen. Dressel weiß nicht wirklich, wovon er spricht ... Haltmayer ist zum Beispiel sehr kompetent [Dr. Hans Haltmayer, ärztlicher Leiter des »Ganslwirts«, einer Wiener Therapieeinrichtung]. Dr. David [Wiener Drogenbeauftragter] hat für mich seine Kompetenz, aber er ist auch bereits irgendwie abgehoben.«

Früher trat Paula K. für die Drogenfreigabe ein. Diese Meinung hat sie inzwischen gründlich revidiert.

»So ist es nicht [mehr] für mich. Man kann sehr wohl mit Substanzen leben lernen. Vielleicht für einen Normalsterblichen nicht nachvollziehbar, aber für mich schon. Manche [Abhängige] kann man nicht drogenfrei bekommen. Das ist so.

So muss man eben mit der Droge leben lernen. Ich bin nur für eine bedingte Freigabe. Ich kann nicht einem 18-Jährigen Heroin verschreiben ... Ich würde versuchen, einem 40-Jährigen, der noch nie etwas gemacht hat [im kriminellen Sinn] und seit 20 Jahren am *Gift* hängt, seine Lebensqualität zu verbessern, ihn nicht kriminalisieren. Eine Wohnung, einen geschützten Arbeitsplatz, und der bekommt sein Heroin, weil er es ganz einfach braucht. Den kann man nicht mehr [davon abbringen]. Ich würde einen 18-Jährigen versuchen zu morphinieren und sein Leben zu verändern, aber ihn nicht mit Drogen zustopfen, die ich ihm in der Apotheke gebe.

Die Abgabe in den Apotheken ist eine eigene Geschichte. Die Kompetenz der Ärzte ... sie handeln oft verantwortungslos ... schreiben [Rezepte ausstellen] alles, was der Süchtige will ... Das kann nicht sein. Mein Sohn verträgt keine *Benzos* [Benzodiazipine]. Aber sie werden ihm verschrieben. Da muss ich doch mit dem Patienten reden, was für ihn gut ist und was nicht.

Wenn ein Arzt, wie Dr. S. im 22. Bezirk, Drogen verschreibt und selbst abhängig ist, wird es ein bisschen schwierig ... Wo ist die WHO [World Health Organization]? Die Substitution wird nicht aufhören, so lange die Medikamentenlobby dran hängt. [Schließlich geht es um] einen Haufen Geld. Substitution bringt einen Haufen Geld. Für den Arzt. Für jedes Mal konsultieren, und in vielen Fällen erledigt das gleich die Sprechstundenhilfe, bekommt er sein Geld. Der Apotheker verdient und schlussendlich die Pharmaindustrie. Es sind Steuern drauf, und der Staat schneidet ebenfalls mit. Das ist die Crux der gesamten Geschichte ... Ich bin ja schon froh, dass sie [die Abhängigen] endlich als krank [angesehen werden]. Lang genug galten sie als kriminell. Wollen nichts tun, sich nur den ganzen Tag *zu machen* [*high sein*]. Das war der Tenor in der Öffentlichkeit. Ich nehme mich da nicht aus. Vor 20 Jahren, wenn mich jemand über Drogenkranke gefragt hat, sagte ich, das sind die, die am Karlsplatz herumkauern. Stimmt nicht. Es gibt Drogenkranke, die sehr wohl einen Beruf ausüben, die immer arbeiten gegangen sind. Diese Ignoranz macht mich so grantig. Da fahren wir drüber, es sind ja nur ein paar ... Subutex wäre das Idealmittel (für die Substitution], aber dafür muss der Abhängige den Entzug geschafft haben. Aber ein Methadonentzug ist ein Höllengang. Ein Heroinentzug ist ein Klacks gegen Methadon, weil es eben ein künstliches Morphin ist, nichts Natürliches. Aber diese wahllose Substituiererei für 16-, 17-Jährige kann es nicht sein. Das macht wirklich krank.«

Nächster Interviewtermin im 21. Bezirk, in der Mitterhofergasse. Eine Wohnsilosiedlung aus den 80ern, weithin sichtbar. Hingeklotzte Betontürme, die vor einigen Jahren renoviert und saniert wurden. Die Fassaden bekamen einen bunteren Anstrich. Doch die Farbe kann die Trostlosigkeit in diesem Labyrinth nicht überdecken. Die Grünflächen werden von den Wohntürmen rundherum erdrückt. Das Areal ist weitläufig, doch der Charakter eines Ghettos lässt sich nicht verleugnen. Sozialer Wohnbau aus einer Zeit, als man dachte, das Nonplusultra gefunden zu haben: viele Menschen auf engem Raum zusammenzupferchen, und wenn es in der Horizontalen nicht möglich ist, dann eben in der Vertikalen. Was nützt die Aussicht, wenn doch nur wieder überall Betonplatten zu sehen sind.

Väter sprechen über die Drogensucht ihrer Kinder äußerst selten. Sie schämen sich, werden mit dem Problem schlechter fertig als die Mütter, sind auch nicht bereit, offensiv dagegen anzukämpfen. Väter geben in dieser Hinsicht viel früher auf, resignieren und betrachten es als einen Schicksalsschlag, der nicht zu ändern ist.

Eine rühmliche Ausnahme ist Armin H. (Name geändert). Der ehemalige Mitarbeiter der MA 48 (Magistratsabteilung 48, Müllabfuhr) ist Frühpensionist. Probleme mit dem Herz gestatten ihm, nicht mehr zu arbeiten. Wir sitzen im gemütlich eingerichteten Wohnzimmer. Armin H.s Frau hält sich im Hintergrund, hört lieber zu, lässt ihren Mann reden. Eine intakte Familie. Eine junge Frau mit einem herzigen Baby gesellt sich dazu. Eine Bekannte der Familie H. Auch sie ist indirekt durch ihren Bruder vom Drogenproblem betroffen und geschädigt. Sie hat nie etwas mit Drogen zu tun gehabt und wird auch, ihren Bruder als schlechtes Beispiel vor sich, nie damit in Berührung kommen.

Der Sohn der Familie H. war den Eltern irgendwann entglitten. In der Jugend hat er mit Alkohol begonnen, dann kam Cannabis dazu und schließlich die harten Drogen. Es folgten verschiedene, unterschiedlich lange Gefängnisaufenthalte. Eine typische Drogenkarriere. Wenn dem Sohn das Geld für die Finanzierung seiner Sucht ausging, bestahl er seine Eltern.

»Das hätten wir uns nie träumen lassen«, ist Armin H. auch heute noch erschüttert, »bis wir eben dahinter gekommen sind. Das war es schon zu spät und das meiste bereits weg ... Im Häfen war er schlau. Das hat er sich *kalt runter gelassen*. Auch beim ersten Mal. Er hatte zwar Schmerzen, doch die waren ihm egal. Das hat er auch gesagt. Da war er gescheit, weil er wusste, bei guter Führung wird er früher entlassen. Beim zweiten Mal [Haft] weiß ich es gar nicht mehr so genau, und beim dritten Mal verbüßte er die Strafe in voller Länge. Da hatte er gar keine Chance. Bevor er zum dritten Mal inhaftiert wurde, lernte er vorher ein Mädchen kennen, das ihm auch die Hölle heiß gemacht hatte. Die war auch drauf. Sie hatte ihn angezeigt, dass er sie geschlagen hätte. Das stimmte jedoch nicht und stellte sich auch während der Verhandlung heraus. Es war eine Katastrophe. Der Papa sagte immer, ›Bub, pass auf‹ ... ›Geh, Papa, was du immer glaubst ... ich weiß, ich bin blöd‹... Aber er ist dann immer gekommen. ›Papa, du hast Recht gehabt. Aber jetzt ist es wieder zu spät‹... ›Es ist deins [Leben], nicht meins. Für mich uninteressant.‹

Jetzt muss ich sagen ... ich hoffe es ... man sagt einmal süchtig, immer süchtig ... die Bombe tickt noch immer. Jetzt dürfte er es tatsächlich begriffen haben. Man kann noch nichts Konkretes sagen. Er ist erst seit drei, vier Monaten wieder in Freiheit. Er hat jetzt eine neue Freundin, die in Ordnung ist. Er ist in keiner Substitution. Er nimmt nichts. Das Einzige, er raucht [Cannabis]. Das gibt er auch zu. ›Papa, das lasse ich mir nicht verbieten. Das tue ich‹… Er will ohne ärztliche Hilfe loskommen. Er ist zwar arbeitslos, geht aber pfuschen. Warum macht er das? Jetzt hat er wieder eine Verantwortung, er wird angeblich Vater. Mein Bub muss immer unter Druck sein. Wenn er unter Druck ist, geht auch etwas weiter.«

Armin H. zündet sich eine Zigarette an. In seinen Augen hat es bei den letzten Sätzen manchmal aufgeblitzt. Gleichsam ein Strohhalm, an den er sich klammert, in der Hoffnung, das dieser nicht wieder knickt.

»Man hat ihm doch diesen Weg nie gezeigt«, hadert der Vater, »es war doch sein Weg, den er gegangen ist. Außerdem hat er von niemandem dergleichen gesehen oder gelernt. Ob es nun ein Diebstahl war oder eine andere Scheiße. Ich bin immer arbeiten gegangen, meine Frau ist immer arbeiten gegangen und unsere Kinder sind komplett daneben gelaufen [abgedriftet, Anm. d. A.]. Obwohl wir immer darauf geachtet haben, dass alles da war. Wir haben Schulden gemacht. Weiß der Teufel, dass sie ja immer alles haben! Meine Tochter ist zwar nicht drogensüchtig, aber da läuft auch alles verkehrt. Mit 17 bereits schwanger … Sie wissen doch selbst, wie das abläuft.«

Armin H. sieht auch in dem riesigen, trostlosen Wohnkomplex, in dem er zwangsläufig leben muss, mit einen Grund, warum labilere Menschen sich in Scheinwelten flüchten. In den Ohren vieler mag es ausländerfeindlich klingen, jedoch nur bei jenen, die nicht selbst in dieser Situation sind.

»Das hier gehört in die Luft gesprengt. Die Gemeinde [Wien] ist nicht mehr normal. Ich kann doch hier nicht in einen solchen Komplex nur Ausländer hineinsetzen, und die Österreicher sind in der Minderzahl. Das ist ein richtiger Bunker. Und alles in die Höhe gestapelt. Die Gegend hier hat sicher auch Schuld. Als wir hier eingezogen sind, gab es rundherum nichts. Das Jugendzentrum wurde erst viel später gebaut.«

Richtig in Rage gerät Armin H., als ich Hilfe anspreche. Hilfe für seinen Sohn, als klar war, mit ihm konnte etwas nicht stimmen.

»Wir sind zum ›Dialog‹ gefahren. Dort sind ja die Superschlauen, lauter Studierte. Wir mussten zuerst warten, dann kam so ein Mentscherl [Mädchen]. Zuerst kam es zu einem Gespräch mit dem Buben, dann sind wir gemeinsam hinein. Mein Sohn war immer schon ein Charmeur. Mit 15, 16 wusste er genau, wie er sich zu benehmen hatte.«

Dem jungen Mann gelang es, diese Mitarbeiterin um den Finger zu wickeln, und dementsprechend fiel auch die Erstdiagnose aus.

»‚Ihr Sohn ist eigentlich nicht drauf. Er nimmt Cannabis nur in seiner Freizeit. Geben Sie ihm Geld, wenn er welches braucht. Sie werden sehen, es ist absolut harmlos.‹ Diesen Trampel könnte ich heute noch erwürgen. So sind wir damals informiert worden, und der Herr Sohn ist aber schon voll drauf.«

Armin H. wünscht sich endlich eine unabhängige Organisation, wie er es nennt, wo wirklich kompetente Leute involviert sind, die nicht politisch gegängelt werden. Dann würde, seiner Meinung nach, auch etwas Positives geschehen. Abgesehen davon sind ihm die derzeitigen Gesetze und Strafen zu milde. Die junge Frau, deren Bruder drogenkrank ist, mischt sich ins Gespräch.

»In der Justiz …«, sagt die Frau, »ich arbeite selbst in der Justiz …, in der Justiz können sie nichts machen, weil die Vollzugsanstalten längst überfüllt sind. Jetzt werden nur mehr Geldstrafen verhängt, die auch nicht bezahlt werden, und dann dieses neue Diversionsgesetz, diese Abgeltung statt Strafe. Das wurde doch nur deshalb eingeführt, weil die Vollzugsanstalten übervoll sind. Jetzt müssen die [Abhängigen] einfach zum Magistrat gehen, den Harn abgeben, und wenn das in Ordnung ist, wird die Strafe zurückgewiesen. Dann sitze ich als Privatmensch mit meinem Kind in der Straßenbahn. Lauthals wird in der Straßenbahn erzählt, wer so ein Verfahren hatte. ›Schwappt's di halt mit Mülch aus ...‹(Schwemmt's du dich eben mit Milch aus, dadurch kann der Harn manipuliert werden, Anm. d. A.) ... Was bringt denn das? Das müsste ich meinem Richter erzählen. Haben Sie überhaupt eine Ahnung, was hinterrücks gesprochen wird, wenn Sie so etwas verhängen? Ausgelacht werden Sie! Keiner will hart durchgreifen. Die Politik nicht und die Justiz nicht. Wo beginnen wir? So wie es das Alkoholproblem gibt, wird es auch immer das Drogenproblem geben. Es wird nie eine drogenfreie Welt geben.«

»Locke«

Locke war in der Szene eine Berühmtheit. Jeder kannte ihn. Locke war beliebt, gern gesehen und geachtet. Wo er auftauchte, war immer etwas los. Locke hatte viele Freunde. Er glaubte, einen Weg gefunden zu haben, der nur für ihn in Frage kam und für ihn richtig war.

Locke durfte nur 16 Jahre alt werden.

Viele seiner Freunde können es bis heute nicht glauben, dass er tot ist. Sie kamen alle zu seiner Beerdigung, erwiesen ihm die letzte Ehre und rauchten, als Zeichen ihrer Art von Reverenz für ihn, nach den Trauerfeierlichkeiten gemeinsam einen *Joint*.

Michael »Locke« Pretterebner wurde am 2. August 1989 geboren und verstarb am 4. November 2005, drei Monate nach seinem 16. Geburtstag.

Michaels Mutter, Elena-Alessa, ist die Tochter des Lucona-Aufdeckers und Bestsellerautors Hans Pretterebner.

Der Polizeibericht vom 4. November 2005 vermerkt:

»Betreff: PRETTEREBNER Michael,
02. 08. 1989 Wien geb.;
Tod aus unbek. Ursache vermutl. durch Suchtmittelmissbrauch.
Intervention der polizeilichen Kommission

... Der Zugang der Stiege 4 der Wohnhausanlage in Wien 10., ... befindet sich hofseitig ... der Wohnschlafraum ist lediglich teilmöbliert, darin befinden sich ein ausgezogenes Sofa, eine Matratze und ein Tisch. Am linksseitig aufgestellten, ausgezogenen

Sofa wurde die Leiche des PRETTEREBNER Michael in Bauchlage auf dem Sofa liegend wahrgenommen. Beide Arme waren über dem Kopf abgewinkelt, die Beine waren gerade ausgestreckt ...

... Bei P. M. wurden bei der Auffindung weder in seinen Effekten noch am Körper Schmuck oder andere Wertgegenstände vorgefunden. Das Mobiltelefon, ein Rucksack sowie eine Geldbörse wurden in weiterer Folge der Mutter des Verstorbenen übergeben.

Die in der Jacke und im Rucksack des P. M. vorgefundenen, gebrauchten Spritzen sowie eine leere, zurechtgeschnittene Getränkedose wurden am Leichnam angeklebt und auf diesem Wege dem gerichtsmedizinischen Institut übersandt ...

... Die Leiche ... war am Oberkörper nackt und lediglich mit einer blauen Jeans und einer rot-karierten Unterhose (Boxershorts) bekleidet ...

... Betreffend des Zustandes der Leiche wird auf den beiliegenden amtsärztlichen Kommissionsbefund verwiesen ...

... An der Leiche konnten keinerlei Verletzungen oder Zeichen einer Gewalteinwirkung festgestellt werden ...

... P. M. verstarb in der Wohnung des B. ..., welcher jedoch die Wohnungsschlüssel an den Bruder seiner Freundin, L. R, ... weitergegeben hatte und die Wohnung auch in der Nacht vom 03. 11. 2005 zum 04. 11. 2005 vom L. als Schlafplatz benutzt wurde.

Lt. Angaben des L. besorgte sich der Verstorbene am Abend des 03. 11. 2005 gemeinsam mit L. selbst in der Drogenszene am Karlsplatz Substitol und wurde dieses in der Folge von beiden auch mittels Injektion konsumiert. Im Anschluss daran begaben sich beide in die Wohnung des B. in Wien 10., ... um dort zu übernachten ...

Am 04. 11. 2005, um 07.15 Uhr, wurde von L. R. noch versucht, den P. M. zu wecken. Zu diesem Zeitpunkt konnten lt. Angaben des L. beim Verstorbenen keine Lebenszeichen mehr festgestellt werden. Am 04. 11. 05 um 07.18 Uhr verständigte L.

R. dann mit dem mitgebrachten Handy des P. M. die Rettung, welche vor Ort nur noch den Tod des P. M. feststellen konnte.

Der Leichnam wurde am 04. 11. 2005, um 10.50 Uhr, vom Leichenabholdienst abgeholt und ins GMI [Gerichtmedizinische Institut] verbracht ...«

Michael »Locke«
Pretterebner
Privatfotos, Polizeifoto

Der Letzte, der Michael lebend sah und mit ihm auch die Todesnacht verbrachte, ist R. L. Er ist österreichischer Staatsbürger, Jahrgang 1979, ledig, (zu diesem Zeitpunkt) ohne Beruf sowie obdachlos. Lediglich eine Obdachlosenanschrift gab er damals an: Wien 6., Esterházygasse 18 – die Adresse des »Ganslwirts«.

In der so genannten Niederschrift, aufgenommen im Kriminalkommissariat Süd am 4. November 2005, gab L. folgenden Sachverhalt zu Protokoll.

»Am gestrigen Tag, dem 03. 11. 2005, lernte ich am späten Nachmittag ... gegen 17.00 Uhr, den Michael am Westbahnhof in der unteren Empfangshalle kennen. Mir war der Michael zuvor mit seinem Tramperrucksack aufgefallen, und er hat in der dortigen Halle die Passanten um Geld angebettelt. Auch ich habe zu diesem Zeitpunk ... gebettelt und wir beide wurden ... vom Sicherheitsdienst aus der Halle verwiesen. Daraufhin kamen wir ins Gespräch und er hat sich mir gegenüber als Michael vorgestellt. Auf die Frage, wie alt er denn sei, sagte Michael 21 Jahr ... ich habe den Michael zuvor nicht gekannt und er war mir zuvor nie aufgefallen.

Auch war mir aufgefallen, dass er offensichtlich bereits auf Drogen drauf war, da er unter anderem blaue Lippen hatte. Ich erzählte dem Michael, dass ich mir das Geld für den Ankauf von Substitol erbettelt habe, da ich im Substitutionsprogramm bin und bereits meine wöchentliche Ration vorkonsumiert bzw. verbraucht habe. Auch der Michael sagte mir, dass er sich mit dem erbettelten Geld eine Ware aufstellen werde.

In der Folge begaben wir uns in die Passage Karlsplatz und kauften uns dort in der Szene von einem mir unbekannten Dealer 2 (zwei) Substitol à 200 mg für 20 (zwanzig) Euro und teilten das Substitol. Ich meine damit, dass der Michael 1 (ein) Substitol à 200 mg erhielt. Der Michael sagte daraufhin, dass er sich das Substitol gleich spritzen werde und hat noch für die Zubereitung eine leere Coladose aus einem Abfallbehälter entnommen und begab sich in die nächste öffentliche Toilette. Ich habe das erworbene Substitol nicht sofort konsumiert, da ich es mir für einen späteren Zeitpunkt aufheben wollte.

Als der Michael wieder zurückkam, sagte ich ihm, dass ich in der Wohnung meines zukünftigen Schwagers im 10. Bezirk nächtigen kann und mich nun dort hinbegebe, da ich bereits leichte Entzugserscheinungen verspürte und das Substitol dort konsumieren wollte. Nachdem mir der Michael mitteilte, dass er für den heutigen Abend keine Unterkunft oder einen Schlafplatz hat, habe ich ihm angeboten, am heutigen Abend bei mir in der Wohnung zu nächtigen.

... so war es etwa gegen 19.30 Uhr, als wir in der Wohnung meines zukünftigen Schwagers ..., in Wien 10 ... ankamen. Dort habe ich noch mein Substitol aufgekocht und gespritzt und es war gegen 20.00 Uhr, als wir uns im Wohn-Schlafraum schlafen legten.

Der Michael schlief auf dem ausgezogenen Sofa und ich daneben auf einer Matratze. Zuvor nahm ich noch eine Schlaftablette, da ich unter Schlafstörungen leide.

... der Michael hat in der Wohnung vor dem Schlafengehen keine Suchtmittel konsumiert.

Da ich am heutigen Tag, dem 04. 11. 05, gegen 08.00 Uhr, die Wohnung verlassen wollte, hatte ich mir den Wecker auf 07.00 Uhr eingestellt und wurde dadurch auch geweckt. Als ich den Michael neben mir erblickte, sah ich sofort, dass mit ihm etwas nicht in Ordnung war. Der Michael lag zu diesem Zeitpunkt auf dem Bauch und aus seinem Mund und der Nase war Blut ausgedrungen ... im Gesicht und seitlich am Körper waren bläuliche Flecken ersichtlich.

Da ich kein Telefon besitze, klopfte ich sofort an die Wohnungstüre der Nachbarin und ersuchte diese, die Rettung zu verständigen, jedoch sagte die Nachbarin, dass auch sie kein Telefon hat. Ich lief wieder in die Wohnung zurück und fand dort bei der Kleidung des Michael sein Handy und verständigte damit die Rettung ...

Als die Rettung nach etwa fünf Minuten in der Wohnung eintraf, sagte eine Person vom Rettungsteam zu mir, dass diese Person bereits vor mindestens 6 (sechs) Stunden verstorben ist ...

... ich konsumiere derzeit Substitol und bin im Substitutionsprogramm auf 800 mg täglich eingestellt ...«

Im Bericht zur Untersuchung auf Ethylalkohol vom 16. November 2005 ist zu lesen: »Es ergab sich ein Mittelwert von 0,01 Promille Ethanol (0,00 bis 0,02 Promille) im Blut (Doppelbestimmung).«

Im immunochemischen Befund vom 15. November 2005 der Gerichtsmedizin wurden in Michaels Harn Benzodiazepine und Opiate festgestellt. Das Untersuchungsmaterial (49,0 g Blut, 46,2 g Urin, 65,3 g Kleinhirn, 6,6 g Medulla (Knochenmark) obl., drei Spritzen, eine offene Cola-Dose) wurde am 15. November 2005 übernommen, der Untersuchungsauftrag erst am 25. Jänner 2006 erteilt. In einem weiteren Gutachten vom 22. Februar 2006 heißt es in der Zusammenfassung: »In der untersuchten Kleinhirn-Probe konnte Morphin in einer Konzentration von 0,52 Mikrogramm pro Gramm nachgewiesen werden.«

Michael Pretterebner verstarb am 4. November 2005. Teilergebnisse lagen am 16. November 2005 und dann wieder erst am 22. Februar 2006 vor. Das endgültige Gutachten von ao. Univ.-Prof. Dr. Christian Reiter von der Gerichtsmedizin erging am 5. März 2006 an das Bezirkgericht Favoriten.

Darin heißt es in der Zusammenfassung:

»Michael Pretterebner [ist] im Rahmen einer Morphinintoxikation infolge einer Speisebreieinatmung erstickt. Im Zuge der Verabreichung von Opiaten kann es im Rahmen der Anflutungsphase zu Brechreiz und Erbrechen kommen. Im Zuge dieser Anflutungsphase ist ein Einatmen von Speisebrei eine häufige tödliche Komplikation. Das Ergebnis der Leichenöffnung würde daher am ehesten sprechen, dass der Tod des Mannes relativ kurze Zeit nach Zufuhr des Suchtmittels eingetreten ist. Die Injektionsstichstellen im Bereich der rechten Ellenbeuge deuten darauf hin, dass das Suchtmittel durch Injektion in eine Blutader der rechten Unterarmellenbeugenregion eingebracht wurde.«

Warum diese langen Zeitintervalle?

Der Tod eines drogenabhängigen Menschen ist nach BGBl. 407/97 (Bundesgesetzblatt) gebührenpflichtig, Gebühren, die zu Lasten der Hinterbliebenen gehen. Der Fall Michael Pretterebner bildet keine Ausnahme.

»*Mühewaltung des SV [Sachverständigen] im Rahmen der gerichtlichen Erhebung – Lokalaugenschein etc. (§ 35/1/1)*

	2 h	57,80 €
Aktenstudium (§ 36)	1 ×	25,00 €
Äußere Besichtigung der Leiche		
(+ 50 % wg. Infekt.) (§ 43/1/3)	1 ×	18,30 €
Gutachten (+ 50 % wg. Infekt.) (§ 43/1/2d(c))	1 ×	239,70 €
Blutabnahme/n (Alkohol, Chemie, CO,		
HIV etc.) (§ 43/1/7c)	5 ×	89,50 €
Harnabnahme/n, analog § 43/1/7c (§ 49)	2 ×	35,80 €
Organ-/Gewebeabnahme/n (Histologie,		
Chemie etc.) analog § 43/1/7c (§ 49/1)	2 ×	35,80 €
Einfache chemische oder spektroskopische		
Untersuchung (CO-Hb, Zucker, Aceton)		
(§ 43/1/5a)	3 ×	42,90 €
Einfache mikroskopische Untersuchung		
(Fettembolie) (§ 43/1/5a)	1 ×	14,30 €
Hilfskraft (Kanzleiführung etc. – anteilig)		
(§ 30/1)	1 h	25,00 €
Schriftführerin (Protokollübertragung)(§ 30/1)	2 h	50,00 €
Schreibgebühr (§ 31/3)	7 ×	15,40 €
Fotokopien (§ 31/1)	12 ×	8,76 €
Zeitversäumnis des SV (Postweg) (§ 32/1)	1 ×	19,40 €
Postgebühren, Telefon, Fax etc. –		
anteilig (§ 31/5)	1 ×	6,20 €
Barauslage/n für Zusatzuntersuchungen (§ 31)	1 ×	92,87 €
Virologie, Immunchemie	1 ×	153,40 €
Alkohol	1 ×	137,50 €
Toxikologie	1 ×	191,31 €
Zwischensumme 1		1.258,94 €

20 % USt (§ 31/6)	*251,79 €*
Zwischensumme 2	*1.510,73 €*
Zwischensumme 2 aufgerundet (§ 39/2) (a)	*1.510,80 €*
Barauslage (Kostenersatz für Nutzung von MUW-Ressourcen) (b)	*601,00 €*
Endsumme	*2.111,80 €*

Am 27. März 2006 teilte die Staatsanwaltschaft Wien (037 171 BAZ 2117/05d-4) Michaels Mutter mit, dass das Verfahren wegen fahrlässiger Tötung ihres Sohnes zurückgelegt wurde.

Wir, die Mutter, Elena-Alessa Pretterebner, der Großvater, Hans Pretterebner, und ich, sitzen im Wohnzimmer der geräumigen Altbauwohnung im 6. Bezirk. Beiden ist es ein Bedürfnis, dass endlich etwas Entscheidendes und vor allem Nutzbringendes für die Suchtkranken geschieht. Sowohl die Mutter als auch der Großvater sind entschiedene Gegner von retardierten Morphinen, zu denen auch Substitol zählt – und daran ist auch Michael verstorben.

Elena Pretterebner erinnert sich, wie ihr Sohn mit Drogen in Berührung kam.

»Die Neugierde, das Ausprobieren mit Schulkollegen, durch den Drogenaufklärungsunterricht in der Schule durch den Religionslehrer. Dann haben sie [die Schüler] selbst [Cannabis] angebaut. Eine Mutter [eines Schülers] war selbst Kifferin.«

»Das ist ja Kult für Kinder und Jugendliche im Alter von elf, zwölf, 13 Jahren«, sagt Hans Pretterebner.

»Der Religionslehrer war ein cooler Hippie. Das haben sie toll gefunden«, setzt die Mutter fort und zeigt mir einige Papiere, »dann habe ich diese Zettel hier bekommen. Wo drauf steht, was was ist, wie man es verwendet und wie man es anbaut. Und so hat er [Michael] gelernt, damit umzugehen. Oder geglaubt, damit umgehen zu können. So ist er zu seinem ersten *Joint* gekommen. In der dritten Klasse Gymnasium.«

Die Familie Pretterebner entspricht ganz und gar nicht dem Vorurteil, das in der breiten Öffentlichkeit noch immer vorherrscht: Wer drogensüchtig wird, muss aus desolaten Familienverhältnissen stammen. Der Fall Michael widerlegt dieses Klischee eindeutig.

»Es kann definitiv jeden treffen«, stimmt Elena Pretterebner bei, »ich habe vorher eigentlich auch immer ein bisschen dieses Vorurteil gehabt. Ich hätte mir nie gedacht, dass der Michael, eines meiner Kinder, irgendwie jemals mit Drogen in Kontakt kommen könnte. Deshalb habe ich mich auch nie damit auseinander gesetzt. Ich war total vor den Kopf gestoßen, als ich erfahren habe, dass der Michael Cannabis raucht.«

»Ich glaube«, formuliert der Großvater, »dass mittlerweile der Drogenkonsum noch stärker ist in den so genannten besseren Kreisen. Wenn man nur die Schulen hernimmt: Kalksburg, Theresianum extrem. [Eliteschulen, Anm. d. A.] 80, 90 Prozent *Kiffer*. Dort gehen keine Unterschichtkinder hin. Nur wird es dort verschwiegen. Da ist die Hemmschwelle noch viel größer als beim Durchschnitt.«

»Mein bester Freund«, bestätigt Elena Pretterebner, »unterrichtete im Theresianum. Sport und Werkerziehung. Er hat dort weg müssen. Er hat es nicht mehr ausgehalten, zuschauen zu müssen und sich dann von den Eltern beschimpfen zu lassen, wenn er dagegen einwirken wollte. Er hat nur ständig eine drüber bekommen deswegen. Er hat gesagt, er schafft das nicht mehr. Jetzt ist er bei den [Wiener] Sängerknaben. Dort ist er ganz gut aufgehoben, weil dort gibt es diese Probleme nicht.«

»Die Freunde vom Michael«, so Hans Pretterebner, »die zugleich mit ihm am Gymnasium [zu *kiffen*] angefangen haben, deren Eltern sind Ärzte, Psychiater – wo der Sohn auch zu Hause angebaut hat …«

»Michael war im Sportrealgymnasium«, ergänzt die Mutter, »er hat Handball gespielt im Goethe-Gymnasium in der Astgasse. Vom gesamten 13. Bezirk ist das die beste Schule. Dorthin kommen sie aus ganz Wien und werden extrem sportlich gefördert. Das glaubt man einfach nicht, dass dort angefangen wird. Erst im Nachhinein habe ich erfahren, dass die Schule als Drogenschule sehr verrufen ist.«

Für Hans Pretterebner sind die heutigen allgemeinen Zustände, die Drogen betreffend, die Auswirkungen der legendären 68er-Generation.

»Damals ist der Drogenkonsum als politische Manifestation gesehen worden. Die Großelterngeneration der heutigen Jugendlichen hatte einen teilweise sehr, soweit sie in dieses Spektrum hineinfallen, lockeren Zugang. Das sind auch die, die die Freigabe und die Liberalisierung von Cannabis fördern, die letztlich die gesamte Drogenpolitik bestimmen. Insbesondere auch von der Seite der Fachleute her. Wenn ich mir die Psychiater ansehe, die in den Ministerien das Sagen haben, die in den diversen Drogeninstitutionen sitzen, dann sind das in der Regel wahrscheinlich zu zwei Drittel Alt-68er, die zumindest mit LSD ihre Erfahrungen gemacht haben und sicherlich *Kiffer* gewesen sind. Von daher hat es eine gewisse Logik ... die daraus resultierende Verharmlosung. Und die Eltern dieser 68er-Generation sind natürlich zum Teil mitgeprägt und haben es mit übernommen.«

»Michael hat mir öfter vorgeworfen«, bringt sich Elena Pretterebner wieder ins Gespräch ein, »wie *uncool* ich bin. Bei anderen Familien, wenn er da eingeladen war, wurden ihm *Joints* angeboten. Geburtstagsfeier, irgendwo im 11. [Bezirk], wo er da war, wo er seinen ersten *Joint* überhaupt von der Mutter eines Schulkollegen bekommen hat, die selbst angebaut hat. Einmal ist er [Michael] mit einer Cannabispflanze gekommen, aber ich habe ihm gesagt, er muss sie sofort wegschmeißen. Er hat es mit Licht probiert, aber dann war sie kaputt. Die hat er von einem Freund im 13. [Bezirk] geholt und der hatte viel [davon]. Den ganzen Balkon voll.«

»Die Anbauanleitungen kann man ja überall nachlesen«, sagt Hans Pretterebner, »und man kann es ja auch überall kaufen. Auf der Mariahilfer Straße gibt es genügend Geschäfte. Und sie lernen es ja auch ganz genau im Zuge dieser

Drogenaufklärung, die ganz objektiv und informativ sein soll. Wo kommt es her? Was ist es? Ein Naturprodukt, kann also nicht schlecht sein. Dann haben sie die Poster mit der Cannabispflanze und machen sich über die dummen Eltern lustig, die oft nicht wissen, was das ist.«

»Ich war so eine dumme Mutter«, wirft Elena Pretterebner ein, »ich habe keine Ahnung gehabt. Ich habe mich gewundert, weil sie alle diese Sticker mit dieser Pflanze trugen. Ich dachte, lauter Grüne. Ich bin nicht darauf gekommen, dass irgendetwas nicht gestimmt hätte. Es hat alles gestimmt. Ich habe es immer auf Pubertätsprobleme geschoben. Er war zwischen 13 und vierzehneinhalb. Für mich waren das ganz normale Pubertätsprobleme, obwohl er schon mehr *gekifft* hat und in der Schule nachgelassen hat. Die dritte Klasse hat er noch sehr gut gemacht, obwohl er da schon *gekifft* hat. Die vierte Klasse hat er extrem in den Sand gesetzt. Soll er sie eben wiederholen. Aber ich habe keine Ahnung gehabt, dass da ein Zusammenhang mit Drogen bestand. Erst in der fünften Klasse hat er dann angefangen, auch am Abend fortzugehen.«

»Dann wollte er keinen Sport mehr machen«, erzählt der Großvater weiter, »völlige Demotivation. Das klassische Ergebnis eines relativ exzessiven Cannabiskonsums, wenn einfach dann die Wurstigkeit kommt. Großes Schlafbedürfnis, in der Früh nicht mehr aufkommen, zu spät in die Schule, am Nachmittag nicht lernen können.«

Der Mutter war nun klar, dass mit ihrem Sohn etwas nicht in Ordnung sein konnte. In der Schule wurde er öfters beim Zigarettenrauchen ertappt. Michael hatte noch drei kleinere Geschwister.

Wie kann Elena Pretterebner diese Kinder in Zukunft schützen?

»Ich weiß es nicht, und es kann mir genauso wieder passieren, wenn sich nicht etwas in den kommenden Jahren ändert. Ich würde gerne irgendetwas erreichen. Wenn sich nichts ändert, dann wird es mir wieder so ergehen. Vielleicht haben sie Glück und sterben nicht. Ich habe keinen Rat, was ich tun kann, damit es nicht passiert. Jetzt kenne ich mich aus. Jetzt habe ich mich damit auseinander gesetzt. Früher habe ich das nicht für notwendig gehalten. Was bringt es, wenn ich mich jetzt auskenne?«

»Die Gefahr ist natürlich vorhanden«, meint Hans Pretterebner, »ich sage das immer wieder. Es kann alles richtig sein, und es kann alles falsch sein. Niemand weiß, was richtig und was falsch ist. Und oft ist das Richtige in dem Fall richtig und im anderen falsch.«

»Prinzipiell mache ich mir keine Vorwürfe«, sagt die Mutter, »es gibt ein paar kleine Dinge, die ich vielleicht anders hätte machen können. Manchmal fragt man sich, war das jetzt genau in dieser Situation das richtige Wort, die richtige Bestrafung oder Belohnung? Vielleicht hätte ich auf diese Belohnung verzichten sollen? Dann wäre das vielleicht nicht passiert? Was sicher richtig war, dass es in den letzten Monaten überhaupt keinen Streit [zwischen Mutter und Sohn] mehr gab.«

»In der Hochphase hat es schon Auseinandersetzungen gegeben«, schränkt Hans Pretterebner ein.

»Ja, aber das war mehr Geheule als ein Anschreien und Streit«, widerspricht die Mutter. »Michael wollte nach Hause und ich sagte: ›Ich kann nicht, ich kann dich nicht reinlassen. Es geht nicht, da sind drei kleine Kinder. Ich kann es nicht machen. Ich kann dich hier nicht Drogen nehmen lassen. Du musst gehen. Du musst ins Krisenzentrum. Du musst zu meinen Eltern. Geh, bitte, zu den Großeltern.‹ Ich habe ihm alles organisiert. Ich habe ihm nur gesagt: ›Solange du Drogen nimmst, kann ich es nicht erlauben, dass du es neben deinen Geschwistern machst.‹ Ich habe ihn immer gesucht. Ich habe ihm Gutscheine zugesteckt von verschiedenen Geschäften und Lokalen. Ihm Gutscheine schreiben lassen von bestimmten Fast-Food-Lokalen und Restaurants, damit er zwischendurch etwas zu essen hat. Aber er hat keinen Groschen Geld bekommen.«

»Er hätte auch in der Endphase offenkundig Hilfe gebraucht, aber das hat er uns nicht mitgeteilt«, stellt Hans Pretterebner fest, »da war er zu stolz dazu. Wir haben es aber dann auch nicht mehr gesehen. Wir hätten sie [Hilfe] auch nicht bekommen. Viel weniger noch. Das Gespräch wäre in die Richtung verlaufen, ich will keine Drogen mehr nehmen, es ist alles in Ordnung. Dass er sich gelegentlich eine Tablette kauft, dass hätte ja überhaupt niemand ernst genommen. In der Zeit, wo er zugegeben hat, dass er der Reihe nach alles durchprobiert hat und sie alle [Drogeneinrichtungen] gesagt haben, kein Problem, er ist nicht gefährdet. Das ist nichts. Er braucht nichts.«

»Ich habe schon gesehen«, erinnert sich Elena Pretterebner, »dass er sehr müde war, sehr niedergeschlagen die letzten Monate eben, und er hätte unbedingt Hilfe gebraucht. Deswegen habe ich mich auch besonders bemüht, wenn er zu Hause war, so viel wie möglich zu Hause zu sein. Wir hatten sehr viel mit der [neuen] Wohnung zu tun. Er hat den Umzug mit uns gemacht, Mitte September. Ich habe ihn jeden Tag eingeteilt, um ihn abzulenken.«

Die Mutter konnte auf Unterstützung ihrer Familie, ihres Freundes- und Bekanntenkreises bauen. Wer auf der Schwarzen Liste des Schicksal steht, für den hat es oft noch eine besondere Perfidie parat. Noch einen Tag vor Michaels Tod, am 3. November 2005, sah ihn eine Freundin der Familie auf dem Karlsplatz.

»Dann ruft sie mich an um 16 Uhr. Michael ist am Karlsplatz. Ich habe ihn gerade gesehen. Sie hat gewusst, dass Michael wieder zu Hause ist und seit Wochen nichts mehr angerührt hat. Ich bin wie eine Wahnsinnige zum Karlsplatz gerast. Ich bin in die Passage und habe ihn gesucht. Aber da war er schon weg. Ich habe ihn wahrscheinlich um zwei Minuten verpasst ...Warum ist es mir als Mutter per Gesetz verboten, mein minderjähriges Kind zu retten? Das ist eine Frage an den Gesetzgeber.«

»Wir wissen alle«, sucht Hans Pretterebner nach einer Erklärung, »warum das Unterbringungsgesetz gemacht wurde, dass man ohne Zustimmung des Betroffenen niemand in die Psychiatrie einweisen darf, weil auf diese Weise gerne die Erbtanten und Erbonkel verschickt worden sind.«

»Warum darf ich als Mutter eines schwer gefährdeten, schwer selbst gefährdeten minderjährigen Kindes nicht helfen?«, ereifert sich Elena Pretterebner. »Ich finde es immer so lächerlich, wie derzeit mit den Rauchern umgegangen wird. Zeigt mir eine Statistik, wo Jugendliche durch Nikotin umgekommen sind. Es gibt keine jugendlichen Nikotintoten. Aber es gibt genug Drogentote.«

»Wer im Drogenrausch von einem Auto zusammengeführt wird«, wirft Hans Pretterebner ein, »und daran stirbt, scheint auch wieder in keiner Statistik auf und ist kein Drogentoter. Wenn jemand auf das Dach steigt und Selbstmord begehen will, kommt die Feuerwehr mit einem Sprungtuch, die Psychologen rücken aus. Sagt aber jemand, ich mache mich mit Drogen zu und ruiniere mich, dann heißt es, wenn er will ... Ich sehe schon ein, dass man bei Erwachsenen nicht zwangstherapieren darf. Aber man muss doch zwischen Jugendlichen und Erwachsenen unterscheiden. Der Jugendliche ist doch nicht in der Lage, die Konsequenzen bewusst zu begreifen. So wie es beim Michael war, sie [Drogeneinrichtungen] hätten ihn nur aufzunehmen brauchen und er wäre dankbar dort geblieben.«

Am Anfang war Cannabis für Michael noch gratis. Er bekam den *Stoff* geschenkt, da viele seiner Freunde heimlich angebaut hatten und sie halfen sich gegenseitig aus. Hatte Michael Geld, hielt er seine Freunde aus. Beim nächsten Mal war es dann ein anderer, der in die Bresche sprang.

»Im Winter 2004«, erzählt Elena Pretterebner, »als es kein Taschengeld mehr gab, begann er zu betteln. Da stellte er sich auf die Mariahilfer Straße.«

Bereits im vorangegangenen Sommer hatte Michael eine Wandlung durchgemacht. Er begann, sich sehr für Reggaemusik und die Lebensweise der Rastas, zu deren Weltbild ein freier Umgang mit Cannabis gehört, zu interessiert. Bob Marley,

Peter Tosh und andere Vertreter dieses Genres faszinierten ihn. Er fing an, Gitarre zu spielen, und ließ sich Dreadlocks wachsen. Auch politisch änderte sich Michaels Einstellung. Eine links orientierte Studentin, die er kennen gelernt hatte, animierte ihn, sich Demos anzuschließen. Michael engagierte sich gegen George W. Bush, gegen Pelzträger, setzte sich für den Tierschutz ein und einiges andere.

Dann wechselte er die Jugendszene, indem er sich Punks anschloss.

»So kam er«, schildert Elena Pretterebner, »mit den Leuten auf der Mariahilfer Straße und am Westbahnhof in Kontakt. Schwere Alkoholiker. Michael hat nie Alkohol getrunken, außer hin und wieder ein Bier. Alkohol hat er nie als Droge missbraucht.«

»Vorher war er schon im Burggarten«, ergänzt der Großvater, »wo sie offensichtlich den ganzen Nachmittag und, wenn sie Schule schwänzten, auch den Vormittag verbrachten. Gegenüber ist das Wachzimmer [Polizeiinspektion] und die [Jugendlichen] sitzen dort und konsumieren ihre Drogen. Da kommt niemand auf die Idee nachzusehen, was dort eigentlich los ist. Das hat sich langsam gesteigert. Und dann ins ›Flex‹. Irgendwann kamen zu Cannabis und Tabletten auch die Pilze [Magic Mushrooms]. Die völlig logische Geschichte: durch den exzessiven Cannabiskonsum immer *down* gewesen, antriebslos, zu nichts mehr fähig. 14, 20 Stunden geschlafen. Dann wieder halbwegs nüchtern bis zu den nächsten *Joints*. Schließlich sah er selbst ein, dagegen muss er etwas unternehmen. Was sagen die Freunde? Da gibt es etwas. Ecstasy, Speed. Da wirst du wieder aktiv und munter.«

»Wenn Michael am Vortag sehr viel Cannabis geraucht hatte«, fällt der Mutter wieder ein, »und am nächsten Tag wieder nicht, war er sehr aggressiv. Er hat mir selbst gesagt, er braucht irgendetwas – aus Angst, dass er zu aggressiv wird.«

»Nun ja, wenn du das so sagst«, nimmt Hans Pretterebner seinen toten Enkelsohn in Schutz, »muss man das im Verhältnis sehen. Er war extrem ruhig und vernünftig. Ein Argumentierer und Diskutierer. Für seine Verhältnisse fühlte er sich zu aggressiv. Durch die Pilze und anderes, was er alles durchprobiert hat, war er so aufgedreht, dass er tagelang nicht schlafen konnte, das hat er mit selbst erzählt. Dann sagten seine Freunde, jetzt musst du Heroin nehmen, damit du wieder runter kommst. Das dämpft, und so ergab eins das andere. Da war er dann mehrere Monate in diesem Kreislauf drin, wo sich die Sucht schon längst festgesetzt hatte. Heroin hat er nur ein paar Mal probiert, und im März 2005 ist er dann auf das Substitol gekommen. Besorgt hat er sich die Tablette um rund 15 Euro am Karlsplatz. [Heute liegt der Preis um die 20 Euro. Am Wochenende steigt es auf bis zu 25 Euro an, weil die Apotheken geschlossen haben. Anm. d. A.] Die hat er dann aufgelöst und sich gespritzt, weil es dann praktisch die gleiche Wirkung wie Heroin auslöst. Ich höre immer wieder, wenn auch nur ein Mensch weltweit – und er muss daran gar nicht sterben – auch nur ein Problem damit hat, dann ist dieses Medikament, egal welches, innerhalb kürzester Zeit aus dem Verkehr gezogen, wird vom Markt genommen. Warum [nicht] das Substitol, woran jedes Jahr 100, 150, 200 nachweislich sterben, denn von den gesamten Drogentoten ist ja der größere Anteil, soviel ich den Statistiken entnommen habe, ausschließlich auf dieses Substitol zurückzuführen, wenn ich da richtig informiert bin? Warum das hingenommen wird, ist mir unerklärlich. Warum es zugelassen worden ist? Da scheint es, nach meinen Erkenntnissen, gewisse Beziehungen zu geben. Zwischen der Pharmafirma, der Vertriebsfirma und bestimmten Institutionen, insbesondere im Zusammenhang mit der Gemeinde Wien. In den Bundesländern ist es [Substitol] nur sehr zögerlich eingesetzt worden. Es wird von den [Wiener] Gemeindeinstitutionen gepusht. Es fällt auch auf, dass bei diversen Kongressen, wo sich die Drogenfachleute zusammensetzen, immer ein Vertreter der Firma Mundipharma [Pharmafirma, die Substitol erzeugt und vertreibt, Anm. d. A.] anwesend ist. Dass Sponsoring stattfindet –

der Herr Haltmayer [Dr. Hans Haltmayer, ärztlicher Leiter des »Ganslwirts«], höre ich, soll indirekt von der Pharmafirma gewisse Zuwendungen bekommen. Daher ist mir natürlich klar, dass Herr Haltmayer jetzt vor einigen Monaten, als das Gesundheitsministerium vorgehabt hat, die Substitolbehandlung endlich etwas restriktiver zu gestalten, sofort vom gesundheitspolitischen Supergau gesprochen hat. Das wundert mich nicht. Die Institutionen leben alle davon, dass es Substitol gibt.«

Am 18. Juli 2006 war ich um zwölf Uhr mit Dr. Hans Haltmayer für ein Interview im »Ganslwirt« verabredet. Natürlich hatte ich schon Tage vorher den Termin mit ihm telefonisch fixiert. Am Tag des Interviews, rund eindreiviertel Stunden vorher, kam von ihm die telefonische Absage. Auf meine Frage, ob es ein Terminproblem gebe, das man regeln könnte, verneinte er. Daraufhin fragte ich ihn unverblümt, ob er von oben zurückgepfiffen worden wäre. Seine Antwort lautete: »Weder – noch...«

»Dass das Substitol so gefährlich ist und tötet«, sagt Elena Pretterebner, »das wissen eigentlich nur die Insider. Das wissen nur die Freunde von denen, die gestorben sind. Getestet wird es auf der Gerichtsmedizin nicht. Das ist dann Heroin gewesen, der *Goldene Schuss*. Das waren Opiate. In dem Monat, in dem Michael verstarb, habe ich von drei anderen, obwohl ich nicht einmal nachgefragt habe, gehört, die am Substitol gestorben sind. Nachgewiesen wurde es wahrscheinlich nie. Deren Freunde wissen das aber.«

Im immunochemischen Befund vom 15. November 2005 für Michael Pretterebner sind nur Benzodiazepine und Opiate erwähnt. Ebenso ist in Prof. Reiters Abschlussgutachten vom 5. März 2006 nur von Morphinintoxikation die Rede.

»In Graz ist ein Mädchen gestorben«, berichtet Hans Pretterebner, »die hat das erste Mal [Substitol gespritzt] ... Ihr Freund war abhängig, war im Substitutionsprogramm, hat es sich von der Apotheke geholt. Die Freundin hat aus Solidarität mitgespritzt und war tot. Nach dem ersten Mal.«

Dazu möchte ich kurz vorgreifen, was im Kapitel über Ersatzdrogen noch ausführlicher besprochen werden wird. Am 7. Jänner 2006 war auf »steiermark ORF.at« zu lesen:

»... *Die steirische Drogenszene ist um eine Facette und ein großes Problem reicher: Der Handel mit Ersatzdrogen boomt wie nie zuvor, Polizei und Justiz fordern von der Ärzteschaft strengere Kontrollen bei Drogenersatzprogrammen. Die Ersatzdrogen Substitol und Rohypnol wirken ähnlich wie Heroin, nur etwas schwächer; sie können legal mit Rezept erworben werden und sind zudem erheblich billiger als Heroin und andere Drogen. ›Für Süchtige, die an Drogenersatzprogrammen teilnehmen, hat sich der Handel mit den Ersatzdrogen zum einträglichen Geschäft entwickelt‹, sagt der Grazer Drogenrichter Helmut Wlasak. ›... Ich verstehe nicht, dass immer wieder riesengroße Mengen ad hoc verschrieben werden, mit der Auflage, dass der Süchtige das dann in kleinen Mengen konsumiert, was aber de facto nicht der Fall ist. Ich habe einen Jugendlichen gehabt, der sich damit gebrüstet hat, dass er innerhalb von zwei Stunden fünf Rezepte bekommen hat', schildert der Richter ... Obwohl die Grazer Justiz bereits seit Jahren äußerst streng in punkto Drogen vorgeht, hat sich das Suchtgiftproblem laut Wlasak eher verstärkt als vermindert. Die Suchtgiftabteilung am Grazer Straflandesgericht musste von einem auf mittlerweile vier Richter aufgestockt werden, da vor allem die Zahl der jugendlichen Süchtigen in den vergangenen Jahren geradezu explodiert ist.*«

Dr. Herbert Mayrhofer, ärztlicher Leiter der Drogenberatungsstelle HIOB in Feldkirch, Vorarlberg, schrieb am 17. Jänner 2006 an den Leiter des Elternkreises Wien-Donaustadt, Josef Rohaczek:

»... *Wir haben im Oktober 2004 mit der Substitution begonnen, und zwar mit allen verfügbaren Substitutionsmitteln, nämlich*

Methadon, Buprenorphin und retardierten Morphinen. Wir waren der Meinung, dass die streng kontrollierte Abgabe an der Beratungsstelle, inklusive Mundraumkontrolle bei Zweifel an der ordnungsgemäßen Einnahme, einen Missbrauch weitgehend unmöglich machen würde. Dem war nicht so, die Missbrauchsneigung war hartnäckig, die Methoden raffiniert (bis zum Erbrechen nach der Abgabe), sodass wir sukzessive eine Umstellung auf die beiden anderen Ersatzmittel vornehmen mussten. Eine Weiterführung hätte auch die Qualität der Betreuungsbeziehung auf Dauer zu stark belastet. Zudem haben wir umgesetzt, dass seit Jänner 2005 lt. Heilmittelverzeichnis der Krankenkassa Morphium nur mehr bei nachweislicher Unverträglichkeit auf Methadon verordnet werden darf. Es zeigte sich, dass viele Patienten mit angeblicher Methadonunverträglichkeit dieses Mittel tatsächlich problemlos vertragen.

Mittlerweile haben wir von derzeit 22 Substituierten noch drei Patienten mit Morphium substituiert, diese allerdings mit Ablaufdatum in nächster Zeit (bis zum Antritt einer stationären Behandlung) sowie ›Dual-Substitution‹ (Mo. bis Sa. Substitoleinnahme, für Sonntag Mitgabe einer äquivalenten Dosis Methadon).

Wir werden künftig auf die Verschreibung von retardierten Morphinen verzichten. Ein überzeugender Nachweis für bessere Behandlungsergebnisse unter Morphium existiert nicht, meine klinische Erfahrung spricht ebenfalls dagegen, hingegen sind die Nachteile nachweislich (Schwarzmarkthandel, intravenöser Konsum mit allen gesundheitlichen Risiken, Sucht verlängernder Effekt durch zu hohe Bindung der Patienten an dieses Mittel bzw. seine Missbrauchsmöglichkeiten …«

Nach diesem kurzen Exkurs wieder zurück zur Familie Pretterebner. Auch hier ist das Engagement von Mutter und Großvater auffällig. Warum nicht vom Vater?

»Bei meinem Mann ist es sicher nicht Scham«, sagt Elena Pretterebner. » Es ist nun einmal so, Männer reden nicht so viel.

Vielmehr innerlich. Meiner ist auch ziemlich beschäftigt, viel im Ausland. Michael hat sich auch viel mehr mir anvertraut als dem Vater. Die jungen Leute wenden sich in solchen Fragen viel eher an die Mütter.«

»Und sie [Männer] sind auch völlig ratlos«, lautet Hans Pretterebners Einwand.

»Mein Mann hat mich natürlich unterstützt«, sagt die Mutter, »hat natürlich auch andere Erziehungsmethoden als ich versucht. Ich habe es immer auf dem sanften Weg versucht, aber er hat mich immer wieder dazu angehalten, auch Strenge walten zu lassen, was sehr gut war. Wir haben uns da sehr gut ergänzt.«

»Wir haben wirklich mit Dutzenden Fachleuten gesprochen«, und die Resignation ist aus der Stimme des Großvaters herauszuhören, »und um Hilfe ersucht. Es gibt keine. Sie haben keine Antwort. Die vernünftigste und ehrlichste Antwort bekamen wir noch vom Dr. [Robert] Muhr, dem ärztlichen Leiter des ›Grünen Kreises‹, der gesagt hat: ›Sie haben nur eine Chance, bis Michael kriminell wird, dann kommt er zu einer Therapie, oder wenn er eine Überdosis erwischt und es überlebt. Dann hat er Glück und wird therapiert. Sonst haben Sie keine Chance.‹ Das war ehrlich. Alle anderen haben nur herumgeredet. Ich habe versucht nachzulesen. Was tut man? Worin besteht die Therapie? Es gibt keine. Es wird versucht, zu reden, ob eben Probleme da sind oder sonst irgendwas. Es gibt offenbar nichts. Drogensucht wird von der WHO als Krankheit eingestuft, aber es gibt keine Therapie. Die einzige Therapie wäre ein Entzug, und dann Unterstützung, damit man nicht rückfällig wird. Der Entzug kommt in der Regel erst zum Tragen, wenn fast schon alles zu spät ist.«

Hans Pretterebner will sich auf der Suche nach dem Kardinalfehler in der Drogenpolitik nicht nur auf Wien beschränken.

»In Wahrheit fängt es schon bei der UNO an, bei der Einstufung als Krankheit und nicht als ein nicht adäquates Verhalten. Damit beginnt bereits die erste Fehlüberlegung. Die Einschätzung und die gesellschaftspolitische Überlegung, dass es das Recht des Menschen ist, Drogen zu nehmen. Die Gesellschaft muss es tolerieren, dass es Menschen gibt, die mit Drogen leben wollen. Es ist völlig chancenlos, eine drogenfreie Gesellschaft zu haben. Einerseits richtig, aber in der Übertreibung natürlich eine Katastrophe. In der Folge haben dann alle so genannten Drogeninstitutionen keine andere Aufgabe als die Drogensucht zu verwalten und zu administrieren. Alle diese Institutionen sind ja auch zum Teil, zumindest kann ich das vom ›Grünen Kreis‹ sagen, sehr gut darin, Leute zu unterstützen, die völlig abgestürzt sind, jahrelang ganz unten sind, es dann auf irgendeine Art und Weise, aber ausschließlich selbst, schaffen, von der Droge wegzukommen, aber sozial desintegriert sind, keine Wohnung, keinen Job, kein Geld haben. Diesen Leuten bei der Wiedereingliederung in die Gesellschaft behilflich zu sein – da wird einiges getan. Zweifellos. Da gibt es sicherlich andere Institutionen auch. Gegen die Drogensucht als solche, dagegen tun sie nichts. Und sie können auch nichts dagegen tun. Das geben auch sehr viele Fachleute ganz offen zu. Genauso wie es keine Prävention gibt. Die Präventionsmaßnahmen ... Wir haben da großspurig in Linz ein Institut, hoch subventioniert mit dem Herrn Lagemann, die unglaubliche Papiere und wissenschaftliche Abhandlungen über die neuesten wissenschaftlichen Erkenntnisse [verfassen], aber [sonst] nichts! [DSA Christoph Lagemann, Psychotherapeut und Geschäftsführer des Instituts Suchtprävention in Linz, Oberösterreich, Obmann der ARGE-Österreichische Arbeitsgemeinschaft für Suchtvorbeugung, Anm. d. A.]

Da kommen dann so lächerliche Sachen heraus wie Drogenprävention im Kindergarten ... Wie? ... Indem man am Papier den spielelosen Kindergarten ankündigt. Oder die Anleitung, dass Drogenprävention am besten im Schulalter stattfindet, indem man den Unterricht möglichst stressfrei gestaltet, die Klassenschülerhöchstzahlen müssen gesenkt werden, die Lehrer müssen freundlich zu den Schülern sein, ein angenehmes Klima muss in der Schule geschaffen werden, die

Räume müssen hell sein, denn nur so fühlen sich die Jugendlichen wohl und werden davon abgehalten, Drogen zu nehmen. So ein Blödsinn!«

Auch die Leiterin der Magistratabteilung 11 der Stadt Wien, Mag. Renate Balic-Benzig kann dem Gedanken eines spielzeugfreien Kindergartens viel abgewinnen. Hier soll nicht antiautoritär vorgegangen werden, sondern den Kindern vielmehr die Möglichkeit gegeben werden, ihrer Kreativität und Phantasie freien Lauf zu lassen.

Hans Pretterebner ist mit der derzeitigen Drogenpolitik überhaupt nicht einverstanden. Für ihn sind »die diversen politischen Parteien noch viel schlimmer, die dann ihre parteipolitische Süppchen kochen wie zum Beispiel, ich sage das ganz offen, die Grünen, aber auch große Teile der SPÖ, insbesondere die sozialistischen Jugendorganisationen, die offen sagen, Schuld an der Drogensucht sind nicht die Drogen, sondern der Neoliberalismus, die soziale Kälte, diese Bundesregierung [Kabinett Schüssel] – als hätte es vor dieser Regierung keine Drogen gegeben –, das Wirtschaftssystem, das grundsätzlich geändert werden müsse.

Genauso falsch ist der Ansatz, der von vielen auch heute noch vertreten wird, man muss die Jugendlichen dazu bringen, dass sie selbstbewusst werden, dass sie zu kreativen und selbst bestimmten Menschen erzogen werden. Das würde sie vom Drogenkonsum abhalten. Das stimmt auch nicht. Es gibt in England mittlerweile eine sehr detaillierte Studie, dass genau das Gegenteil eintritt. Die allermeisten, die im jugendlichen Alter drogensüchtig werden, sind sehr selbstbewusst und sehr engagiert. Michael ist das klassische Beispiel dafür. Er war nicht einer, der irgendwelche Ängste gehabt hatte. Er wollte alles ausprobieren. Er war selbstbewusst. Er war kreativ. Das sind alles nur Erklärungsmuster. Da drehen sich die Fachleute im Kreis. Sie wissen alle miteinander nichts, sie quatschen nur. Die meiste Zeit beschäftigen sie sich nur damit, ihre eigenen Probleme zu lösen. Wie hoch ist der Kollektivvertrag der

Sozialarbeiter und Drogenberater? Da werden Papiere verfasst. Da wird monatelang an irgendwelchen [Studien etc.] herumgeschrieben, wo das Gleiche, wie schon im Vorjahr, drinnen steht, wo Listen über ihre Erfolge angefertigt werden, Evaluierungen finden statt. Wie kommen wir zu mehr Geld? Die fünfmillionste [getauschte bzw. ausgefolgte] Spritze wird gefeiert. [Tatsache, im Rahmen des Spritzentauschprogramms fand dieses »Ereignis« im »Ganslwirt« statt. Anm. d. A.]

Mittlerweile ist daraus ein Riesenmarkt geworden. Das Problem ist evident. Je evidenter es gesehen wird, desto mehr Gruppierungen bilden sich, bis hin natürlich auch zu obskuren Vereinen, ob das nun Sekten sind oder politische Organisationen, die dann über den Umweg der Drogenprophylaxe an öffentliche Gelder gelangen wollen. Es bringt alles nichts.

Was mir besonders ins Auge sticht, ist, dass eigentlich alle diese Institutionen unter dem Dach des Fonds Soziales Wien agieren. Es ist darauf ausgelegt, nicht das Problem der Drogen zu bekämpfen, sondern nur die Begleiterscheinungen. Das betrifft schon den einzelnen Drogensüchtigen, dem keine Hilfe angeboten wird, wie er von seiner Sucht loskommen könnte, sondern der nur beraten wird, wie er seiner Sucht nachgehen und verhindern kann, dass er AIDS bekommt. Daher Spritzentausch. Oder ChEck iT!, wo sich bei den diversen Partys die Polizei bereit erklärt, dort nicht hinzugehen, denn das würde die Jugendlichen verschrecken. Das [ChEck iT!] ist ein Dienstleistungsunternehmen für die Dealer.«

Mag sein, dass Hans Pretterebner stellenweise polemisch formuliert, doch die Definition »Dienstleistungsunternehmen für die Dealer« trifft den Nagel auf den Kopf. Ausführlicher möchte ich über ChEck iT! an späterer Stelle berichten, aber zum besseren Verständnis hier einige Basisinformationen vorweg. Es war eines der Lieblingsprojekte des ehemaligen Drogenkoordinators Peter Hacker, wurde in den 90ern ins Leben gerufen und von Univ.-Prof. Dr. Rainer Schmid vom Klinischen

Institut für Medizinische und Chemische Labordiagnostik im AKH Wien, Bereich Biopharmazeutische und Toxikologische Analytik, wissenschaftlich betreut.

Hacker schrieb damals: »Um in der Prävention und der Risikoforschung ein neues Modell zu entwickeln, haben wir im Jahr 1997 den Entschluss gefasst, im Rahmen eines wissenschaftlichen Forschungsprojektes neue Wege zu gehen. Die Ergebnisse des Projektes ChEck iT! ermöglichen neue Einblicke in den Konsum von stimulierenden Substanzen durch Jugendliche und Erwachsene in der Tanz- und Partyszene. Es ist gelungen, auf der Grundlage von exakten chemischen Analysen der konsumierten Drogen neue Zugänge zu Risikogruppen zu finden und professionelle Beratung und Hilfe anzubieten ... Mit ChEck iT! wurde ein Modell entwickelt, um sozial unauffällige Drogenkonsumenten zu erreichen, die Drogen vor allem am Wochenende als Teil ihrer Freizeitgestaltung konsumieren. Der Erfolg und die Ergebnisse ... sind eine Bestätigung, um den Veränderungen in der Drogenszene auch weiterhin mit innovativen Maßnahmen zu begegnen.«[136]

Was bedeutet das?

Hier wird ein Projekt ins Leben gerufen, das wissenschaftlich abgesichert ist, oder vielleicht besser ausgedrückt – der hehre wissenschaftliche Anstrich soll das wahre Problem übertünchen: Jugendliche gehen mit ihren Drogen vor dem Besuch des Clubbings oder des Raves zur mobilen Check-Stelle und lassen dort ihr Ecstasy etc. testen: Passt, kannst du schlucken oder wie auch immer. Besser wäre es, die Finger davon zu lassen. Wenn das nicht möglich ist – und natürlich ist es nicht möglich, weil es viele konsumieren – dann kannst du es beruhigt einwerfen.

---

[136] ChEck iT! Bericht zum wissenschaftlichen Pilot-Projekt ChEck iT! mit Daten und Erfahrungen aus den Jahren 1997 und 1998. Verein Wiener Sozialprojekte, Klinisches Institut für medizinische und chemische Labordiagnostik, AKH Wien, Drogenkoordination der Stadt Wien, 1999. Vorwort von Peter Hacker.

Womit wir wieder bei dem Punkt angelangt sind, den Pretterebner bereits angeschnitten hat. Nicht gegen die Drogen und die Sucht an sich wird etwas unternommen, sondern nur gegen die Begleiterscheinungen. In der Drogenpolitik heißt das *harm reduction* – Schadensbegrenzung.

Somit stellt sich dieses Projekt als das Armutszeugnis einer Metropole dar. Durch die Wissenschaft abgedeckt, wird das wahre Problem vernebelt, nämlich dass man nicht in der Lage ist, tatsächliche Hilfe anzubieten. Die in diesem Fall angebotene Hilfe besteht lediglich darin, dem *User* die Gewissheit zu geben, kein gänzlich verdrecktes *Gift* zu konsumieren.

Hans Pretterebner und seine Tochter Elena wissen, worüber sie sprechen. Schließlich kennen sie die Vorgangsweise aus Michaels Erzählungen.

»Und was denkt sich der Jugendliche, wenn er rauskommt. Es ist doch sauber und er spritzt es sich ... Wenn irgendetwas auftaucht und von den AKH-Experten überprüft wird, dann kommt sofort [in der Disco] die Leuchtschrift und die Lautsprecherdurchsage – Achtung! Achtung! Das ist ein so und so [hoher] Reinheitsgrad, bitte weniger nehmen. Aber sie bekommen es [Drogen] wieder mit. Entweder sie nehmen weniger oder verkaufen es ... Oder du hast zu viel bezahlt, das ist unrein. Wechsle deinen Dealer. Das wird ihnen auch gesagt. Das ist der Sinn von ChEck iT!.«

»Der ›Ganslwirt‹«, ereifert sich Hans Pretterebner, »dient nur zur risk-reduction, zur Risikominimierung, und damit es gleichzeitig keine Probleme gibt, durch Kontakte mit den Anrainern, mit Geschäftsleuten, wenn die Drogensüchtigen vor den Geschäften herumliegen oder die Spritzen ... Das derartiges nicht passiert. Das alles kann und muss dazu führen, dass der Drogenkonsum noch mehr steigt. Die Hemmschwelle sinkt immer tiefer.«

»Kein Zwölfjähriger hat Skrupel davor«, bestätigt Elena Pretterebner, »zum ›Ganslwirt‹ hineinzuspazieren und sich

Spritzen zu holen. Weil es ja halblegal ist und weil es propagiert wird. Wenn sie sich nicht trauen, sich selbst zu spritzen, holen sie sich die Spritzen, gehen auf den Karlsplatz und lassen sich von erfahrenen *Junkies junken* [Spritze setzen]. Dafür bezahlen sie 20 Euro, dass die ihnen die Nadel geben. Das habe ich von den Insidern am Karlsplatz. Die haben mir das erzählt.«

»Ich habe jetzt erst einen Bericht vom Fonds Soziales Wien gelesen«, erzählt Hans Pretterebner, »dass angeblich rund um die Uhr am Karlsplatz 19 Sozialarbeiter im Einsatz sind. Ich frage mich, was tun die dort und wo sind sie? ... Der Mann [R.L.], der sich auf dem Schwarzmarkt Substitol besorgt hat, obwohl er selbst im Substitutionsprogramm war, und der dann Michael eingeladen hat, bei ihm zu übernachten, ist vom ›Ganslwirt‹ betreut worden. Wird dort, weil er obdachlos war, als gemeldet geführt, bekommt dorthin seine Sozialhilfe überwiesen. Darin besteht die Betreuung dieser Institutionen. Die Beratungen gehen auch in erster Linie in die Richtung: ›Wie komme ich zu Geld, wie kann ich das Sozialsystem schröpfen?‹. Und da werden Hilfestellungen angeboten. Mag alles seinen Sinn haben, um sie vor dem Totalabsturz zu bewahren, aber es hat nichts mit Drogentherapie zu tun. Weil bei allen [Einrichtungen] die Absicht dahinter steht, keinen von der Droge wegzubringen. Das sagen sie aber auch alle.«

Verlassen wir meine Gesprächspartner für einen Moment und beleuchten wir dazu den »Tätigkeitsbericht 2003« des »Ganslwirts«, in dem die Zielsetzungen des Projekts genannt sind sind:

»*Verringerung der negativen Folgen des Drogenkonsums auf sozialer, psychischer und somatischer Ebene; Überlebenshilfe; soziale Absicherung, Abdeckung der Lebens-Grundbedürfnisse; medizinische Grundversorgung; Verringerung bzw. Vermeidung von Folgeerkrankungen, Infektionsprophylaxe; Vermittlung an weiterführende soziale, medizinische und drogentherapeutische Einrichtungen.*«

In einem Interview vom 6. September 2005 sagt der ärztliche Leiter des »Ganslwirts«, Dr. Hans Haltmayer: »Niederschwelligkeit bedeutet, dass der Zugang und der Anspruch auf unsere Angebote für unsere Klienten und Patienten nicht vom Erreichen bestimmter Ziele bzw. dem Verfolgen eines bestimmten Weges (z. B. Abstinenz) abhängig gemacht werden. Die Angebote müssen gut und leicht erreichbar sein ... Wir sind die einzige Einrichtung Österreichs, die rund um die Uhr und jeden Tag geöffnet hat. Natürlich sind nicht alle Angebote rund um die Uhr verfügbar, aber es ist immer ein(e) Sozialarbeiter(in) anwesend. Das heißt, immer vor Ort für Krisen für ansprechbar zu sein und die Möglichkeit für Betroffene, Angebote (auch ärztliche Behandlungen und Beratung) anonym und kostenlos in Anspruch zu nehmen, auch bei fehlender Krankenversicherung und ohne vorherige Terminvereinbarung. Das Wesentliche ist, dass die Angebote leicht und ohne Hürden (z. B. bürokratischer Natur) für Betroffene zur Verfügung stehen ...«[137]

Weiters heißt es in diesem Interview, dass die Voraussetzung, diese Einrichtung in Anspruch nehmen zu können, in einem sozial verträglichen Verhalten gewährleistet sein muss und bestimmte Regeln einzuhalten sind. Es gibt im »Ganslwirt« keinen Drogenkonsum, keinen Handel, keine verbale oder körperliche Gewalt.[138]

»Im sozialarbeiterischen Bereich haben wir viele Stammkunden«, sagt Dr. Haltmayer, »das sind chronisch suchtkranke Personen, die teilweise sozial schon sehr desintegriert sind: obdachlos, zum Teil arbeitslos und ohne Perspektive. Sie werden oft über Jahre hinweg betreut, nehmen regelmäßig unsere Angebote in Anspruch, essen und trinken im ›Ganslwirt‹, bekommen sozialarbeiterische Beratung und ärztliche Versorgung. Zu diesen Personen kommt noch ein beträchtlicher Anteil an

---

[137] www.drogensubstitution.at
[138] vgl. ebenda

Kurzbetreuungen und Personen, die zwei- bis dreimal in die Ambulanz kommen. Das sind Patienten, die zum Beispiel unsere Impfangebote in Anspruch nehmen oder konkrete Beschwerden wie grippale Harnwegsinfekte, Abszesse oder Phlegmonen etc. behandeln lassen oder auch nur eine punktuelle Beratung in Anspruch nehmen und eigentlich woanders in Betreuung sind.«[139]

Das Ziel hinter diesem Betreuungsansatz lautet »primär auch jene zu erreichen, die es aufgrund der Chronifizierung der Erkrankung schwer haben, andere Betreuungsangebote in Anspruch zu nehmen. So fällt es vielen, nach Dr. Haltmayer, schwer, Termine einzuhalten, zu erscheinen oder eine Krankenversicherung abzuschließen ... Für diese Personen ist der »Ganslwirt« eine Anlaufstelle, um ihnen Hilfestellung und Behandlung zur Verfügung zu stellen.[140]

Doch steckt hinter dieser niederschwelligen Betreuung auch ein Therapieansatz.

»Es gibt verschiedene Prinzipien, die wir verfolgen«, sagt der Leiter des »Ganslwirts«. »Ein Prinzip ist das der Freiwilligkeit des Kontaktes. Wir behandeln und betreuen nur Personen, die freiwillig zu uns kommen. Wir haben keine Patienten, die von der Justiz eine Behandlungsauflage haben. Der ›Ganslwirt‹ verfolgt den Ansatz einer akzeptierenden Haltung: Wir versuchen, den Menschen wertschätzend in seiner Gesamtheit zu sehen und ihn nicht nur als die Summe seiner Sucht zu betrachten. Wir sehen die Patienten und Klienten, die Drogen konsumieren, als mündige, zur Selbstverantwortung fähige Personen und versuchen, den Drogenkonsum der betreffenden Person als ein aus seiner Lebensgeschichte heraus entstandenes Verhalten zu verstehen. Wenn eine Abhängigkeit und ein aktueller Drogenkonsum bestehen, dann versuchen wir die Sekundär- und Folgeschäden dieses Drogenkonsums (z.B.

---

139 ebenda
140 vgl. ebenda

Infektionserkrankungen wie Hepatitis, HIV, bakterielle Infektionen usw.) möglichst zu reduzieren, indem wir unsere Patienten informieren und aufklären. Ein wichtiges Prinzip ist die Verschwiegenheit, d.h. wir geben keine Informationen über Betreuungsinhalte oder personenbezogene Daten weiter.«[141]

»Mit dem ›Ganslwirt‹ hat der Mythos ›Drogen‹ für viele Wienerinnen und Wiener einen Namen, eine Adresse bekommen. Die Angst der Anrainer, diese Adresse würde sich auf ihre Hausflure ausdehnen, war im Wesentlichen unbegründet, da der ›Ganslwirt‹ Teil einer umfassenden Überlegung war. Das Konzept ›Ganslwirt‹ ist bis heute bestechend und wird nach wie vor professionell umgesetzt – zum Wohle der Suchtkranken und zum Wohle der Wiener Bevölkerung«, meint Peter Hacker, ehemaliger Wiener Drogenkoordinator und nun Geschäftsführer des Fonds Soziales Wien.[142]

»Das Angebot, Spritzen zu tauschen, war vor 15 Jahren einzigartig. Heute wissen wir, dass diese und viele andere Maßnahmen des ›Ganslwirts‹ dazu beigetragen haben, den totalen Abstieg vieler drogenkranker Menschen zu verhindern. Damit hat der ›Ganslwirt‹ seine wichtige Rolle im Gesamtzusammenhang des Wiener Drogenkonzepts eindrucksvoll unter Beweis gestellt.,« meint Michael Dressel, der derzeitige Wiener Drogenkoordinator.[143]

Inzwischen platzt der ›Ganslwirt‹ in der Esterházygasse im 6. Wiener Gemeindebezirk aus allen Nähten, wie es von offizieller Seite heißt. Deshalb ist auch ein neuer Standort notwendig geworden. Ob es tatsächlich nur Platzmangel ist oder ob die Anrainer und Geschäftsleute des ständigen Kommens und Gehens mit den zwangsläufig damit verbundenen Problemen überdrüssig sind, darüber hüllt man sich in Schweigen.

---

[141] ebenda
[142] »Irgendwann keine Angst vorm Leben haben«, Festschrift 15 Jahre sozialmedizinische Drogenberatungsstelle Ganslwirt, Wien 2005, S. 5
[143] ebenda

Tatsache ist, so verkündete es die ehemalige zuständige Wiener Sozialstadträtin, Renate Brauner, am 15. November 2006, dass Wiens bekannteste Drogenberatungsstelle in einen Neubau am Gumpendorfer Gürtel umsiedeln wird. Das zehn Millionen teure Bauvorhaben wird 2009 bezugsfertig sein. Im gleichen Gebäude werden dann auch der Verein Wiener Sozialprojekte (VWS), zugleich Träger des »Ganslwirt«-Projektes und auch zuständig für die Beratungseinrichtung »StreetWork« sowie den sozialökonomischen Betrieb »Fix und Fertig«, und 60 Seniorenwohnplätze unter der Obhut der Volkshilfe untergebracht sein. Somit wird die Bettenkapazität im neuen »Ganslwirt« von »14 Betten um das Doppelte erhöht, ebenso die Fläche des Tageszentrums«, sagte Michael Dressel.[144]

»Je mehr solche Institutionen es gibt und umso größer sie sind«, meint dagegen Hans Pretterebner, »und mit umso mehr Geld sie ausgestattet werden, umso leichter wird es potenziellen Suchtgefährdeten gemacht, mit ihrer Sucht zu leben.«

Hatte Michael Probleme, einen Therapieplatz zu bekommen?

»Michael hätte sofort einen Platz gehabt«, sagt die Mutter, Elena Pretterebner, »nicht auf einer eigenen Drogentherapie[station], aber in einem Spital, am Rosenhügel [Neurologisches Zentrum Rosenhügel, Anm. d. A.].«

»Dem Michael hätte es doch schon geholfen, wenn er drei Wochen in einem Spital aufgenommen worden wäre«, ergänzt der Großvater, »und drei Wochen keine Gelegenheit [Drogen zu konsumieren, Anm. d. A.] gehabt hätte. Dann wäre er schon weg gewesen. Die Entzugserscheinungen hätte man entsprechend behandeln können. Damit wäre er sein Problem losgeworden, weil er ja schon so weit war, dass er wirklich wegkommen wollte. Und zwar von selbst, nicht durch irgendeine Hilfe. Durch Vernunft und die Hilfe der Familie. Er ist zu keinem

---

144 S. auch Standard, 15. November 2006

mehr am Schluss hingegangen. Weder zum ›Grünen Kreis‹, noch zum ›Dialog‹ oder zum Rosenhügel. Es ist sinnlos. Sie fragen immer das Gleiche. Sie quatschen nur, aber keiner hilft. Bei den Drogentests haben sie nur Cannabis festgestellt.

Die, die es schaffen, sind meiner Meinung nach nur durch eigene Willensanstrengung weggekommen. Das System müsste sie dabei unterstützen. Erkennen müssten sie es. Beim Michael erkannten sie nicht, dass er weg will. Wir haben gesehen, er ist gefährdet, er experimentiert, und wir wussten, das endet in der Katastrophe, wenn nicht etwas geschieht. Aber es hat niemand helfen können. Niemand! In seinem Fall kommt hinzu, dass er 14, 15 Jahre alt war, und die Ausrede war überall, wir können ihn nicht stationär aufnehmen, außer er wünscht das ausdrücklich. Michael hat im Gespräch immer seine Bereitschaft erklärt. So lange haben sie ihn gefragt, ob er jetzt wirklich hier bleiben will.«

»Ich möchte nicht wissen«, erzürnt sich Elena Pretterebner, » was sie unter vier Augen immer besprochen haben. Ob ihn der Therapeut nicht fragte: ›Hat dich denn deine Mutter überredet?‹ Das glaube ich nämlich. Mit mir im Gespräch war er immer einverstanden. Mit mir ist er überall hingefahren. Dann kommt er raus aus dem Vier-Augen-Gespräch, der Arzt hat Nein gesagt und mir sind die Hände gebunden. Er ist über 14. Unterbringungsgesetz, dürfen wir nicht. ›Das nächste Mal, wenn wieder etwas passiert, dann nehmen wir ihn auf‹, sagte mir der Arzt. ›Das nächste Mal wird er tot sein‹, war meine Antwort, ›und ich verlange, dass Sie ihn jetzt sofort aufnehmen.‹ Der Arzt sagte: ›Ich darf nicht, wenn er verweigert.‹«

Leider behielt Elena Pretterebner Recht. Wie konnte sie Michaels kleineren Geschwistern den Tod des Bruders beibringen?

»Die [Geschwister] sind sehr jung«, erzählt sie, »der B. ist sechs und die Zwillinge sieben. Ich sagte den Kindern, Michael ist eingeschlafen und nicht mehr aufgewacht. Doch die Kinder haben viel mehr mitbekommen, als mir lieb war.«

Politik & Drogen

Die »Drogen-Gmbh«

»Stadt Wien gründet eine Drogen-Gmbh« – so titelte der »Standard« am 28. April 2006. Der Fachbereich Sucht und Drogen wird aus dem Fonds Soziales Wien ausgegliedert. Das bestätigte auch Stefan Hirsch, Pressesprecher der ehemaligen zuständigen Stadträtin, Renate Brauner.

Mit 1. Juli 2006 nahm die **Sucht- und Drogenkoordination Wien gemeinnützige Gmbh** (SDW) ihre Tätigkeit auf. Zum administrativen Geschäftsführer wurde Stefan Brinskele, Bundessekretär des Arbeitersamariterbundes, bestellt; inhaltlicher Geschäftsführer ist der Wiener Drogenkoordinator Michael Dressel.

Michael Dressel, Drogenkoordinator (li.) im Gespräch mit dem Autor
Foto: Manfred Burger

Was ist der Grund für diese Trennung?

So schrieb Michael Simoner vom »Standard«: »Der Fachbereich wird um Alkohol und um nichtsubstanzgebundene Suchterkrankungen erweitert. ›Fast jede Abhängigkeit ist mit psychischen Problemen verbunden, oft sind diese auch der Grund dafür, dass jemand legale oder illegale Drogen nimmt ...‹, betont Hirsch. Man hoffe auf große Synergie-Effekte. Für die betroffenen Mitarbeiter werde sich nichts ändern, alle hätten in den vergangenen Tagen ein entsprechendes Übernahmeangebot zugeschickt bekommen. Auch die Förderungen für den Drogenbereich blieben gleich. Im Vorjahr investierte die Stadt knapp mehr als 13 Millionen Euro. Zum Vergleich: Der Fonds Soziales Wien verwaltet jährlich eine Dreiviertelmilliarde Euro und ist zuständig für 300 Einrichtungen mit rund 15.000 Beschäftigten.

Drogenkoordinator Michael Dressel und Fonds-Chef Peter Hacker (Dressels Vorgänger) sollen dem Vernehmen nach nicht unglücklich über die künftig getrennten Wege sein. Die beiden waren zuletzt nicht immer einer Meinung ...«

Der Wiener Drogenbeauftragte, Dr. Alexander David, sieht in der Ausgliederung der Drogenkoordination und in der Umwandlung in eine GmbH verschiedene Vorteile.

»Erstens denke ich, dass es ein Zugang ist zu vielen Patienten, die nicht ein, sondern mehrere Suchtprobleme haben. Die sowohl illegale Drogen als auch Schlafmittel, halblegale und legale wie Alkohol gemeinsam konsumieren. Zum zweiten ist das auch ein Ausdruck dafür, dass wir umsetzen wollen, wir erkennen das schon lange, dass es zahlreiche Suchtkranke mit einer so genannten psychiatrischen Co-Diagnose gibt. Wir wollen dadurch die psychiatrische Kompetenz für Drogenkranke erhöhen. Nicht nur den Fokus, einen breiteren Fokus auf mehrere Suchterkrankungen inklusive Alkohol, sondern auch die psychiatrischen Grunderkrankungen, die vielfach dahinter stehen, stärker im Auge behalten. Die Arbeit auf der psychiatrischen Ebene verbessern. Ein Teil davon ist schon geschehen.

In einer der neuen Beratungsstellen in Wien gibt es zum ersten Mal in Österreich einen Kinder- und Jugendpsychiater und wir haben gesehen, dass wir ihn wie einen Bissen Brot gebraucht haben. In der Arbeit mit Kindern und Jugendlichen hat sich etwas ganz Grundsätzliches geändert, dass sind dann auch nicht mehr psychiatrische Sonderanstalten, wo man die schwerstkranken Kinder hineinsteckt. Das ist ein Etikett, das man schwer wieder los wird. Es ist eine sozial verträgliche Beratungsstelle, wo die Kinder und Jugendlichen, unter Anführungszeichen, sehr gerne hinkommen. Sie nehmen das an, was wir ihnen anbieten in einem Ambiente, dass nicht psychiatrische Sonderanstalt heißt. Die Integration psychiatrischer Kompetenz, die es schon gegeben hat, soll dadurch verstärkt werden.«

Warum das in der alten Form der Drogenkoordination nicht möglich war, auch damals hätte man bereits Alkoholkranke mit einbeziehen können, und weshalb es einer Neugründung in Form einer GmbH bedarf, ist eher unverständlich und wenig einleuchtend.

Andreas Mauerer, ein aufmerksamer Beobachter und streitbarer sowie strenger Kritiker der Wiener Drogenpolitik, ist Pädagoge, Psychotherapeut, Trainer, Coach und Berater. Durch seine Arbeit ist er seit 25 Jahren mit der Drogenproblematik bestens vertraut. Er arbeitete in der Drogenstation Mödling, war Mitbegründer des »Grünen Kreises«, Gründer des Vereins

Andreas Mauerer, Trainer, Berater, Supervisor, Pädagoge und Psychotherapeut
Privatfoto

P.A.S.S. (Prävention, Angehörigenarbeit, Suchtbehandlung, Sozialberatung) und leitet nach dem Ausstieg aus dieser Institution nun B.A.S.I.S. – Verein zur Vernetzung psychosozialer Gruppen. Für ihn ist diese Ausgliederung sinnlos.

»Tatsache ist, so pfeifen es die Spatzen von den Dächern, dass mit dem Abgang Peter Hackers – oder seinem Aufstieg, er wurde bekanntlich zum Leiter des Fonds Soziales Wien bestellt – die Drogenkoordination verkümmert ist. Sowohl in der finanziellen, wirtschaftlichen und somit auch inhaltlichen Versorgung. Kompetenzmäßig auch, das hängt aber, wie immer, unmittelbar mit den Geldern zusammen. Das Budget für die Drogenkoordination wurde eklatant zusammen geschnitten. Ich weiß das auch aus anderen Bereichen, wo man mir im Rathaus versichert hat, man wird alles abstreiten, wenn ich zitieren würde, dass wir in der Kinder- und Jugendarbeit, bei sozialpädagogischen Wohngemeinschaften, seit einem knappen Jahr monatlich rund 500.000 Euro einsparen müssen, weil wir in der Altenversorgung und Betreuung große Löcher zu stopfen haben.

Jetzt ist mir schon klar, was ist wichtiger? Die Altenbetreuung oder die Kinder- und Jugendlichenbetreuung und dass man die vorhandenen Gelder, die nicht mehr geworden sind, irgendwo gleichschalten muss.

Im Zusammenhang mit dieser Umverteilung, mit dem Nichtansteigen dieser Förderungen im sozialen Bereich ist die Drogenkoordination genauso zusammengeschnitten worden und kann gar nichts bewirken. Das man sich dazu nicht besonders befähigte Exekutoren suchen muss und auch gefunden hat, die gibt es ja auch wie Sand am Meer in diesem Land, steht auf einem anderen Papier.«

Bezüglich der Gelder für die **Wiener Drogenkoordination** gab es bereits im Jahr 2002 im Wiener Gemeinderat Auseinandersetzungen im Zusammenhang mit der Anhebung des Honorars für den Wiener Drogenbeauftragten Dr. Alexander David.

So meldete die Rathauskorrespondenz am 26. Juni 2002:

»GR Dr. Sigrid Pilz (Grüne) begründete die Ablehnung der Honoraranhebung auf 80.900 Euro seitens ihrer Fraktion damit, dass der amtierende Wiener Drogenbeauftragte aufgrund diversester beruflicher Verpflichtungen als Kassenarzt, Schul- und Hausarzt in einem Pflegeheim der verantwortungsvollen Tätigkeit als Drogenbeauftragter realistischerweise nicht nachkommen könne. Weiters kritisierte sie den Umgangston mit der Opposition, da dieser im seinerzeitigen Gesundheitsausschuss auf höfliche Nachfrage relevante Informationen über die genauen Bestandteile des Honorars für den Drogenbeauftragten vorenthalten wurden ...

In einer vehementen Verteidigungsrede erinnerte GR Kurt Wagner (SPÖ) an die vielen Verdienste des amtierenden ... Drogenbeauftragten. Der Kritik seiner Vorrednerin Pilz stellte er die reale Arbeitsbelastung des Drogenbeauftragten gegenüber, die deutlich machte, dass die Weiterarbeit als Drogenbeauftragter ... seriös und realistisch machbar sei. Weiters erinnerte er daran, dass Wiens Drogenpolitik Österreich weit als sehr erfolgreiches Modell gewertet wurde. So hätte Tirol das Wiener Modell zur Gänze übernommen, Salzburg und Niederösterreich mit geringen Adaptierungen.«

Florian Winkler, Pressesprecher des Fonds Soziales Wien, teilte mir mit, dass in diesem Betrag von 80.900 Euro die gesamte Büroverwaltung, die Gehälter der Mitarbeiter und die Aufrechterhaltung der Infrastruktur inkludiert sind. Die Anhebung wurde im Übrigen einstimmig angenommen. Trotzdem sei an dieser Stelle erlaubt, festzustellen, dass es – selbst bei knappster Kalkulation – rechnerisch mehr als eng ist.

Für die österreichische »Sucht-Verwaltung« ändert sich mit dieser Neuregelung, also durch die Auslagerung und Umwandlung in eine gemeinnützige GmbH 2006 – nichts.

An der Spitze der Österreichischen Drogenkoordination steht ein Triumvirat:[145]

Dr. Franz Pietsch: Vorsitzender der Bundesdrogenkoordination und Vorsitzender des Bundesdrogenforums, Nationaler Drogenkoordinator

Dr. Fritz Zeder: Drogenkoordination des Justizministeriums

Mag. iur. Gerhard Stadler: Drogenkoordinator des Innenministeriums

Stadler ist Angehöriger des Bundeskriminalamtes (BKA) und Leiter des Büros 3.5. Suchtmittelkriminalität, das sich in die Referate 3.5.1. Heroin, 3.5.2. Kokain, 3.5.3 Cannabisprodukte, 3.5.4. Synthetische Drogen und 3.5.5 Vorläufersubstanzen unterteilt.

Die Drogenkoordinationen in den Bundesländern[146]

Burgenland

Univ.-Prof. Dr. Karl Dantendorfer: Leitung Suchtkoordination des Landes Burgenland

Dr. Christine Siegl: Suchtkoordination für das Land Burgenland, Psychosozialer Dienst Burgenland GmbH

HR Dr. med. Ernst Gschiel: Drogenbeauftragter des Landes Burgenland, Amtsarzt am Amt der Burgenländischen Landesregierung, Amt der Burgenländischen Landesregierung, Abteilung 6 – Hauptreferat Gesundheit, Familie und Sport

Kärnten

Dr. Brigitte Prehslauer: Leitung Drogenkoordination & Drogenbeauftragte des Landes Kärnten, Amt der Kärntner Lan-

---

145 www.drogenhilfe.at
146 ebenda

desregierung, Abteilung 12 – Sanitätswesen, Unterabteilung Drogenkoordination – Sozialmedizin

Niederösterreich
Dr. Ursula Höhan: Suchtkoordinatorin des Landes Niederösterreich
OA Dr. Bernhard Spitzer: Drogenbeauftragter des Landes Niederösterreich

Oberösterreich
Thomas Schwarzenbrunner: Drogenkoordinator des Landes Oberösterreich, Amt der OÖ Landesregierung, Landessanitätsdirektion
Dr. Reinhard Lehner: Drogenbeauftragter des Landes Oberösterreich, Amt der Oberösterreichischen Landesregierung, Landessanitätsdirektion

Salzburg
Dr. Franz Schabus-Eder: Drogenkoordinator des Landes Salzburg, Amt der Salzburger Landesregierung, Sozialmedizinischer Dienst
Dr. Bernhard Hittenberger: Drogenbeauftragter des Landes Salzburg, Amt der Salzburger Landesregierung, Sozialmedizinischer Dienst

Steiermark
DSA Klaus Peter Ederer: Suchtkoordinator des Landes Steiermark
Dr. Ulf Zeder: Suchtkoordinator der Stadt Graz

Tirol
DSA Harald Kern: Suchtkoordinator des Landes Tirol, Amt der Tiroler Landesregierung

Vorarlberg

Thomas Neubacher: Drogenkoordinator des Landes Vorarlberg, Amt der Vorarlberger Landesregierung

Univ. Doz. Prim. Dr. Reinhard Haller: Drogenbeauftragter des Landes Vorarlberg, Krankenhaus Stiftung Maria Ebene

Wien

Michael Dressel: Drogenkoordinator der Stadt Wien
Dr. Alexander David: Drogenbeauftragter der Stadt Wien

Im Regierungsprogramm vom 9. Februar 2000 der österreichischen Bundesregierung sind die Schwerpunkte bezüglich der Drogenproblematik festgehalten:[147]

- *Suchtmittel: Intensivierung der Primärprävention bei Suchterkrankten.*
- *»Therapie statt Strafe«: Angeordnete Therapien müssen auch abgeschlossen werden.*
- *Gegen die Freigabe von »weichen Drogen« und für eine »Absenkung der erlaubten Grenzmengen«.*
- *Die Maßnahmen zur Bekämpfung der organisierten Kriminalität (Menschen-, Waffen- und Drogenhandel, Geldwäsche etc.) werden sowohl innerstaatlich wie auch durch Intensivierung der internationalen Zusammenarbeit verstärkt.*
- *Aufklärungsarbeit der Jugendlichen zur Vorbeugung des Drogenkonsums und der Drogenkriminalität im Einvernehmen mit dem Unterrichtsministerium, der Justiz, dem Gesundheitsministerium und dem Familienressort.*
- *Kompromisslose Bekämpfung des Drogenhandels durch Ausnützung aller gesetzlichen Möglichkeiten und entsprechender personeller Ausstattung und infrastruktureller Ausrüstung der Exekutive (Sondereinheiten nach modernen Gesichtspunkten).*

---

147 ebenda

Das **Drogenrecht** ist in Österreich von drei internationalen Konventionen geprägt. Der »Einzigen Suchtgiftkonvention 1961«, in der durch das Protokoll von 1972 geänderten Fassung, dem Übereinkommen über psychotrope Stoffe 1971 (»Psychotropenkonvention«) und der »Wiener Konvention von 1988«, jenem Übereinkommen der Vereinten Nationen gegen den unerlaubten Verkehr mit Suchtgiften und psychotropen Stoffen. Das Suchtgiftgesetz (SGG) trat in Österreich erstmals 1951 in Kraft, mit Novellierungen 1971, 1978, 1980 und 1985. 1998 löste das Suchtmittelgesetz (SMG) das SGG ab, worin auch die »Wiener Konvention« berücksichtigt ist.

Am 2. Juni 1999 wurde das »**Wiener Drogenkonzept**« vom Gemeinderat beschlossen. Darin ist der so genannte »Wiener Weg« im Umgang mit Sucht und Drogen festgehalten.

»Wien hat sich für den Grundsatz der integrierten Drogenpolitik entschieden. Es entspricht der gesellschaftspolitischen Tradition in Wien, durch soziale Maßnahmen Randgruppen zu integrieren und ihre Ausgrenzung zu verhindern. Ein ebenso wesentlicher Bestandteil des Wiener Drogenkonzepts ist die Integration der Beratung und Betreuung von Suchtkranken in das breite soziale und medizinische Netz der Stadt Wien.«

Die vier Säulen der Wiener Drogenpolitik bilden »Prävention, gesundheitsbezogene und soziale Maßnahmen sowie Sicherheit«.

Sieben Ziele sollen durch dieses Konzept erreicht werden: »Gesundheit fördern – Suchtentwicklung verhindern; Suchtgefahren früh erkennen – rechtzeitig intervenieren; Kranke behandeln – Schaden begrenzen; Beratung – Behandlung – Betreuung vernetzen; Soziale Integration und Rehabilitation fördern und Sicherheit gewährleisten.«

Überblick über die organisatorische Struktur des Drogenbereichs in Österreich

Institutionen + Organisationen

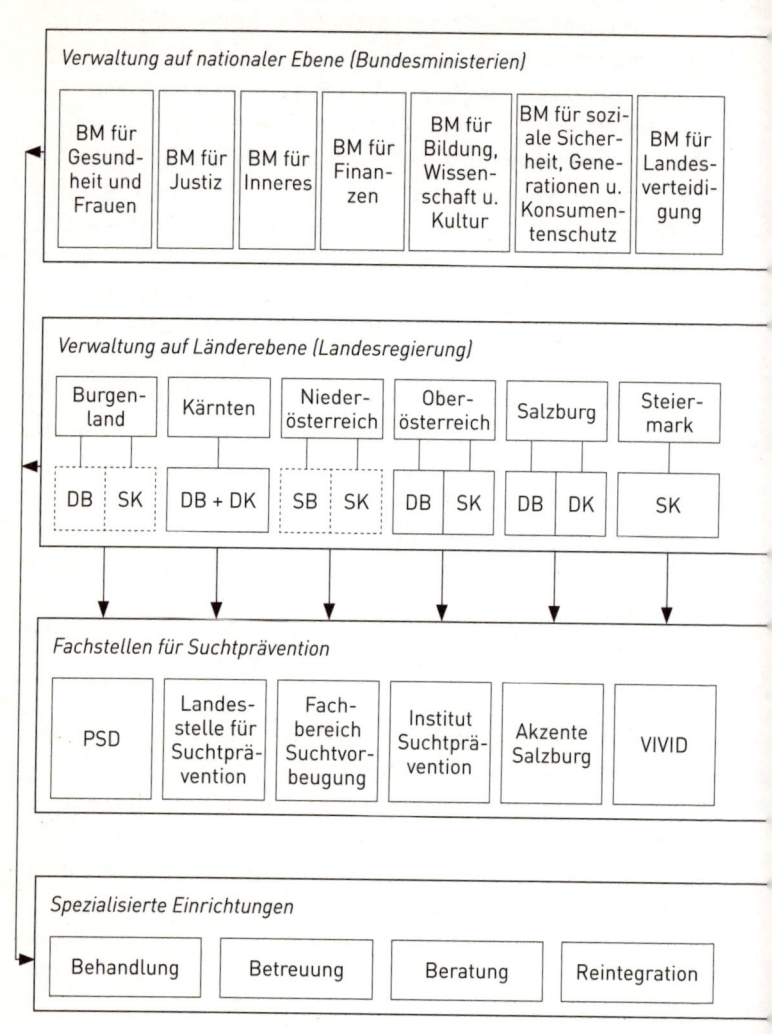

Verwaltung auf nationaler Ebene (Bundesministerien)

| BM für Gesundheit und Frauen | BM für Justiz | BM für Inneres | BM für Finanzen | BM für Bildung, Wissenschaft u. Kultur | BM für soziale Sicherheit, Generationen u. Konsumentenschutz | BM für Landesverteidigung |

Verwaltung auf Länderebene (Landesregierung)

Burgenland	Kärnten	Niederösterreich	Oberösterreich	Salzburg	Steiermark
DB SK	DB + DK	SB SK	DB SK	DB DK	SK

Fachstellen für Suchtprävention

| PSD | Landesstelle für Suchtprävention | Fachbereich Suchtvorbeugung | Institut Suchtprävention | Akzente Salzburg | VIVID |

Spezialisierte Einrichtungen

| Behandlung | Betreuung | Beratung | Reintegration |

Quelle: ÖBIG

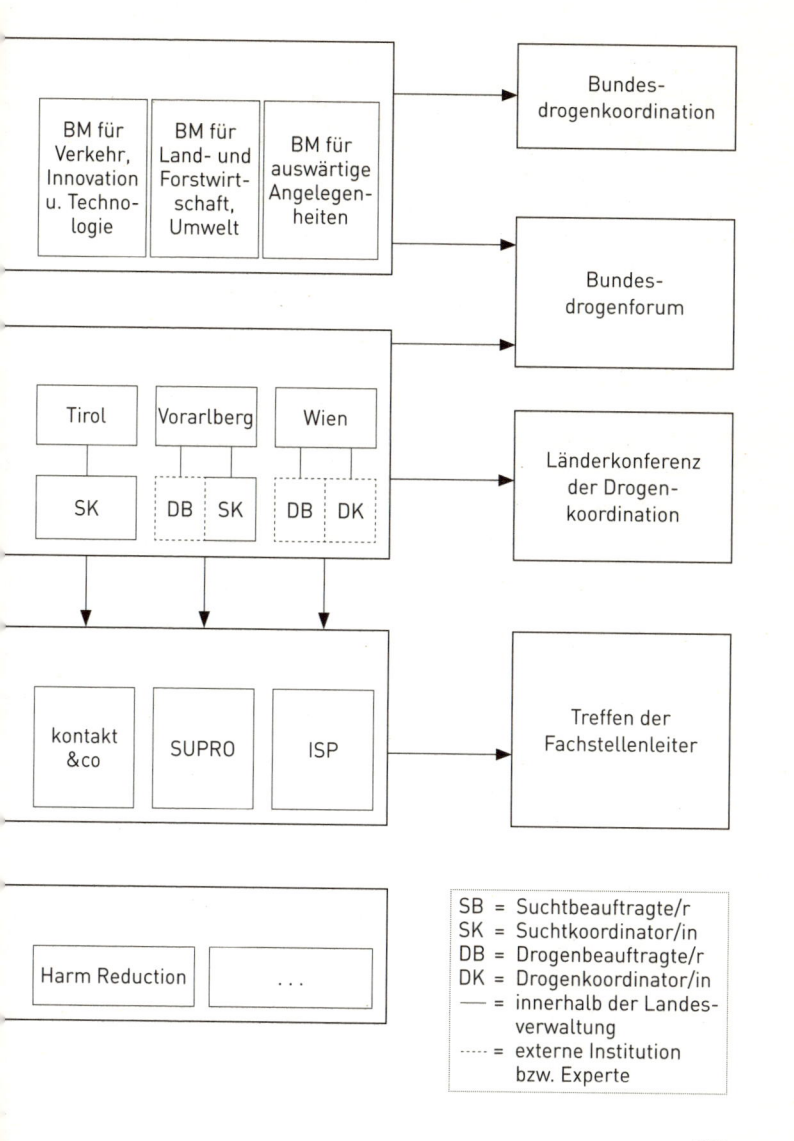

```
┌─────────────────────────────────┐        ┌──────────────────┐
│ ┌────────┐┌────────┐┌─────────┐ │───────▶│ Bundes-          │
│ │BM für  ││BM für  ││BM für   │ │        │ drogenkoordination│
│ │Verkehr,││Land- und││auswärtige│ │        └──────────────────┘
│ │Innovation││Forstwirt-││Angelegen-│ │
│ │u. Techno-││schaft, ││heiten   │ │        ┌──────────────────┐
│ │logie   ││Umwelt  ││         │ │───────▶│ Bundes-          │
│ └────────┘└────────┘└─────────┘ │        │ drogenforum      │
└─────────────────────────────────┘        └──────────────────┘

┌─────────────────────────────────┐
│ ┌─────┐  ┌──────────┐  ┌─────┐  │        ┌──────────────────┐
│ │Tirol│  │Vorarlberg│  │Wien │  │        │ Länderkonferenz  │
│ └─────┘  └──────────┘  └─────┘  │───────▶│ der Drogen-      │
│ ┌─────┐  ┌────┬─────┐  ┌────┬────┐│       │ koordination     │
│ │ SK  │  │ DB │ SK  │  │ DB │ DK ││        └──────────────────┘
│ └─────┘  └────┴─────┘  └────┴────┘│
└──┬──────────┬─────────────┬──────┘
   ▼          ▼             ▼
┌─────────────────────────────────┐        ┌──────────────────┐
│┌────────┐ ┌───────┐ ┌─────────┐ │        │                  │
││kontakt │ │ SUPRO │ │  ISP    │ │───────▶│ Treffen der      │
││ &co    │ │       │ │         │ │        │ Fachstellenleiter│
│└────────┘ └───────┘ └─────────┘ │        │                  │
└─────────────────────────────────┘        └──────────────────┘

┌──────────────────┬────────────┐           ┌──────────────────────────────┐
│ Harm Reduction   │    ...     │           │ SB = Suchtbeauftragte/r      │
└──────────────────┴────────────┘           │ SK = Suchtkoordinator/in     │
                                            │ DB = Drogenbeauftragte/r     │
                                            │ DK = Drogenkoordinator/in    │
                                            │ ─── = innerhalb der Landes-  │
                                            │       verwaltung             │
                                            │ ····· = externe Institution  │
                                            │         bzw. Experte         │
                                            └──────────────────────────────┘
```

Neben der Drogenkoordination und den Drogenbeauftragten der Stadt Wien bildet der **Wiener Drogenbeirat** das höchste Gremium, das mitentscheidend für die Wiener Drogenpolitik ist.

In diesem Gremium sind vertreten:

GR (Gemeinderat) Dr. Wolfgang Aigner, ÖVP
OSR (Obersenatsrätin) Mag. Renate Balic-Benzing, MAG ELF
AR (Amtsrat) Wolfgang Bäcker, Pädagogischer Leiter, MAG ELF – Kompetenzzentrum
Sucht und Drogen
GR Petr Baxant, SPÖ
Prim. Univ.-Prof. Dr. Ernst Berger, Neurologisches Krankenhaus Rosenhügel
Präs. Dr. Susanne Brandsteidl, Stadtschulrat für Wien
Gen. Dir. Dr. Rudolf Brenner, Wiener Gebietskrankenkasse
Präs. Mag. Heinrich Burggasser, Apothekerkammer Wien
Prim. Dr. Wilhelm Burian, Anton-Proksch-Institut
GR Heidemarie Cammerlander, Grüner Klub
Dr. Markus Costazza, Fonds Soziales Wien, Institut für Suchtprävention
Dr. Alexander David, Drogenbeauftragter der Stadt Wien
Dr. Walter Dohr, Wiener Patientenanwalt
Michael Dressel, Fonds Soziales Wien, Wiener Drogenbeauftragter
GR Mag. Gerald Ebinger, FPÖ
HR (Hofrat) Dr. Peter Goldgruber, Bundespolizeidirektion Wien, Sicherheits- und Verkehrspolizeiliche Abteilung
Dir. Dr. Susanne Herbek, Wiener Krankenanstaltenverbund Dienststellenleitung –Krankenanstalten der Stadt Wien
Prim. Dr. Peter Hermann, Otto-Wagner-Spital, Drogeninstitut
Dr. Ewald Höld, Fonds Soziales Wien, Institut für Suchtdiagnostik
Mag. Roland Horngacher, Bundespolizeidirektion Wien
Dipl. Sozialpädagogin Andrea Jäger, MA 24
Dr. Rolf Jens, Ärztekammer Wien

DSA Günter Juhnke, Beratungsstelle Orange
Univ.-Prof. Dr. Siegfried Kasper, AKH Wien, Universitätsklinik für Psychiatrie
Gerhard Kubik, Bezirksvorsteher für den 2. Bezirk
GR Dr. Claudia Laschan, SPÖ
DSA Harald Lederer, Verein Dialog
Dr. Reinhard Marek, Ärztlicher Direktor, Wiener Gebietskrankenkasse
OSR Mag. Wolfgang Müller, MD-Präsidialabteilung
Dr. Susanne Pfudl, MA 15
GR Karin Parniess-Kastner, ÖVP
GR Mag. Sonja Ramskogler, SPÖ
Dir. Alfred Rohrhofer, Grüner Kreis
GR Laura Rudas, SPÖ
DSA Gerhard Schinnerl, Verein Wiener Sozialprojekte
Univ.-Prof. Dr. Rainer Schmid, AKH Wien – Klinisches Institut für Med. und Chem. Labordiagnostik
SR (Senatsrat) Dr. Hans Serban, LL. M., MA 15
Mag. Harald Spirig, Schweizer Haus Hadersdorf
Univ.-Prof. Dr. Alfred Springer, Ludwig-Boltzmann-Institut für Suchtforschung
Polizeipräsident Dr. Peter Stiedl, Bundespolizeidirektion Wien
Mag. Barbara Strunz, Fonds Soziales Wien, Institut für Suchtprävention
Mag. Christian Tuma, Wiener Berufsbörse
GR Heinz Vettermann, SPÖ
GR Kurt Wagner, SPÖ
HR Dr. Wolfgang Werdenich, Justizanstalt Favoriten
GR Jürgen Wutzlhofer, SPÖ
HR Dr. Mathilde Zeman, Stadtschulrat für Wien, Schulpsychologie

**Dr. Alexander David, Arzt und
Wiener Drogenbeauftragter**
Foto: PID

Der Wiener Drogenbeirat ist »das einzige Gremium«, erklärt Drogenbeauftragter Dr. Alexander David, »in dem sich Politiker, Administratoren und Fachleute gegenübersitzen. Der Vorteil, dass Politiker nicht fachsimpeln und Fachleute nicht politisieren müssen. Das trägt zur Versachlichung bei. Es dient zur Information und ist daher ein ganz wichtiges Gremium, in dem offen gesprochen wird. Der Wiener Drogenbeirat ist eines der wenigen Gremien, die ich in der Stadtpolitik kenne, in dem nicht alles, wo dort besprochen wird, sofort von den Politikern an ihre politischen Glocken gehängt wird.

Die Wiener Drogenpolitik versucht seit Jahren eine möglichst überparteiliche Linie zu verfolgen. Unser jetziges Drogenkonzept ist ja immer noch von mehreren Parteien unterstützt. Es geht hier auch um politischen Konsens, mit der ausdrücklichen Bitte an die Politik sich im Hintergrund zu halten und die Drogenpolitik möglichst zu versachlichen. Wir leben natürlich nicht in einem politikfreien Raum, aber das hat in Wien lange Zeit gehalten und soll auch in Zukunft so bleiben. Themen waren natürlich der Missbrauch von Substitutionsmitteln, die Maßnahmen, die davon abzuleiten sind. Ein wichtiges Thema ist die Versorgung und Integration von Kindern und Jugendlichen in diesem Bereich. Im Bereich des Jugendamtes, im Bereich der gesundheitlichen Maßnahmen.

Das geht ja über mehrere Magistratsabteilungen, soweit es die Stadt Wien betrifft, und auch über mehrere therapeutische Einrichtungen, das Jugendamt selbst, die Kinder- und Jugendpsychiatrie und niedergelassene Ärzte. Ein äußerst wichtiges Thema ist immer Prävention, das Hineintragen von wichtigen präventiven Inhalten in den Jugend- und Schulbereich. Mit dabei auch immer die Sozialversicherungsträger, die ja das bezahlen müssen, und warum es sinnvoll ist, für manche Dinge sehr viel Geld aufzuwenden.

Die Kosten für Drogentherapien sind in den letzten Jahren massiv angestiegen. Die aufgewendeten Mittel haben ein Vielfaches von dem erreicht, wie es noch in den letzten Jahren der Fall war. Sicherheit … führende Vertreter der Polizei sind immer mit dabei. Umgang mit neuen Formen des Drogenhandels, Umgang mit Phänomenen auf der Straße, Straßensozialarbeit, Umgang mit Problemen im öffentlichen Raum gehören zu den Standardthemen.«

Der Wiener Drogenkoordinator Michael Dressel begann als Sozialarbeiter im Psychosozialen Dienst (PSD) der Stadt Wien, wo er sich der Betreuung Suchtkranker widmete und arbeitete danach in der AIDS-Hilfe. 1990 erteilte ihm Wiens damaliger Bürgermeister Helmut Zilk den Auftrag, die niederschwellige Betreuung im Suchtbereich aufzubauen. Daraus entwickelte sich der »Ganslwirt«. Aufgrund seiner Initiativen wurden der Spritzentauschbus und die Anlaufstelle der Streetworker am Karlsplatz ins Leben gerufen.

Dressel betrachtet die Situation in der Bundeshauptstadt als eher »moderat. Wien hat vergleichsweise mit anderen europäischen Großstädten immer eine sehr moderate Situation gehabt, die sich wohl in der zweiten Hälfte der 90er-Jahre etwas dadurch verschärft hat, dass mehr Kokain in der Straßenszene gelandet ist und zu einer verstärkten Verelendung in dieser Szene geführt hat, zu mehr Konsum im öffentlichen Raum, auch der Drogenhandel hat sich dadurch etwas verstärkt. Die

Spitze war, würde ich sagen 2003. Seither hat sich die Situation auf der Straße wesentlich beruhigt. Ich glaube, dass kann man auch objektiv sagen, und es wird auch von den Hauptbetroffenen uns gegenüber lobend erwähnt.

Natürlich haben wir ein Drogenproblem wie jede andere Großstadt auch. Aber wir haben beispielsweise praktisch keine offene Straßenszene, jedenfalls keine großen Szenetreffpunkte. Der Karlsplatz ist nach wie vor der größte Szenetreffpunkt in Wien, wo sich viele Personen zur gleichen Zeit am gleichen Ort einfinden, um dort herumzugehen, zu stehen und auch zu sitzen. Aber ich meine, Sie kennen die Situation selbst sehr gut. Wenn Sie an die 90er-Jahre zurückdenken, zuletzt Anfang 2000, wo 150, 200 Leute am Platz versammelt waren, und wenn Sie sich die Situation jetzt anschauen, dann ist das wirklich kein Vergleich.

Wenngleich natürlich viele Probleme nach wie vor vorhanden sind. Damit muss man wahrscheinlich auch leben. Man darf sich ja nicht der Illusion hingeben, dass man Drogen aus einer Stadt wegzaubern kann. Drogen werden auf den Markt gebracht, Menschen werden süchtig, damit müssen wir ständig umgehen.

Man kann das Problem eben so klein wie möglich halten und handhaben. Das ist relativ gut gelungen, ohne dass ich mich jetzt selbst loben will. Ich bin seit drei Jahren Drogenkoordinator, habe mir einiges vorgenommen, und ich glaube, dass mir das ganz gut geglückt ist.«

Beispiel Szene Schwedenplatz.

»Man darf die Einzelmaßnahmen nicht überbewerten«, führt Dressel weiter aus, »es wirkt immer nur ein Mix aus Maßnahmen. Nur Kameraüberwachung [am Schwedenplatz] allein, nur Schutzzone allein, nur Polizei allein, nur Straßensozialarbeit allein – das hilft nicht. Was hilft, wenn alle diese Dinge, alle diese Maßnahmen, diese Professionisten letztendlich zusammenarbeiten und zusammenwirken. Die polizeiliche Kontrolle von Szenetreffpunkten ist natürlich ein wesentlicher

Teil, vor allem im Hinblick auf den Drogenhandel. Szenetreffpunkte sind natürlich sehr anfällig dafür, welche Substanzen auf den Markt gebracht werden. Der Treffpunkt ist nicht unbedingt nur durch den Handel beeinflusst. Am Karlsplatz werden keine harten Drogen gehandelt, sondern hauptsächlich Substitutionsmittel. Der Szenetreffpunkt ist auch von den sozialen Bedürfnissen bestimmt, wenn man will, der Leute sich [dort] zu treffen …

Ein Schwerpunkt, den ich mir als Drogenkoordinator vorgenommen habe, war es, die Straßenszene zu beruhigen, und das ist zu einem guten Teil bereits gelungen. Insgesamt sind mehr Leute im Substitutionsprogramm. Da sind wir noch nicht am Ende angelangt. Wir glauben, da gibt es noch ein Potenzial von Betroffenen, die eingegliedert werden können. Das ist wichtig. Es ist jetzt eine Verordnung finalisiert worden, die die Frau Ministerin [Ex-Ministerin Dr. Maria Rauch-Kallat] entweder schon unterschrieben hat oder demnächst unterschreiben wird, in der die Substitution besser geregelt ist, sodass eben diese Missbrauchsmöglichkeiten, die es bis jetzt aufgrund mangelnder gesetzlicher Bestimmungen gegeben hat, in Hinkunft nicht mehr bestehen werden.

Wir hatten ja ein bisschen das Problem, das die niedergelassenen Ärzte, die diese Substitution hauptsächlich durchführen, an diese gesetzlichen Bestimmungen nicht gebunden waren, weil es nur ein Erlass war, an den letztlich nur die Behörde gebunden ist.

Das war die paradoxe Situation, dass nämlich die Amtsärzte, die Wiener Gesundheitsbehörde regelnd eingreifen wollten, dies aber nicht tun konnten, weil die Niedergelassenen [Ärzte] daran nicht gebunden waren. Das hat zu gewissen Schwierigkeiten geführt und ist auch ausführlich diskutiert worden. Ich glaube, es ist ein sehr guter Kompromiss herausgekommen. Wir haben einige neue Einrichtungen geschaffen. Es gibt ›Dialog 10‹, eine Einrichtung, die zwischenzeitlich als neue Betreuungsstelle mit 700 Plätzen eröffnet wurde, und diese Stelle arbeitet mit dem Schwerpunkt Jugendliche. Dort ist auch ein Kinder- und Jugendpsychiater. Wir haben diese Verbindung zur Kinder- und Jugendpsychiatrie. Das ist für uns ein ganz wichtiger Schwerpunkt, den wir auch ausbauen wollen.«

Nach einigen dieser Aussagen des Wiener Drogenkoordinators muss ich mich fragen, ob ich in der falschen Stadt recherchiert habe? Oder haben mir die Betroffenen und die Polizei Ammenmärchen erzählt? Natürlich nicht.

Zuerst einmal ist da der hinkende Vergleich mit anderen europäischen Großstädten. Das ist eine Milchmädchenrechung. Wien mit seinen rund 1,6 Millionen Einwohnern muss natürlich eine kleinere Drogenszene haben als Hamburg, Berlin, Frankfurt und andere Metropolen in Europa. Wäre das nicht der Fall, könnten wir sofort einpacken. Die Lage ist an sich schlimm, und zu argumentieren, dass Wien im Vergleich zu anderen Städten gleichsam glimpflich davonkommt, kommt einer gewissen Realitätsverweigerung sehr nahe.

Moderat bedeutet gemäßigt. Davon kann man, wenn man sich nur halbwegs auskennt und öfters unterwegs ist, wirklich nicht sprechen. Dressel bringt die Straßenszene ins Spiel und meint damit die offene Straßenszene. Was ist mit der halboffenen, der privaten und der Lokalszene? Zu sagen, dass wir keine offene Straßenszene, jedenfalls keine Szenetreffpunkte in die Stadt haben, ist schlichtweg unrichtig.

Warum tummelt sich am Karlsplatz die Szene nicht mehr in Massen? Weil beim Ausgang der Kärntnertorpassage in den Resselpark die neue Polizeiinspektion errichtet wurde und damit ist dieser Sammelplatz in Richtung der Evangelischen Schule hinauf in die Wiedner Hauptstraße weggefallen. Das war auch in die Planung bewusst einbezogen, eben um die Abhängigen von dort zu vertreiben, was letztendlich auch gelungen ist. Allerdings mit dem Fazit, dass sich die Karlsplatzszene, wie bereits erwähnt, in die umliegenden Seitengassen und Straßen verzogen hat.

Das zitierte Beispiel Schwedenplatz ist sicherlich nicht das alleinige Verdienst der Drogenkoordination, und natürlich wurde auch mit den zuständigen Stellen intensiv kooperiert. Dennoch ist es in erster Linie Leuten wie Margit Wipfler, Wolfgang Preiszler und Roland Horngacher, Georg Rabensteiner, Wolfgang Hottowy u.a. zu verdanken, dass diese Szene nicht mehr existent ist. Diese Personen haben von der polizeilichen Warte her die ersten Zeichen gesetzt, umdagegen etwas zu unternehmen. Die Folge davon war zum einen die Gründung der EGS, deren Existenzberechtigung und Erfolge niemand anzweifeln kann, ebenso wenig wie jene der anderen Suchtgiftfahnder in dieser Stadt und der Polizeibeamtinnen und -beamten in der Polizeiinspektion Kärntnertorpassage. Diese Damen und Herren wissen aus erster Hand, was in Wien bezüglich Drogenszenen Sache ist. Nicht zu vergessen auch die Kameraüberwachung an neuralgischen Punkten.

»Die Situation in der Kärntnertorpassage unter dem Karlsplatz haben wir gut im Griff«, sagte am 16. November 2006 der Wiener stellvertretende Landespolizeikommandant Karl Mahrer gegenüber der »Presse«. 2006 wurden in der Passage, am Karlsplatz und im angrenzenden Resselpark insgesamt 529 Personen festgenommen und 8325 Anzeigen geschrieben.[148]

Im gleichen Artikel sprach auch Drogenfahnder Wolfgang Preiszler von »Problemen mit Dealern entlang der U6 [U-Bahn-Linie, Anm.d.A.]«. Dabei handelt es sich um so genannte »reisende Dealer«, die ihre Ware in den Zügen zwischen den einzelnen Stationen verkaufen. Nach zwei Festnahmen sind die Dealer zwar etwas vorsichtiger geworden, doch ist der schwunghafte Handel für die Fahrgäste nicht zu übersehen. Besonders betroffen sind die Stationen Handelskai, Spittelau – hier wird am Bahnsteig der U4 gedealt –, Alser Straße, Gumpendorfer Straße, Längenfeldgasse und Philadelphiabrücke, wobei sich hier die Situation etwas entschärft hat. Im Bereich

---

148 Die Presse, 16. November 2006

Westbahnhof sorgt die Videoüberwachung für eine Entspannung der Situation, allerdings nutzen die Dealer den angrenzenden Europapark.

»Dort wird zu Uhrzeiten … gehandelt, zu denen Otto Normalverbraucher nicht auf der Straße ist«, sagte Preiszler gegenüber der Tageszeitung »Die Presse« am 16. November 2006.

Natürlich werden am Karlsplatz kaum mehr harte Drogen gehandelt, aber dafür Substitionsmittel und dabei führend Substitol.

Der Szenetreffpunkt, sagt Dressel, ist auch von den sozialen Bedürfnissen der Leute bestimmt, die sich hier treffen. Warum finden sie sich dort ein? Sie plaudern sicher nicht über das Wetter. Hier warten die Dealer und das Geschäft. Hier treffen die Abhängigen ihre falschen Freunde. Unter Abhängigen gibt es keine Freundschaft. Jeder ist sich selbst der Nächste. Hier wird betrogen, belogen und gelinkt.

Dressel verspricht sich viel, wie andere auch, von der schon mehrfach angesprochenen **neuen Substitutionsverordnung**, für die die Ex-Gesundheitsministerin Dr. Maria Rauch-Kallat zuständig war, und somit wären wir, wieder einmal, in der hohen Politik gelandet. Rauch-Kallat hätte die Verordnung schon seit geraumer Zeit unterzeichnen sollen. Aus nicht ganz nachvollziehbaren Gründen zögerte sie ihre Unterschrift hinaus.

Am 9. November 2006 dann der unerwartete Vorstoß der Ministerin. Vollmundig pries sie im Rahmen einer Pressekonferenz die Vorzüge der neuen Verordnung an, deren wesentliche Punkte sind: »Behandlung nur noch über einen Arzt; jeder in der Substitutionstherapie Befindliche bekommt einen speziellen Ausweis; de facto sofortige Übermittlung aller Rezepte an den Amtsarzt; damit sollen ›doctor shopping‹ und Mehrfachverschreibungen verhindert und so der Schwarzmarkt reduziert werden; der jeweils in den Apotheken unter Aufsicht des Pharmazeuten einzunehmende Methadon-Sirup bzw. Buprenorphin (Subutex) werden als Mittel der ersten Wahl bezeichnet; ein

Abweichen davon – also speziell die Verschreibung von retardiertem Morphin (Substitol etc.) – ist an besondere Auflagen bzw. Rücksprache mit dem Amtsarzt geknüpft; gleichzeitig müssen Ärzte eine entsprechende Ausbildung (mit Übergangsfristen) absolviert haben, wenn sie Substitutionspatienten betreuen.«[149]

Mit 1. Jänner 2007 sollte diese neue Verordnung wirksam werden, doch legte das Bundesdrogenforum bzw. die Bundesländerdrogenkoordinatoren noch am Nachmittag des 9. November 2006 ein Veto ein.

»Das Bundesdrogenforum soll in Sucht- und Drogenfragen beraten. Wir wurden eingeladen. Ein Punkt auf der Tagesordnung waren auch die neuen Verordnungen. Die Sitzung hat um zehn Uhr begonnen. Gleichzeitig erfuhren wir, dass zu dieser Zeit bereits eine Pressekonferenz lief, in der die bereits fertigen Verordnungen vorgestellt wurden. Welchen Sinn hat es, wenn man uns einlädt, Stellung zu nehmen, und dann die Verordnung schon unterschrieben ist? ... Wir haben uns erst über Interventionen den Text organisiert«, sagte der Vorarlberger Drogenkoordinator Thomas Neubacher zu diesem ministeriellen Alleingang.[150]

Nun soll die neue Substitutionsverordnung erst im März 2007 in Kraft treten. Noch sehr viel Zeit bis dahin. Zeit genug, weiterhin an Substitol abzukratzen ... Eine weitere Frage ist, wie die nunmehrige Amtsnachfolgerin von Rauch-Kallat, Dr. Andrea Kdolsky, mit dieser Problematik umgehen wird? Zumindest ist sie als Ärztin vom Fach.

Der Wiener Drogenkoordinator Michael Dressel »wies auf die Notwendigkeit der Verschiebung des In-Kraft-Tretens hin: ›Wir können innerhalb von sechs Wochen nicht die gesamte Verwaltung in Sachen Substitutionstherapie umdrehen. Wir haben in Wien rund 6000 Substitutionspatienten. Das ist praktisch nicht möglich.‹«[151]

---

149 Die Presse, 9. November 2006
150 ebenda
151 ebenda

Suchtverwaltung und Suchtverwalter – dem ist nichts mehr hinzuzufügen …

Zweifelsohne bemüht man sich, die Probleme mit neuen und bereits vorhandenen Einrichtungen in den Griff zu bekommen. Doch der Vorwurf der Suchtverwaltung bleibt bestehen – eine Schadensbegrenzung, die nur punktuell hilft und punktuell entschärft: Drogen könne man aus einer Stadt nicht wegzaubern und so weiter und so fort – hohle Phrasen und Worthülsen, die von den Verantwortlichen stets neu präsentiert werden.

Das ist bis zum Erbrechen bekannt. Nur, wem hilft es? Nicht einem einzigen Abhängigen oder einem betroffenen Angehörigen. Weder der Stadt noch den Verantwortlichen noch den Bewohnern.

Renate Brauner, als ehemalige Stadträtin verantwortlich für die Wiener Drogenpolitik, lässt am 10. April 2006 über die Rathauskorrespondenz des Presseinformationsdienstes (PID) verlauten: »Der kürzlich veröffentliche ÖBIG [Österreichisches Bundesinstitut für Gesundheitswesen, Anm. d. A.]-Bericht ›Suchtgiftbezogene Todesfälle 2004‹ zeigt, dass in Wien die Zahlen der Drogenopfer vom Jahre 2003 mit 92 auf 88 im Jahre 2004 gesunken sind. Trotz dieses Rückgangs werden wir unsere Maßnahmen noch weiter verstärken, denn jeder einzelne Todesfall ist einer zu viel. In Wien gibt es seit vielen Jahren niederschwellige Einrichtungen mit Spritzentauschprogrammen, Präventionsmaßnahmen sowie medizinischer und sozialer Betreuung … Wie das aktuelle Suchtmittel-Monitoring 2005 zeigt, ist in Wien weder die Anzahl der KonsumentInnen gestiegen noch das durchschnittliche Einstiegsalter der DrogenkonsumentInnen gesunken.«

Weiters heißt es in dieser PID-Meldung: »… In Wien gibt es derzeit 24 ambulante und acht stationäre Hilfseinrichtungen für Suchtkranke. Um zu erreichen, dass die Krankheit Sucht gar nicht erst entsteht und diese Einrichtungen in Anspruch genommen werden müssen, setzt die Wiener Drogenpolitik auf Präventionsmaßnahmen.«

»Ich würde sagen, es hat sich einfach in den letzten Jahrzehnten nichts geändert«, spart der Therapeut Andreas Mauerer nicht mit seiner Kritik. »Wir haben breitere Angebote, aber inhaltlich, konzeptuell, finanziell blieb es unverändert. Wir haben eigentlich gleich bleibend stagnierende Zahlen von Drogenabhängigen und Suchtkranken generell, weil ich eben Alkoholkranke, Medikamentenabhängige hinzuzähle ... Die Behandlungsangebote sind scheinbar mehr, nur aufgrund der finanziellen Situation nicht wirklich mehr. Wir ruhen in Frieden in Bezug auf Drogentherapie ... Ich halte mittlerweile nichts mehr von dieser Kuchenverteilung in Österreich. Wenn wir von Sucht sprechen, braucht es mehrere Leute. Ich möchte, dass diese zu-zusammenarbeiten. Das tue ich in meinem Verein. Das ist der Unterschied zu anderen arrivierten Drogentherapieeinrichtungen.«

Kein gutes Haar lässt Mauerer auch an der Paradeeinrichtung der Wiener Drogenprävention, ChEck iT!, in der Jugendliche Ecstasy und andere Substanzen vor der Einnahme im Schnellverfahren testen lassen können.

»Die Zusammensetzung der Pulverln ist so komplex und unterschiedlich, dass sich diese Einrichtung selbst ad absurdum führt«, sagt Mauerer. Daher ist in diesen Schnelltests kaum eine vernünftige Analyse machbar.

»Nein«, führt Mauerer weiter aus, »vor allem wissen wir, es hängt doch alles zusammen und es hängt auch von den Mischungen ab, die sich die Jugendlichen besorgen. Jetzt kann ich Ecstasy nehmen und es hat keine besondere Wirkung. Jedoch jeder weiß, wenn ich bei Ecstasykonsum nicht ausreichend Flüssigkeit zu mir nehme, kann es zu gravierenden körperlichen Problemen kommen. Abgesehen davon, gibt es die Gerüchte, dass ChEck iT! ein guter Sammelplatz für versteckte, verdeckte Kontrolle ist: Wer geht da hinein und lässt was testen? Von wegen Straffreiheit und Datenschutz bin ich in diesem Land auch nicht überzeugt.«

Aus der Sicht des Wiener Drogenbeauftragten, Dr. Alexander David, ist ChEck iT! genau das Projekt für eine ganz bestimmte Zielgruppe. Er betrachtet es nicht als ein Eingeständnis an die Szene, die Probleme nicht mehr bewältigen zu können.

»Ein Armutszeugnis ist es, wenn man ein Problem kennt und nichts dagegen unternimmt. Wenn man fassungslos daneben steht, die Hände über den Kopf zusammenschlägt. Diese Leute, die ein erhebliches Risiko eingehen, das sind die Partydrogenkonsumenten, eine eigene Gruppe, die nicht die Karlsplatzleute und nicht die Substituierten sind, die kommen nicht zu uns.

Das ist furchtbar und war eine Vogel-Strauß-Haltung, die über Jahrzehnte in ganz Europa der Fall war. Das ist eine Szene, die sich selbst als nicht problematisch empfindet. Ein großer Teil dieser Personen geht nicht dorthin, wo steht ›Nur für Drogenkranke‹, und setzen sich dort hin. Dort möchte ich nicht gesehen werden, ich bin auch nicht schwer drogenkrank und abhängig.

Daher haben wir beschlossen, wenn die nicht zu uns kommen, müssen wir zu ihnen hingehen. Wir haben ein international sehr beachtetes Projekt ins Leben gerufen, dass auch auf Kongressen dementsprechenden Niederschlag fand, wo internationale Fachleute auch zu uns gekommen sind, um sich dieses [Projekt] anzusehen. Mit einer hervorragenden chemischen Analytik, die in der Universitätsklinik von Professor Schmid ausgearbeitet wurde. Ein eigenes Computerlaborprogramm in einem LKW, ein Maximum an Hightech, das in kürzester Zeit hunderte verschiedene Substanzen erkennen kann. Das ist einer der Hauptunterschiede zur Küchenanalytik, wie sie anderswo in Europa praktiziert wird. Die haben zwölf verschiedene Möglichkeiten und können nur Amphetamin, Kokain, Heroin und so weiter feststellen. Wir können eben hunderte Substanzen, auch in der Zusammensetzung, weil es vielfach Mischsubstanzen sind, auswerten. Wir klären den Patienten auf jeden Fall über das hohe Risiko auf, und alle anderen sind eingeladen, über die Ergebnisse mit uns zu sprechen. Wenn sie nur wissen wollen, das ist Ecstasy in der und der Stärke und sonst von uns nichts wollen, soll es uns auch recht sein. Wenn es etwas sehr Gefährliches ist, wurden Veranstaltungen schon mehrmals unterbrochen und die DJs machten Durchsagen – ›Leute aufpassen, das kann auch tödlich sein. Das nehmt ihr nicht.‹ Das wurde hervorragend angenommen.

Für mich ist es eine Umkehrung aus einer Situation, wo man hilft, das Risiko zu vermindern. Wir hatten vor Jahren einen 16-jährigen Ecstasytoten. Der Bub verstarb an einer extrem gefährlichen Substanz, die wir in der Zwischenzeit mehrmals identifiziert und davor gewarnt haben. Wir haben seit Jahren keinen Ecstasytoten mehr.«

Zweifelsohne ist die Drogenproblematik ein Politikum. Die Drogenkoordination mit ihren sämtlichen Einrichtungen ist ein gewichtiges politisches Instrumentarium in der Bundeshauptstadt, die mehrheitlich von der SPÖ regiert wird. Spricht man mit jenen Menschen, die mit der Drogenproblematik absolut nichts zu tun haben, werden großes Unwissen und Unkenntnis erkennbar, was wiederum bedeutet, dass anscheinend zu wenig Informationen an die Öffentlichkeit gelangen.

»Es wird nicht aufgeklärt«, bestätigt Andreas Mauerer, »wobei ich dazu sage, man könnte es jetzt umdrehen und noch zynischer werden, die Öffentlichkeit ist ausreichend aufgeklärt, aber es gibt so viele Gebiete, wo wir mehr Aufklärung bräuchten, dass wir den Wald vor lauter Bäumen nicht mehr sehen. Ich vergleiche das sehr oft mit dem Psychotherapiegesetz. 1989/90 waren wir innovativ, war Österreich super mit der Etablierung des Berufsstandes der Psychotherapeuten und dem Gesetz selbst. Europaweit, wenn nicht weltweit. Da haben sich auch einige Hardliner sehr verdient gemacht.

Was ist passiert? Dann begannen wir die Methoden zu untersuchen, welche psychotherapeutischen Verfahren sollen wir anerkennen? Mit der Quintessenz, dass wir jetzt nach 15 Jahren 20 Methoden anerkannt haben, wobei zwischen manchen

Verfahren kaum ein Unterschied besteht. Vom psychosozialen Versorgungssektor können wir es gar nicht bezahlen und abdecken. Psychotherapie auf Krankenschein ist zwar möglich, aber minimal, unterbelichtet im wahrsten Sinne des Wortes. Wo andere Länder gleich von Haus sagen, wir haben nicht das Geld für eine flächendeckende psychotherapeutische Versorgung. Deshalb anerkennen wir nur wenige Methoden. Das ist bei uns wurscht.

Wir erkennen alles an und können nichts bezahlen. Ebenso ist es im Bereich Sucht oder Drogenkoordination, genauso in der Kinder- und Jugendarbeit und in der Altenbetreuung.«

Im Interview mit Drogenkoordinator Michael Dressel sprach ich auch die neue Sprachregelung an – von illegalen zu illegalisierten Drogen, also eine Verharmlosung, Entschärfung und Verniedlichung. Er kannte – im Gegensatz zu Mauerer – diesen neuen Begriff nicht.

»Da sind wir wieder bei dieser Abstinenzorientierung«, legt Mauerer seinen Standpunkt dar, »es hat immer gefährliche Substanzen gegeben. Aufgrund der Entwicklung gibt es hundert Millionen Möglichkeiten, Substanzen zu mischen. Dann kommen wir drauf und machen punktuell neue Gesetze oder Reformen und sagen, dass zählt nun auch zu den Illegalen [Drogen]. Plötzlich sind wir bei den psychotherapeutischen Methoden. Ein ganzes Land voll illegaler Substanzen. Wir wissen eigentlich überhaupt nicht mehr, in welche Richtung wir uns präventions-, behandlungs-, begleitungs- und betreuungsmäßig bewegen sollen. Für mich geht es darum, weiter darauf zu achten, was die Entkriminalisierung anbelangt, nicht die Verillegalisierung.«

Andreas Mauerer ist nicht zuletzt durch seine jahrzehntelange berufliche Erfahrung ein vehementer Gegner der Drogenfreigabe und er kann es auch begründen.

»Ich glaube, dass der Missbrauch, die Missbrauchsgefahr, das Experimentierverhalten ein viel stärkeres und höheres wird. Damit züchte ich mir Gefahren, die ich so nicht habe. Ich halte nichts davon. Man braucht nur in die Niederlande zu schauen, diese *coffee shops*, auch da wird nur mit Wasser gekocht. Es hat sich diese Freigabe in diesem Sinn nicht bewährt. Entkriminalisierung ja, Freigabe nein.«

In dieser Entkriminalisierung sieht Mauerer auch bereits gute Ansätze, wenn auch mit Haken verbunden.

»Wir probieren es in Schulen mit nach § 35, § 37 verurteilten Jugendlichen, dass es nicht unbedingt zur Anzeige kommen muss.«

Das Suchtmittelgesetz (SMG) regelt in Österreich den Verkehr und die Gebarung mit Suchtmitteln (illegalen Drogen und psychotropen Substanzen). Strafverfahren wegen des Erwerbs und Besitzes geringer Mengen an Suchtmitteln müssen im Allgemeinen nach Maßgabe der §§ 35 und 36 SMG von der Staatsanwaltschaft für eine Probezeit von zwei Jahren zurückgelegt werden. Die vorläufige Zurücklegung der Anzeige setzt eine Stellungnahme der Bezirksverwaltungsbehörde als Gesundheitsbehörde voraus, ob der Angezeigte einer gesundheitsbezogenen Maßnahme (§ 11 Abs. SMG) bedarf. Deswegen ist eine Anzeige wegen Suchtmittelbesitzes meist mit einer sozialmedizinischen oder psychiatrischen Untersuchung verbunden. Alternativ kann die Zurücklegung der Anzeige von einer regelmäßigen Betreuung durch einen Bewährungshelfer abhängig gemacht werden (§ 37 SMG).

»Das ist für mich eine durchaus gute präventive Maßnahme«, so Mauerer weiter, »wobei es sich schon wieder insofern spaltet, weil wir nicht wissen, wer es bezahlt. Ich bemerke Auffälligkeiten bei Jugendlichen, die möglicherweise mit Drogenkonsum zu tun haben. Im Sinn der Präventivmaßnahme weise ich zu und entwickle ein individuelles Krisenmanagement, ohne dass ich den gleich verurteile und der eine Vorstrafe mit sich schleppt. Das verstehe ich unter Entkriminalisierung, wobei man darauf achten muss, wo haben wir die Begleitmaßnahmen und die Möglichkeiten der Finanzierung, um so weiter fort zu gehen. Das heißt, man muss die einzelnen Stadien differenzierter betrachten. Wenn heutzutage ein Jugendlicher am Wochenende seinen *Ofen* [*Joint*] raucht, kräht kein Hahn danach, und wir können beim besten Willen, auch als Hardliner-Experten, nicht von einer Suchterkrankung reden. Wenn er sich aber täglich fünf *Öfen* reinzieht, dann ist sehr wohl eine Auffälligkeit da, wo ich präventiv, in welchem Stadium auch immer, tätig werden muss. Nicht gleich beim ersten *Ofen* sofort anzeigen.

In unserem Land ist Alkohol die Einstiegsdroge, auch Medikamente. Es kann alles die Einstiegsdroge sein. Von dem bin ich persönlich schon lange weg, dass ich das sage, umso mehr ich sehr viele Klienten habe, die nie einen *Joint* geraucht haben, die sind gleich beim Kokain gelandet und haben ihren psychotisch-pathologischen Status erreicht.«

Trotz gewisser positiver Ansätze ist Andreas Mauerers Zukunftsprognose eher düster.

»Ich denke, dass sie [Drogenkoordination] stärker das verfolgen, was meines Wissen Franz Pietsch [Bundesdrogenkoordinator] bereits macht, eben diese Abstinenzorientierung auch zu etablieren und rund um diese auch mehr für die Prävention zu tun. Das vertrete ich seit jeher. Fangen wir an mit Aufklärung, mit Information, mit präventiven Maßnahmen ab dem Kindesalter. Lassen wir dort Gelder und Förderungen hineinfließen. Dann haben wir hoffentlich später nicht diesen Versorgungsnotstand in der Behandlung, in der Tertiärprävention. Für mich kann es sich nur zielgerichtet an der Primärprävention orientieren, wirklich Geld locker zu machen, um Kinder zu informieren, Kinder aufzuklären, mit Kindern Alternativen zu finden. Ich habe keine Hoffnung, dass es sich ändert. Ich möchte nur später auf meiner Urne stehen haben – er hat seinen klitzekleinen Beitrag zu leisten versucht.«

Naturgemäß wird die gegenwärtige Drogensituation, in der Bundeshauptstadt von Wiens Drogenbeauftragtem, Dr. Alexander David, nicht so schwarz gesehen.

»Wir müssen mit den neuen Handelsformen des Drogenhandels adäquat umgehen können. Wir haben gute Strategien gefunden, um mit Opiatabhängigen umzugehen. Allein die Zahl von über 6000 Substituierten ergibt ein sehr deutliches Bild, dass wir tausende schwer drogenkranke Menschen zum Teil in normalen Ordinationen behandeln können. Das halte ich für einen ganz wesentlichen entscheidenden Fortschritt, die Integration von Opiatabhängigen in ein breites Versorgungsnetz.

Was wir tun müssen ist, uns besonders mit den Formen der Drogenproblematik auf der Straße intensiver auseinander zu setzen. Da bedarf es neuer Konzepte, sozusagen eine Offensive der straßenbezogenen Maßnahmen, nicht nur von ärztlicher und sozialarbeiterischer Seite. Das müssen ganz sicher auch Maßnahmen sein, die in den Bereich Alkoholismus, Psychiatrie, Wohnungslosigkeit auf der einen Seite und auf der anderen Seite auch die Zusammenarbeit mit der Polizei sein, die hier entscheidend ist. Eine verträgliche Situation im öffentlichen Raum herzustellen.

Wir haben gelernt, dass es unverträglich ist, die Drogenkranken einfach wegzujagen, sondern wir müssen mit ihnen so umgehen, dass auch sie Teil dieses verträgliches Bildes sind, aber andere Benützer der öffentlichen Verkehrsmittel, Schüler, Geschäftsleute, alle andern Menschen auch gerne dort sein wollen und sogar noch eine Freude haben, wenn sie am Karlsplatz in ein Konzert oder eine Ausstellung gehen.«

Mit anderen Worten – der Schaden ist vorhanden, daher bleibt nur Schadensbegrenzung. Aus ärztlicher Sicht ist es sicherlich ein großer Erfolg, wenn sich 6000 Abhängige entschlossen haben, das Substitutionsangebot in Anspruch nehmen, um *clean* zu werden, aber gleichzeitig kommt es auch einer Bankrotterklärung gegenüber der Primärprävention gleich.

David ist gegen Kontakträume, das heißt Orte oder Räumlichkeiten, wo sich Drogenkranke, vor allem Heroinabhängige, die Spritzen setzen können.

Der Arzt hält das »für eine der am kontroversiellsten geführten Diskussionen in der Drogenarbeit. Was man wissen muss ist, dass die Kontakte-, Spritzen- oder Gesundheitsräume in Regionen eingeführt wurden und funktionieren, wo vorher ein ganz massives öffentliches Problem im öffentlichen Raum war. Dass Zürich mit über 2000 Schwerstkranken auf der Straße Kontakträume einrichtet, verstehe ich, und auch Frankfurt.

Der Preis, der dafür bezahlt wurde, lautete: Die Polizei sorgt dafür, dass kein *Junkie* mehr in der Öffentlichkeit in irgendeiner Weise auffällig ist, geschweige dass er handelt und konsumiert. Die Polizei macht die Straßen besenrein.«

Berühmt-berüchtigte Beispiele waren in den 90ern in Zürich der Platzspitz und in Rotterdam der so genannte Bahnsteig Null.

»Die Stadt oder die sozialen Einrichtungen«, setzt David fort, »bieten Kontakträume an, und nur dort dürfen die Leute sein. Das ist das Rezept, nach dem Kontakträume funktionieren. Dazu braucht man ein massives Problem vorher, ein breiter öffentlicher und fachlicher Konsens, dass man diese Maßnahme setzen wird, und zwar von allen, nicht nur von einer Hälfte davon, und eine Polizei, die mitspielt. Aus so einem komplexen System ein Element herauszuholen und zu sagen, wir machen nur Kontakträume, kann nicht funktionieren.

Wir haben dieses Problem nicht. Wir haben nicht tausende fixende Drogenkranke, Gott sei Dank, in irgendeinem Bereich. Wir haben welche, aber nicht so viele. Wir haben nicht einen breiten öffentlichen Konsens inklusive der Polizei. Politischen Konsens, andere Öffentlichkeitsträger, öffentliche Meinung und Polizei, dass das unerträglich ist und wir etwas anderes machen müssen. Wir haben nicht eine Polizei und auch nicht die Notwendigkeit, dass wir jetzt in Wien *Junkies* vollkommen aus der Öffentlichkeit wegräumen und ihnen sagen, der einzige Platz, wo ihr sein dürft, sind die Kontakträume.

Dass es abstrakt für Drogenkranke natürlich medizinisch ein Vorteil wäre, unter sauberen, betreuten und geordneten

Bedingungen sich eine Injektion zu machen, wenn sie es sonst nicht lassen können. Das betrifft Schwerstkranke, ältere schwerst Abhängige. Das steht außer Zweifel. Nur fehlen uns wesentliche Bedingungen, dass wir solche Konträume in Wien erfolgreich durchsetzen können. In dem Moment, wo die Polizei nicht dafür sorgt, dass überall anders nicht verkauft und nicht konsumiert wird, funktionieren die Konträume nicht. Das hat man in Frankfurt gesehen, dass durch starken Polizeidruck die Konträume sehr gut frequentiert waren. Dann haben die [Polizei] sich ein bisschen zurückgelehnt und haben mit dem Druck nachgelassen und schon hatten sie wieder das Problem auf der Straße.«

Im »Falter« vom 28. Juni 2004 schreibt Florian Klenk: »… Die Vordenker der heimischen Drogenpolitik sagen nun: ›Enteignet endlich die Dealer, zerstört ihren Markt!‹ … Den öffentlichen Tabubruch wagt ausgerechnet ein Staatsanwalt. Der neue Leiter der Wiener Jugendstaatsanwaltschaft, Walter Geyer, fordert ein völliges Umdenken in der Drogenpolitik nach Schweizer Vorbild (…): ›Es gibt eine Gruppe schwer kranker Süchtiger, die Drogen einfach brauchen. Wenn man ihnen kontrolliert von Staats wegen die Substanz gibt, bestehen gute Chancen den Markt auszutrocknen.‹«

Zwei Jahre später, am 6. Dezember 2006, wiederholt Staatsanwalt Walter Geyer seine Forderung im Zusammenhang mit dem Missbrauch und Dealen des Substitutionsmittels Substitol: »Heroin sollte an schwer Süchtige in kontrollierter Form abgegeben werden … Man muss die Bevölkerung informieren und schließlich auch an der internationalen Entwicklung, Beispiele sind Deutschland und England, teilhaben. Unser bisheriger Weg ist sicherlich nicht das Gelbe vom Ei.«[152]

Am 12. Dezember 2006 nimmt via APA auch der ÖVP-Gesundheitssprecher, Dr. Erwin Rasinger, zur Drogenproblematik

---

152 APA, 6. Dezember 2006, und NEWS, 7. Dezember 2006

und zum Szenetreffpunkt Karlsplatz im Besonderen Stellung: »In Wien werden derzeit viel zu wenig drogenkranke Menschen medizinisch und sozial betreut. Unser Bestreben geht dahin, den Anteil deutlich zu erhöhen und sie damit auch von der Straße wegzubringen ... Es muss einerseits den Suchtmittelabhängigen geholfen werden, andererseits auch jenen, die durch die Anwesenheit dieser Menschen belästigt werden und nur allzu oft geschäftliche Nachteile in Kauf nehmen müssen. Ein Paradebeispiel dafür ist der Wiener Karlsplatz. Mit der Einrichtung von Sozialräumen, wo Aufenthalt und sozialmedizinische Betreuung der Drogenkranken möglich wäre, könnte beiden Seiten geholfen werden. Eine Entlastung des öffentlichen Raumes Karlsplatz-Passage wäre insbesondere in der kalten Jahreszeit die Folge ...«

Beschaffungskriminalität, Drogenhandel, illegale Prostitution, Raubüberfälle und Diebsstahlsdelikte würden sinken. Mag sein, aber dass, wie Klenk 2004 schrieb, »die Justiz keine neuen Gefängnisse mehr bräuchte«, ist Wunschdenken.

Für Gerhard Schinnerl, den Leiter des Vereins Wiener Sozialprojekte, »wäre das«, so gegenüber dem »Falter«, »das Ende dieser Treibjagd nach Suchtgift und [wäre] bei uns problemlos durchführbar«.

Gegenüber diesem Wochenmagazin äußerte sich auch der Wiener Jugendrichter Norbert Gerstberger, der durch seine Arbeit täglich mit schwarzafrikanischen Dealern konfrontiert ist und der sich selbst in jenen Ländern überzeugte, wo harte Drogenabgabe von staatlicher Seite erlaubt wurde: »Das hat zum Zusammenbruch des Schwarzmarktes geführt.«

Auch Gabriele Fischer, Leiterin der Drogenambulanz im AKH, »könnte Patienten behandeln, die nicht mit den herkömmlichen Substitutionsprogrammen zu erreichen sind. Niederländische Studien belegen Vorteile für einen gewissen Teil der Bevölkerung und für die Patienten.«

Im Juni 2004 wurde von Professor Alfred Springer vom Ludwig-Boltzmann-Institut für Suchtgiftforschung eine dieser

Studien im Wiener Drogenbeirat präsentiert.

Mit dem Ergebnis, so Springer, dass die heroingestützte Behandlung dazu beitrage, »die sozialen, medizinischen und geistig-seelischen Bedingungen von Heroinabhängigen günstig zu beeinflussen«. Diese Behandlungsform sei eine »außerordentlich erfolgreiche Einzelmaßnahme im Bereich der Kriminalitätsprävention bei Drogenabhängigen«. (»Falter«, 28. Juli 2004)

Dr. Alexander David und ich hatten im Laufe der Jahre in kontinuierlichen Abständen immer wieder miteinander zu tun. Auch dieses Mal kann ich ihm diese Frage nicht ersparen. In Gesprächen mit Angehörigen und Betroffenen wird immer der Vorwurf laut, es seien zu wenige Therapieplätze vorhanden. Der Drogenbeauftragte schmunzelt. Anscheinend hat er damit gerechnet.

»Wenn Sie sich die Zahlen in der Zwischenzeit anschauen, wie viel mehr an Therapie es gibt, kann ich nur sagen, es ist, Gott sei Dank, so, dass ein großer Teil der Betroffenen einen Therapieplatz hat, und zwar überwiegend im ambulanten Bereich. Deswegen, weil Suchterkrankungen Erkrankungen sind, die nicht zwei, drei Jahre, was schon lange ist, sondern oft zehn, zwölf, 15 und mehr Jahre dauern und auf Dauer so ein langfristiges Betreuungsverhältnis nur im ambulanten Bereich herstellbar ist. Stationäre Behandlungen können ein Teil davon sein. Der größte Teil findet im ambulanten Bereich statt und der ist massiv ausgebaut worden. Es gibt tausende Therapieplätze in Drogeneinrichtungen. 5000 von 6000 Substituierten sind bei niedergelassenen Ärzten in einer Ordination.«

Aus dem Hintergrund, quasi hinter mir sitzend, schaltet sich Pressesprecher Florian Winkler ein. Wer mit Journalismus nichts zu tun hat, der weiß nicht, dass bei heißen Themen, verbunden mit heiklen Fragen, der Pressesprecher immer anwesend ist. Das ist sein Job. Aufzupassen, dass sein Chef, wie man so sagt, gut rüberkommt. So sind die Spielregeln. Und Dr. Alexander David übt gleichsam eine Doppelfunktion aus: Er ist Arzt und Drogenbeauftragter, also im weiteren Sinn auch

Stadtpolitiker, denn sein Amt als Drogenbeauftragter wird ihm von der Stadt, vom Bürgermeister, erteilt.

»Wobei man dazu, glaube ich«, meint der Pressesprecher, »auch sagen muss, dass oftmals die Vorbereitungszeit mit einer Wartezeit verwechselt wird. Der Michi [gemeint ist Michael Dressel, Anm. d. A.] hat das, glaube ich, ganz gut ausgeführt, dass letztendlich der Arzt keinen Patienten haben will, der sich gerade aus einer Laune heraus, weil es ihm schlecht geht oder weil er in einer Krise ist, für eine Therapie entscheidet, sondern dass er letztlich sagt: ›Ja, das ziehe ich jetzt durch und das dann auch mit allen Problemen, die dabei auftauchen.‹ Aber diese Vorbereitungszeit, er stellt sich darauf ein, schon unter Betreuung, die wird oft mit Wartezeit verwechselt.«

(Zum besseren Verständnis möchte ich an dieser Stelle anmerken, dass die Interviews mit Dressel und David an verschiedenen Tagen geführt wurden.)

»Dazu gibt es noch mehr zu sagen«, fährt David fort. »Wir haben verschiedene stationäre Angebote. Eines zum Beispiel ist das Anton-Proksch-Institut, das eine sehr lange Vorbereitungszeit – Klammer Wartezeit – hat. Es gibt aber auch andere Einrichtungen wie den ›Grünen Kreis‹, der eine wesentlich kürzere Vorbereitungszeit, aber auch andere Therapiekonzepte hat. Zum zweiten haben wir schon längst eine Sofortschiene in Wien, in erster Linie in psychiatrischen Abteilungen, wo wir im Bedarfsfall jemanden sehr, sehr schnell unterbringen können. Das gibt es auch auf der Baumgartner Höhe [Psychiatrisches Krankenhaus, Anm. d. A.], im Drogeninstitut. Wir können besonders akute Fälle immer –vorbei an Wartezeiten – sehr schnell aufnehmen. Da hat sich das System doch deutlich entspannt. Übrig bleibt eine Situation, die immer unbefriedigend ist: Jemand will sofort aufgenommen werden, doch wir wissen, dass ohne Vorbereitung in der stationären Behandlung meistens nichts läuft. Das kann bestenfalls eine Verschnaufpause bieten, aber eine gut stationäre Behandlung besteht heute aus Vorbereitung, Behandlung und Nachbetreuung. Ohne

Nachbetreuung, ohne Sicherstellung der Nachbetreuung, gibt es keinen Erfolg in der stationären Therapie. Nicht zuletzt deshalb haben wir auch das Psychiatrische Krankenhaus in Ybbs [Niederösterreich, Anm. d. A.] aufgemacht. Das ist ein Wiener Spital, eine Wiener Insel an der Donau. Ybbs macht seit mehr als einem Jahr sehr, sehr gute Entzugs- und Entwöhnungsbehandlungen mit einem psychotherapeutischen Schwerpunkt seit Jahrzehnten für Alkoholiker und seit einem Jahr speziell für Drogenkranke.«

Eine der ersten traditionellen Wiener niederschwelligen Drogeneinrichtungen ist der »Ganslwirt«, ein ehemaligen Gasthaus im 6. Bezirk. Vor rund 15 Jahren war er heftig umstritten, Bürgeninitiativen liefen dagegen Sturm, der inzwischen verstorbene Bezirksvorsteher Kurt Pint galt als ein vehementer Gegner. Nun ist diese Einrichtung zu klein geworden und muss expandieren. Warum?

»Eine deutliche Zuwendung und auch ein neuer Entwurf für Drogenarbeit im öffentlichen Raum«, erklärt der Drogenbeauftragte, »für eine Neuorientierung der Straßensozialarbeit in dem Sinn, dass nicht nur besonders auf Drogenkranke geachtet wird, sondern auch auf andere auffällige Personen. Da wollen wir ein neues Konzept entwickeln. Es hat sich gezeigt, dass dieser niedrigschwellige Zugang unglaublich wichtig für die Schwerstkranken ist. Obwohl ich mich bemühe. hier keine Barriere zu sein, gibt es Patienten, die schaffen es nicht in eine normale Ordination mit Öffnungszeiten zu kommen. Entweder sie führen sich so auf oder sie sind in einem solchen Zustand, dass sie es selbst merken. Die meisten genieren sich auch. Wenn er stinkt, schmutzig ist und torkelt, dann schämt er sich auch dafür.

Der »Ganslwirt« hat eine Reihe von Maßnahmen, zusätzlich zu der Betreuung dieser Straßendrogenkranken, getroffen wie das Projekt ChEck iT! oder das Übernachtungssystem. Eine sehr gute Kooperation, zum Beispiel, im Bereich dieser drogenkranken Kinder und Jugendlichen. Wenn Streetworker vom ›Ganslwirt‹ einen Jugendlichen am Karlsplatz kennen lernen, mit ihm ein Gespräch führen, dann bringen die diese [Jugendlichen] zum Teil persönlich in die Beratungsstelle in der Gudrunstraße. Da hat sich ein sehr gutes Netzwerk zwischen der Szene, der Betreuung dieser Kinder und Jugendlichen und diesem ambulanten Team entwickelt.

Das alles sind wesentliche Faktoren, um nachzudenken, wie das in Zukunft aussehen soll. Das Konzept ist noch nicht fertig, aber wir wissen, dass wir es brauchen und wir müssen den ›Ganslwirt‹ so positionieren, dass er damit zurechtkommt. Eine wesentlich besser ausgestattete neue Stelle am Karlsplatz.

Wir haben auch erkannt, dass die Sozialarbeiter nicht die Idealpersonen sind, um sozusagen auch gewisse Ordnungs- und Kommunikationsfunktionen mit anderen Beteiligten [Passanten, Geschäftsleute] herzustellen. Dafür haben wir das Team ›Help U‹ entwickelt.«

Dieses Projekt ist eine Initiative der Wiener Linien und des Fonds Soziales Wien mit dem Ziel, für ein »konfliktfreies Miteinander und Sicherheit an den städtischen Brennpunkten« zu sorgen. Das Konzept entstand im Juli 2005.

Unabhängig davon führt die Wiener Polizei seit geraumer Zeit U-Bahn-Streifen durch, bei denen Beamte in den Zügen mitfahren. Dabei haben sie nicht nur ein Auge auf Dealer, sondern auch auf Taschendiebe, gehen gegen organisierte Bettelei vor und achten auf Vandalismus. Zusätzlich verkehren auch einige U-Bahn-Züge mit Kameraüberwachung in den Waggons, wobei dieses System weiter ausgebaut und von den Fahrgästen positiv angenommen wird.

DI Thomas Kritzer von der U-Bahnbetriebsabteilung der Wiener Linien baut auf Schulung seiner Mitarbeiter, die sofort »bei Verstößen gegen die Betriebsordnung, unter Wahrung der eigenen Sicherheit, eingreifen. Wir haben keine Cowboys, die

DI Thomas Kritzer, U-Bahnbetriebsabteilung, Projekt Help U
Foto: Manfred Burger

hier tätig sind. Wir können auf sehr kurzem Weg die Exekutive hinzuziehen. Uns ist klar, dass Mitglieder einer Szene, die sich im kriminellen Bereich befindet, wahrscheinlich nur durch ein Exekutivorgan, egal ob nun in Zivil oder Uniform, abgeschreckt werden können. Deshalb auch diese starken Bestreifungen der Polizei.«

Über das Projekt ›Help U‹, das seit Herbst 2005 existiert, meint Thomas Kritzer:

»Eine völlig neue Art von Kooperation im Umfeld des öffentlichen Verkehrs in Wien mit dem Ziel, am Karlsplatz, einem besonders betroffenen Bahnhof, in dem jeden Tag über 200.000 Personen unterwegs sind, als deeskalierendes Team in Kleingruppen in diesem großen Verkehrsbauwerk und dessen Umgebung tätig zu sein und zu signalisieren, wenn es Schwierigkeiten unter den vielen Gruppen an Menschen mit völlig unterschiedlichen Interessen gibt, jederzeit eingreifen zu können. Zu vermitteln, Kontakte zur Polizei und zu Sozialeinrichtungen zu halten. Hilfe, auch über die klassische durch Polizei und Rettung hinaus, anzubieten.«

Vorbild für »Help U« sind zwei Schweizer Projekte: »sip züri« und »Pinto«. »sip züri« (Sicherheit, Intervention, Prävention Zürich) ist eine mobile Interventionsgruppe und kombiniert aufsuchende Sozialarbeit mit Ordnungsdienst mit dem

Ziel, Plätze und Parkanlagen in Zürich sicher und sauber zu halten. »Pinto« (Prävention, Intervention, Toleranz) ist ein Projekt der Direktion für Bildung, Soziales und Sport der Stadt Bern mit den gleichen Absichten.[153]

In Herbst 2006 wurde das Projekt »Help U« ein Jahr alt und dementsprechend, im Rahmen einer Pressekonferenz, von der ehemaligen Stadträtin Renate Brauner gewürdigt.

Die Opposition in der Bundeshauptstadt ist mit der Drogenpolitik der Sozialdemokraten nicht sonderlich glücklich. Aus terminlichen Gründen war es nicht möglich, mit GR Karin Praniess-Kastner (ÖVP), einem Mitglied des Wiener Drogenbeirates, ein persönliches Gespräch zu führen. Daher schickte mir die Gemeinderätin ihre Stellungnahme.

GR Karin Parniess-Kastner (ÖVP), Mitglied des Wiener Drogenbeirates

»2004 wurden insgesamt 9 092 Personen nach dem Suchtmittelgesetz (SMG) in Wien angezeigt (Quelle: BMI – Bundeskriminalamt). 2003 waren es 8.025 Personen (Quelle: Statistisches Jahrbuch der Stadt Wien, 2005). In Österreich gesamt wurden 2004 24 528 Personen wegen Verstoßes gegen das SMG angezeigt.

---

153 Help U. Eine Initiative der Wiener Linien und des Fonds Soziales Wien. Das Konzept, 2005, S. 9f.

Größter Problembereich: Es gibt zu wenig Primärprävention – und diese ist nicht flächendeckend. Es gibt zu wenige Drogentherapieplätze. Die Wartezeit auf einen Therapieplatz beträgt mindestens drei Monate, in den meisten Fällen deutlich mehr als drei Monate.

Speziell in der Wiener Öffentlichkeit wird die Drogenproblematik, also der legale und illegale Suchtmittelkonsum von psychoaktiven Substanzen, beschönigt und tendenziell werden die Folgen für die Menschen verharmlosend dargestellt, wobei eine übertriebene Reaktion und Darstellung ebenso wenig hilfreich, zielführend und mit Sicherheit nicht sinnvoll ist. Aber: Auf Internetseiten eines von der Stadt Wien finanzierten Vereines werden beispielsweise Tipps zum Drogenkonsum (für Jugendliche) gegeben. Auch die Vernachlässigung der Primärprävention und die zu zaghafte Reaktion auf den in den letzten Jahren steigenden Suchtmittelkonsum (mitsamt der steigenden Begleitkriminalität) in Wien im Vergleich zu den anderen Bundesländern legen die Vermutung nahe, dass die Verantwortlichen der Wiener Stadtregierung diese Thematik beschönigen.

Experten bestätigen, dass es legale psychoaktive Substanzen (z. B. Alkohol, Nikotin) gibt, die für die Gesundheit eines Menschen schädlicher und gefährlicher sind als verschiedene illegale Suchtmittel, die auch als ›weiche Drogen‹ bezeichnet werden. Das derzeitige Suchtmittelgesetz berücksichtigt diesen Aspekt ebenfalls im gewissen Rahmen.

Es gibt bei Experten im Bereich Sucht und Drogen unzählige – bei verschiedenen Personengruppen unpopuläre – Argumente, die gegen eine generelle Freigabe so genannter ›weicher‹ Drogen sprechen. Die nicht einfach zu findende Lösung bedarf einer überparteilichen Diskussion – fernab parteipolitischer Kleingeldmacherei – mit Einbindung sämtlicher Experten im Bereich Sucht und Drogen.

In Wien kommt es derzeit zu einer Veränderung der Zuständigkeit des Bereiches Sucht und Drogen. Bisher lagen die Agenden beim Fonds Soziales Wien (FSW). Um inhaltliche, personelle und administrative Synergien im Bereich der Suchtprävention besser nutzen zu können, wurde im Frühjahr 2006 die Sucht- und Drogenkoordination Wien gemeinnützige GmbH gegründet, die dem Psychosozialen Dienst Wien (PSD) untersteht.

Grundsätzlich begrüßen wir, dass die Drogenkoordination in den Psychosozialen Dienst (PSD) übersiedelt. Allerdings nur, wenn damit auch tatsächlich eine Optimierung der Zusammenarbeit zwischen PSD und Wiener Drogenkoordination einhergeht.

Das Budget für 2006 für den Bereich ›Sucht und Drogen‹ beträgt rund 13,6 Millionen Euro (vom FSW budgetiert und vom PSD bzw. der Sucht und Drogen Gmbh eins zu eins übernommen).

Gerade im Bereich der Primärprävention wären flächendeckende Maßnahmen (und nicht nur punktuelle Projekte) notwendig, einerseits zur Stärkung des Selbstwertes der Kinder und Jugendlichen, andererseits zur Bewusstseinsbildung der Gesellschaft, speziell der Eltern. Eine dringend notwendige Maßnahme wäre natürlich auch die Einrichtung von ausreichend Therapieplätzen.

Die derzeitige Gesetzeslage lässt einen gewissen Spielraum, damit die individuelle Lage der Person berücksichtigt werden kann. Die Behandlung suchtkranker Menschen steht im Vordergrund; nicht so sehr deren Bestrafung. Strenger wird der illegale Handel mit illegalen Suchtmitteln von nicht suchtmittelabhängigen Personen bestraft (es bedarf keiner Therapie).

In Wien gibt es derzeit eine enge Kooperation von Polizei und sozialen Diensten, die (derzeit noch) im FSW angeboten werden. Die Zusammenarbeit von Sozialarbeit (FSW) und öffentliche Sicherheit (Polizei) wird von allen Beteiligten als kooperativ und ausreichend bezeichnet (die neu renovierte Karlsplatz-Passage [Kärntnertorpassage], wo die Stützpunkte der Sozialarbeit und der Polizei in räumlicher Nähe angesiedelt sind). Auch der Wiener Drogenkoordinator und der Wiener Drogenbeauftragte sind in diese Zusammenarbeit eingebunden.«

Bereits wenige Tage nach ihrem Amtsantritt weht der neuen zuständigen Gesundheitsstadträtin Sonja Wehsely der raue Oppositionswind entgegen.

So kritisiert die ÖVP-GM Praniess-Kastner in einer OTS-Aussendung vom 26. Jänner 2007:

»Das Versagen der Wiener SP-Stadtregierung in der Präventionsarbeit der Drogenpolitik ist offensichtlich und zunehmend auch von ExperTinnen kritisch zur Diskussion gestellt. Einerseits sinkt das Einstiegsalter des Suchtmittelkonsums kontinuierlich, andererseits schließen weibliche Jugendliche bezüglich missbräuchlicher Verwendung deutlich zu ihren männlichen Kollegen auf...Wehsely ist jetzt aufgefordert, die vereinzelten Präventionsprojekte, die bisher mehr als zaghaft eingeführt wurden, endlich flächendeckend auszubauen und die Ergebnisse zu evaluieren. Dass Kinder in den Vorteil der Präventionsarbeit kommen, darf nicht vom Wohnort und der besuchten Schule abhängig sein, sondern muss allen Wiener Schülerinnen und Schülern zu Gute kommen.«

Die Grünen treten für eine weitgehende Liberalisierung in Drogenfragen ein. Die grüne Gemeinderätin Heidemarie Cammerlander, ebenfalls Mitglied im Wiener Drogenbeirat, setzt sich,

GR Heidemarie Cammerlander (Grüne), Mitglied im Wiener Drogenbeirat

beispielsweise, für die Einrichtung von Konträumen ein und übt dabei heftige Kritik am ›«Ganslwirt«.

»Die Suchtkranken sollen die Möglichkeit haben, sich sauber, ich nenne es jetzt einmal so, ihr Medikament zu spritzen. Es geht auch darum, Anrainer und Kinder in den Parks davor zu schützen, dass sie mit [herumliegenden] Nadeln konfrontiert werden. Für mich ist das so absurd.

Der ›Ganslwirt‹ tauscht seit Jahren Spritzen. Sicher ein Erfolg, weil die Leute in den umliegenden Häusern, in den Stiegenhäusern keine Spritzen mehr haben, aber sie dürfen es [Drogen] dort [im ›Ganslwirt‹] nicht konsumieren. Da richte ich doch dort einen kontrollierten Konsumraum ein, mit ärztlicher Betreuung, mit Sozialarbeitern. Ich habe die Möglichkeit, an die Kunden heranzukommen, und ich kann vielleicht doch einen Teil davon in Behandlung bringen. Das wäre für mich ein sehr wichtiger Schritt, wie komme ich denn an die Leute heran … Das finde ich schon sehr nachlässig von der Stadtregierung, dass sie einfach sagt, das brauchen wir nicht. Ob es Professor Springer oder Dr. Haltmayer ist, wirklich alle Experten, die sich mit dem Thema auseinander setzen, die sagen, dass wir das brauchen. Mir hat Professor Springer vor ein paar Monaten gesagt, es wäre dringend notwendig, nur derzeit – so wie die Polizei geschult ist – könnten sie [Polizei] nicht damit umgehen. Für mich ist die Zusammenarbeit mit der Polizei ein ganz wesentlicher Punkt.«

Im Gegensatz zu anderen ist Cammerlander nicht der Ansicht, dass die Kooperation zwischen Polizei und Drogenkoordination funktioniert.

»Nein. Sonst gäbe es eine Aussage von Michael Dressel nicht, in der er sagt, dann haben wir eine Nulltoleranz in den Straßen. Da klappt für mich die Zusammenarbeit nicht. Ich bin überzeugt davon, dass es nicht im Interesse der Polizei ist, die Situation zu verschlechtern, sodass man da sehr wohl mit Menschen zusammenarbeiten kann. Gut, wenn es dafür ein

Konzept gibt. Es hat mir auch ein Polizist einmal gesagt, am Karlsplatz haben wir die Leute noch unter Kontrolle gehabt. Wir wussten, wer da steht. Heute haben wir es nicht mehr.«

Für die gebürtige Tirolerin ist Prävention das oberste Gebot und der erste Schritt zum Erfolg.

»Was heißt denn Prävention? Vor 30 Jahren hat es in Tirol schon eine Drogenentwöhnungsstation gegeben. Damals von Manfred Reicher, in meinen Augen, sehr gut geleitet, und er sagte mir, der wesentliche Punkt in der Prävention ist ein angstfreies Aufwachsen der Kinder. Zu 90 Prozent stecken Ängste dahinter. Existenz-, Zukunfts- und Schulängste, zum Teil auch unrealistische Ängste.

Mein Traum ist, dass wir in jeder Straße fünf Dealer haben und keiner kauft ihnen etwas ab, weil es keiner braucht. Da wird viel zu wenig getan. Wenn ich aber dann schon Jugendliche habe und weiß, sie nehmen [Drogen], ist es mir eigentlich lieber, sie konsumieren kontrolliert. Dann weiß ich, wer es nimmt, was sie nehmen und ich kann eine Beratung anhängen. ChEck iT! finde ich in der jetzigen Situation wirklich nicht schlecht. Verbieten bringt es einmal gar nicht. Es gilt, alles zu vermeiden, um es heimlich zu tun.«

Natürlich sieht die grüne Gemeinderätin die Drogenproblematik auch als gesellschaftspolitisches Problem.

»Illegale Drogen wecken in der Bevölkerung sicherlich ein negatives Bewusstsein. Wenn ich heute mit Leuten spreche, die sich damit beschäftigen, gibt es für sie drei illegale Drogen: Heroin, Kokain und Cannabis. Und diese verdealen die Schwarzen [Schwarzafrikaner]. Alles andere gibt es nicht. Es gibt doch noch viel mehr. Wie viele Medikamentensüchtige haben wir? Ich hoffe, dass zumindest die Sprachregelung nicht mehr von *Giftlern*, sondern von Suchtkranken spricht, ein erster Schritt, um ein anderes Bewusstsein zu schaffen.

Es würde nie jemandem einfallen zu sagen, der ist medikamentenkrank und dabei kann er ohne Rohypnol nicht mehr leben. Zum Beispiel sagte mir eine Sozialarbeiterin, dass in den letzten Jahren die Zahl bei den 35-Jährigen bis 50-Jährigen steigt. Da sehe ich mir das Gesellschaftsbild an und sage: Angst den Job und die Wohnung zu verlieren, dadurch Beziehungsprobleme. Eine Ursache für eine Suchterkrankung ist Angst. Ich glaube, dass es ein ganz niedriger Prozentsatz ist, der Drogen aus Jux und Tollerei probiert und dann darauf hängen bleibt.«

Ebenso wie ihre ÖVP-Kollegin Parniess-Kastner im Wiener Gemeinderat ist auch Cammerlander der Ansicht, dass zu wenige Therapieplätze vorhanden sind.

»Es gibt leider Gottes noch enorme Wartezeiten. Es sind sicher nicht genügend vorhanden. Gerade für Langzeittherapien. Wer in meinen Augen mit einem sehr guten Konzept arbeitet, ist das Anton-Proksch-Institut, ich höre aber auch, sie bräuchten noch mehr [Plätze].«

Warum werden nicht mehr Plätze eingerichtet?

»Weil«, so die Gemeinderätin, »die Stadt Wien kein Geld hat für so was, weil die Stadt Wien der Meinung ist, es ist alles wunderbar in Wien.«

Gerade in der Drogenfrage tritt ein hoher Prozentsatz der Grünen für eine Freigabe ein.

»Da wären wir wieder bei dem Thema. Gerade Cannabis. Es ist wahrscheinlich nicht schädlicher als Alkohol. Es ist noch nicht bewiesen, dass Cannabis eine größere Einstiegsdroge als Alkohol ist. Meine Meinung ist, alles, was verboten ist, reizt umso mehr. Man kann es nicht durch Illegalisierung verhindern. Ich kann es eher beeinflussen, wenn ich es legalisiert habe. Ich halte sehr wenig von Verboten. Es ist sicher nicht der richtige Weg, mit einem Problem umzugehen, indem man es verbietet. Ich muss schauen, warum kommen die Leute zu dem [Drogen]? Da bin ich wieder bei der Prävention, bei den gesellschaftspolitischen Überlegungen. Es muss doch heute alles schneller, alles greller sein, und das kann man wahrscheinlich ohne diese – Unterstützung – gar nicht mehr schaffen. Es verstärkt die Lebenssituation.«

Ohne »Unterstützung« – und damit meint Cammerlander natürlich Drogen – ist für junge Menschen das Leben nicht mehr zu meistern? Eine sehr gewagte These. Denn das würde bedeuten, dass der Großteil der Wiener, in weiterer Folge aller österreichischen Jugendlichen und jungen Erwachsenen mit Drogen experimentieren, sie konsumieren oder zumindest damit liebäugeln. Dem ist zum Glück nicht so. Die überwiegende Mehrheit macht um Drogen (noch) einen großen Bogen. Dabei spreche ich jetzt von den illegalen Substanzen.«

Nikotin und Alkohol sind ein anderes Kapitel. Dabei tragen wir selbst die Schuld, denn wir haben sie gesellschaftsfähig gemacht. Das berühmte »Fluchtachterl« ist gleichsam zu einem Muss geworden. Wer sich davon ausgrenzt, wird entweder so lange penetriert, bis er nachgibt oder scheel angesehen. Oder der selten dämliche Spruch »Eine haben wir immer noch geraucht« für die Abschlusszigarette, bevor man aufbricht.

Bereits 1992 schrieb der deutsche Soziologe Günter Amendt, »... dass mit der Freigabe von Cannabis nicht eine neue Droge am Markt eingeführt, sondern nur der Umgang mit einer am Markt bereits vorhandenen Droge neu geregelt würde. Cannabis würde ›nur‹ auf die gleiche Akzeptanzstufe gestellt wie die Droge Alkohol und die Droge Tabak ... Eine Schädigung im Ausmaß dieser legalen Drogen wäre bei der Cannabis-Freigabe nicht im Entferntesten in Sicht. Niemand würde im Übrigen daran gehindert, zu Cannabis auf die gleiche Distanz zu gehen wie zu Alkohol und Tabak. Prävention statt Prohibition: Wer will, der darf, muss aber nicht ... Was die Cannabis-Prohibition aber vollends sinnlos macht, ist ein geradezu klassischer Mechanismus, der schon die Alkohol-Prohibition in den USA scheitern ließ und ... Gorbatschows Ausnüchterungskampagne in der ehemaligen Sowjetunion. [Zu Zeiten der Perestroika. Trotzdem saufen die Russen auch heute noch wie die Löcher. Anm. d. A.] Analog zur Schwarzbrennerei in privaten

Haushalten vermögen sich Cannabis-Liebhaber jederzeit auf Eigenanbau umzustellen ...«[154]

Es ist richtig, dass der Leistungsdruck ständig wächst. Die Gesellschaft zieht mit jedem Tag die Daumenschrauben um ein paar Windungen mehr an. Trotzdem kann man das Problem des Drogenkonsums und aller damit verbundenen Schwierigkeiten nicht generell auf das für uns längst digitalisierte Leben abwälzen.

Wiens Drogenbeauftragter, Dr. Alexander David, ist ein Gegner der Drogenfreigabe.

»Die Diskussion um weitgehende Cannabisfreigabe in der Schweiz ist stecken geblieben. Die Schweizer waren, gesetzesmäßig, viel weiter als die Holländer. In der Schweiz war es nicht möglich, Cannabis zu verbieten, aber in *coffee shops* erlaubt, wie es in Holland gehandhabt wird. In der Schweiz ist es auch nicht darum gegangen, zu wissen, wer die Großdealer sind, die wiederum die *coffee shops* versorgen. Irgendwoher müssen schließlich die Kilos stammen, die dort verkauft werden. Die Schweizer wollten eine saubere, bis hin zur schweizerisch-exakten Steuerleistung, Cannabisproduktion und einen sauberen Vertrieb haben. Es ist ihnen nicht gelungen. Die Meinung ist, und die wird in Europa zunehmend größer, auch in Österreich, dass Cannabisgebrauch entkriminalisiert werden soll, aber für eine Freigabe hat es noch in keinem europäischen Land gereicht.

Von einer Heroin- oder Kokainfreigabe sind wir weiter entfernt denn je, weil alle Beteiligten sich im Klaren darüber sind, dass es sich dabei um ein Experiment mit Menschen handelt, dass Tote fordern kann.

Ich halte das für ein hohes Risiko, wo man sich über die Folgen und weiteren Auswirkungen nicht im Klaren sein kann,

---

[154] Günther Amendt, Die Droge Der Staat Der Tod. Auf dem Weg in die Drogengesellschaft, Hamburg 1992, S. 57f.

auch niemand diese vorhersagen kann. Die Hauptfrage ist, wird dann mehr konsumiert? Vor allem bei Kokain ist es nicht abschätzbar, wenn es erlaubt wäre, ob durch einen vermehrten Einstrom der Preis verfällt. Ich persönlich glaube, das wäre eine Katastrophe, es ist aber heute kein wirkliches Thema mehr.

Durchaus bereit bin ich darüber zu diskutieren, welche gesetzlichen Konsequenzen es haben soll, wenn jemand mit einer nicht sehr großen Menge erwischt wird. In Österreich nicht, aber in anderen Ländern, sperrt man jemanden ein, der ein kleines Stück Haschisch eingesteckt hat. Das halte ich für Unfug. Das ist eine massive soziale Beeinträchtigung, die mehr negative Konsequenzen mit sich bringt, als irgendjemand damit zu helfen. Entkriminalisierung ist nicht mit Freigabe zu verwechseln.

Versuchen wir für die Konsumenten ein System zu entwickeln, wo wir ihnen helfen können, ohne sie gleich zu kriminalisieren und umgekehrt wird es für den Drogenhandel weltweit Strafen geben.«

Jeder Kranke verursacht dem Staat und somit dem Steuerzahler Kosten. Davon ist auch der Suchtkranke nicht ausgenommen. Bei Alkoholikern und Rauchern kann man sehr genau bestimmen, in welchem Ausmaß ihre Sucht dem einzelnen Staatsbürger zur Last fällt. Warum nicht bei Drogenabhängigen?

»Ich kann keine einzige verlässliche Quelle nennen«, muss der Drogenbeauftragte passen. »Warum? Weil man aus verschiedenen Budgets Einzelfaktoren herausrechnen muss, die in der Form gar nicht heraus rechenbar sind.«

Die Therapiekosten wären errechenbar, ebenso der Verwaltungsaufwand, die Personalkosten und der Aufwand für Exekutive und Justiz. Nach Meinung Davids ist es schwierig, den Aufwand in den Schulen, in den Bereichen der Schulpsychologen und der Lehrer zu berechnen.

»Eines wissen wir mit Sicherheit«, sagt David, »Gefängnis ist die teuerste Variante. Therapie ist mit großem Abstand nicht nur die billigste, sondern auch die wirksamste Maßnahme, ebenso wie Prävention.«

Trotzdem wäre es angebracht, sich die Mühe zu machen, zu berechnen, was ein Suchtkranker im Durchschnitt pro Jahr an Steuergeldern verbraucht. Man will doch nicht annehmen müssen, dass die Zahlen vielleicht existieren und nur deshalb nicht veröffentlicht werden aus Angst, dass in der Bevölkerung ein Aufschrei losbricht.

Cammerlander tritt auch vehement für die Errichtung von so genannten Konsumräumen ein, in denen Suchtkranke, kontrolliert und unter Aufsicht, ihre Drogen konsumieren können.

»Es ist mir unerklärlich, wie die verantwortlichen Stadträtinnen seit Jahren behaupten können, zur Frage der Konsumräume herrsche ›Uneinigkeit‹ bei den ExpertInnen«, meldet sich die grüne Politikerin in einer OTS-Aussendung vom 26. Jänner 2007 zu Wort anlässlich der ausweichenden Aussagen Wehselys zu dieser Problematik, »Mir ist neben Drogenkoordinator Dressel kein einziger namhafter Wiener Experte bekannt, der sich dezidiert gegen die Einrichtung von Konsumräumen ausspricht. Konsumräume reduzieren die Belastung im öffentlichen Raum, senken das Risiko für suchtkranke Menschen und stellen oft den ersten Anknüpfungspunkt für sonst schwer erreichbare KlienTinnen dar.«

»Das wird auch belegt durch eine umfassende Studie, die Prof. Springer (Ludwig-Boltzmann-Institut für Suchtgiftforschung) schon 2003 für den Wiener Drogenbeirat erstellt hat«, heißt es in der Aussendung und »es gibt«, so Cammerlander, »genügend erfolgreiche internationale Beispiele für Konsumräume und Erfahrungen aus denen man lernen kann. Konsumräume sind aus der Sicht von Prof. Springer eine Frage des politischen Willens, nicht der Machbarkeit.«

Nach Ansicht der Suchtsprecherin der Wiener Grünen »braucht Wien eine mutige Stadträtin, die sich auch traut Empfehlungen der ExperTinnen umzusetzen« und daher lädt sie

Wehsely ein die Diskussion rund um Konsumräume nochmals auf die Tagesordnung des Wiener Drogenbeirates zu setzen und sich mit den Ergebnissen der vorliegenden Studien sachlich und fundiert auseinanderzusetzen.

»Substi! Substi!«

Es klingt wie ein kindischer Spitzname oder wie der Name einer neuen Kindernascherei. *Substi* ist der Szenecode für Substitol, ein Substitutionsmedikament, das zu den so genannten retardierten Morphinen gehört. Mit *Substi* wird illegal ein schwunghafter Handel, vorwiegend am Karlsplatz, betrieben. Der niedliche Szenename ist alles andere als verharmlosend. Das Medikament kann bei falscher Anwendung tödlich sein, doch das gilt im Prinzip für jedes. Die Drogenabhängigen kochen Substitoltabletten wie Heroin auf und injizieren es sich. Somit tritt der *Flash*, die plötzlich einsetzende Drogenwirkung, ein.

Drogensubstitution – Drogenersatztherapie – ist die Behandlung von drogenkranken Menschen mit legalen Ersatzdrogen. Dafür werden Methadon, seltener Buprenorphin (Subutex*)* und Codein eingesetzt. Diese Substanzen sollen nicht injizierbar sein, also oral, und unter Aufsicht eingenommen werden, damit der Schwarzhandel ausgeschlossen bleibt. In Österreich kommen neben den erwähnten Präparaten auch retardierte Morphine (Substitol) zur Anwendung. Retardieren bedeutet verzögern, hemmen. Gedacht sind derartige Medikamente für körperlich stark abhängige Suchtkranke, die Methadon nicht vertragen und bei denen die Nebenwirkungen nicht akzeptabel sind. Eher selten wird Dihydrocodein verschrieben.

Substitol ist in Österreich äußerst umstritten. Unter www.megaphon.at vom 28. Mai 2004 heißt es, »über die Hälfte der in der Drogentherapie in Österreich eingesetzten Medikamente sind Präparate auf Morphium-Basis. Substitol, das derzeit meistverschriebene orale Drogenersatzmedikament, ist inzwischen zum Schwarzmarkthit geworden und wird immer häufiger gespritzt. Mit schwerwiegenden gesundheitlichen Folgen.«

Auf der gleichen Website ist ein Forum eingerichtet, in dem Drogenabhängige über ihre Erfahrungen mit Substitol berichten:

31. Juli 2006

Hilfe!

Ich wäre am 27. Mai 2006 gestorben, hätte mich eine alte Frau nicht gefunden. Meine beste Freundin ist am selben Tag verstorben. Ich hab mit 12 mit H [Heroin] angefangen und seit ich 14 war, war ich auf fast alles. Am Samstag bin ich wieder fast gestorben, hätte mein Freund mich nicht gerettet. Das Schlimmste für ihn war, dass ich zu ihm sagte, bitte lass mich gehen. Nun bin ich 20, bin am Strich und für was? Für die Scheißdroge! Heute um 11.15 Uhr werde ich am Herzen und in der Hand operiert, weil durch das Fetzen [Spritzen] sich Talg angesammelt hat. Ich will, kann aber nicht aufhören. Ich habe nur mehr 44 kg und bin 1,75 m [groß]. Mein Leben ist kaputt, und ich weiß, dass ich mehr lange lebe, weil ich nadelgeil bin. Also bete ich jeden Tag zu Gott, dass er mir Flügel schenkt und mich erlöst. Passt auf euch auf! In Liebe. Kathi

24. Juni 2006

Substitol ... einfach beschissen. Josef

22. Mai 2006

Scheiss Substis!

Ich war jetzt 3 Wochen auf Entzug. Eigentlich war‹s eh nicht so schlimm, wie ich es mir vorgestellt hatte. Aber ich bin raus gekommen und kaum hat sich wer was neben mir gefetzt, wollte ich auch schon wieder. Na ja, jetzt bin ich 3 Wochen draußen und habe mir insgesamt sechsmal wieder was gemacht [gespritzt]. Aber nie mehr als 100 mg und ich war aber auf 800 mg. Wie ich mir das erste Mal wieder was gemacht habe, ist es mir gut gegangen und da habe ich mir nur 40 mg gemacht ... Man kommt von dem Scheißzeug einfach nicht weg. Ich hoffe, ich werde nicht mehr drauf sein, obwohl ich mir nur ein- bis zweimal was in der Woche mache ... Lisa

5. Mai 2006
   Hat wer ein Substi?
   Was soll der ganze Mist mit Substitol, Sumnobene, Methadon usw. Ich bin seit 8 Jahren auf so ziemlich alles drauf, was es bei uns in Österreich gibt. Habe auch die ganzen Medikamente probiert und bin aber vollkommen enttäuscht. Ich brauche zwar jeden Tag meine Dosis an Opiaten, aber sicher nicht durch Ersatzmittel. Macht einen nur mehr süchtig und gibt einen Scheißflash ... Franky

7. März 2006
   Leider!
   Ich weiß, wie g'schissen Substis sind! Ich bin seit drei Jahren in Substitution und fetz mir die 800 mg täglich. Das Arge an allem ist, bevor ich ins Programm gekommen bin, habe ich seit meinem 14. Lebensjahr zwar ein paar Mal Braunes [Heroin] oder Weißes [Kokain] gefetzt, aber bevor ich ins Programm gekommen bin, habe ich erst seit ca. 4 Monaten regelmäßig Braunes gezogen, nicht gefetzt. Aber da ich ja kein Geld hatte und ich ein paar Mal Substis ausprobiert habe, habe ich mir gedacht, ich gehe einfach zum Arzt und lasse mich einstellen und bekomme sozusagen die Drogen gratis ... Der Arzt hat nicht einmal eine Blutprobe genommen, hat mich gleich auf 800 mg eingestellt. Ich bereue es so derartig. Früher habe ich es nur ab und zu gemacht, aber jetzt, weil ich es täglich kriege, fetz ich mirs täglich. Ich weiß, ich zerstöre meinen Körper mit dem Dreck. Da ist ja Braunes noch gesünder, aber ich kann nicht aufhören. Mir tun alle Gelenke weh, beim Schlafen überhaupt, und habe immer so ein bamstiges Gefühl in meinen Waden. Ich wünschte, ich könnte die Zeit zurückdrehen, wo ich mit 14 auf die Festln gegangen bin und mir E's [Ecstasy] und Speed eineg'haut habe, aber leider. Nun häng ich jeden Tag am Karlsplatz herum. Aber

auf eins bin ich stolz, dass ich noch die Kraft hatte, voriges Jahr die Fachschule abzuschließen. Also an jeden, der das liest, lasst den Dreck von Substis! Da nehmt lieber noch Braunes, wenn ihr überhaupt was nehmen solltet! ... Karlsplatz Mädel Sara

11. Jänner 2006
Ein Scheißteufelskreis
Ich habe vor ca. einem Jahr angefangen zu fetzen. Hab zuerst Schiss gehabt und dann wurde ich immer nadelgeiler. Einfach nur diese Spritze in meinen Arm zu stecken und abzudrücken. Zuerst mit Cola, dann mit Substi.

Ich finde es Scheiße, dass Ärzte es einfach so verschreiben ohne irgendwas und auch noch gern mit Absicht mehr, damit ja jeder noch so richtig reinkippt und immer wieder Rezepte braucht. Da steckt ein gewisser Eigenprofit dahinter. Ich habe so viel Scheiße gebaut. Ich habe Leuten aus meiner Umgebung, Freunden, Familie Geld abgenommen, um mir was zu checken, Urscheiße. Dann wird es immer beschissener. Man braucht mehr, denkt nur noch daran, wird brutal, zuckt aus, drickert ein [eigentlich eintrocknen, aber in der Bedeutung von zusammenbrechen] und beginnt völlige Scheiße zu denken ... Ich war dann bei einer Beratung, habe mir alles angehört, hat alles toll geklungen. Codis [Codidol] habe ich bekommen, haben irgendwie nichts geholfen. Dann hat ein Freund von mir aufgehört, und als er schon clean war wieder angefangen. Ich denke die ganze Zeit daran, einfach nur einen Schuss noch. Aber genau das ist es, was den Teufelskreis ausmacht. Ich versuche durchzuhalten. Es ist echt nicht leicht. Ich packe es auch, aber wenn die Gun [Pistole] vor mir liegen würde, wäre ich nicht so stark und würde sie wegwerfen, hab einfach Urangst ... Dreadlock

31. Oktober 2005
Selbst süchtig
Ich kann diese Leute gut verstehen, weil ich ja selbst auf Substis häng. Ich habe auch schon drei Entzüge hinter mir und

bin 17 Jahre jung. Freilich, ich möchte von dem Scheißgift weg, aber ich bin eben auch nadelgeil ... Marlene

17. Oktober 2005
   Tod!
   Hört alle auf mit dem Scheiß! Mein Freund ist vor einer Woche an scheißverfickten Substis gestorben. Natürlich hat er sich's geballert [gespritzt]. Dadurch, dass es an diesem Tag nicht die Erste war und er dann ins Bett getragen wurde, war sein Körper so ruhig, dass er nicht mehr realisierte, kotzen zu müssen, und ist erstickt. Tja, nun hat er mich hier auf dieser Scheiß verkorksten Welt allein gelassen. Ich bin nicht auf Substis (nur zur Info) Kati

8. März 2005
   Ja so ist's!
   Wenn man die Substi wirklich schluckt, dann ist es absolut kein Problem arbeiten zu gehen. Ich weiß das aus eigener Erfahrung. Habe es ein Jahr geschluckt und habe super arbeiten gehen können. Dann habe ich zu junken [spritzen] angefangen und innerhalb eines halben Jahres war's vorbei mit arbeiten ... Floh

2. November 2004
   Schlucken
   ... Schluckt man Substitol und belässt es bei der gleichen Dosierung Tag für Tag ist es das wohl geeignetste Ersatzmittel. Wer sich beschwert, sollte die Pumpe [Spritze] weglassen oder Metha [Methadon] schlucken. Vom Metha ist man dann eh Kusch ... Nigga

25. Juni 2004
   Wie krieg ich die Scheißwadenschmerzen [weg]?
   Bin seit einiger Zeit auf Substi eingestellt, habe es mir hin und wieder mal geballert, aber wieder aufgehört, den Scheiß zu pumpen, und habe davon Wadenschmerzen ... Daniel

In Graz wurden am 18. Mai 2006 drei Männer und vier Frauen als Substitoldealer verhaftet, meldete ORF Steiermark. Mit dem Erlös finanzierten sie ihre eigene Sucht. Die Polizei konnte ihnen seit Oktober 2005 den Verkauf von 7500 Stück Substitol und 10 000 Stück psychotroper Stoffe wie Praxiten, Compensan, Somnubene und Rohypnol nachweisen. Die Tabletten hatten einen Schwarzmarktwert von 437.500 Euro. Die Ware wurde zur Gänze in Wien bezogen, per Eisenbahn oder Auto nach Graz gebracht und auf dem Grazer Hauptplatz um 25 Euro pro Stück verkauft. Bei Hausdurchsuchungen stellten die Fahnder 250 Stück Substitol, 300 Stück psychotroper Medikamente und 5400 Euro Bargeld sicher.

Am 5. Juli 2006 starb in Graz-Wetzelsdorf ein 45-jähriger Klagenfurter durch einen Substitolschuss in die Vene. In der Steiermark war es der zwölfte Drogentote seit November 2005, berichtete ORF Steiermark.

Am 11. Juli 2006 fiel ein 23-jähriger Grazer durch intravenöse Substitoleinnahme ins Koma.

Am 4. August 2006 wurden in Graz und Wien 15 süchtige Substitoldealer, sieben Männer und fünf Frauen aus Graz, im Alter von 19 bis 48 Jahren, geschnappt. Mit dabei auch ein 21-jähriger Rumäne und ein 40-jähriger Russe. Rund 150 Substitolabhängige, so ORF Steiermark, wurden regelmäßig mit dem Medikament beliefert, darunter 70 »Stammkunden«. Auch in diesem Fall wurden die Tabletten über einen Mittelsmann von Wien nach Graz geschafft. Die zwölf Personen brachten 150 000 Tabletten im Straßenverkaufswert von 160.000 Euro unter die Leute. Bei Hausdurchsuchungen kamen weitere hunderte Substitolkapseln und 4000 Euro Bargeld zum Vorschein.

Substitol wird von der Pharmafirma Mundipharma mit Sitz im 7. Bezirk, in der Apollogasse 16–18, vertrieben. Nach zwei Telefonaten mit dem Geschäftsführer der Firma, Dietmar Leitner, sandte er mir am 10. August 2006 per Mail den folgenden Text über »Substanzen in der Substitutionstherapie«:

»Laut dem Bericht der Europäischen Beobachtungsstelle für Drogen und Drogensucht [EMCDDA] verwenden alle EU-Mitgliedstaaten eine vorherrschende Substanz anstelle einer geforderten breiten Palette von Substanzen. Eingesetzt werden Methadon, Buprenorphin, Dihydrocodein, retardiertes Morphin (Morphin mit verzögerter Wirkstofffreisetzung). In den Niederlanden, der Schweiz und England wird bei manchen Patienten auch Heroin verwendet.

<u>Anforderungen an die Substitutionsmittel</u>

Neue Forschungsergebnisse zur Neurobiologie definieren klar die wesentlichen Anforderungen an Substitutionsmittel:

- Wirkung an Opioid-Rezeptoren
- Orale Einnahme
- Lange Wirkdauer bzw. lang anhaltende Blutspiegel bei einmal täglicher Einnahme

All diese Anforderungen erfüllt Morphin in retardierter Form, primär zur Verbesserung der Schmerztherapie – 24-Stunden-Retard-Form, zur einmal-täglichen Einnahme – wurden in den späten 90er Jahren erstmals zur Substitutionsbehandlung eingesetzt. Unter der Behandlung von Morphin mit verzögerter Wirkstofffreisetzung wurden Entzugserscheinungen und das krankhafte Verlangen nach Heroin wirkungsvoll unterdrückt.

Wesentlich ist, dass sich auch andere suchtbegleitende Symptome wie Angst, Depression und allgemeines Wohlbefinden wesentlich verbessern. Das konnte in klinischen Studien belegt werden.

<u>Erfolge in der Substitution mit Morphin</u>

Bereits um 1910 wurden in den USA erste Erfahrungen mit Substitution mit Morphin bei Opiatabhängigen gemacht. Die Ergebnisse waren körperliche und seelische Stabilisierung, Verbesserung des Gesundheitszustandes, keine weitere illegale Beschaffung von Opiaten, Reintegration in die Gesellschaft sowie eine Eindämmung der Ausbreitung von übertragbaren Erkrankungen. Anfang der 60er Jahre begann die Forschung und Anwendung von Methadon in den USA. Dieses Konzept wurde von einigen Staaten in Europa übernommen. Man erkannte, dass mit Methadon nicht bei allen Patienten der erhoffte Erfolg erzielbar ist.

In England, Italien und Holland wurde neuerlich Morphin als Erweiterung des Therapieangebots evaluiert und im breiten klinischen Umfang eingesetzt. Die Anwendung von Morphin erfolgte damals noch meist intravenös. Die Zunahme der Heroinsucht in den 70er Jahren und die Ausbreitung von AIDS bzw. Hepatitis verlangten neue gesundheitspolitische Maßnahmen.

In Frankreich wurden Ende der 80er Jahre neben Methadon weitere starke Opioid-Schmerzmittel, wie Buprenorphin und Morphin, diesmal als Tabletten bzw. Kapseln zur Substitutionsbehandlung eingesetzt.

Die große Anzahl von unbehandelten Patienten und die belastenden Nebenwirkungen bei Methadon-Patienten, die die Akzeptanz von Substitutionsprogrammen beeinträchtigen, fördern die Suche nach alternativen Behandlungsmöglichkeiten. Hier zeigen die Erfahrungen in Österreich, dass retardiertes Morphin eine wichtige Rolle in der Behandlung von Opiatabhängigen spielt.

Studien zeigen Vorteile von retardiertem Morphin

Wissenschaftliche Studien belegen, dass die Wirksamkeit, Sicherheit und Verträglichkeit von retardiertem Morphin mit Methadon vergleichbar ist. Gleichzeitig zeigen die Patienten ein größeres Wohlbefinden (Rückgang von depressiven Symptomen, psychischen Beschwerden und Beklemmungs- und Angstgefühlen). In der Substitutionsbehandlung mit retardiertem Morphin kommt es im Vergleich zu Methadon zu einem wesentlich geringeren Beikonsum von Heroin, Kokain und Benzodiazepinen. Autoren wissenschaftlicher Arbeiten kommen zum Schluss, dass retardiertes Morphin eine gute Alternative zu Methadon ist und eine Erweiterung in der Behandlungsmöglichkeit von Opiatabhängigen darstellt.

Historie

Die weltweite Zunahme der Heroinabhängigkeit in den 70er Jahren verlangte nach medizinischer Behandlung, besonders in Hinblick auf die Ausbreitung von AIDS und Hepatitis B und C. Viele Gesundheitsbehörden sahen sich deshalb veranlasst, entsprechende Gegenmaßnahmen einzuleiten. Zu dieser Zeit herrschte die Ansicht vor, dass es sich bei der Opiatsucht um ein soziales Problem handelt. Deshalb wurden primär gesetzliche Grundlagen geschaffen. Fortschritte in der Suchtforschung haben gezeigt, dass die Drogensucht eine schwere psychiatrische Krankheit ist.

<u>20 Jahre Substitution in Österreich</u>

1986 hat ein Gutachten der Wiener Medizinischen Fakultät die Ersatzdrogenbehandlung als wissenschaftliche Methode anerkannt. 1987 koppelte sich Österreich mit dem ›Erlass zur oralen Substitutionsbehandlung von Suchtkranken‹ vom Abstinenzparadigma ab. Der Erlass von 1998 folgte der Suchtmittelnovelle im Jänner 1998. Ab 1993 wurden neben Methadon auch für die Schmerztherapie zugelassene retardierte Morphin-Präparate zur Substitution verwendet.

Um eine Unterscheidung des Einsatzes von retardiertem Morphin in der Substitutionsbehandlung von jenem in der Schmerztherapie zu gewährleisten, wurde für die Indikation der Substitutionsbehandlung ein eigener Handelsname zugelassen. Dies galt weltweit als die erste Zulassung von retardiertem Morphin zur Drogensubstitution.

Damit etablierte Österreich seine Vorreiterrolle in der Substitutionstherapie im Sinne der Forderung der Europäischen Beobachtungsstelle für Drogen und Drogensucht (EMCDDA) nach einem breiteren und diversifizierten Substanz-Angebot. Bis zur Veröffentlichung des Substitutionserlasses im Jahr 1998 erfolgte in Österreich die Erhaltungstherapie von Opiatabhängigen in der Eigenverantwortung von einzelnen Ärzten und außerhalb des Suchtmittelgesetzes.

Vor EU keine einheitliche Drogenpolitik

Aus Gründen des akuten Handlungsbedarfs verfolgte jeder Staat eine eigenständige Drogenpolitik. Unterschiedliche gesundheitspolitische Anschauungen und Ziele haben so zu einer Vielfalt von medizinischen Behandlungs- und sozialmedizinischen Betreuungskonzepten geführt, ohne dabei medizinische Erkenntnisse berücksichtigt zu haben. In manchen Staaten wurde die Durchführung sogar in die Kompetenz von Landesverwaltungen übertragen.

Methadon galt damals als Mittel der Wahl. Durch den breiteren Zugang von Opiatabhängigen zu einer geeigneten medizinischen Behandlung wurden in verschiedenen Ländern neue Projekte eingeleitet (z. B. Heroin-Substitution in Holland und in der Schweiz – in Deutschland steht dies noch zur Debatte).

<u>Die EU-Drogenstrategie</u>

Mit der Gründung der EU wurde klar, dass nur durch eine alle EU-Staaten umfassende Strategie der zunehmenden Drogenproblematik entgegen gewirkt werden kann. Neben Aufklärung und Prävention wurden auch Behandlungsziele definiert. Diese finden sich erstmals in der EU-Drogenstrategie der Jahre 2005–2013.

All jene Staaten, die über eine umfassende Dokumentation zur Häufigkeit von Drogenabhängigkeit, zu den Behandlungsmöglichkeiten und deren Therapiekontrollen inklusive der Eindämmung von AIDS bzw. Hepatitis und zu drogenbezogenen Todesfälle verfügen, nehmen diese Sonderstellung ein.

Österreich hat Ende der 90er Jahre durch die Zulassung von verschiedenen Medikamenten zur Substitutionsbehandlung, wie beispielsweise retardiertem Morphin, eine Vorreiterrolle in der Therapievielfalt übernommen.

<u>Seit über 40 Jahren wird in Europa substituiert</u>

Die Substitutionstherapie in Europa geht auf erste Versuche mit Methadon in den 60er Jahren zurück. Über den Nutzen der Drogensubstitution herrscht breiter Konsensus und seit Mitte der 90er Jahre erfolgte eine Umsetzung in allen EU-Mitgliedstaaten. In Deutschland wurde mit Codein und Dihydrocodein behandelt bis zur in der EU vergleichsweise sehr späten Einführung eines Methadon-Programms Ende der 80er Jahre.

In Österreich werden seit 1987 Opiatabhängige mit synthetischen Opioiden im Rahmen einer oralen Substitutionstherapie behandelt. Stand zu Beginn der Substitutionstherapie nur Methadon als ›magistrale Rezeptur‹ (wie auch heute noch) in Österreich zur Verfügung, so konnte mit der Zulassung von Arzneispezialitäten mit dem Wirkstoff Buprenorphin (1999) und retardiertem Morphin (1998 bzw. 2002) der heutigen Forderung der EU-Drogenpolitik nach Therapievielfalt für Opiatabhängige bereits sehr früh entsprochen werden.

<u>Daten und Fakten zu Substitol</u>

Substitol mit dem Wirkstoff Morphin und mit verzögerter Wirkstofffreisetzung wurde im Oktober 1998 zur Substitutionstherapie in Österreich als Arzneimittel zugelassen. Dies galt weltweit als erste Zulassung eines retardierten Morphins zur Substitutionstherapie. Die Markteinführung erfolgte mit Jänner 1999. In der für die Zulassung beim Bundesministerium für Gesundheit und Frauen vorgelegten klinischen Studie erwies sich retardiertes Morphin als gleich wirksam wie Methadon in der Behandlung von Opiatabhängigkeit. Sicherheit und Verträglichkeit waren vergleichbar, bei besserem Wohlbefinden der Patienten unter Morphin. Durch die retardierte Form erfüllt Substitol die Forderung des Erlasses der einmal täglichen Einnahme.

Zulassungen von Substitol zur Substitution folgten 2004 in Bulgarien und 2005 in Slowenien.

Weitere EU-Staaten zeigen Bereitschaft, nach Vorlage zusätzlicher klinischer Daten, die Zulassung von retardiertem Morphin zur Drogensubstitution zu erwägen.

Die für die Zulassung durch die EMEA [European Agency for the Evaluation of Medicinal Products] erforderlichen klinischen Daten werden derzeit im Rahmen einer multizentrischen europäischen Studie erhoben.

<u>Schadensminimierung ist das Ziel</u>

Früher galt die Abstinenz als das oberste Ziel in der Drogentherapie, nun wird die Schadensminimierung (Harm Reduction) in rechtlichen, psychosozialen und gesundheitlichen Bereichen als oberstes Ziel angesehen. Die ärztliche Verschreibung von Ersatzmedikamenten soll den illegalen Drogenkonsum ersetzen. Wichtig ist, den Beikonsum von Heroin, Kokain und Beruhigungsmitteln (Benzodiazepine) nicht durch eine Unterdosierung des Substitutionsmittels zu fördern.

Die Substitutionstherapie verfolgt folgende Ziele:
- *Risikoreduktion bei der Übertragung von HIV und Hepatitis B und C*
- *Verringerung des Risikos einer Überdosierung*
- *Reduktion des Konsums illegaler Drogen*
- *Verringerung der drogenbezogenen Kriminalität (Beschaffungskriminalität und -prostitution)*
- *psychische und physische Stabilisierung*

Um möglichst viele opiatabhängige Patienten in Therapieprogramme unter ärztlicher Kontrolle aufzunehmen, sollte die Substitutionstherapie breit verfügbar und leicht zugänglich gemacht werden. Das Angebot muss eine breite Palette von Substanzen umfassen, um möglichst individuell behandeln zu können. Auswahl der Substanz und der Dosierung sollte auf den jeweiligen Betroffenen abgestimmt werden und ausschließlich in der Verantwortung des behandelnden Arztes liegen.

Seit 1999 ist die Zahl der im Substitutionsprogramm befindlichen Opiatabhängigen in Österreich auf ca. 7000 Patienten gestiegen. Dennoch waren laut ÖBIG [Österreichisches Bundesinstitut für Gesundheitswesen]-Bericht im Jahr 2003 70 Prozent der Opiatabhängigen nicht in Behandlung. Die Erfassungsrate in der EU reicht von 10 bis 50 Prozent.«

Weitere diesbezügliche Informationen finden sich in einem kürzlich publizierten Editorial des Substitutionsexperten und Leiter des Treatment Research Institute at the University of Pennsylvania, Dr. George E. Woody.

Besonders Talkum in retardierten Morphinen kann zu schweren gesundheitlichen Schäden führen. Die Beratungsstelle »Clean Bregenz« schreibt dazu:

»*Der intravenöse Gebrauch von Kapseln und Tabletten, die zur oralen Einnahme bestimmt sind, kann zu schweren Schäden von Organen führen. Diese Organschäden lassen sich auf den unlöslichen Hilfsstoff Talkum zurückführen. Dieser ist nicht nur in Substitutionsmitteln, sondern auch in anderen Arzneimitteln enthalten.*

Talkum wird durch die Maßnahmen des IV-Konsumenten vor der Injektion nicht gänzlich entfernt und gelangt somit in die Blutbahn ...
1. *Talkumablagerungen in der Netzhaut der Augen führen zu chronischen Augenentzündungen, kann bis zur Erblindung gehen.*
2. *Talkumablagerungen in der Lunge führen zu schweren Atemwegserkrankungen.*
3. *Talkumablagerungen in der Niere und der Leber führen zu chronischen Nieren- und Leberschäden.*«

Talk (Talkum) ist das bekannteste weichste Mineral. Gewonnen wird dieser Rohstoff hauptsächlich in Europa, den USA und China. Talk findet in der Papier-, Zellstoff-, Farben-, Lack-, Gummi-, Kunststoff-, Keramik- und Pharmaindustrie Verwendung, wo es als Pudergrundlage und als Gleitmittel zur Verbesserung der Fließeigenschaften von Pulvern angewendet wird.

Talkum darf nicht eingeatmet werden, da nach der Einatmung des feinen Pulvers in den peripheren Atemwegen heftige Entzündungen entstehen, die zu so genannten Fremdkörpergranulomen führen.

Im Text des Mundipharma-Geschäftsführers Dietmar Leitner wird Talkum mit keinem Wort erwähnt.

In den Schlussfolgerungen der Studie »Gesundheitsgefahren durch intravenöse Applikation von Talkum« des ÖBIG vom Februar 2004 von Marion Weigl heißt es:

»*Ein intravenöser Konsum von Tabletten oder Kapseln, die für den oralen Gebrauch bestimmt sind, kann zu teilweise schweren oder meist irreversiblen Schäden vor allem der Lunge, aber auch in anderen Organen wie z. B. Leber und Augen führen. Diese Organschäden lassen sich mit Hilfe verschiedener Diagnose- und Analysemethoden in den meisten der untersuchten Fälle eindeutig auf den unlöslichen Hilfsstoff Talkum zurückführen. Durch Talkum induzierte Schäden werden jedoch nicht nur durch den intravenösen Missbrauch von Substitutionsmitteln bedingt, sondern auch durch den missbräuchlichen i.v.-Konsum von anderen Arzneimitteln, die für oralen Gebrauch bestimmt sind und als Hilfsstoff Talkum enthalten, sowie durch gestrecktes Heroin bzw. Kokain.*

Obwohl die Auswirkungen von Talkum gut untersucht sind, gibt es noch offene Fragen:

In welchem Ausmaß sind i.v.-Drogenkonsumenten von Organschäden durch Talkum betroffen? Es gibt derzeit keine exakten Zahlen dazu. Ein Grund dafür ist unter anderem, dass die Symptome unspezifisch sind und die Ursache nur durch eine genaue Differentialdiagnose festgestellt werden kann.

Welche Menge an injiziertem Talkum ist für die verschiedenen Schäden verantwortlich? Von vielen Experten wird vermutet, dass die Organschäden mit steigender Menge und Dauer des intravenösen Konsums zunehmen.

Welche Mengen an Talkum gelangen bei einer Injektion von aufgelösten Tabletten oder Kapseln verschiedener Arzneimittel (inklusive Substitutionsmittel), die für den oralen Gebrauch bestimmt sind, bzw. von gestrecktem Heroin oder Kokain in den Blutkreislauf?

Aufgrund der zu erwartenden gesundheitlichen Folgen ist es angeraten, die in der Praxis bereits häufig durchgeführte Warnung vor intravenösem Konsum von Tabletten oder Kapseln, die für oralen Gebrauch bestimmt sind, zu intensivieren. Dies gilt nicht nur für Substitutionsmittel, sondern auch für andere talkhältige Arzneimittel. Da aber gerade der intravenöse Konsum von Substitutionsmitteln bekannt ist und von vielen Seiten thematisiert wird, sollte die Verwendung von talkhältigen Substitutionsmitteln in der Substitutionsbehandlung diskutiert werden (Abschätzung der Vorteile gegenüber den gesundheitlichen Risiken). Bezüglich eventuell schädigender Auswirkungen von anderen unlöslichen Hilfsstoffen in Arzneimitteln bzw. Substitutionsmitteln, die für den oralen Gebrauch bestimmt sind, müsste eine weitere Recherche durchgeführt werden. Des Weiteren sollten bei der Diagnose von Erkrankungen im Zusammenhang mit Substanzkonsum bzw. bei der Behandlung und bei der Autopsie von i.v.-Drogenkonsumenten die durch Talkum induzierten Auswirkungen in Betracht gezogen werden.«

Auch diese Studie findet im Mundipharma-Papier keine Erwähnung.

Dr. Alexander David, der Wiener Drogenbeauftragte, ist ein erklärter Verfechter von retardierten Morphinen und somit von Substitol. Seiner Meinung nach ist Talkum nicht schuld am Tod einiger suchtkranker Menschen, die substituiert worden waren: »Diese Talkum-Vergiftung konnte nie in einem Zusammenhang mit den retardierten Morphinen gestellt werden.«

Angesprochen auf die Weigl-Studie erwidert David: »Es gibt eine Studie, die sagt, dass es gefährlich ist, Talkum zu applizieren. Das ist einmal, würde ich sagen, ein wichtiger theoretischer Ansatz, dem man unbedingt nachgehen muss ... Die Gerichtsmediziner schneiden jeden Tag Gehirne, Herzen, Nieren, Lungen und finden das Talkum nicht. Das muss man auch sagen. Das ist ja in der Medizin oft, dass es verschiedene Ansätze gibt, und ein Ansatz ist, Talkum ist gefährlich ... Trotzdem besteht das Problem, dass Substitutionsmittel missbraucht werden, dass sie nicht ordnungsgemäß geschluckt, sondern intravenös gespritzt werden. Das ist tatsächlich ein massives Problem. Wir waren das erste Bundesland, das darauf schon vor Jahren darauf aufmerksam gemacht hat, und sind an das Gesundheitsministerium herangetreten, dass wir grundsätzlich Maßnahmen brauchen, die den Missbrauch von Substitutionsmitteln einschränken, mit denen wir die Abzweigungen der substituierten Medikamente, nicht nur Morphiummissbrauch, es werden auch Methadon und Subutex missbraucht, in den Griff bekommen. Nicht unbedingt ganz verhindern, da schüttet man das Kind mit dem Bade aus, sondern so einschränken, dass es keinen massenhaften Missbrauch mehr gibt. Dazu brauchten wir eine so genannte Verordnung, denn im Erlass hat sich das nicht regeln lassen. Das sehe ich als Doktor hier in meiner Praxis, dass ich an einen solchen Erlass nicht gebunden bin und niemand mich zwingen kann, so eine Bestimmung einzuhalten. Wenn es im Verordnungsrang niedergeschrieben ist, bin ich auch verpflichtet, es zu tun.«

Dieser Erlass (GZ 21.551/6-VIII/B/12/98) gibt »Rahmenbedingungen vor, die dem Arzt ausreichend Spielraum für die Sicherstellung der für den jeweiligen Patienten bestmöglichen Behandlung einräumen.«

Zum Zeitpunkt dieses Interviews, am 3. August 2006, hatte, laut David, die zuständige Bundesministerin Maria Rauch-Kallat diese Verordnung noch nicht unterschrieben. Inzwischen wissen wir, dass diese Unterschrift Ende 2006 geleistet wurde, jedoch mit null Wirkung.

Substitol ist in drei Staaten – Österreich, Bulgarien und Slowenien – zugelassen. Ungarn hat einen Antrag auf Zulassung gestellt. Weltweit wird dieses Präparat also nur in drei europäischen Ländern benutzt. Warum kapriziert man sich ausgerechnet auf dieses Medikament?

»Kaprizieren muss erklärt werden«, sagt David. »Ich bin als Arzt immer froh, wenn es verschiedene Medikamente für komplexe Erkrankungen gibt. Ich bin froh, dass ich 60 verschiedene Blutdruckmedikamente hier habe. Also sind wir froh, dass wir für verschiedene Patiententypen, für verschiedene Formen von Verläufen, für verschiedene Intensitäten von verschiedenen Erkrankungen verschiedene Medikamente haben, weil wir dadurch dem Einzelnen besser helfen können. Ich bin grundsätzlich ein Befürworter für verschiedene Präparate in der Substitutionsbehandlung. Morphium, retardiertes Morphium und Buprenorphin. Ein Großteil der Patienten, die diese drei verschiedenen Medikamente, wie immer sie auch dazu gekommen sind, ausprobiert oder bekommen haben, bevorzugen das Morphium gegenüber den andern.

Es gibt auch einige, die Morphium oder Buprenorphin lieber mögen. Es gibt eine klare Gruppe, vor allem Junge, die noch nicht so lange abhängig sind, wo Buprenorphin absolut und objektiv besser ist als die anderen.

Aber es gibt eine große Gruppe, in Wien wahrscheinlich über 3000, 4000 Personen, die sich mit Morphium wohler als mit anderen Substitutionsmitteln fühlen. Das ist mit ein Grund, es ihnen auch zu geben. Die Patienten akzeptieren es.

Wenn ich eine Wahl zwischen A, B und C habe, entwickeln manche Patienten eine massive Aversion gegen bestimmte Medikamente, ob objektiv gerechtfertigt oder nicht, ist eine andere Frage. Viele sind auf dieses Medikament [Substitol] sehr fixiert. Es wird angenommen und ist bei regulärem Gebrauch ein taugliches und auch sicheres Präparat. Die Frage ist nicht so sehr, brauche ich Buprenorphin oder retardiertes Morphin oder nicht, sondern wie verhindere ich, dass es missbraucht wird.

Wenn wir eine Verordnung haben, die den Missbrauch einschränkt, sind wir schon einen wesentlichen Schritt weiter. Das liegt auch im Interesse der Firmen. Man soll nicht glauben, dass nun die Herstellerfirma dieses Medikamentes nur ein Interesse hat, viel zu verkaufen, sondern sie will natürlich auch, und da gibt es Standards für die Produkte der Pharmaindustrie und Kontrollinstanzen, dass ihr Produkt unter sicheren Marktbedingungen angeboten, vertrieben und wirksam wird. Da gibt es auch die Notwendigkeit, durch Studien zu belegen, welche Maßnahmen getroffen worden sind. Da denke ich, ziehen ohnehin alle an einem Strang. Ich gehe davon aus, dass es möglich ist, die Sicherheit zu verbessern. Da besteht deutlicher Bedarf.«

Die Verschreibepraxis von Benzodiazepinen (Beruhigungsmitteln) ist ein weiterer Punkt, der von Abhängigen heftig kritisiert wird.

»Das ist ein Kapitel, das weit über die klassischen Drogenkranken hinausgeht. Die Drogenkranken, die auch Benzodiazepine aufgrund ihrer Polytoxikomanie verwenden, sind ein Teil des Benzodiazepine-Problems. Weltweit überwiegen hierbei aber ältere, allein stehende Menschen, mehr Frauen als Männer, als typisches Beispiel für Tablettenabhängigkeit. Restriktive Maßnahmen mit so einem breiten Missbrauchsproblem führen in der Regel zu mehr Schaden als Nutzen. Ich denke, dass im Gegensatz zum Missbrauch von Substitutionsmitteln, beim Benzodiazepine-Missbrauch nicht der gesetzliche Weg, sondern Fortbildung und fachliche Maßnahmen zielführend sind. Ich bin auch Skeptiker und nur zum Teil überzeugt, dass es gelingen wird, weil ich weiß, was für ein massives Suchtpotenzial in der Gesellschaft überhaupt [vorhanden] ist.

Das beginnt beim Zigarettenrauchen, das ein gesundheitliches Risiko ist, und sämtliche Benzodiazepine-Probleme als winzigen Zwerg erscheinen lässt. Wir alle wissen, wie schwierig es ist, der Weltbevölkerung das Rauchen abzugewöhnen. Auch hier glaube ich, dass es nicht gelingen wird … Ich wäre schon froh, wenn ich Politiker nicht mit dem Weinglas in der Hand sehen würde … Ich sehe bei vielen ernst gemeinten Berichterstattungen viele Landes- und Bundespolitiker, die sich sehr gerne damit [mit dem Weinglas] abbilden lassen. Das sehe ich als Arzt als keine gute Vorbildwirkung.«

Das große Umdenken in der Substitutionsfrage wurde im Jahr 2000, nicht zuletzt durch das große Sterben unter den Drogenabhängigen, ausgelöst. In diesem Jahr starben in Österreich 227 Menschen an den Folgen ihrer Sucht, wie die »Ärzte Woche«[155] vermeldete. Deutlich mehr als 1999.

---

155 Ärzte Woche, 15. Jg., Nr. 28/2001

Damals schrieb die Fachzeitschrift: »... Schließlich sei nur ein geringer Prozentsatz der suchtkranken Personen dazu bereit, die langjährige Abstinenzbehandlung zu beginnen. Neben dem klassischen Methadon etablieren sich nun auch das semisynthetische Opioid Buprenorphin und retardierte Morphine als Ersatzmittel. Erst nach mehrjähriger stabiler Substitutionsbehandlung kann man an eine Reduktions- beziehungsweise Abstinenztherapie denken ... Seit 1987 besteht in Österreich die gesetzliche Möglichkeit, chronisch opiatabhängigen Personen perorale Opiatanaloga als Ersatzmittel zu verschreiben. Über zwei Drittel der Dauerverschreibungen werden von Allgemeinmedizinern vorgenommen.

Die Versorgung der substanzabhängigen Patienten wäre ohne die Allgemeinmediziner nicht denkbar. Allerdings entspricht die Ausbildung der Hausärzte nicht unbedingt den hohen Anforderungen, welche die Betreuung Abhängiger erfordert. Professor Dr. Gabriele Fischer, Leiterin der Drogenambulanz, Psychiatrische Universitätsklinik am Wiener AKH, betont die Überforderung vieler Kollegen mit derartigen Problemen. Neben einer Unterschätzung der Folgen ... käme es auch zu fachlichen Fehlern. So kann die oft praktizierte Verschreibung von Benzodiazepinen zur Therapie von Schlafstörungen bei Suchtkranken zu einer zweiten Abhängigkeit führen. Fischer: ›Um derartige Fehler zu vermeiden, wären entsprechende Fortbildungen nötig. Das Angebot wird jedoch nur von einem geringen Prozentsatz der Kollegen wahrgenommen.‹ ... Kollegen, die keine entsprechende Erfahrung haben, überschreiten dann in ›gut gemeinter‹ Weise ihren Aufgabenbereich und lassen sich von ihren Patienten verunsichern ...«

In der gleichen Ausgabe der »Ärzte Woche« kritisierte Fischer auch die politische Vorgehensweise als verbesserungswürdig: »In Wien wurde zu viel Geld in Einrichtungen zur abstinenzorientierten Behandlung investiert – obwohl diese nur für wenige Patienten geeignet ist –, aber zu wenig in Spezialeinrichtungen etwa zur Substitutionstherapie.«

Vielleicht hilft die neue Substitutionsverordnung, sofern sie tatsächlich endlich wirksam wird, dass der Missbrauch tatsächlich eingedämmt, wenn nicht gar abgestellt werden kann. Bislang verläuft das Zusammenspiel zwischen behandelndem Arzt, Amtsarzt und Apotheker nicht immer konfliktfrei. Manche Ärzte, die Substitutionstherapie in ihren Praxen betreiben, fühlen sich oft durch die Amtsärzte bevormundet.

»Man sollte als Arzt«, so Fischer, »nicht vergessen, dass man seinen Patienten im Sinne der ärztlichen Schweigepflicht und des Datenschutzes verpflichtet ist. Dies gilt auch für die Weitergabe von Informationen an Amtsärzte. Diese Institution entspricht nicht einem behandelndem Arzt, sondern einer Behörde. Die letztendliche Verantwortung für den Patienten obliegt jedoch dem Arzt, der den Patienten kennt und betreut. Natürlich scheint eine gewisse Überwachung sinnvoll – ob etwa ein abhängiger Patient mehrmals von verschiedenen Ärzten Suchtgiftrezepte einfordert –, doch eine inhaltliche Veränderung in der Therapie durch die Amtsärzte bedeutet eine eindeutige Kompetenzüberschreitung ... Diese Restriktivität treibt Patienten oft erneut in die Illegalität.«

Von rund 30.000 opiatabhängigen Patienten in Österreich hält sich nur ein Bruchteil in der Szene auf, wobei die Zahlen relativ ungenau sind.

Dr. Hans Haltmayer, ärztlicher Leiter des »Ganslwirts« dazu: »... Gute Daten gibt es bei Nikotin und Alkohol. Bei illegalen Substanzen ist die Datenlage relativ schlecht ... Diese Daten beruhen auf Schätzungen [ca. 30.000 Opiatabhängige in Österreich mit einer Unschärfe von 5000 bis 10.000 mehr oder weniger], für andere Substanzen gibt es kaum Zahlen. Es wird an einem einheitlichen Dokumentationssystem gearbeitet, welches dann sicher bessere Zahlen liefern würde ... Vielfach werden Patienten, die in Substitutionsbehandlung sind, nicht gemeldet bzw. bei Beendigung der Therapie nicht abgemeldet. Die Listen werden nicht gewartet und sind nicht aktuell. Das soll durch ein einheitliches Meldesystem verbessert werden. In

Wien werden die Daten über die Dauerverschreibungen durch die MA 15 [Magistratsabteilung 15 der Stadt Wien, Gesundheitswesen und Soziales; Anm. d. A.] erhoben. Diese Zahlen sind relativ genau und verlässlich. In Wien sind zuletzt 5551 Patienten (Mai 2005) in Substitutionsbehandlung gewesen. Man kann davon ausgehen, dass sich maximal 50 Prozent derer, die es brauchen würden, im Moment in Substitutionsbehandlung befinden. Hier gibt es noch großen Bedarf.«[156]

Viele, die in einer Substitutionstherapie sind, stecken auch im Arbeitsprozess. »Aufgrund der Angst vor missbräuchlicher Verwendung werde in Unkenntnis der Lebenssituation dieser Patienten von den Behörden häufig unnötig restriktiv vorgegangen, was die Medikamentenabgabe betrifft.«[157]

Vier Jahre später, 2005, heißt es in der »Ärzte Woche«: »etwa 27 Prozent jener opiatabhängigen Personen, die nach ärztlicher Meinung eine Therapie benötigen, werden vom Substitutionsprogramm erfasst. Eine derart hohe Zahl wäre mit anderen Konzepten, insbesondere Abstinenztherapien, nicht zu erreichen ...«[158]

Der Leiter des Ludwig-Boltzmann-Institut für Suchtforschung am Anton-Proksch-Institut, Prof. Dr. Alfred Springer, sagte in einem Interview mit dem Fachmagazin auf die Frage, ob die Zugangserleichterung damit zu tun habe, dass die Zahl der in Substitutionstherapie stehenden Patienten ständig zunimmt: »Der Zugang wurde aufgrund des Erfolges internationaler Vorgaben erleichtert. Frühere, auch im Substitutionserlass formulierte Vorgaben, dass diese Therapieform vorwiegend für langjährig Abhängige und HIV-Positive bestimmt ist, werden kaum mehr beachtet.«

Springer weiter: »Die wichtigsten [Substitutionssubstanzen] sind Methadon, retardierte Morphine und Buprenorphin. Bis vor etwa zwei Jahren wurde vor allem Methadon verschrieben.

---
156 www.drogensubstitution.at
157 vgl. ebenda
158 Ärzte Woche, 19. Jg., Nr. 24/2005

Seither kam es zu einer Umkehr, so dass mittlerweile mehr retardierte Morphine als Methadon verordnet werden. Der Anteil von Buprenorphin liegt gleich bleibend bei ca. zwölf Prozent ... Die Vorteile von Methadon liegen vor allem in der langen Wirkdauer und der guten Kontrollierbarkeit hinsichtlich der Abgabe, weil es magistraliter in Sirupform zubereitet und täglich in der Apotheke eingenommen wird. Außerdem lässt sich bei Methadon leicht im Harn-Schnelltest kontrollieren, ob zusätzlich noch andere Opiate konsumiert wurden. Diese Kontrolle ist bei retardierten Morphinen nicht möglich, da sie dieselben Abbauprodukte bilden wie andere Opiate. Die Wirkdauer der retardierten Morphine ist ähnlich lang wie von Methadon. Allerdings ist die Abgabe der retardierten Morphine in Tabletten- oder Kapselform weniger leicht kontrollierbar. So sollen diese Substanzen häufiger auf dem Schwarzmarkt auftauchen als etwa Methadon. Allerdings hat bisher keine Untersuchung nachgewiesen, woher die Morphintabletten auf dem Schwarzmarkt tatsächlich stammen.

Buprenorphin hat in Österreich einen geringeren Schwarzmarktwert, stellt aber in anderen Ländern wie Frankreich, der Schweiz oder in Skandinavien auch ein Schwarzmarktproblem dar. Die Abgabe von Buprenorphin ist relativ einfach, die Abgrenzung von anderen Drogen in Harnkontrollen leichter möglich. Buprenorphin eignet sich vor allem für Personen, die keinen dämpfenden Effekt von dieser Substanz erwarten, sondern eher klar sein wollen.«

Warum retardierte Morphine trotz der befürchteten Probleme verschrieben werden, beantwortete Springer damit, »weil sie zu einer hohen Patientenzufriedenheit und damit Therapietreue führen. Um die Substitutionstherapie mit all ihren sozialen und gesundheitlichen Vorteilen für möglichst viele Opiatabhängige attraktiv zu erhalten, ist es notwendig, mehrere Substanzen anbieten zu können. Bei allen Substanzen kann es bei längerer Einnahme zu Nebenwirkungen kommen, die man bei manchen Patienten durch einen Substanzwechsel offenbar besser unter Kontrolle bringt. So klagen Methadon-Patienten häufig über Gewichtszunahme, Schwitzen und andere vegetative Symptome sowie starken Abfall der Libido. Außerdem ist Methadon eine relativ toxische Substanz, weil es besonders bei Leberschäden zu einer Anhäufung von toxischen Abbaustoffen kommt. Daraus hat sich die Umstellung auf retardierte Morphine ergeben.«

Der Wiener Psychotherapeut Andreas Mauerer ist mit dem Status quo bezüglich retardierter Morphine unzufrieden, denn »im Grunde genommen ist auch diese Diskussion hochstilisiert. Wie wir mit Methadon begonnen haben, war ich ein totaler Gegner, habe aber meine Meinung geändert. Vor allem aber bei der Zielgruppe der HIV-Positiven, wo ich gesehen habe, dass sehr wohl eine Substitution etwas bringt, wenn, und das galt damals schon, die psychosozialen, psychotherapeutischen und psychologischen Begleitmaßnahmen wirklich auch exekutiert, eingefordert und kontrolliert werden. Das ist aber seit der Methadon-Einführung nie passiert oder nicht in der Form, wie es wünschenswert und notwendig wäre. Aufgrund der Angebotserweiterung, der Palette an Substitutionspräparaten, ist es bei den retardierten Morphinen genauso.

Ich halte sie jetzt nicht für generell schlecht. Ich kenne und arbeite mit Ärzten zusammen, die sehr wohl genau schauen, wie sie den Klienten einstellen, auf welche Dosierung, die auch wirklich dazu parallel die Harnkontrollen einfordern. Dass es größtenteils nicht passiert, wobei mir auch klar ist, dass es schwer zu kontrollieren ist, aber dann müssen wir uns etwas einfallen lassen, wie man das macht.

Die Todesfälle, die wir durch retardierte Morphine haben, sind insofern für mich hoch gekünstelt, weil eines hat sich auch nicht verändert – das Experimentierverhalten unserer Kinder und Jugendlichen. Höchstens das Alter, sie fangen früher an. Mit retardierten Morphinen zu experimentieren – im Rahmen einer Suchterkrankung – kann tödlich sein. Das war es aber seit jeher.«

Unterschwellig kursieren Gerüchte, dass Mundipharma, jene Pharmafirma, die auch Substitol im Angebot hat, ein besonderes Naheverhältnis zur Wiener Drogenkoordination unterstellt wird.

Dietmar Leitner, Geschäftsführer der Mundipharma, schreibt dazu in einem Mail vom 10. August 2006 an mich: »Wir möchten darauf hinweisen, dass uns viel an einer objektiven und evidenzbasierten Darstellung der Substitutionstherapie gelegen ist. Das Verhältnis von Mundipharma zu den in der Substitutionstherapie tätigen Ärzten in Wien sowie auch im übrigen Bundesgebiet entspricht den Pflichten und Bestimmungen des Arzneimittelgesetzes. Darüber hinaus wird streng auf die Einhaltung des Pharmig Verhaltenskodex (Verband der pharmazeutischen Industrie Österreichs) und des firmeninternen Kodex geachtet. Die über das Gesetz hinausgehenden freiwilligen Selbstbeschränkungen unterstreichen unsere soziale und gesellschaftliche Verantwortung als ein in der Substitutionstherapie von Opiatabhängigen tätiges Unternehmen.«

Der kritische Psychotherapeut Andreas Mauerer vertritt seine eigene Ansicht zum Thema Pharmaindustrie: »Also diese Pharmawege sind in Österreich sicherlich ganz besondere. Ich denke, wir sind sehr schnell bei der Freigabe von Präparaten. Da liegt meines Erachtens der Haken woanders. Die tatsächliche Abstinenzorientierung spielen sie in unserem Land nicht. Aus welchen Gründen auch immer? Sie spielen es nicht einmal bei arrivierten Einrichtungen. Viele haben es zwar in ihrem Titel, in ihren Konzepten drinnen. Doch, was ich gehört habe, ist die EU nicht begeistert über das Thema Abstinenzorientierung in Österreich. Für mich ist es nach wie vor bei einem Suchtkranken Ziel, zu substituieren, zu behandeln, zu begleiten – was auch immer – bis der auf Null ist. Wir sind Weltmeister in der Suchtverlagerung, wir sind Weltmeister im Substituieren. In der wirklichen Behandlung in Richtung Abstinenzorientierung sind wir Hausmeister.«

Retardierte Morphine sind auch ein politisches Thema. Während die ÖVP-Gemeinderätin und Mitglied des Wiener Drogenbeirates, Karin Praniess-Kastner, nur davon spricht, dass mit retardierten Morphinen Schwarzhandel betrieben wird, und daher strengere Kontrolle fordert und auf die neue Suchtmittelverordnung verweist, geht ihre Kollegin im Drogenbeirat, die grüne Gemeinderätin Heidemarie Cammerlander, detaillierter vor.

»In Irland fangen sie jetzt an [mit Substitol]«, sagt Cammerlander, »und in Deutschland wird es studiert. Ich habe in Deutschland gerade mit einer Parteikollegin gesprochen, die sich sehr für Substitol einsetzt. Für diese retardierten Morphine. Ich bin keine Ärztin, sondern Politikerin. Meine Aufgabe kann es nur sein, Rahmenbedingungen zu schaffen, dass die Ärzte immer am neuesten Wissensstand sind oder die Möglichkeit haben zu forschen. Ich habe Kontakte zu einigen Ärzten in der Substitution, die sagen, man muss etwas auf den Markt bringen, was man spritzen kann. Für viele ist die Nadel bereits eine Vorstufe zum Kick. Da muss ich konkret den Schwarzmarkt untersuchen. Sind es nur verschriebene Präparate oder existiert noch eine andere Ebene, wo es herkommt? Das wird nicht untersucht.

Es wird einfach pauschal gesagt, das ist jetzt am Schwarzmarkt und wir verbieten es als Substitution erster Wahl. Das kann man nicht machen. Da sind wir bereits beim nächsten Thema. Die Suchttherapie ist beim Strafgesetz angesiedelt. Ich vergleiche das mit einem Diabetiker. Wenn der Arzt sagt, wir probieren nun ein anderes Medikament, weil dieses nicht wirkt. Da maßt sich die Politik Dinge an, die sie nicht versteht. Ich muss aber dem Arzt die Möglichkeit geben. Dafür haben wir ein Ärztegesetz und die Ärztekammer. Wir müssen die doch kontrollieren ... Ich habe jetzt erst gehört, und das empfinde ich als Wahnsinn, dass Mundipharma jetzt erst eine wissenschaftliche Untersuchung macht, die jetzt von der Ärztekammer gefordert wurde. Das muss ich doch, bevor ich das zulasse, bringen ...

Wenn nur die Hälfte der Substituierten mit retardierten Morphinen normal leben kann, ist es dann sinnvoll, das zu verbieten oder zu versuchen, für die andere Hälfte etwas auf den Markt zu bringen. Das müssen Ärzte entscheiden. Das darf nicht die Politik.«

Am 20. April 2006 meldete sich die damalige Gesundheitsministerin Maria Rauch-Kallat zu Wort: »In Österreich ist die Substitutionsbehandlung ein wichtiger Ansatz, um Drogenabhängige dauerhaft von ihrer Sucht zu befreien und sie aus der Kriminalität zu holen«, und nahm dabei Bezug auf die Todesfälle durch missbräuchliche Verwendung von Substitol. »Gerade die jüngsten Todesfälle in der Steiermark und Salzburg zeigen«, so die Ministerin weiter, »dass die geplanten Reformen der Substitutionsbehandlung notwendig sind.«[159]

In einem Papier der Firma Mundipharma über Substitol ist Folgendes zu lesen:

»SCHWANGERSCHAFT UND STILLZEIT
Die Verabreichung von Substitol retard Kapseln an schwangere Opiatabhängige unterliegt einer Nutzen/Risikoabwägung unter dem Aspekt, dass stärkere Schwankungen der Opiatkonzentration, insbesondere Überdosierung oder Entzug, das Kind im besonderen Maße gefährden.

Während der Schwangerschaft und in den ersten Monaten nach der Geburt sollte daher die Patientin nicht detoxifiziert werden.

Die Betreuung von schwangeren Opiatabhängigen in einem Substitutionsprogramm ist Spezialeinrichtungen vorbehalten.

Bei Neugeborenen von Müttern, die eine Dauertherapie mit Morphin während der Schwangerschaft erhalten haben, ist mit Entzugserscheinungen zu rechnen, die ebenfalls in Spezialeinrichtungen zu behandeln sind ...

---

[159] BMI für Gesundheit und Frauen

AUSWIRKUNGEN AUF DIE VERKEHRSTÜCHTIGKEIT UND DAS BEDIENEN VON MASCHINEN

Morphin kann die Reaktionsfähigkeit der PatientInnen in unterschiedlichem Maße verändern, abhängig von der Dosierung und der Empfindlichkeit der PatientInnen. Falls die PatientInnen beeinträchtigt sind, sollten sie weder ein Fahrzeug noch eine Maschine bedienen.

Für Personen, die aus medizinischen Gründen Sucht- oder Arzneimittel erhalten, die geeignet sind, die Fahrtauglichkeit zu beeinträchtigen, darf nach einer befürwortenden fachärztlichen Stellungnahme eine Lenkerberechtigung erteilt oder belassen werden.

NEBENWIRKUNGEN

... Bei normalen Dosen sind die häufigsten Nebenwirkungen von Morphin Übelkeit, Erbrechen, Obstipation [Stuhlverstopfung] und Benommenheit. Bei der Dauerbehandlung sind Übelkeit und Erbrechen ungewöhnlich und können gegebenenfalls mit einem Antiemetikum [Mittel gegen Erbrechen] behandelt werden. Bei Obstipation sollte ein geeignetes Laxans [Abführmittel] verabreicht werden. Bei einigen Patienten können auftreten: Mundtrockenheit, Schwitzen, Schwindel, Kopfschmerzen, Verwirrtheit, Gesichtsröte, Stimmungsveränderungen, Herzklopfen, Halluzinationen, Bronchospasmen und Koliken ...

... Unter der Substitutionstherapie wird eine bereits bestehende Opiatabhängigkeit nicht rückgängig gemacht ...

PHARMAKOLOGISCHE EIGENSCHAFTEN

Morphin ist ein Opiat-Agonist, insbesondere an den My-Rezeptoren und in geringerem Ausmaß an den Kappa-Rezeptoren im ZNS [Zentralnervensystem]. Vermutlich vermitteln die My-Rezeptoren supraspinale Analgesie [Schmerzlosigkeit], Atemdepression sowie Euphorie und Kappa-Rezeptoren spinale Analgesie,

Mios und Sedierung. Morphin wirkt auch direkt auf das Nervengeflecht der Darmwand und verursacht Obstipation ...

... Klinische Studien zur Substitutionstherapie mit Substitol retard Kapseln liegen bisher nicht vor.«

Substitol ist sicherlich nicht der Weisheit letzter Schluss. Eine Alternative ist die diamorphingestützte Behandlung Opiatabhängiger.

1874 wurde Diamorphin (Diacetylmorphin, DAM) von einem britischen Chemiker synthetisiert, 1898 kam es unter dem Handelsnamen *Heroin* als Hustenmittel durch die Firma Bayer auf den Markt. Ebenso als Schmerzmittel kam es zur Anwendung. 1929 wurde Diamorphin in Deutschland verboten, während es in Großbritannien noch immer medizinisch verschrieben wird und alternativ zu Morphin für die Schmerzbehandlung, auch bei Kindern, eingesetzt wird. Im Körper wird Diamorphin zu Morphin umgewandelt, wobei die Wirkung beider Substanzen sehr ähnlich ist, Diamorphin jedoch schneller vom Blut das Gehirn erreicht. (www.drogenpolitik.org)

In einer Aussendung des deutschen Bundesministeriums für Gesundheit in Berlin heißt es am 11. Jänner 2007: »*...In den Niederlanden wurde jetzt als zweites Land in Europa Diamorphin als Medikament zur Behandlung der chronischen Opiatabhängigkeit zugelassen. Damit ist eine reguläre diamorphingestützte Behandlung der Patienten und Patientinnen, die auch in den Niederlanden bisher nur im Rahmen klinischer Studien möglich war, langfristig gesichert. Zugelassen ist die Behandlung für schwer therapie-resistente Patienten, die seit langem heroinabhängig sind und trotz regelmäßiger Teilnahme an einer Methadonsubstitution keine deutliche gesundheitliche Stabilisierung erfahren.*

Derzeit befinden sich in den Niederlanden ca. 350 Patienten und Patientinnen in acht Spezialambulanzen in diamorphingestützter Behandlung. Es wird erwartet, dass die Zahl im Verlauf des Jahres 2007 bereits auf 500 bis 600 steigen wird.

Derzeit ist vorgesehen, die Behandlung auf bis zu 15 Städte auszuweiten und so langfristig 800–1000 Therapieplätze einzurichten.

Das deutsche Modellprojekt zur diamorphingestützten Behandlung mit über 1000 Patienten belegt, dass mit dieser Behandlung erstaunliche Erfolge bis hin zur Abstinenz und guter sozialer Stabilisierung bei schwerst abhängigen Patienten erreicht werden können. Die Diamorphintherapie ist dabei der Methadonbehandlung überlegen.

Bisher war die Schweiz das einzige Land, in dem die Behandlung mit Diamorphin Teil der Regelversorgung ist. In zahlreichen weiteren Ländern wie z.B. Spanien und Kanada werden Patienten und Patientinnen im Rahmen von Studien und Modellprojekten behandelt. In der Schweiz führte das breite suchttherapeutische Angebot mit der diamorphingestützten Behandlung als wichtiger Baustein zu einem deutlichen Rückgang problematisch konsumierender Heroinabhängiger. Zudem hat durch die Medikalisierung Heroin als Droge für Jugendliche erheblich an Attraktivität verloren ...

... Ein Antrag auf Zulassung von Diamorphin als Arzneimittel liegt dem für Arzneimittelzulassungen zuständigen deutschen Bundesinstitut für Arzneimittel und Medizinprodukte (BfArM) vor. Das BfArM hat den Antrag fachlich positiv beurteilt, kann das Medikament jedoch erst zulassen, wenn zuvor eine Änderung des Betäubungsmittelgesetzes erfolgt, welches derzeit das Verschreiben von Diamorphin verbietet.

Die Patienten des deutschen Projektes werden noch bis zum 31. Juni 2007 weiter mit Diamorphin behandelt. Für eine geregelte Weiterbehandlung der Patienten in Deutschland ist es dringend erforderlich, in den nächsten Monaten eine entsprechende Gesetzesinitiative zur Änderung des Betäubungsmittelgesetzes zu starten. Zahlreiche Experten und eine Bund-Länder-Arbeitsgruppe fordern für eine sehr kleine Gruppe schwerst Opiatabhängiger die diamorphingestützte Behandlung als Regelversorgung ...«

Dieses Anliegen stößt auf Widerstand. Auch in unserem Nachbarland legt sich die Politik quer, obwohl es um die Gesundung, Zukunft und soziale Reintegration von Menschen geht.

So heißt es weiter in der Aussendung: »*Bisher lehnt die CDU/CSU auf Bundesebene dies ab und blockiert eine entsprechende Gesetzesinitiative der Bundesregierung.*«

Für die SPD-Bundestagsabgeordnete Sabine Bätzing ist »diese Therapie für viele jahrelang abhängige Patienten die letzte Hoffnung, ihre Erkrankung dauerhaft und nachhaltig in den Griff zu bekommen und ihr Leben wieder selbstverantwortlich in die Hand zu nehmen. Ich setze mich deshalb unverändert dafür ein, dass auch in Deutschland die Diamorphinbehandlung in die Regelversorgung übernommen wird.« (ebenda; s. auch unter www.heroinstudie.de)

Wege aus der Hölle – zurück ins Leben

»Wichtig ist die Definition von Lebenszielen«, sagt Prim. Dr. Werner Friedl von der Entzugstherapiestation »Walkabout« in Graz. »Es sollte versucht werden, diese in kleinen Schritten zu erreichen. Zu große Schritte führen zu Enttäuschungen, kleine Erfolge motivieren.«[160]

Der erste Schritt, einer Opiatabhängigkeit zu entkommen, ist eine **Entzugstherapie**, während der ein rein körperlicher Entzug stattfindet, der langwierig und äußerst schmerzhaft ist. Nachdem diese Grundstufe überwunden ist, beginnt die Entwöhnungstherapie, die auch den psychischen Ursachen für die Sucht auf den Grund zu gehen versucht. Allerdings können dadurch soziale Probleme wie Obdachlosigkeit und Arbeitslosigkeit etc. nicht gelöst werden. Dadurch erhöht sich die Gefahr eines Rückfalls.

Drogenkranke versuchen oft selbst, ohne ärztliche Hilfe, einen Entzug: *Kalt runter lassen* wird diese Entzugsart in der Szene genannt, die in vielen Fällen scheitert.[161]

»Die Mehrheit der Patienten schließt keine Entwöhnungstherapie an den Entzug an. Die Entwöhnung folgt oft erst dann, wenn der Leidensdruck zu hoch ist. Es gibt aber auch eine Tendenz in Richtung ambulanter Nachbetreuung«, stellt Dr. Leonidas Lemonis, ärztlicher Leiter des Vereins »Grüner Kreis«, fest.[162]

Voraussetzungen für eine Aufnahme in eine Entzugstherapie sind: Der Patient muss über 16 Jahre alt und bereit für

---

160 www.drogensubstitution.at
161 vgl. ebenda
162 vgl. ebenda

einen Entzug und eine anschließende Therapie sein. Werden akute somatische (körperliche) Erkrankungen diagnostiziert, wird der Entzug ausgesetzt. Zuerst stellt der Arzt in einer Bestandaufnahme fest, welche Art von Drogen und auf welche Weise das Suchtgift konsumiert wurde. Während der Entzugstherapie erhält der Patient retardiertes Morphin, aber auch, abhängig vom jeweiligen Suchtgrad, Benzodiazepine und Neuroleptika. Diese Medikamente werden stufenweise reduziert. Retardiertes Morphin verursacht relativ geringe körperliche Entzugserscheinungen wie Verspannungen, Übelkeit und Schwitzen.

Viele Patienten leiden unter Polytoxikomanie, d. h. sie haben regelmäßig unterschiedliche Drogen konsumiert. Daher ist oft nur ein Teilentzug möglich. Ein Benzodiazepine-Entzug ist leichter als ein Opiatentzug. Um Stimmungsschwankungen vorzubeugen bzw. diese zu stabilisieren, bekommen die Patienten Antidepressiva und Antiepileptika. Konnte der Entzug erfolgreich abgeschlossen werden – die Dosis ist auf Null – bleibt der Patient für einige Tage unter Beobachtung, um feststellen zu können, wie er ohne Drogen zurechtkommt.

Akupunktur, Physiotherapie, Massagen u. a. werden als Begleitmaßnahmen zum Entzug durchgeführt. Während des Entzugs muss der Patient lernen, Regeln zu befolgen und sich an einen vorgegebenen Tagesablauf zu gewöhnen.

Bei Abbruch einer Entzugstherapie wird dem Probanden empfohlen, eine Drogenberatungsstelle aufzusuchen, damit in Gesprächen herausgefunden werden kann, ob es ihm mit der Drogenabstinenz tatsächlich ernst ist. Viele erleiden Rückfälle und daher ist eine Substitutionstherapie für diese Menschen die bessere Variante, da ein Entzug im Anschluss an eine längere Substitutionsphase erfolgen kann.

Nach zwei bis maximal sechs Wochen ist der körperliche Entzug abgeschlossen. Der Körper ist entgiftet. Dauert es länger, liegt eine psychische Störung vor, wobei diese erst während des körperlichen Entzugs auftreten kann.

Während der **Entwöhnungstherapie** erfolgen meist Gruppen- und Einzelgespräche mit Psychotherapeuten. Einbindung in die Familie, Arbeit und Sport sind weitere wichtige Maßnahmen für eine erfolgreiche Therapie. In dieser Zeit müssen auch die sozialen und wirtschaftlichen Probleme gelöst werden, indem z. B. eine Schuldnerberatung eingebunden wird. Auch Wohnungs- und Arbeitsprobleme müssen gelöst werden.

Die Dauer einer Entwöhnungstherapie lässt sich nur sehr schwer eingrenzen. Außerhalb der Therapiestation kümmern sich auch weiter Sozialarbeiter und Drogenberatungsstellen um den Patienten.[163]

»Wichtig sind die Abklärung, Diagnose, Indikationsstellung und Durchführung der Behandlung in Zusammenarbeit mit den niedergelassenen Ärzten. Substitutionseinrichtungen sollten als Fachzentren verstanden werden, die für schwierige Patienten und spezielle Fragen zur Verfügung stehen«, findet Allgemeinmediziner und Psychotherapeut Dr. Peter Skriboth, ärztlicher Leiter des BBB Dialog [Betreuungs- und Beratungszentrum].[164]

Substitutionstherapien kommen ausschließlich bei Opiatabhängigkeit zum Tragen. Ist die Sucht vordergründig durch eine andere Substanz dominant geprägt, wird nicht substituiert, genauso wie bei Jugendlichen und anderen Suchtkranken, die erst vor kurzer Zeit in eine Abhängigkeit geraten sind. Die Bereitschaft, sich gewissen Regeln unterzuordnen, und eine genügende Motivation sind weitere Voraussetzungen.

Meist wird die Substitutionstherapie gemeinsam mit einer Drogenberatungsstelle absolviert, wobei diese den Analysepart der psychosozialen Faktoren, die letztlich in die Abhängigkeit führten, übernimmt.

Oft sind die Hintergründe für eine Drogensucht in einer psychischen Störung, einer so genannten psychiatrischen **Komorbidität**, zu suchen, auch Dualdiagnosen oder Doppel-

---

163 vgl. ebenda
164 vgl. ebenda

diagnosen von zwei oder mehreren gleichzeitig, nebeneinander oder nacheinander ausbrechenden Krankheiten.[165]

»Die Opiate an sich verursachen keine körperlichen Schäden, sondern die Umstände, unter denen die Patienten leben und mit den Drogen umgehen«, sagt Dr. Ekkehard Madlung, der ärztliche Leiter der Fachstation für Drogenentzug im Psychiatrischen Krankenhaus in Hall, Tirol.[166]

Komorbidität wird heute noch viel zu selten richtig erkannt und eingeschätzt. Dabei unterscheiden sich bei den komorbiden Drogenkonsumenten zwei Gruppen – entweder überwiegt eine psychiatrische Erkrankung oder die Drogenabhängigkeit dominiert.

»In Europa leiden heute rund 30 bis 50 Prozent aller in psychiatrischer Behandlung befindlichen Patienten neben der psychischen Erkrankung unter einer Substanzstörung (meist Alkohol, Sedativa und Cannabis). Bei [komorbiden] Klienten von Drogentherapiezentren« ist eine andere Diagnostizierung feststellbar. »Hier beherrschen Heroin-, Amphetamin- oder Kokainabhängigkeit und eine oder mehrere Persönlichkeitsstörungen das Diagnosebild, gefolgt von Depressionen und Angstzuständen und – in geringem Maße – psychotische Störungen.«[167]

Beide Patientengruppen brauchen über eine längere Zeit eine »kombinierte, allerdings unterschiedliche pharmakologische und psychosoziale Behandlung«.[168] Mit anderen Worten, komorbide Patienten leiden unter einer Vielfalt an psychischen, physischen und sozialen Problemen, die nacheinander herausgefunden und diagnostiziert werden müssen.

»Komorbidität wird in vielen Fällen weder von den psychiatrischen Teams noch von den Mitarbeitern der Drogeneinrichtungen erkannt.«[169]

---

165 vgl. ebenda
166 ebenda
167 vgl. ebenda
168 ebenda
169 ebenda

Prävalenzraten (= Zahl der Erkrankten im Verhältnis zu den untersuchten Personen) von Komorbidität bei Substanzabhängigen (nach ICD-10)[*]

Organische Störungen	1 – 6 %
Schizophrenien	7 – 25 %
Affektive Störungen	7 – 74 %
Angststörungen	5 – 46 %
Essstörungen	3 – 10 %
Persönlichkeitsstörungen	25 – 90 %[170]

[*] *Die »Internationale statistische Klassifikation der Krankheiten und verwandter Gesundheitsproblemen« (ICD-10) wurde von der WHO erstellt und im Auftrag des (deutschen) Bundesministeriums für Gesundheit vom DIMDI (Deutsches Institut für Medizinische Dokumentation und Information) ins Deutsche übertragen und herausgegeben.*
ICD = International Statistical Classification of Diseases and Related Health Problems; 10 bezeichnet die 10. Revision der Klassifikation (www.dimdi.de).

»Allgemeinmediziner müssen ihre Grenzen kennen. Wenn komplexe Herausforderungen in Bereichen, in denen der Allgemeinmediziner keine Kenntnisse hat, auftreten, erfolgt eine Überweisung an einen Spezialisten«, mahnt Medizinalrat Dr. Rolf Jens, Arzt und Vorsitzender der Sektion Ärzte für Allgemeinmedizin in der Ärztekammer Wien.[171]

Da viele Opiatabhängige neben ihrer Suchterkrankung auch unter Begleitstörungen wie HIV, Hepatitis C, Infektionserkrankungen etc. leiden, muss der Arzt sowohl eine psychiatrische wie auch somatische Zusatzdiagnose erstellen. Das ist jedoch einem Allgemeinmediziner nicht immer möglich, daher sind hier die Spezialisten gefordert, und die Patienten müssen

---

170 Toni Berthel, Psychiatrische Komorbidität. In: Beubler, Haltmayer, Springer (Hrsg.); Opiatabhängigkeit. Interdisziplinäre Aspekte für die Praxis und s. auch www.drogensubstitution.at
171 www.drogensubsitution.at

an sie überwiesen werden. Während des Erstbesuchs in der Ordination erfolgt zuerst eine Bestandsaufnahme, die die Dauer des Drogenkonsums und das soziale Umfeld des Patienten enthält. Danach werden gemeinsame Ziele vereinbart, eine Harnuntersuchung wird durchgeführt und das Substitutionsmittel ausgewählt. In viele Praxen niedergelassener Ärzte kommen opiatabhängige Patienten während der regulären Öffnungszeiten und fallen kaum unter anderen Patienten auf. Niedergelassene Ärzte müssen sich an den Substitutionserlass halten. Derzeit darf jeder Arzt substituieren. Für Wien gilt eine besondere Bestimmung, die es nur jenen Allgemeinärzten erlaubt, die an einem besonderen »Curriculum« (eintägige Impulsveranstaltung) und so genannten Drogenqualitätszirkeln teilgenommen haben. Die Behandlung von Opiatsabhängigen verrechnen die Ärzte mit der Gebietskrankenkasse.[172]

»Wenn die Rahmenbedingungen passen, und der Patient vom behandelnden Arzt für stabil eingeschätzt wird, soll eine Mitgabe des Substitutionsmittels möglich sein. Die Eigenverantwortlichkeit – ein Ziel der Drogensubstitution – wird gefördert, eine Rehabilitation (z.B. Erwerbstätigkeit, Kinderbetreuung usw.) ist oft nur durch eine großzügige Mitgabe möglich«, sagt Dr. Albert Syen, Arzt für Allgemeinmedizin und Facharzt für Neurologie und Psychiatrie.[173]

Methadon, retardiertes Morphin, Buprenorphin, Heroin und Codein sind die angewendeten Substitutionsmittel. Heroin wurde bisher nur in der Schweiz, Holland und Großbritannien angewendet, in Österreich fehlen die erforderlichen politischen Rahmenbedingungen. Codein gilt als allgemein gut verträglich, allerdings beträgt die Wirksamkeit nur vier Stunden, hingegen wirkt Dihydrocodein – die retardierte Form – zwölf Stunden. Codein wird jedoch in der Praxis kaum verwendet.

---

172 vgl. ebenda
173 ebenda

Nach einer ersten Therapiephase, wobei die Dauer im ärztlichen Ermessen liegt, müssen Substitutionsmedikamente täglich unter Aufsicht eingenommen werden. Später, nach einer längeren, problemlosen Behandlung, können Substitutionsmedikamente auch über mehrere Tage im Voraus ausgehändigt werden. Wobei es das Ziel ist, die Eigenverantwortung zu stärken und dem behandelnden Arzt einen Überblick zu ermöglichen, ob der Patient bereits fähig ist, sich seine Dosierung entsprechend der Verordnung selbstständig einzuteilen.

Die Substitution mit **Methadon** ist heute eine etablierte Therapieform, die bereits 1964/65 von Doyle und Nyswander in New York vorgeschlagen bzw. eingeführt wurde.

Das in Österreich verschriebene Methadon ist ein Razemat (auch Racemat) aus so genanntem L- und R-Methadon. Ein Razemat ist ein äquimolares Gemisch von zwei Enatiomeren. Unter äquimolar versteht man ein Verhältnis von zwei verschiedenen Molekülen im Verhältnis 1:1. Enatiomeren sind so genannte Stereoisomene, deren räumliche Strukturen sich wie Bild und Spiegelbild verhalten, ohne jegliche andere Unterscheidung. Methadon ist ein farbloses, kristallines Pulver mit einem bitteren Geschmack und wird vollsynthetisch hergestellt. In der Wirkung ist Methadon viermal stärker als Morphium (1 mg Methadon = 4 mg Morphium).

Die Patienten müssen Methadon täglich in der Apotheke in Form einer Zuckertrinklösung einnehmen. In den Anfängen der Methadonsubstituierung, als die Kontrollmechanismen noch nicht gänzlich ausgereift waren, tranken die Probanden die Flüssigkeit vor dem Apotheker nur scheinbar, behielten sie im Mund zurück, verließen die Apotheke, spuckten das Medikament wieder zurück in das Fläschchen und verkauften es. Fallweise geschieht das auch heute noch. Dass der Käufer seinen ohnehin schwer angeschlagenen Körper damit mit hoher Wahrscheinlichkeit noch stärker schädigt, braucht nicht näher erläutert zu werden. Methadon ist nach geltendem Recht nicht in der Indikation für die orale Erhaltungstherapie von der

Gesundheitsbehörde zugelassen. Die Wirkungsdauer dieses Substitutionsmittels ist sehr lange, ebenso wie die orale Verabreichung (Applizierbarkeit). Allerdings beinhaltet es auch die meisten Nebenwirkungen: Übelkeit und Erbrechen, Gewichtszunahme, starkes Schwitzen, Müdigkeit, Antriebslosigkeit, depressive Verstimmungen und Verstopfung. Teilweise ist auch eine Zunahme des Cravings, der Gier nach Alkohol und Benzodiazepinen, feststellbar.

Aufgrund der starken Nebenwirkungen erfolgte der Einsatz von **retardiertem Morphin**. Der Wirkstoff verteilt sich 24 Stunden lang gleichmäßig im Körper und stillt dadurch das Verlangen nach Opioiden. Die ersten Anwendungen begannen in den frühen 90er-Jahren. Rund 60 Prozent der Opiatabhängigen in Wien, die sich in einem Betreuungsprogramm befinden, sind auf retardiertes Morphin eingestellt.[174]

1978 kam durch Jasinski erstmals in den USA **Buprenorphin** als neues Substitutionsmittel an die Öffentlichkeit. Es ist ein so genanntes Opioid Agonist-Antagonist (µ-Agonist und k-Antagonist) mit einem geringeren Abhängigkeitspotenzial. Die Gefahr einer tödlichen Dosierung ist geringer, selbst wenn Tabletten, um den *Flash* zu erzielen, aufgelöst und injiziert werden. Für Missbrauch ist dieses Substitutionsmittel eher ungeeignet. Auch die Wirksamkeit ist eher kurz, während die Nebenwirkungen stärker als bei Morphinen, jedoch geringer als bei Methadon auftreten. Die Tablette wird sublingual (warten, bis sie sich im Mund auflöst) eingenommen. Buprenorphin eignet sich für Jugendliche, da auch das Absetzen dieses Medikaments leichter zu bewerkstelligen ist.[175]

»Soziale Reintegration soll unter anderem bewirken, dass die Drogenszene ihre Funktion als erste Anlaufstelle und wichtigster sozialer Bezugsraum einbüßt. Dem Arzt als Vertrauensper-

---

174 vgl. ebenda
175 vgl. ebenda

son kommt auch dabei eine zentrale Bedeutung zu, da bereits die Substitution bewirkt, dass sich die Position des Abhängigen in der Szene verändert«, meint Univ.-Prof. Dr. Alfred Springer vom Ludwig-Boltzmann-Institut für Suchtforschung am Anton-Proksch-Institut Wien.[176]

Auf Dauer sind für Drogenabhängige die Kosten ihrer Sucht nicht finanzierbar. Daher gleiten viele in die Beschaffungskriminalität und Prostitution ab. Substitutionsbehandlung, verbunden mit psychosozialer Begleitung, trägt zu einer Reduktion und im Optimalfall zu einem Verzicht des intravenösen Drogenkonsums wesentlich bei. Somit kommt es zu einer »Verminderung oder Verhinderung von Folgeerkranken [z. B. Hepatitis C oder HIV]; Entkriminalisierung und Verminderung der Beschaffungskriminalität; finanziellen Stabilisierung; Sicherung der Wohnversorgung; Wiedereinstieg in das Berufsleben bzw. Sicherung des Arbeitsplatzes; Erleichterung des Ausstiegs aus der Drogenszene; Verhinderung von ungewollten Überdosierungen und Schädigungen aufgrund von Beimengungen.«[177]

»Es wäre wünschenswert, dass sich die Politik in Sachen Substitutionstherapie ausschließlich an wissenschaftliche Kriterien und Fakten hielte. Vorurteile sind kontraproduktiv und kosten Menschenleben«, fordert Dr. Karl Nemec, Tiroler Arzt und Delegierter der Ärztekammer Tirol.[178]

Die Durchführung der Drogensubstitutions- und Entzugstherapien regeln in Österreich das Suchtmittelgesetz (SMG) und die Suchtgiftverordnung (SV).

So heißt es im SMG, BGBl I/112/1997, §8, »dass Schmerz- sowie Entzugs- und Substitutionsbehandlungen mit suchtmittelhaltigen Arzneimitteln durchgeführt werden können, wenn sie im Rahmen ärztlicher Behandlung an Menschen zur

---

[176] ebenda
[177] ebenda
[178] ebenda

Anwendung gebracht werden.«[179] In § 11 »werden unter gesundheitsbezogenen Maßnahmen auch die ärztliche Behandlung einschließlich der Entzugs- und Substitutionsbehandlung angeführt.«[180]

In der SV, BGBl II/374/1997, § 21, Abs. 2 »wird für Suchtkranke im Rahmen der Substitutionsbehandlung festgeschrieben, dass außer in begründeten Einzelfällen Dauerverschreibungen mit einer maximalen Geltungsdauer von einem Monat auszustellen sind.

In Abs. 4 ist geregelt, dass Einzelverschreibungen im Rahmen von Substitutionsbehandlungen nur in begründeten Ausnahmefällen ausgestellt werden dürfen, und zwar für einen Bedarf von maximal drei Tagen.

Eine Ablichtung der Einzelverschreibung ist von der Apotheke spätestens am Ende des folgenden Monats dem Bundesministerium für Arbeit, Gesundheit und Soziales zu übersenden.

Im § 24 (Schengener Durchführungsübereinkommen), Abs. 3, ist festgehalten, dass der Arzt zum Zweck des Reiseverkehrs suchtmittelhaltige Arzneimittel für den persönlichen Bedarf für die Dauer von längstens 30 Tagen verschreiben kann.

Für die Substitutionsbehandlung ist von der Bezirksverwaltungsbehörde eine Bescheinigung im Sinne des Artikel 75 des Schengener Durchführungsübereinkommens auszustellen ...«[181]

---

179 ebenda
180 ebenda
181 ebenda

Die Kontroverse der weißen Kittel

Die neue **Suchtgiftverordnung**, die hoffentlich im März 2007 endlich vollzogen wird, sorgt bereits im Vorfeld für Meinungsverschiedenheiten.

Am 16. Mai 2006 fand in Wien eine öffentliche Podiumsdiskussion zu diesem Thema statt. »Kriminalisierung der Ärzte« und »Untergrabung des Arzt-Patienten-Verhältnisses« waren nun einige der Vorwürfe, die ans Tageslicht kamen, wie die »Ärzte Woche« (20. Jg., Nr. 22/2006) vermeldete.

Die Teilnehmer waren Bundesdrogenkoordinator Dr. Franz Pietsch für das Bundesministerium für Gesundheit und Frauen, Prof. Dr. Reinhard Haller (Leiter des Vorarlberger Suchtbehandlungszentrums Maria Ebene), Prof. Dr. Alfred Springer (Ludwig-Boltzmann-Institut für Suchtforschung am Anton-Proksch-Institut), Dr. Hans Haltmayer (Leiter des Wiener Ambulatoriums »Ganslwirt«) und Dr. Ekkehard Madlung (Leitender Oberarzt an der Drogenstation im Psychiatrischen Krankenhaus in Hall in Tirol).

Die Verordnung würde, laut Pietsch, noch im Mai 2006 unterzeichnet und voraussichtlich im Oktober 2006 in Kraft treten. Das ist bekanntlich bislang nicht der Fall.

Die wichtigsten und zugleich strittigen Punkte sind: »Ärzte, die Substitutionstherapie betreiben wollen, müssen eine spezielle Ausbildung absolvieren (40 Stunden, davon die Hälfte auch als E-Learning möglich); Abgabe- und Mitnahmeregelungen [von Substitutionsmitteln] werden verschärft; die Amtsärzte, für die ebenfalls eine spezielle Ausbildung vorgeschrieben wird, erhalten verstärkte Kontrollrechte. Insbesondere sollen so künftig Mehrfachverschreibungen verhindert werden.

Jedes Rezept muss vom Amtsarzt vidiert werden. Methadon und Buprenorphin sind Mittel der ersten Wahl (›first line‹).«[182]

»Der behandelnde Arzt«, führt der Bundesdrogenkoordinator aus, »kann aber selbstverständlich auch andere Medikamente, wie retardierte Morphine, verschreiben, wenn dies aus medizinischen Gründen, etwa wegen Unverträglichkeiten oder Nebenwirkungen der First-Line-Substanzen, indiziert ist und in entsprechender Form begründet wird.«[183]

»Für den Fall, dass es auf ›kollegialer Ebene‹ keine Einigung zwischen Amtsarzt und verschreibendem Arzt gibt, wurde ein Fehlermanagement auf Länderebene eingeführt.«[184]

Dazu Pietsch: »Behandelnder Arzt, Amtsarzt und ein Vertreter der Ärztekammer werden unter Experten in kollegialen Gesprächen eine Lösung suchen, weitab von strafrechtlichen oder disziplinarrechtlichen Schritten.«[185]

Seit 1998 war die rechtliche Sachlage durch Erlässe geregelt. Diese Novellierung des Suchtmittelgesetzes sei, so Bundesdrogenkoordinator Pietsch, nicht wegen der retardierten Morphine veranlasst worden. Vielmehr sei sie die Folge einer eineinhalbjährigen Evaluierung der Suchttherapie durch namhafte Experten.

Reinhard Haller stellte fest, dass mit retardierten Morphinen enormer Missbrauch betrieben wird. Klare Beweise lägen auch durch aktuelle Untersuchungen an der Innsbrucker Gerichtsmedizinischen Universitätsklinik vor, die Zahl der Todesfälle durch Morphin ist steil angestiegen.

Der Drogenexperte schrieb darüber auch an anderer Stelle in einem Leserbrief:[186] »Das schwerwiegende Problem stellt aber die wachsende Bedeutung von retardierten Morphinen bei letalen Intoxikationen dar. Laut einer kürzlich vom ÖBIG

---

182 Ärzte Woche, 20. Jg., Nr. 22/2006
183 ebenda
184 ebenda
185 ebenda
186 liegt dem Autor vor

erschienenen Studie wurden Morphine ... 2004 bei insgesamt 144 der insgesamt 185 (77,8 %) direkt suchtgiftbezogenen Todesfällen nachgewiesen, davon 34-mal als einzige Droge (Beteiligung von Heroin 5,41 %, von Methadon bei 5,95 % der Fälle). Da die seit 1999 ständig steigende Beteiligung von Morphinen bei Drogentodesfällen nicht auf vermehrten Verbrauch nicht retardierter Morphine zurückgeführt werden kann und von gerichtsmedizinischer Seite zwischenzeitlich Morphin- und Heroinintoxikationen auch post mortem routinemäßig differenziert werden, ist zumindest der Verdacht nicht auszuräumen, dass die Substitutionsbehandlung mit retardiertem Morphinen die Zahl der Drogentoten ungünstig beeinflusst.«

Daher tritt Haller für ein Einschreiten der Behörde und für die erhöhte Abgabesicherheit von Substitutionsmitteln ein.

Dr. Hans Haltmayer hält dagegen. Für ihn trägt »diese Verordnung den Geist der Stigmatisierung über weite Strecken in sich und dehnt sie sogar auf Ärzte und auf Arzneimittel aus, [denn] Drogenabhängigkeit hat etwas mit Erkrankung, aber auch viel mit Stigmatisierung und Vorverurteilung zu tun. Es gibt gute und böse Arzneimittel. Ärzten wird die Kompetenz abgesprochen, medizinische Entscheidungen wie die Auswahl von Medikamenten zu treffen. Das wird über das Suchtgiftgesetz und damit strafrechtlich geregelt. Ärzte würden zur Ausbildung verpflichtet, weil sich einige ihrer Patienten nicht gesellschaftlich gewünschten Verhaltensweisen anpassten. Missbrauch von Arzneimitteln ist ein Symptom der Suchterkrankung, und Symptome lassen sich nicht verbieten, wohl aber behandeln. Drogenabhängige werden weniger als Kranke, sondern vielmehr als Asoziale mit gewissem kriminellen Potenzial betrachtet.«[187]

Sein Kollege, Prof. Dr. Alfred Springer, steht auf dem Standpunkt, dass Abstinenz, so wie die früheren Ansichten lauteten, nicht das Ziel der Substitutionstherapie ist. »... Manche

---

[187] Ärzte Woche 20. Jg., Nr. 22/2006

Patienten sind davon abhängig, lange Zeit ein Substitutionsmittel zu erhalten, während für andere tatsächlich die Abstinenz zur besseren Lebensqualität führt. Für uns Ärzte muss die Lebensqualität unserer Patienten an erster Stelle stehen und nicht ein vorgegebenes, noch dazu politisches Therapieziel.«[188]

Natürlich sind Qualitätskriterien zu sichern und zu verbessern, auch die Abgabesicherheit muss gewährleistet sein. Vielmehr sollen die Behandlungsplätze und die Möglichkeiten dafür ausgebaut werden. »Den Zugang zur Therapie erschweren, sei der falsche Weg«, so Springer.[189]

Der Tiroler Drogenexperte Madlung tritt für retardierte Morphine ein. »Nicht die Menschen, die mit retardierten Morphinen behandelt werden, sterben daran, sondern jene Personen, die diese Substanzen missbräuchlich, eben nicht ärztlich verordnet, verwendet haben. Morphin sei pharmakologisch eine der sichersten Substanzen, auch weitaus sicherer als Methadon. Drogensucht hat eine krankheitsimmanente hohe Mortalität. Wenn es uns gelingt, mehr als derzeit 25 bis 30 Prozent der Suchtkranken in Substitutionsbehandlung zu bekommen, wäre das ein Riesenfortschritt ...«[190]

Bundesdrogenkoordinator Dr. Franz Pietsch beantwortete, so die »Ärzte Woche«, die Frage nach rechtlichen Sanktionen und Konsequenzen für Ärzte mit: »Nein, wenn lege artis behandelt wurde, nicht« und fügte hinzu, »ob die Staatsanwälte das so sehen, wird vom Einzelfall abhängen«.

Verlassen wir den Expertenstreit und kehren wir in die Realität zurück.

Der etwas heruntergekommene Gemeindewohnbau am Beginn der Tietzestraße im 22. Bezirk ist für viele ein Rettungsanker. Hier befindet sich die Praxis von Dr. Margarete Gross, einer Ärztin für Allgemeinmedizin.

---

188 ebenda
189 vgl. ebenda
190 ebenda

Dr. Margarete Gross, praktische Ärztin
Foto: Manfred Burger

Über mangelnden Zulauf darf sie sich nicht beklagen. Die Leute stehen bis in den Flur hinaus. Nach ihren eigenen Angaben führt sie Österreichs größte Arztpraxis für Substitutionspatienten. Mehr als 500 sind bei ihr registriert. Designermöbel, Art Déco, zeitgenössische Kunst oder anderen Schnickschnack, wie in anderen Praxen durchaus üblich, wird man hier vergeblich suchen. Das Wartezimmer wirkt düster und schmuddelig. Einige Sitzgelegenheiten, ein paar abgegriffene Bücher und ein Stapel zerfledderter Zeitschriften, mehr gibt es nicht und mehr ist auch nicht nötig. Eine Folge von Dr. Sowieso aus der Fernsehserie »Immer-der-gleiche-Schrott« wird hier nie gedreht werden.

In der Tietzestraße zählen Hilfe und das Engagement einer streitbaren, couragierten Ärztin, die eine strikte Gegnerin retardierter Morphine ist.

Vom Wartezimmer führt ein kleiner Balkon hinaus. Hier warten ebenfalls Patienten. Und es darf geraucht werden. Hunderte Zigarettenstummel in der darunter liegenden Grünfläche sind stumme Zeugen. Sie kommen aus ganz Wien und der näheren Umgebung. Ich lehne mit einem jungen Burschen am Balkongeländer, der aus Gänserndorf, Niederösterreich, herkommt.

»Vom Amtsarzt wird man doch eher auf die lange Bank verwiesen«, erzählt der Mann mit dem blonden Rossschwanz,

»genauso in den Apotheken. Da wird man nicht als Patient anerkannt, sondern als *Giftler* gesehen.«

Hier bekommt er Subutex verschrieben und ist sehr zufrieden damit. Auch Substitol hat er probiert, aber das bekam ihm nicht. Trotzdem hält er es nicht für ein schlechtes Medikament.

»Es gibt sicher Leute«, spricht er aus Erfahrung, »die sich damit auf Null dosieren können. Nur muss man abwägen können, ob der Patient damit Missbrauch betreibt oder nicht. Man muss einschätzen können, wem man es verschreibt. Der Karlsplatz hat auch seine Vorteile. Ich würde mir nicht wünschen, dass es ihn nicht gibt. Es gibt sicher genug Situationen, wenn man nichts hat. Der [Haus]Arzt hat geschlossen, der Amtsarzt hat zweimal pro Woche geöffnet. Einmal ganztägig und einmal nur bis Mittag. Versäumt man einen Termin, um sich das Rezept bestätigen zu lassen und der Hausarzt hat erst wieder am nächsten Tag Ordination, was dann? Dann hat man ein Loch, eine Entzugsphase, also fährt man auf den Karlsplatz und kauft sich etwas.«

Dr. Margarete Gross hat ihre Argumente gegen retardierte Morphine zusammengefasst.

»In der Schmerztherapie sind sie unverzichtbar, in der Substitutionstherapie trete ich aus folgenden Gründen für ein sofortiges Verbot ein. Als Therapie sind sie wertlos. Welchen Sinn soll es haben, junge Menschen morphinsüchtig zu machen? Sogar in der Beschreibung von Substitol steht: ›Eine Opiatabhängigkeit kann unter Substitol nicht rückgängig gemacht werden.‹ Die Theorie von ... Prof. Dr. Fischer [Gabriele Fischer, Leiterin der Drogenambulanz im AKH], eine Opiatabhängigkeit sei eine chronische Erkrankung mit praktisch keiner Heilungschance (ähnlich wie Diabetes mellitus) halte ich für falsch.

Es ist sicherlich eine chronisch-rezidivierende [wiederkehrend, wieder auflebend] Erkrankung. Wir müssen mit unseren Patienten kämpfen, sie wieder von der Droge weg bringen. Die drogenfreien Intervalle sollten immer länger, die Rückfälle immer kürzer werden. Wenn ich den Patienten über längere Zeit hoch dosierte retardierte Morphine verschreibe, kann dieses Ziel kaum erreicht werden. Immer wieder bestätigen mir Patienten meinen Eindruck, dass es wesentlich schwieriger sei, von retardierten Morphinen als von Heroin wegzukommen. Dafür hat der deutsche Pharmakologe Dr. Hellenbrecht die Erklärung, dass die Metaboliten 6-Acetyl-Morphin und Morphin-6-Glucuronid möglicherweise eine höhere Affinität zu Opiatrezeptoren haben als Heroin selbst.

Seit sechs Jahren muss ich immer häufiger von meinen Patienten erfahren, dass deren Freunde durch retardierte Morphine meist im Zusammenhang mit – natürlich von Ärzten verschriebenen – Benzodiazepinen sterben. Damit wird die Richtigkeit der beiliegenden Drogentoten-Statistik von Prof. Vycudilik trauriger Weise bestätigt.

Die Ursache dürfte in einer gewissen Verharmlosung der retardierten Morphine liegen. Sie sehen aus wie Smarties und werden von vielen Ärzten leichtsinnig verschrieben. Wie soll denn ein Laie wissen, wie gefährlich diese Medikamente sind, wenn es vielen Ärzten nicht einmal bewusst ist! In der Schule wurden sie zwar vor Heroin gewarnt, vor retardierten Morphinen aber nicht!

Die meisten Patienten sind ›spritzengeil‹. Die Schäden nach intravenöser Anwendung durch Talkum und Wachsreste können Schlaganfälle und Nervenlähmungen sein, auch Amputationen oder Herzklappenoperationen nötig machen. Man kann den Patienten den Missbrauch nicht vorwerfen, da sie schwer krank sind. Die Verantwortung liegt bei den Ärzten und der Gesellschaft, süchtigen Menschen keine derart gefährlichen Medikamente zugänglich zu machen.

Auch die orale Anwendung halte ich durch die Retardierung für äußerst problematisch. Die Wirkung von Morphin setzt über Stunden verteilt ein. Nimmt der Patient in dieser Zeit auch noch Benzodiazepine oder Alkohol zu sich, kann dies zum Tod führen, ohne dass die ursprüngliche Morphindosis tödlich gewesen wäre.

Durch die massenhafte Verschreibung gibt es viele Neueinsteiger über retardierte Morphine. Jetzt haben wir opiatabhängige Patienten, die niemals auf Heroin waren. Auf dem Schwarzmarkt haben retardierte Morphine das Heroin verdrängt. Sie haben somit einen großen Stellenwert in der Szene. Falls einige Patienten doch noch retardierte Morphine bekämen (Indikation), wären diese sicher noch zusätzlichem Druck ausgesetzt.

Eines der Hauptargumente der Morphinbeantworter ist immer wieder, dass Methadon Nebenwirkungen hat. Sehr erstaunt stellte ich fest, dass Patienten bei retardierten Morphinen über dieselben Nebenwirkungen wie bei Methadon klagten. Herr Prof. Springer [Alfred Springer, Leiter des Ludwig-Boltzmann-Instituts für Suchtforschung am Anton-Proksch-Institut] sprach sogar von Morphiumimpotenz und über diese ist in der Produktbeschreibung ebenfalls zu lesen.

Patienten sind unter höheren Dosen von retardierten Morphinen nicht arbeitsfähig. Dies bestätigte man mir auch bei der MA 15 (arbeiten gehen deshalb vor allem Patienten im Methadon- und Subutex-Programm) und diverse Sozialarbeiter. Zitat: ›Bei 600 mg habe ich Angst, dass Patienten von der Leiter fallen. Sie sind an einen normalen Arbeitsplatz nicht vermittelbar.‹ Ein Patient erzählte mir empört, er habe Freunde, die mit 800 mg im Programm sind und ganz offiziell Führerscheininhaber sind.

Ein weiteres Argument der Befürworter ist auch, dass durch die euphorisierende Wirkung die oft bestehende Depression mitbehandelt wird. Morphin als Antidepressivum! Ist das nicht absurd?

Was ist über Spätschäden bekannt? Wie reagiert das körpereigene Endorphinsystem? Laut Prof. Dr. Fischer sollen wir jungen Menschen lebenslang ein Medikament geben. Es gibt keine Langzeitstudien.

Wie mir Herr Prof. Freismuth von der Pharmakologie der Universität Wien mitteilte, ist es ganz einfach, durch Übergießen von wasserfreiem Essigsäureanhydrid aus dem Kapselmorphin Heroin herzustellen (›Wenn es die Taliban zusammenbringen, warum nicht auch Österreicher?‹). Heroin aus dem staatlichen Substitutionsprogramm? Diese Blamage sollten wir uns wirklich ersparen.

Vielleicht sollten wir uns alle wieder in Erinnerung rufen, dass eines der besten Medikamente immer noch das Gespräch und der Respekt auch vor diesen Menschen ist. Natürlich ist es einfacher, Patienten mit Morphinen ruhig zu stellen. Aber eigentlich schaden solche Kollegen dem gesamten Ärztestand. Ein Arzt, der bedenkenlos alle gewünschten Medikamente verschreibt, wird auch nicht mehr respektiert. Ich werde seit Jahren von vielen Drogenpatienten besucht, obwohl ich keine retardierten Morphine und Benzodiazepine verschreibe. Vor mir haben sie Achtung.

Der Abstinenzgedanke wird bei dieser Behandlung ganz vergessen. Immer wieder klagen Patienten darüber, wie schrecklich das Leben mit einer Droge wie Heroin oder Morphin ist. Sie würden viel darum geben, nie damit begonnen zu haben. Wir sollten sie dabei unterstützen, damit aufzuhören, und nicht darin, weiterzumachen. Die Patienten werden durch diese Medikation erst so richtig süchtig.

In der Wiener Suchtgiftszene konsumiert man in den letzten Jahren vermehrt Kokain. Patienten berichten, dass dieses Kokain überwiegend mit verkauften retardierten Morphinen finanziert wird.

Sehr viele Drogenpatienten sind Kinder, die oft aus einem ganz normalen, liebevollen Elternhaus kommen (keine Scheidung, Mutter zu Hause, keine psychiatrischen Grunderkrankungen). Diesen Kindern wurden häufig keine Grenzen gesetzt. Sie nehmen Heroin oder Morphinkapseln aus Spaß oder Langeweile. Diese Patienten haben sehr gute Chancen, von der Abhängigkeit wieder loszukommen, wenn sie erkennen, wo die Grenzen sind. Geben wir ihnen weiter retardierte Morphine, werden sie es niemals lernen.«

Auf den Balkon hinaus aus dem Wartezimmer taumelt Dariusz [Name geändert], ein 21-jähriger gebürtiger Pole. Links eine Zigarette, rechts eine Bierdose in Händen. Sein weißes kurzärmeliges Poloshirt verdeckt nur im Schulterbereich die schweren Brandnarben, die sich vom Oberarm bis zum Handgelenk ziehen. Es ist eine alte Verletzung. Er ist vollkommen zu, in der Welle, voll drauf. Das Sprechen fällt ihm schwer. Öfters muss er ansetzen, um mehrere Worte in einem Fluss über die Lippen zu bringen, dann ein paar Sekunden später sprudelt es wieder aus ihm heraus. Die Brandnarben stammen noch aus seiner Kindheit in Polen, erzählt er mir, während er ununterbrochen raucht. Ein Topf mit heißem Wasser war vom Ofen gestürzt, hatte ihn verbrüht, und im Krankenhaus wäre er falsch behandelt worden, indem ihm Bandagen aufgelegt wurden. Dabei murmelt er etwas von Scheiß-Kommunisten damals ...

»Ich habe so viel Gewalt gesehen«, bricht es unvermittelt aus ihm heraus, »weißt du, Gewalt in der Familie. Immer nur Gewalt. Mein Vater gegen die Mutter. Nur Gewalt.«

Das war sein Grund, um mit Drogen anzufangen, weil er es nicht länger ausgehalten hat. Irgendwie verschlug es ihn nach Wien, und hier ging es erst richtig los. Alles, was er in die Finger kriegen konnte, probierte er aus.

»Scheiß-Substitol«, flucht er leise vor sich hin, »und die *Benzos* [Benzodiazepine] sind ebenfalls Scheiße. Das zieht dich komplett herunter«, und er beschreibt, was geschieht, wenn man sich Substitol durch die Venen jagt, »das ist ein Kribbeln und Stechen von tausenden Nadeln gleichzeitig am und im Körper. Dein Gesicht schwillt dir an ... Scheiße.«

Trotzdem gab er die Hoffnung nicht auf und landete bei Dr. Gross. Jetzt hat er eine Freundin, die zu ihm hält und selbst nichts mit Drogen zu hat. Deshalb will er endlich *clean* werden. Nach längerem Zuhören gewinne ich den Eindruck, dass er selbst nicht so recht daran glaubt und ihm längst alles egal geworden ist.

In zehn Punkten legt Dr. Margarete Gross ihre Sichtweise dar, die gegen eine Verschreibung von Benzodiazepinen für Drogensüchtige spricht:

1. Schon 1992 wurde am Suchtgiftkongress in Hamburg gesagt: »Benzos an Junkies ist ein Kunstfehler«.
2. Häufig kriminelle Handlungen unter Benzodiazepinen – Ursachen:
   a) paradoxe Wirkung: Patienten werden besonders aggressiv und gewalttätig.
   b) Retrograde Amnesie: Patienten machen Dinge, an die sie sich nicht mehr erinnern können.
   c) Benzodiazepine sind die stärksten Angstlöser, die wir kennen; Patienten begehen angstfrei kriminelle Handlungen.
3. Erhöhte Ansteckungsgefahr durch HIV-Virus; Patienten sind einfach lockerer und oft sehr leichtsinnig im Umgang mit der Nadel.
4. Falls der Patient bereits HIV positiv ist, gilt auch hier besondere Vorsicht; dem Patienten ist unter Benzodiazepin-Einfluss nicht bewusst, wie wichtig die regelmäßige Kontrolle seiner Erkrankung ist; nimmt Kontrolltermine oft nicht wahr, ist nicht in der Lage, seine Tabletten regelmäßig einzunehmen. Dies kann sein Todesurteil bedeuten.
5. Nebenwirkungen: Störungen der Bewegungskoordination (Stürze); demenzähnliche Erscheinungen; Gedächtnis, Denken und andere kognitive Funktionen sind erheblich herabgesetzt; depressive Verstimmungen.
6. Benzodiazepin-Patienten haben weniger Erfolgschancen bei der Behandlung ihrer Opiatsucht.
7. Cave: Todesfälle in Zusammenhang mit Opiaten und Alkohol wegen auftretender Atemdepression; in der Literatur beschrieben; Todesfälle: Kombination Diazepam und Methadon.
8. Die Arzt-Patient-Beziehung sollte von gegenseitigem Respekt geprägt sein. Wenn Sie dem Patienten wahllos alles verschreiben, verliert er die Achtung vor Ihnen.
9. Relativ häufig sind bei Drogensüchtigen auch Störungen im Sexualbereich. Langfristige Einnahme von Benzodiazepinen kann zu einem Libidoverlust führen.

10. Es gibt keine psychiatrische Erkrankung, die eine regelmäßige Verschreibung von Benzodiazepinen erfordert. Die Aussage »Manche brauchen's« ist medizinisch nicht vertretbar.

Die junge Frau schiebt den Kinderwagen zur Balkontür, in dem ein quietschvergnügtes Baby sitzt und lachend vor sich hinbrabbelt. Ihr Mann hat dieses typische »Heroingesicht«, wie er später selbst zugeben wird. Eingefallene Wangen, die Backenknochen treten überdeutlich hervor, tief liegende Augen. Langsam kommen wir ins Gespräch. Seit einer Woche ist er wieder rückfällig, erzählt er. Wieder auf Heroin. Dabei war er bereits sieben Jahre *clean*. Ansonsten die klassische Suchtkarriere inklusive Haftstrafen. Warum er denn wieder zur Nadel gegriffen habe?

Der Stress im Beruf, lautet seine Antwort. Tankwart ist er, eigentlich sein Traumberuf, aber der Chef hat ihn immer mehr unter Druck gesetzt. 15-, 18-Stunden-Tage waren zuletzt an der Tagesordnung, und das hat er nicht durchgehalten. Natürlich ist der Job nun weg, und er steht da mit seiner Familie – Frau, drei Kinder. Er will, er wird, er muss es einfach schaffen. Seine Frau macht Druck. Zehn Jahre beträgt der Altersunterschied.

Er 32, sie ist 22. Mit 15 lernte sie ihn kennen. Machte alles mit, seine Drogenexzesse erlebte sie hautnah, aber sie selbst griff nie zu Drogen. Ich glaube ihr, weil sie einen unbändig starken Eindruck macht und von dieser zierlichen Frau eine unglaubliche Kraft ausgeht.

Ihr Mann wird zur Ärztin gerufen.

»Wissen Sie«, sagt sie zu mir, »das ist seine letzte Chance. Ich habe für ihn meine Jugend geopfert. Er ist mir noch etwas schuldig. Und er weiß, wenn er jetzt nicht durchhält, bin ich weg. Drei Kinder sind ein Grund, aber kein Hindernis. Deshalb wird er es packen. Und die acht Monate Haft, die er noch ausständig hat, werde ich auch noch durchdrücken.«

Auch das glaube ich ihr aufs Wort.

Seit Jahren bezieht Dr. Margarete Gross eindeutig Position, legt sich mit Gott und der Welt an. Sie ist umstritten. Für manche ist sie eine Heilige auf ihrem Gebiet, für andere ein rotes Tuch. Für jene, die nur mehr ihre Ansichten gelten lassen und sie als Fanatikerin abstempeln. Gross lässt das kalt. Unbeirrt geht sie ihren Weg. Der Zustrom in ihre Praxis scheint ihr Recht zu geben.

Im Dezember 2003 richtete sie einen geharnischten Brief an den Direktor des AKHs [Allgemeines Krankenhaus in Wien], Prof. Dr. Krepel, in dem sie die Leiterin der Drogenambulanz im größten Wiener Krankenhaus, Univ.-Prof. Dr. Gabriele Fischer, scharf angriff.

»... Ich finde, Sie sollten auch erfahren, für welchen Skandal Ihre Leiterin der Drogenambulanz, Prof. Fischer, in Wien verantwortlich ist.

Obwohl ich als an der Basis arbeitende Ärztin mit Drogensüchtigen immer wieder gewarnt habe, war Prof. Fischer das Geld der Pharmafirmen mehr wert als die Gesundheit vieler Jugendlicher. Da wurden kritiklos Jugendliche auf Morphiumkapseln eingestellt und so chronisch Kranke erzeugt mit seltener Heilung. Die meisten habe diese ›Therapie‹ aber gar nicht überlebt.

Zurzeit haben wir in Wien kein Heroinproblem mehr, sondern nur ein Morphiumkapselproblem! Diese werden allesamt von Ärzten verschrieben (durch Forcierung von Prof. Fischer), vom Amtsarzt genehmigt und der WGKK [Wiener Gebietskrankenkasse] bezahlt. Mir ist kein Fall bekannt, dass Morphiumkapseln aus dem Internet bezogen wurden (konnte immerhin mit 1200 Patienten Gespräche führen).

Helfen Sie bitte mit, diesen Wahnsinn endlich zu stoppen.

Geld ist wichtig, aber der Weg sollte nicht über Leichen gehen ...«

Prompt brachte dieser Brief Dr. Gross eine Anzeige von Prof. Gabriele Fischer bei der Staatsanwaltschaft Wien ein, die jedoch am 20. Juli 2004 zurückgelegt wurde (140BAZ 355/04 g-3 (BS)).

»Wir [die Ärzte] haben bis heute«, ereifert sich Dr. Margarete Gross, »nicht eine einzige Zeile bekommen. Weder von der Ärztekammer noch vom Gesundheitsministerium – bitte, es besteht der Verdacht, dass Substitol am Schwarzmarkt ist, es besteht der Verdacht, dass durch Substitol die Leute sterben, dass es intravenös körperlich schädigend ist. Keine einzige Zeile! Das muss man sich vorstellen! Wenn irgendwo ein einziger Patient an einem Medikament stirbt, wird es vom Markt gezogen ... Die Fischer [gemeint ist Univ.-Prof. Dr. Gabriele Fischer, Anm. d. A.] hat ja das begonnen seinerzeit. Sie steht auf dem Standpunkt, das ist eine chronische Erkrankung. Die hat innerhalb kürzester Zeit 1000 Leute eingestellt [auf Morphine, Anm. d. A.]. Damals war es noch nicht einmal erlaubt. Das war eine Schmerztherapie ... Natürlich wurde ich vor den Staatsanwalt zitiert.«

»Haben Sie jemals einen Prozess, der gegen Sie angestrengt wurde, verloren?«

»Nein. Die haben einen Prozess angestrengt, aber ich habe ihnen so viel Beweismaterial zurückgeschickt ...«, und Dr. Margarete Gross konnte ihre Unschuld unter Beweis stellen.

Pro & Contra retardierte Morphine – es wird wohl nur der verstehen, der an der Nadel hängt, was einen dazu veranlasst, eine Tablette bzw. eine Kapsel mit einem Löffel über einer Kerzen- oder Feuerzeugflamme aufzukochen, um sich diese Brühe dann in den Arm zu schießen.

High auf dem Highway

Über die fatalen Auswirkungen des Alkohols im Straßenverkehr muss nicht ausführlich berichtet werden. Jeder weiß, was der Griff nach dem Glas und anschließend der Griff ans Lenkrad auslöst. Kaum vergeht in Österreich ein Tag ohne Alkoholtote hinterm Steuer, ohne Betrunkene, die Unfälle, vielfach mit tödlichem Ausgang, verursachen.

Drogen im Straßenverkehr sind ein weitaus diffizileres Thema. Anlass genug für den Fonds Soziales Wien, am 25. März 2002 österreichweit an 21 Experten und Expertinnen aus den Fachbereichen Pharmakologie/Toxikologie, Chemie, (gerichtliche) Medizin und Verkehrspsychologie Fragebögen auszuschicken.

Die Fragestellung lautete: »Was können Drogentests im Zusammenhang mit ›Drogen im Straßenverkehr‹ leisten?«

Im Mai 2002 lagen die Ergebnisse vor, und in der Zusammenfassung hieß es:

»Harntest
Demnach sind Harntests nicht geeignet zu Aussagen über
1. *den genauen Zeitpunkt des Konsums eines psychotropen Medikamentes/einer Droge (nein: 92,9%)*
2. *die konsumierte Menge eines psychotropen Medikamentes/ einer Droge (nein: 100%)*
3. *die Einschränkung der aktuellen kraftfahrspezifischen Leistungsfähigkeit (nein: 92,9%)*
4. *die Wirkung eines psychotropen Medikamentes/einer Droge auf die aktuelle kraftfahrspezifische Leistungsfähigkeit (nein: 92,9%)*

Harntests haben außerdem nach Meinung der überwiegenden Mehrheit der Befragten nur einen ›kleinen‹ oder ›gar keinen‹ Stellenwert bei der Beurteilung
1. *der aktuellen kraftfahrspezifischen Leistungsfähigkeit (85,5%)*
2. *der Bereitschaft der Verkehrsanpassung (78,6%)*

Eher sind Harntests dazu geeignet, Aussagen über tatsächlich erfolgten Konsum eines psychotropen Medikamentes/einer Droge in der Vergangenheit zu treffen ...
  Alle Befragten geben an, dass bei Harntests mit einer Fehleranfälligkeit hinsichtlich falsch positiver Ergebnisse zu rechnen ist ...

Bluttestverfahren
Als brauchbar wurden bei fast allen Fragestellungen Bluttestverfahren bewertet. Wenngleich besser beurteilt als Harntests, werden sie dennoch von der Mehrheit für ungeeignet gehalten zu Aussagen über:
1. *den genauen Zeitpunkt der Einnahme eines psychotropen Medikaments/einer Droge (nein: 57,1%)*
2. *die konsumierte Menge eines psychotropen Medikaments/ einer Droge (nein: 64,3%)*

Die Mehrheit ... vertritt den Standpunkt, dass sich Bluttestverfahren – ebenso wie Harntests – dazu eignen, um eine Aussage über den tatsächlich erfolgten Konsum eines psychotropen Medikamentes/einer Droge in der Vergangenheit treffen zu können.
  Mit falsch positiven Ergebnissen wird auch bei Bluttestverfahren gerechnet (ja: 35,7%) ...

Speicheltestverfahren
Auf die Frage, ob Speicheltestverfahren in Bezug auf die Einschätzung der kraftfahrspezifischen Leistungsfähigkeit bekannt seien, antwortete die Hälfte der Befragten mit ›nein‹...

Forschungsbedarf
Dieser besteht ... vor allem im Bereich der
1. *substanzspezifischen Diagnostik: Dosis-/Wirkungsbeziehung bzw. Korrelation von Konzentration im Blut und Wirkung (Beeinträchtigung) und der*
2. *Testverfahren: Evaluierung, Validierung, Standardisierung ...«*

Wiens Drogenbeauftragter, Dr. Alexander David, setzt sich natürlich auch mit dieser Problematik auseinander und kommt zu folgendem Ergebnis: »Man muss dabei zwei Dinge erkennen. Die Beeinträchtigung durch Drogen [im Straßenverkehr] ist tatsächlich ein Faktor, den man wahrnehmen muss. Unsere Bemühungen sollen dahin gehen, eine Beeinträchtigung feststellbar zu machen. Das können wir im Moment fast nicht. Wir können durch chemische und andere technische Analysen erkennen, ob jemand in den letzten Tagen, bei Cannabis sogar in den letzten Wochen, etwas konsumiert hat. Den Konsum können wir zeigen. Die Beeinträchtigung können wir nicht erkennen. Umgekehrt können wir eine ziemlich riskante Mischung, die z.B. bei zwei bis drei Achterln Wein und vier Rohypnol bestehen würde, wo man ziemlich ausklinken kann, in der Regel chemisch nicht nachweisen. Den Alkohol findet man, der liegt im Normbereich. Aber vier Milligramm Benzodiazepin – Rohypnol – nicht, weil es unterhalb der Wahrnehmungsgrenze liegt.«

Bei den polizeilichen Schnelltests kann es mitunter für erhebliche Probleme sorgen, wenn man ein paar Stück Mohnstrudel gegessen hat, in ein Planquadrat gerät, und das Testgerät dementsprechend reagiert.

»Sämtliche dieser Tests«, meint David, »haben eine bis zu 30-prozentige Unsicherheit. Die Technik der Testgeräte ist ein eigenes Kapitel.«

Drogen im Straßenverkehr – ein nicht nur auf Österreich konzentriertes Thema, sondern in der gesamten Welt aktuell.

»Es gibt noch kein System«, sagt der Drogenbeauftragte, »das vergleichbar mit dem sehr ausgeklügelten Alkoholerkennungssystem ist, wo man anhand von Messwerten feststellen kann, obwohl Ungerechtigkeiten möglich sind, dass jemand alkoholisiert ist. Die Mengen, die an illegalen Substanzen verwendet werden, sind ein Bruchteil, ein Hundertstel bis ein Tausendstel von dem, was Alkohol wirksam macht. Wir müssen mehrere Gramm Alkohol konsumieren, um beeinträchtigt zu sein, aber es genügen wenige Milligramm von einer anderen Substanz. Da haben wir das Problem. Es gibt bis heute keine exakte Methode, die den ausreichend sicheren Rückschluss erlaubt, von einer festgestellten Menge auf die Beeinträchtigung.«

In Deutschland beschäftigen sich Wissenschafter bereits mit einem System für THC-Grenzwerte, also Cannabis betreffend, auf dem man später aufbauen könnte. Derzeit liegt es jedoch noch im hypothetischen Bereich. In einigen Jahren – so ist David überzeugt – wird es ein eigenes EU-Gesetz geben, in dem diese Frage gelöst sein wird. Die Orientierungen an der Beeinträchtigung befinden sich noch im Versuchsstadium.

Bei Drogen im Straßenverkehr wird nach dem Verkehrsrecht und nicht nach dem Suchtmittelgesetz geahndet.

Diesem Thema widmet sich auch der ÖBIG-Bericht zur Drogensituation 2006 im Auftrag der Europäischen Beobachtungsstelle für Drogen und Drogensucht [EBDD] und des Bundesministeriums für Gesundheit und Frauen.

So heißt darin unter anderem:

»... Im Juli 2002 wurde eine Novelle der Straßenverkehrsordnung (StVO) im Nationalrat beschlossen, die die Einführung von verpflichtenden Bluttests bei Verdacht auf Beeinträchtigung der Fahrtauglichkeit durch Suchtgift beinhaltet ... Am 1. Juli 2005 ist schließlich die 21. Novelle der StVO in Kraft getreten, mit der Speicheltests zur Feststellung des Verdachts auf Beeinträchtigung durch Suchtgift eingeführt wurden ... Neben der Novellierung der StVO wurde auch eine Novellierung der

Führerscheingesetz-Gesundheitsverordnung (FSG-GV) immer wieder diskutiert. In der FSG-GV (...) ist geregelt, dass bei Personen, die von Alkohol und Suchtmitteln abhängig sind oder ihren Suchtmittelkonsum nicht so weit einschränken können, dass sie beim Lenken eines Fahrzeugs nicht beeinträchtigt sind, die gesundheitliche Voraussetzung für eine Lenkberechtigung nicht gegeben ist. Bei Verdacht auf eine Abhängigkeit muss daher der Amtsärztin bzw. dem Amtsarzt eine fachärztliche psychiatrische Stellungnahme vorgelegt werden ...«[191]

Fällt diese Stellungnahme positiv aus, wird der Führerschein, nach erfolgter bestandener Prüfung, ausgestellt oder wieder, nach einer polizeilichen Abnahme, retourniert, allerdings für A (Motorrad) und B (PKW).

Pläne und Forderungen ehemaligen Suchtkranken, ihre Führerscheine der Gruppe 2 (Bus und LKW) für die berufliche Reintegration auszustellen oder zurückzugeben sind bislang unerfüllt geblieben.

»Alkohol und Drogen« sind die Schwerpunkte im Österreichischen Verkehrssicherheitsprogramm 2002 bis 2010 (BMVIT 2003). Dabei handelt es sich um spezielle Schulungen für Polizeibeamtinnen und Polizeibeamte »zur Identifizierung von auffälligen Lenkerinnen und Lenkern bei Verkehrskontrollen, aber auch für die mit deren Begutachtung betraute Ärzteschaft. Weiters soll die Überwachung intensiviert werden.«[192]

---

[191] ÖBIG-Bericht zur Drogensituation 2006, S. 80f.
[192] vgl. ebenda

Nicht (nur) auf den Staat verlassen ...

Hilf dir selbst!

Josef Rohaczek könnte in Ruhe seinen Lebensabend genießen und sich ganz seiner Familie widmen. Der erklärte Familienmensch und Vater von sieben Kindern ist jedoch ein umtriebiger Mann.

Josef Rohaczek, Obmann des Vereins »Elternkreis Wien«
Foto: Manfred Burger

Der pensionierte Kriminalbeamte hatte das Glück, dass seine Kinder nie mit Drogen in Berührung kamen. Trotzdem fühlt er sich nicht erhaben, er ignoriert die Drogenproblematik nicht, weil sie ihn nicht unmittelbar betrifft.

Rohaczek lebt im 22. Bezirk, in der Donaustadt. Als ehrenamtlicher Drogenbeauftragter dieses Bezirks erlebt er hautnah die Schicksale der Drogenabhängigen und ihrer Angehörigen mit. Besonders in Hirschstetten, einem Bezirksteil an der nördlichen Peripherie Wiens, gab es Zeiten, wo es besonders schlimm war. Der kleine Hirschstettner Friedhof legt Zeugnis darüber ab.

Rohaczek beschloss, dagegen etwas zu unternehmen, indem er 1996 den »**Elternkreis Wien – Verein zur Förderung von Suchtvorbeugung und Selbsthilfe**« ins Leben rief (www.elternkreis.at). Bereits 1978 hatte es zwei Vorläufervereine gegeben, organisiert von zwei Müttern, die sich jedoch im Laufe der Jahre auflösten.

Der »Elternkreis Wien« verfolgt zwei Primärziele. Er bietet kostenlosen Rat und Hilfe in der Suchtvorbeugung für Eltern suchtgefährdeter und süchtiger Kinder und Jugendlicher an und unterstützt oder organisiert Projekte im Rahmen der Suchtprävention.[193]

Josef Rohaczek begann zu nerven, er machte und macht sich weiterhin bei so manchen unbeliebt, kennt keine Angst vor hohen Tieren, stolpert nicht über Prügel, die ihm vor die Füße geworfen werden und räumt, zusammen mit seinem Vorstand und den Mitgliedern, Steine aus dem Weg, überwindet so manche Hürde. Heute ist sein Lebenswerk etabliert.

Er bombardiert die Verantwortlichen der Wiener Drogenpolitik, sämtliche Parteien mit E-Mails, Telefonaten, Anfragen und Briefen, musste so manchen Strauß mit ihnen ausfechten. Naturgemäß schafft man sich dadurch nicht nur Freunde. Der überparteiliche Verein ist äußerst aktiv, führt ein reges Vereinsleben. Rohaczek hat es mit seinen Leuten geschafft, zu einer anerkannten Institution zu werden, an der die Wiener Stadtpolitik nicht mehr vorbeikommt und er hat sich auch in Österreich einen Namen gemacht.

Inzwischen verfügt der Elternkreis über zwei Standorte. In der Donaustadt finden in einer Pfarre monatliche Diskussionsabende über (drogen)politische und juristische Themen statt. Zu den Vorträgen werden immer namhafte Referenten eingeladen.

---

193 Verena Kranl, Selbsthilfegruppen für Eltern Drogensüchtiger und ihre zivilgesellschaftlichen Aktivitäten. Diplomarbeit, Wien 2006, S. 36

Aber auch die Trauerarbeit für die Angehörigen, die durch Drogenabhängigkeit Kinder und Verwandte verloren haben, ist ein wesentlicher Bestandteil der Vereinsarbeit. Im Nachbarbezirk Floridsdorf treffen sich die Mitglieder 14-tägig in einer evangelisch-methodistischen Kirche in einer halbtherapeutisch geleiteten Selbsthilfegruppe. Beide Standorte können über regen Zulauf nicht klagen. Die Mitglieder und Interessenten nehmen sogar mitunter lange Anfahrtszeiten in Kauf. Rohaczek machte sich selbst ein Bild, er besuchte Kolumbien und sah sich das Übel gewissermaßen mit eigenen Augen an.

Für Betroffene, die mit dem Elternkreis in Kontakt treten wollen, stehen vier Möglichkeiten für Hilfe und Rat zur Verfügung: die beiden Vereinstreffen, Telefon und Internet. Für Akutfälle gibt es eine eigene Telefonnummer bzw. kann man über das Web sofort Kontakt aufnehmen.

Im Bereich der Suchtprävention unterstützt der Elternkreis derzeit vier Großprojekte: »Spielraum – Gesundheitsförderung und Suchtprävention in der Grundschule«, eine Fortbildung für Volksschullehrer und die Konzeptumsetzung des »Spielzeugfreien Kindergartens«, »Lebenskompetenzförderung und Suchtvorbeugung für Kindergarten und Volksschule«, eine Fortbildung für Kindergartenpädagogen und Volksschullehrer. Diese drei Projekte leitet der Psychotherapeut Michael Schmalhofer. Über Österreichs Grenzen hinaus fördert der Elternkreis ein Studienprogramm für Kriegsvertriebene und Waisenkinder in Kolumbien, wofür der Verein die Kinderpatenschaft für ein Kind für mehrere Jahre übernommen hat.[194]

Der Elternkreis ist auch Mitglied im Österreichischen Bundesverband für Elternkreise, wobei der Verband nur eine Plattform für andere Elternkreise bietet und keine eigenständige Selbsthilfegruppe ist. Elternkreise finden sich auch in anderen Bundesländern wie in Salzburg und Vorarlberg sowie in den Landeshauptstädten Graz, Innsbruck und Klagenfurt.

---

194 vgl. Kranl, S. 37f.

Ein Herzenswunsch, der auch für gehörigen Wirbel innerhalb der Wiener Stadtpolitiker, sorgte, wird Josef Rohaczek wohl nicht so schnell in Erfüllung gehen. Er plädiert für eine Gedenkstätte für Opfer des Drogenmissbrauchs. Sein Anliegen wurde in einer Gemeinderatssitzung im September 2004 abgeschmettert, indem der Wiener Bürgermeister Michael Häupl sagte:

»Die Aufstellung eines derartigen Gedenksteines wäre ein negatives, falsches und kontraproduktives Signal. Keinem Betroffenen oder Unbeteiligten kann damit in präventiver Hinsicht weiter geholfen werden. Die Aufstellung eines derartigen Gedenksteines führt nicht zu einem Umdenken in unserer Gesellschaft. Vielmehr muss befürchtet werden, dass solch ein Denkmal, insbesondere an einem Ort wie dem Wiener Karlsplatz und besonders von den dort Anwesenden, bestenfalls als Zynismus, keineswegs jedoch, wie in der Antragbegründung angeführt, als Symbol der Hoffnung verstanden werden würde. Ein derartiges Denkmal würde in der öffentlichen Kommunikation Drogensucht mit Drogentod gleichsetzen und damit ein drastisches Symbol der Aussichts- bzw. Ausweglosigkeit darstellen Auf diese Weise werden jene Menschen außer Acht gelassen bzw. vor den Kopf gestoßen, die erfolgreich ihren Weg zur Bewältigung der Sucht gehen. Das gilt auch für jene, die trotz einer Suchterkrankung die erfolgreich durch entsprechende Hilfe stabilisiert werden konnte, ein weitgehend unauffälliges und sozial integriertes Leben führen können ...«[195]

Rohaczeks Argumente sind seine Erlebnisse bei Begräbnissen von Drogentoten, wenn sich Verwandte weigern, die Bestattungen in den Familiengräbern zuzulassen, wenn die Süchtigen also selbst als Tote noch als Außenseiter betrachtet werden. Eine weitere Begründung ist der historische Aspekt. Am Karlsplatz und im Resselpark etablierte sich nach dem Zweiten Weltkrieg der erste Schwarzmarkt – der Karlsplatz

---

[195] ebenda, S. 42

steht für den Beginn der offenen Szene in der Bundeshauptstadt.

In Deutschland, in Gladbeck, war es möglich, eine Gedenkstätte zu errichten. Der Verein »Eltern und Angehörige verstorbener Drogenabhängiger« errichtete dort ein Mahnmal »Zum Gedenken verstorbener Drogenabhängiger.« Auf der Homepage dieser Selbsthilfegruppe ist zu lesen: »Im Dezember 1996 haben wir im Wittringer Wald, einem beliebten Freizeitgebiet in Gladbeck, eine Gedenkstätte errichtet und eine Baumpflanzaktion zum Gedenken verstorbener Drogenabhängiger veranstaltet. Es wurden Bäume gepflanzt von Eltern und Angehörigen verstorbener und lebender Drogenabhängiger, Elternkreisen aus Wuppertal, Emmerich und Hamburg, Konsumenten legaler und illegaler Drogen und offiziellen Vertretern aus Kommunen und Verbänden. Unter anderem pflanzten wir auch einen Gingko, der nicht nur der Zeit, sondern auch der Vernichtung getrotzt hat. Selbst die Atombombe ... hat diesen Baum zwar brennen, doch nicht verbrennen lassen ...

Wir Eltern wollen nicht, dass unsere Kinder der Sündenbock-Mechanismus der Gesellschaft bleiben, einer Gesellschaft, die in Form einer Doppelmoral Alkohol und Nikotin aufgeschlossen gegenübersteht ...«

Eine sehr junge Initiative in Österreich, erst vor wenigen Monaten entstanden, ist »**EIGENSTÄNDIG WERDEN**«, die sich generell dem Suchtproblem widmet, daher nicht nur auf Drogenprävention fixiert ist. »Ich bin einmalig, selbst, Freund, Sonne, wütend, lachen, Gefühle, du« – lautet der Slogan (www.eigenstaendig.net).

»EIGENSTÄNDIG WERDEN« ist, laut eigenem Folder, »ein wissenschaftlich gestütztes Unterrichtsprogramm zur Persönlichkeitsentwicklung von Kindern in Volksschulklassen. Es beruht auf dem Ansatz der WHO zur Gesundheitsförderung und Suchtprävention sowie dem Grundgedanken zur Entfaltung von Lebenskompetenzen. Die Entwicklung und Förderung von persönlichkeitsstärkenden Faktoren wie Selbstwahrnehmung und Einfühlungsvermögen, Umgang mit Stress und negativen Emotionen, Kommunikation, Selbstbehauptung und Standfestigkeit, kreativem Denken, Kritik- und Problemlösungsfähigkeit haben sich als effektive Methode zur Vorbeugung von Gewalt, Aggression, Sucht und Stress erwiesen.

›EIGENSTÄNDIG WERDEN‹ vermittelt interessierten Lehrpersonen das Programm in Form von Schulungsveranstaltungen und stellt umfangreiche Unterrichtsmaterialien zur Verfügung. Es lässt sich als flexible Unterrichtseinheit einsetzen und wird in Deutschland, Österreich und Südtirol seit dem Jahr 2002 erfolgreich umgesetzt ...«

Die Initiative wird von der Mentorstiftung Österreich, Rotary Österreich, dem Bundesministerium für Bildung, Wissenschaft und Kultur und der ARGE Suchtvorbeugung unterstützt. Manfred Sadler ist der Betreiber dieses Programms in Österreich.

Manfred Sadler
»EIGENSTÄNDIG WERDEN«
Foto: Manfred Burger

»Das Programm ist ursprünglich von einem Franzosen für die Mentorstiftung Deutschland entwickelt worden«, erklärt Sadler. Hinter der Mentorstiftung stehen unter anderen das schwedische Königshaus sowie einige, auch österreichische, potente Persönlichkeiten, die allerdings nicht in der Öffentlichkeit aufscheinen wollen.

»Tatsache ist«, fährt Sadler weiter fort, »dass sich im Jahr 2000 die Stiftung Maria Ebene, die in Vorarlberg ein Krankenhaus für Drogenkranke und für andere Abhängige betreibt, für dieses Programm interessierte und von dem qualitativen Hintergrund überzeugt war. Ein wesentlicher Aspekt war auch die WHO, die auf dem Standpunkt steht, dass Prävention in jungen Jahren äußerst wichtig ist.«

Im Grunde geht es darum, schon im frühen Kindesalter Nein zu sagen – bezogen auf Süchte – und das auch zu erlernen. Die *WHO* gab die wissenschaftlichen Vorgaben. Das Programm wurde in Deutschland evaluiert, die Mentorstiftung übernahm die Kosten für die Unterrichtsmaterialien. Nach diesen Schritten und dem Erwerb der Rechte wurde auch die Mentorstiftung Österreich aktiv. Gelder erhält »*EIGENSTÄNDIG WERDEN*« auch durch den Verein »Gesundes Österreich«, die Stiftung Maria Ebene und von der Mentorstiftung.

Anlässlich des 100-jährigen Bestehens der Rotarier im Jahr 2005 riefen die Clubmitglieder eine Arbeitsgruppe ins Leben – »Jugend ohne Drogen – Ein Leben ohne Sucht«, die Manfred Sadler für die Rotarier leitet. Zusammen mit Fachleuten konnte schließlich das Programm »EIGENSTÄNDIG WERDEN« aus der Taufe gehoben werden. Zu Manfred Sadler Aufgaben gehört der Besuch sämtlicher Rotary-Clubs in Österreichs, um den Mitgliedern dieses Projekt zu präsentieren und die Rotarier zu veranlassen, Schulen zu besuchen, um diese Initiative publik zu machen.

»Das Ziel ist, dieses Programm«, so Sadler, »möglichst weit zu verbreiten, wobei es nicht um Schnelligkeit, sondern um Qualität geht.«

Einer, der sofort auf diesen Zug aufgesprungen ist, allerdings mit ganz anderem Hintergrund, war Austrobarde Rainhard Fendrich – sehr zum Missfallen Manfred Sadlers.

»Beim Thema Zugpferd [Fendrich] sind leider viele Journalisten in die Informationsfalle getappt«, erläutert Sadler, »wir wollten eigentlich das Programm ›EIGENSTÄNDIG WERDEN‹

präsentieren. Tatsache ist, Fendrich wurde in seiner Person präsentiert. Es hat sich während der Pressekonferenz gezeigt, dass keiner auf dieses Programm eingegangen ist. Es war nie in unserer Absicht, ihn als Zugpferd zu nehmen, ihn nie in Schulen zu schicken. Er selbst sagte, er sei in Therapie, die Pädagogen sind hier vorrangig. Wie allerdings die Medien berichtet haben, und ich war bei der Pressekonferenz anwesend, weiß also, was dort abgelaufen ist, – Informationen kann man natürlich sehr vielfältig präsentieren. Unsere Idee war, ihn als Rainhard-Fendrich-Foundation für Finanzierungszwecke, ich möchte nicht sagen zu benutzen, sondern ihm auch zu helfen ...

So wie es medial rüber kommt, ist es nicht die Absicht, hier weiter zu kooperieren. Das ist ganz eindeutig gesagt. Wir wollen Qualität haben. Wir sind voll überzeugt, dass Fendrich für Sechs- bis Achtjährige kein Vorbild sein kann. Darüber brauchen wir nicht nachzudenken. Das schadet dem Programm nur. Wenn er sich dafür einsetzt, was wir vorgeschlagen haben, sehr wohl. Man muss aber auch sagen, dass sein Manager hier mitspielt. Sonst dient Fendrich in keiner Weise dem Programm ... Wir glauben, dass er für ›EIGENSTÄNDIG WERDEN‹ nicht der richtige Mann ist.«

Im Grunde handelte es sich um nichts weiter als eine PR-Aktion des Künstlers, die aber rechtzeitig durchschaut wurde.

Als ich diese Pressekonferenz zufällig im Fernsehen sah, dachte ich, vielleicht erklärt sich Fendrich bereit, für dieses Buch das Vorwort zu schreiben und für ein Interview zur Verfügung zu stehen. Über seinen Wiener Anwalt versuchte ich Kontakt zu ihm aufzunehmen, betonte in meinem Mail ausdrücklich, dass seine private Situation ausgeklammert würde, da diese nichts mit dem Thema zu tun habe und im Übrigen längst nach allen Richtungen breit getreten worden sei.

Ich war der Meinung, dass die Leser sicherlich Interesse daran haben könnten, zu erfahren, wie es einem Mann in seiner Position passieren konnte, im Drogensumpf abzusacken. Dann hörte ich längere Zeit nichts und probierte es über sein deutsches Management. Wieder tagelange Funkstille. Am 10. Juli erhielt ich dann vom Büro Fendrich ein Mail, in dem man mir mitteilte, »dass Rainhard Fendrich zur Zeit nicht an einer Mitarbeit an ihrem Buch interessiert ist. Er möchte sich zu diesem Thema überhaupt nicht äußern, weder in Buch- noch in Interviewform. Sie können sich sicher vorstellen, dass die letzte Zeit für ihn nicht einfach war und er nicht an einem Aufleben des Themas interessiert ist ...«

Mit der für seine Einkünfte eher läppischen Geldstrafe von 37.500 Euro, verhängt am 21. Dezember 2006 in einem medienwirksamen Strafprozess, ist die eigene Kokain-Affäre für den Austrobarden im juridischen Sinne beendet. Trotzdem bleibt ein bitterer Beigeschmack. Einer Pensionistin, die sich mit dem Verkauf von Schmuggelzigaretten ihre Rente aufbessern wollte und dabei erwischt wurde, brummte Justitia 50.000 Euro auf. Womit sich wieder einmal zu bewahrheiten scheint – manche sind doch gleicher als gleich ...

»EIGENSTÄNDIG WERDEN« findet auch im »Wiener Drogenbericht 2003–2005«, vorgestellt im Herbst 2006, gebührend Beachtung.

»Im Rahmen von ›Eigenständig werden‹ wurden bisher 428 VolksschullehrerInnen aus 99 Wiener Volksschulen fortgebildet ... Außerdem wurden die regionalen und überregionalen Netzwerke dieses Österreich weiten Projekts betreut und an einem Konzept zur Ausweitung des Projekts auf die fünfte und sechste Schulstufe gearbeitet ...«[196]

Das **Institut für Suchtprävention** (ISP) organisiert eine Reihe von verschiedenen Initiativen an: »Miteinander leben«, 2003 ins Leben gerufen, bietet eine »Veranstaltungsreihe für Eltern, Jugendliche, MultiplikatorInnen aus der Kinder- und Jugendarbeit« und richtet sich allgemein an alle »interessierten Personen« in verschiedenen Wiener Bezirken wie Leopoldstadt,

---

196 Wiener Drogenbericht 2003–2005, S. 14

Margarethen, Alsergrund, Rudolfsheim-Fünfhaus, Hernals und Brigittenau.[197]

Suchtpräventive Angebote für die ganze Familie bietet »Generation E – Werkstatt für kreative Elternarbeit«. Das Projekt »Schultüte« sieht sich als »Leitfaden für Eltern, die sich in Erziehungsfragen unsicher fühlen mit Anregungen für verschiedene Handlungsmöglichkeiten ... Seit Herbst 2004 führen ISP und ifp (Institut für Freizeitpädagogik – wienXtra) gemeinsam jährlich den Lehrgang ›Jugendarbeit und Suchtprävention‹ durch.«[198]

Eine kleine Auswahl an unterschiedlichen Projekten, die sich jeder auf den im Anhang angegebenen Webseiten selbst ansehen kann.

Aber auch im Bereich der Exekutive werden Initiativen gestartet.

Bezirksinspektor Roland Wiednig vom LKA (Landeskriminalamt) Oberösterreich entwickelte in Eigenregie ein Suchtmittelpräventionsprojekt, das inzwischen nicht nur in Österreich anerkannt ist, sondern auch bereits von tschechischen und deutschen Kollegen kopiert wird. So heißt es über das Projekt »**PräGend**«: »Mit seinem vor drei Jahren [2003] geschaffenen Projekt ... hat der engagierte Beamte gemeinsam mit dem Institut für Suchtprävention OÖ, Jugendservices, der Beratungsstelle ›Bily‹ [Beratungsstelle für Familien, Jugend und Sexualität in Linz], mit den Büros der zuständigen Landesräte für Gesundheit, Jugend und Familie – und natürlich auch mit den Lehrern, ein Beratungsnetzwerk aufgebaut ...«[199]

---

197 vgl. ebenda
198 vgl. ebenda
199 Ludwig Hinterkörner, Wirksame Suchtmittelprävention, In: Der Kriminalbeamte, Nr. 4/2006, S. 11

Alternativen oder Humbug?

Für Trittbrettfahrer, selbst ernannte Institutionen ohne Qualifikationsnachweise Scharlatane und Wunderheiler, die Prävention nur vorschieben und dabei völlig andere Ziele verfolgen, ist die Drogenproblematik ein unerschöpfliches Eldorado für dubiose Praktiken.

Am 19. Jänner 2004 fand ein Drogenpräventionsvortrag in einem Wiener Restaurant statt. Ich war mit einem TV-Team dort und drehte die Veranstaltung mit. Ein gewisser Michael Nielsen, angeblich ein Holländer, der hervorragend Deutsch spricht, faselte in einer endlosen schwarz-weiß malenden Litanei vor einem Grüppchen Leute über die Gefährlichkeit von Drogen. Nichts Neues, nichts, was nicht schon bekannt gewesen wäre. Natürlich wusste ich, wer dahinter steckt, und nach dem Ende des Vortrags machte ich mich sehr unbeliebt, indem ich der Veranstalterin Antonia Homschak auf den Kopf zusagte, warum nicht offen zugegeben würde, dass es sich hier eine Scientology-Veranstaltung handelt, um einen Vortrag von NARCONON – so lautet der Name dieser Scientology-Unterorganisation, die vorgibt, für Drogenprävention einzutreten. Mehr hat es nicht gebraucht, ich war der Buhmann.

Später erhielt ich einen Brief von Antonia Homschak.

»… Sie unternahmen den Versuch, uns zu unterstellen, dass verheimlicht werden sollte, NARCONON sei Scientology. NARCONON ist ein außerkirchliches Programm zur Drogenrehabilitation und -prävention. L. Ron Hubbard, der Gründer von Scientology, hatte dieses Programm ausgearbeitet und für diesen oben genannten Zweck zur Verfügung gestellt und es werden

Lizenzen ausgegeben, um das Programm zu laufen [kaufen].
NARCONON ist ein eigenständiger gemeinnütziger Verein, der mit der Scientology-Kirche nichts zu tun hat. Im Übrigen steht der Name L. Ron Hubbard im Copyright auf unseren Broschüren. Es wird, wie gesagt, mit diesem Programm lediglich der Zweck der Rehabilitation und Prävention verfolgt.

Es gibt 110 NARCONON-Zentren auf diesem Planeten und viele Regierungen, auch in Europa, befürworten und unterstützen das Programm, das es den Staaten hilft, ungeheure Kosten einzusparen. Die Erfolgsraten sind unerreicht! Wenn Sie Wert darauf legen, kann ich Ihnen Unterlagen mit genauen Daten liefern.

Wenn Sie allerdings ein Gegner von Drogenaufklärung sind bzw. ein Befürworter von Drogenkonsums, was Ihre Verhaltensweise am Montag vor einer Woche implizierte, so wird Sie dieses mein Angebot nicht interessieren.

Ferner gebe ich zu bedenken, dass Sie möglicherweise benutzt wurden ... Dies sage ich Ihnen, weil ich Ihnen nicht glaube, dass der Auftrag an Sie, uns in dieser Weise zu interviewen, vom Rathaus ausgeht. Als ich Sie nach dem Auftraggeber fragte, haben Sie das letztendlich so bejaht ... Es kommt mir allerdings merkwürdig vor, denn dort liegt gegen uns nichts vor und es gibt im Zusammenhang mit Scientology Österreich keine negative Stimmung im Bürgermeisteramt – Sie selbst haben das Thema Scientology aufgebracht ... Wenn Sie gute Absichten und gute Resultate stören und zerstören und Unwahrheiten verbreiten wollen, so werde ich mich zu wehren wissen! ...«

Eine nicht untypische Vorgangsweise von Scientologen wie Antonia Homschak (mehr darüber unter www.our-home.org/antoniahomschak/), hanebüchene Unterstellungen aufs Tapet zu bringen. Im Auftrag des Rathauses? Wie sie darauf kommt, wird wohl immer ihr Geheimnis bleiben.

Auf der Website www.ingo-heinemann.de findet der Interessierte alle Informationen, was NARCONON tatsächlich ist, nämlich eine scientologische Unterorganisation. Wenn die Erfolgsquote tatsächlich so enorm hoch ist, warum werden dann keine Zahlen publiziert?

NARCONON verwendet auch Tarnnamen wie den Verein »SAG NEIN ZU DROGEN, SAG JA ZUM LEBEN« oder »Selbsthilfeeinrichtung des NARCONON Bayern e.V.« mit Sitz in Ellmau, Tirol. In Deutschland firmiert diese Organisation unter anderem in Itzehoe. Im April 1996 kam zu es polizeilichen Ermittlungen in Itzehoe, weil es einen Toten unter nicht geklärten Umständen gab (www.religio.de).

In Österreich versucht NARCONON immer wieder, in Schulen zu gelangen, um Vorträge zu halten, oder auf der Straße dafür Werbung zu machen, was wiederum den österreichischen Verfassungsschutz beschäftigt.

In der Broschüre »10 Dinge, die deine Freunde möglicherweise nicht wissen über Drogen« aus 2001 findet sich kein einziger Hinweis auf Scientology. Hier heißt es nur: »Narconon-Zentren benützen die drogenfreie Methode des Humanisten und Autors L. Ron Hubbard. Die Informationen in diesem Büchlein basieren auf den Arbeiten von L. Ron Hubbard«, und weiter: »Narconon und das Narconon Logo sind geschützte Zeichen im Besitz der Vereinigung für besseres Leben und Ausbildung (A.B.L.E.) und werden mit deren Genehmigung verwendet ...« Und der Scientology-Gründer ist niemand anderer als L. Ron Hubbard ... Dumm gelaufen, dass auch A.B.L.E. eine Unterorganisation von Scientology ist. Nachzulesen unter http://wasistscientology.de. Aber NARCONON hat mit Scientology ja nichts am Hut ...

In der Wiener Drogenkoordination und im Wiener Drogenbeirat ist diese Organisation ebenfalls bekannt und wird mit Argusaugen beobachtet. Doch den Verantwortlichen sind die Hände gebunden. In Österreich herrscht Religionsfreiheit, und Scientology, obwohl bei uns nicht anerkannt, bezeichnet sich als »Kirche«. Der Psychotherapeut Andreas Mauerer betrachtet NARCONON ebenfalls mit gemischten Gefühlen und meint, dass »sie wirtschaftlich für die Staaten keine Belastung sind. Die brauchen keine Förderung und werden auch nicht gefördert. Wir können vordergründig blabla dagegen sein. Zu Recht oder zu Unrecht ist vollkommen wurscht. Die sind ein selbstständiges Unternehmen, die sind eine Art eigenständige GesmbH, haben mehr als fragwürdige Methoden, aber man kann ihnen nicht an, weil sie einfach fürs eigene Geld ihre eigenen Methoden verkaufen.

Dass wir immer wieder Anhänger für scientologische Maßnahmen und Konzepte finden, ist traurig, aber wahr, und sicherlich nicht zu ändern. Ich grenze mich sehr wohl von NARCONON ab, aber genau so lange ich mich abgrenze, gibt es die auch schon. Lassen wir die Kirche im Dorf. Wenn wir schon ... eine breite Angebotsvielfalt haben, dann gehören sie leider Gottes dazu.«

Nachdem es in Österreich in letzter Zeit um Scientology eher ruhig gewesen ist, scheint nun eine neue Offensive im Gang zu sein. In der Steiermark, so ORF Steiermark, warnte am 11. August 2006 der steirische Sektenbeauftragte Roman Schweidlenka vor NARCONON: »Damit versuche die Sekte in der Suchtprävention mitzumischen und sich in ein gutes Licht zu rücken«.

Nachdem die NARCONON-»Präventionsmasche« in der letzten Zeit immer penetranter geworden ist, wandte sich am 20. Dezember 2006 Wiens Drogenkoordinator Michael Dressel brieflich an Öffentlichkeit: »... In den letzten Wochen ist der Verein ›Sag Nein zu Drogen‹ (vertreten durch Frau Mag. Gabriele Toker, in einigen Fällen gemeinsam mit Frau Alexandra Hossain) mit seinen Vorschlägen zur Suchtpräventionsarbeit an zahlreiche Institutionen in Wien, z. B. die Bezirke und Einrichtungen der Suchtkrankenhilfe, herangetreten. Unter dem Titel ›Fakten über Drogen‹ wurde dem Brief eine Reihe von Publikationen beigelegt. Ich möchte dies zum Anlass nehmen, Sie über die Aktivitäten dieses Vereins zu informieren, welcher in einem Naheverhältnis zur Scientology Church steht. Es ist wichtig zu wissen, dass die Botschaften der ausgeschickten

Materialien in ihren Hauptaussagen in krassem Widerspruch zu einer modernen, dem aktuellen Stand der Wissenschaft und Suchtforschung entsprechenden Prävention stehen ...

... Insgesamt muss festgestellt werden, dass die vom Verein ›Sag Nein zu Drogen‹ verwendeten Ansätze und Methoden in weiten Teilen dem aktuellen Wissens- und Forschungstand widersprechen, weshalb im Umgang mit dem Verein ... und sonstigen Vorfeldorganisationen der Scientology Church sowie deren ›Präventionsangeboten‹ für Wien eine ablehnende Haltung empfohlen werden muss ...«[200]

In Deutschland warnt die Bildungsministerin von Schleswig-Holstein, Ute Erdsiek-Rave, in der »WELT« vor zunehmender Einflussnahme der Sekte im Nachhilfebereich (Yahoo! Deutschland-Nachrichten vom 27. Juli 2006).

Es heißt, der Glaube soll Berge versetzen können.

Cenacolo bedeutet miteinander Mahl halten. Die christliche Glaubensgemeinschaft Cenacolo widersetzt sich sämtlichen wissenschaftlich abgesicherten und fundierten Therapiekonzepte sowie -formen, da ihrer Ansicht nach nur der Glaube allein es schafft, sich von seiner Sucht zu befreien. Ora et labora – bete und arbeite, lautet das Credo von Cenacolo.

1982 eröffnete die Ordensfrau Sr. Elvira Petrozzi, die ihr Leben Gott geweiht hat und sich besonders um Jugendliche in Krisensituationen, vor allem um Drogen- und Alkoholabhängige, kümmert, ihr erstes Haus in Saluzzo bei Turin. Inzwischen gibt es weltweit über 50 Häuser, in denen die Suchtkranken nach Geschlechtern getrennt leben, unter anderem in Polen, Kroatien, in den USA, Italien, Frankreich und Österreich (Männer); Frauen sind in Bosnien-Herzegowina und in Italien untergebracht.

»Zufriedenheit kommt nur vom Geben; Heilen kann nur Gott allein; Ursache der allgemeinen Talfahrt ist die weit verbreitete

---

200 Brief liegt dem Autor vor

Gottlosigkeit; niemand darf alleine sein; die Therapie funktioniert nur mit Beten; das Schlechteste ist die Gemütlichkeit; du musst lernen, in der Gegenwart zu leben, und einen Drogensüchtigen mit Geld und einem Schlafplatz zu unterstützen ist eine Art von Sterbehilfe«, lauten Sr. Elvira Petrozzis Prinzipien.[201] Seit 1997 besteht auch eine Niederlassung in Österreich, im burgenländischen Kleinfrauenhaid in der Wulkaebene zwischen Wiener Neustadt und Eisenstadt. 25 Männer werden hier beherbergt. Der Tagesablauf ist streng reglementiert, er beginnt um sechs Uhr morgens und endet mit der Nachtruhe um 22 Uhr. Dazwischen wird handwerklich gearbeitet und selbstverständlich gebetet. Die Aufnahme erfolgt unabhängig von Nationalität und religiösem Bekenntnis, die allgemeine Verständigung erfolgt auf Italienisch. Wer die Sprache nicht beherrscht, lernt sie dort. Das Aufnahmezeremoniell ist streng. In mehreren Vorgesprächen und nach einer Probezeit muss der Proband beweisen, dass es ihm ernst ist. In der Folge bleiben die Schützlinge zwei bis drei Jahre, besuchen auch andere Cenacolo-Heime in den verschiedenen Ländern. Jeder Neuling erhält einen Schutzengel, einen persönlichen Begleiter und ehemaligen Abhängigen, der 24 Stunden und sieben Tage in der Woche nicht von seiner Seite weicht. Angeblich sind, nach Angaben Cenacolos, die Heilungschancen sehr hoch.

Die Finanzierung des Projekts übernehmen Freunde und Gönner wie die »Freunde der Gemeinschaft Cenacolo« in der burgenländischen Landeshauptstadt Eisenstadt.

Ebenfalls um Drogenabhängige kümmert sich die Freie Christliche Jugendgemeinschaft Wien (FCJG-Wien), die zu Help International gehört, einem weltweit tätigen sozialmissionarischen Verein. So heißt es im »Freundesbrief Nr. 41« vom April 2000: »Wir nehmen jetzt Drogenabhängige auf! ... Oft melden sich auch Leute, die lediglich einen Schlafplatz

---

201 Kriminalpolizei. Fachzeitschrift der Vereinigung Österreichischer Kriminalisten, August/September 06

brauchen. Unser Auftrag ... ist, Drogenabhängigen eine Möglichkeit zur Rehabilitation zu geben, d. h. langfristig mit uns zu leben und durch Jesus frei zu werden ...«

Der wohl härteste Entzug der Welt findet im buddhistischen Kloster Wat Tham Krabok, rund 130 Kilometer nördlich von Bangkok, in Thailand statt.

Neun Tudongs, asketische Wandermönche des Himalaya-Buddhismus, zogen sich 1957 in eine tham (Höhle) in der Nähe des heutigen Tempels zurück, um sich der Meditation mit Hilfe von pflanzlichen Drogen zu widmen. Im Zuge ihrer Experimente entdeckten sie ein Mittel zur Bekämpfung der Opiumsucht. 1959, nach den ersten harten Urteilen der thailändischen Justiz gegen Opiumsüchtige, waren die inzwischen 30 Mönche die letzte Hilfe für Abhängige. Einer, der von der Sucht befreit werden konnte, war der Sohn einer wohlhabenden Thai. Aus Dankbarkeit vererbte die Frau den Mönchen ihren Landbesitz mit der Auflage, weiterhin Drogenabhängige zu heilen. Es sollte noch drei Jahre dauern, bis die Mönche ihr geheimnisvolles Mittel so weit perfektioniert hatten, dass auch staatliche Stellen dafür Interesse zeigten. Die Nonne Luang Paaw Yaai hatte an der Entwicklung der Tinktur den größten Anteil. Durch die Regierung erhielten die Mönche finanzielle Unterstützung, zusätzliches Land und konnten ihr Kloster endgültig bauen.

Heute arbeitet die staatliche Drogenbekämpfungsstelle Central Security Division eng mit den Geistlichen zusammen und schickt ihnen regelmäßig Drogenkranke zur Therapie. Von den bisher 100 000 Behandelten konnten rund 70 Prozent als geheilt entlassen werden, ca. 25 Prozent wurden rückfällig und an die fünf Prozent galten als unheilbar.

Die Behandlungsmethode im Kloster wird von der Mehrzahl der Abhängigen als Hölle auf Erden bezeichnet. Fast alle kommen freiwillig, darunter viele Europäer, Amerikaner und Australier. Monatlich können maximal 500 Drogenkranke behandelt werden. Vor der rund siebentägigen Behandlung werden alle registriert, müssen sämtliches Hab und Gut abgeben, rote Shorts und weiße Hemden anziehen: Weiß als Symbol der Reinheit. Dann erhalten alle einen Sanskrit-Namen, denn durch die Sucht wird der eigene Name geschändet. Eine Schlafmatte ist alles, was man bekommt, streng nach Geschlechtern getrennt.

Bereits am ersten Abend bekommen die noch Abhängigen einen Becher mit der geheimnisvollen Tinktur und einen großen Kübel mit Wasser zu trinken. Kaum fünf Minuten später beginnt ein fürchterliches Kotzen. Und das maximal eine Woche lang – unter den Argusaugen der Mönche. Für die medizinische Versorgung bei Notfällen ist gesorgt. Ebenso werden regelmäßige ärztliche Kontrollen durchgeführt. Die Patienten leben nach den strengen Regeln der Mönche. Wer zusammenbricht oder hysterisch zu schreien beginnt, braucht nicht mit dem Mitleid der Mönche zu rechnen. Alle Mahlzeiten werden gemeinsam eingenommen und müssen auch bezahlt werden, ansonsten sind Behandlung und Unterkunft kostenlos.

Zwar muss die Pflanzentinktur nicht jeden Tag eingenommen werden, dafür gibt es aber zusätzliche Dampfbäder mit einem ähnlichen Extrakt. Kontakte untereinander sind verpönt. Zum weiteren Tagesprogramm zählen Meditation, Opferung und Gebete.

Nach dem Ende der Behandlung wollen viele noch länger bleiben, einige für immer. Das Kloster lebt von Spenden und staatlicher Unterstützung. In den 90ern bot ein amerikanischer Konzern für die Rezeptur eine Million Dollar, doch die Mönche lehnten eisern ab.[202]

---

[202] www.thaipage.ch

Streifzug durch die Bundesländer

Da ich in absehbarer Zeit plane, einen Drogenreport, der sich ausschließlich mit der Situation in den Bundesländern befassen wird – Wien ausgenommen –, zu publizieren, werden im Folgenden die Bundesländer nur überblicksmäßig erfasst.

Anhand der Daten der letzten Jahre lassen sich bereits gewisse Entwicklungen herauslesen.

1995

Niederösterreich

Niederösterreich verzeichnete 1995 nach dem (damaligen) Suchtgiftgesetz einen geringfügigen Rückgang an angezeigten Personen. Das sichergestellte Suchtgift kam vorwiegend aus Tschechien, Polen, Ungarn und der Slowakei und auch die Kuriere und Transporteure stammten vorwiegend aus diesen Staaten. Für die Versorgung der niederösterreichischen Konsumenten waren die Niederlande von besonderer Bedeutung, wobei allerdings Österreicher als Schmuggler in Erscheinung traten.

Der Flughafen Wien-Schwechat stellte in der internationalen Schmuggelbekämpfung einmal mehr einen Schwerpunkt dar. Auffällig war, dass neben kolumbianischen und brasilianischen Kurieren verstärkt Europäer eingesetzt wurden. Auch schwarzafrikanische Organisationen bedienten sich zunehmend dieses Modus.

Drogentote: 11
Männer: 10 im Alter von 23, 27, 27, 29, 32, 33, 33, 33, 37 und 43 Jahren
Frauen: 1 im Alter von 18 Jahren

Burgenland

Die Zahl der angezeigten Personen stieg gegenüber dem Vorjahr um 95 %, die ausschließlich in den Bereich der Vergehenstatbestände fielen. Bei großen Veranstaltungen wie dem Festival in Wiesen wurden verstärkter Konsum und Handel registriert. Die Suchtgiftbeschaffung erfolgte im Raum Wien und Umgebung, kleinere Mengen gelangten auch aus den östlichen Nachbarländern in dieses Bundesland.

Drogentote: 3
Männer: 3 im Alter von 30, 31 und 34 Jahren

Kärnten

Auch hier waren ein leichter Anstieg bei den Anzeigen zu verbuchen. Überwiegend handelte es sich um Cannabis- und Ecstasykonsum, ein starker Anstieg bei Handel und Missbrauch war in Klagenfurt und Umgebung, Feldkirchen, Spittal an der Drau und in der Umgebung höherer Schulen zu verzeichnen.

Drogentote: 4
Männer: 4 im Alter von 25, 35 37 und 39 Jahren

Steiermark

Auch in Grünen Mark kam es zu einem Anstieg der Anzeigen. Besonders in den Bezirken Liezen, Judenburg, Leoben, Bruck an der Mur und in Graz-Umgebung vermehrte sich der Suchtgiftmissbrauch. Der Schmuggel aus den Niederlanden, Deutschland und der Schweiz hielt weiter an, ebenso kam verstärkt Heroin aus Tschechien ins Land. Die klimatischen Bedingungen förderten zusätzlich den Cannabisanbau.

Drogentote: 8
Männer: 6 im Alter von 18, 21, 21, 26, 31 und 34 Jahren
Frauen: 2 im Alter von 23 und 34 Jahren

Oberösterreich

Die Anzeigen stiegen auch hier fast um ein Viertel. Überdurchschnittlich hoher Ecstasymissbrauch wurde in den Bezirken Vöcklabruck und Wels-Land festgestellt. Neben türkischen und jugoslawischen Dealerorganisationen traten verstärkt rumänische Dealer auf.

Drogentote: 24
Männer: 19 im Alter von 24, 27, 27, 29, 30, 30, 32, 32, 32, 32, 38, 38, 38, 38, 39, 39, 40, 40, 42 und 43 Jahren
Frauen: 5 im Alter von 19, 30, 33, 37 und 38 Jahren

Salzburg

Hier gingen die Anzeigen um 18,6 Prozent zurück, wofür Österreichs EU-Beitritt und damit die zum Großteil wegfallenden Zollkontrollen ausschlaggebend waren. Das Suchtgift kam von in Salzburg Land operierenden Tätergruppen aus Holland.

Drogentote: 7
Männer: 6 im Alter von 17, 23, 29, 29, 40 und 41 Jahren
Frauen: 1 im Alter von 19 Jahren

Tirol

Hier gingen die Anzeigen beinahe um ein Viertel zurück. Der Trend zum Konsum harter Drogen hielt auch 1995 an, wobei die Niederlande und die Schweiz die Herkunftsländer waren.

Drogentote: 23
Männer: 19 im Alter von 19, 20, 22, 22, 23, 27, 28, 28, 29, 31, 31, 34, 34, 34, 34, 35, 35, 37 und 37 Jahren
Frauen: 4 im Alter von 27, 34, 35 und 35 Jahren

Vorarlberg

Im Ländle hingegen stiegen die Anzeigen beinahe um ein Viertel an. Das Suchtgift gelangte aus der Schweiz, besonders aus Zürich, in das westlichste Bundesland.

Drogentote: 24
Männer: 19 im Alter von 20, 21, 22, 26, 28, 28, 30, 30, 30, 30, 32, 32, 32, 32, 34, 35, 35, 36, 37 und 37 Jahren
Frauen: 5 im Alter von 19, 22, 29, 38 und 39 Jahren

1996

Niederösterreich

Die Zahl der Anzeigen verringerte sich gegenüber 1995 um einen geringen Prozentsatz. Vorwiegend stammte das Suchtgift wieder aus Tschechien, Polen, Ungarn und der Slowakei. Als Kuriere traten Kosovo-Albaner für die Depotländer in Erscheinung. Aus den Niederlanden kamen Cannabis und Ecstasy. Kolumbianer und Brasilianer hielten am Flughafen abermals die Fahnder auf Trab, wobei neuerdings auch »Bauernopfer« vorausgeschickt wurden, um von Großlieferungen abzulenken. Die schwarzafrikanischen Organisationen setzten weibliche, hellhäutige Kuriere ein. Auch eine Veränderung in den Flugrouten konnte eruiert werden. Etliche Schmuggelflüge kamen über Südafrika in die östlichen Bundesländer.

Drogentote: 18
Männer: 15 im Alter von 19, 22, 24, 24, 24, 24, 27, 28, 28, 30, 30, 31, 31, 33 und 38 Jahren
Frauen: 3 im Alter von 21, 28 und 34 Jahren

Burgenland

Wieder stieg die Zahl der Anzeigen geringfügig an. Das Festival in Wiesen war, wie schon im Vorjahr, wieder ein großer Umschlagplatz für Handel und Konsum. Kleinere Mengen kamen aus den östlichen Nachbarländern.

Drogentote: 2
Männer: 2 im Alter von 35 und 40 Jahren

Kärnten

1996 explodierten die Anzeigen um 139,7 Prozent (auf insgesamt 746). Weiterhin überwog Cannabis- und Ecstasykonsum. Pro Bezirk kamen von Seite der Exekutive mehrere Suchtgiftsachbearbeiter zum Einsatz.

Drogentote: 3
Männer: 3 im Alter von 33, 36 und 38 Jahren

Steiermark

Auch hier gab es einen Anstieg an Anzeigen und der Schmuggel aus den Niederlanden, Deutschland und der Schweiz hielt weiter an. Ebenso vergrößerte sich die Szene für Heroin aus Tschechien. Angestiegen war auch der Konsum an synthetischen Drogen durch zahlreiche Technopartys und Raves. Schwarzafrikaner versuchten, sich im Kokainhandel in Graz zu etablieren.

Drogentote: 10
Männer: 9 im Alter von 18, 19, 21, 23, 34, 35, 36, 41 und 42 Jahren
Frauen: 1 im Alter von 21 Jahren

Oberösterreich

Die Anzeigen vermehrten sich um mehr als ein Viertel. LSD-, Cannabis- und insbesondere der verstärkte Ecstasykonsum bereitete erhebliche Probleme. Dominierend waren türkische, jugoslawische, rumänische Dealer, aber auch Kosovo-Albaner und Schwarzafrikaner, die von Wien aus in Linz Fuß zu fassen versuchten.

Drogentote: 17
Männer: 14 im Alter von 24, 26, 27, 29, 30, 35, 36, 37, 37, 40, 41, 41, 41 und 45 Jahren
Frauen: 3 im Alter von 30, 35 und 40 Jahren

Salzburg

In Salzburg kam es 1996 zu einem Anzeigenanstieg, der es erforderlich machte, dass pro Bezirk ein bis zwei geschulte Gendameriebeamte extra für die Bekämpfung der Suchtkriminalität zum Einsatz kamen. Drogen wurden aus den Niederlanden hereingeschmuggelt; den Schwerpunkt bildeten Cannabis und Ecstasy.

Drogentote: 6
Männer: 5 im Alter von 26, 31, 31, 35 und 39 Jahren
Frauen: 1 im Alter von 26 Jahren

Tirol

Um mehr als die Hälfte, nämlich um 64, 1 Prozent (insgesamt 886), stiegen die Anzeigen in diesem Bundesland. In den Winterschiorten wurde eine verstärkte Cannabis- und Heroinszene festgestellt sowie der Konsum von synthetischen Drogen. Holland und die Schweiz waren die Lieferantenländer.

Drogentote: 18
Männer: 18 im Alter von 17, 17, 18, 19, 20, 20, 23, 24, 25, 27, 27, 29, 30, 31, 35, 36, 38 und 39 Jahren

Vorarlberg

Hier gingen die Anzeigen zurück. Es wurden vermehrt Fahrten von Konsumenten nach Zürich festgestellt, die sich dort für die Eigenversorgung mit Drogen eindeckten. Im Gegensatz zu anderen Bundesländern spielte sich die Drogenszene vorwiegend im privaten Bereich ab, was für die Fahnder eine zusätzliche Erschwernis ergab.

Drogentote: 20
Männer: 17 im Alter von 13, 17, 22, 23, 23, 24, 24, 29, 30, 32, 33, 33, 35, 37, 38, 43 und 43 Jahren
Frauen: 3 im Alter von 30, 31 und 38 Jahren

1997

Niederösterreich

1997 schnellten die Anzeigen um 73,3 Prozent (insgesamt 1136) in die Höhe. In der Entwicklung des Schmuggels ergaben sich keine wesentlichen Änderungen. In den nördlichen und östlichen Nachbarländern Österreichs hatten türkische und albanischstämmige Dealerorganisationen Suchtgiftdepots eingerichtet, die von dort in kleinen Mengen ins Inland geschmuggelt werden. Die niederösterreichische Szene beherrschten überwiegend Albaner. Auch am Flughafen Schwechat gab es kaum Veränderungen. Das sichergestellte Kokain war für Italien, Deutschland, Schweiz und Großbritannien bestimmt. Zwei Australier wollten sechs Kilogramm Heroin von Islamabad (Pakistan) via London und Wien in ihre Heimat schmuggeln.

Drogentote: 13
Männer: 11 im Alter von 18, 20, 23, 23, 24, 27, 29, 30, 30, 33 und 40 Jahren
Frauen: 2 im Alter von 17 und 36 Jahren

Burgenland

Auch hier kam es wieder zu einem leichten Anzeigenanstieg. Ansonsten blieb die Lage unverändert.
Drogentote: 3
Männer: 3 im Alter von 31, 36 und 48 Jahren

Kärnten

Nach der kontinuierlichen Anzeigensteigerung von 1994 bis 1996 gab es in diesem Jahr einen Rückgang von einem Viertel. Allerdings nahm der Cannabis- und Ecstasykonsum weiter zu, während die Heroin- und Kokainszene noch als überschaubar galt.
Drogentote: 8
Männer: 8 im Alter von 16, 19, 21, 35, 35, 37, 40 und 42

Steiermark

Bei den Anzeigen war ein geringfügiger Anstieg festzustellen, allerdings wurde ein intensiver »Ameisenhandel« von Kroatien und Slowenien in die Steiermark beobachtet, wobei die Schmuggler aus diesen Staaten kamen, aber auch Österreicher für die Eigenversorgung beteiligt waren. Heroin und Kokain wurden aus der Slowakei beschafft. Sehr beliebt war auch der Handel und Konsum mit Ecstasy in der Jugendszene.
Drogentote: 13
Männer: 12 im Alter von 21, 26, 28, 29, 29, 31, 33, 33, 34, 35, 35 und 37 Jahren
Frauen: 1 im Alter von 19 Jahren

Oberösterreich

Hier kam es zu keinen wesentlichen Änderungen, wenn auch die Anzeigen leicht angestiegen waren. Den Heroinschmuggel dominierten Albanischstämmige und mazedonische Tätergruppen, die ihre Kontakte in den Depotstaaten Tschechien, Slowakei und Ungarn hatten und eng mit türkischen sowie rumänischen Schmuggelorganisationen kooperierten.

Drogentote: 10
Männer: 7 im Alter von 23, 26, 35, 35, 38, 41 und 42 Jahren
Frauen: 3 im Alter von 22, 24, 31 Jahren

Salzburg

Zu bemerken war zwar ein leichter Rückgang bei den Anzeigen, jedoch bereitete den Behörden ein Besorgnis erregender Anstieg bei synthetischen Drogen, vor allem bei Ecstasy, Kopfzerbrechen. Heroin- und Kokainhandel lagen fest in den Händen von Gruppen aus den Staaten, die aus dem früheren Jugoslawien hervorgegangen waren. Die Versorgung der Salzburger Rotlichtszene mit Kokain und Ecstasy organisierten Österreicher.

Drogentote: 12
Männer: 11 im Alter von 18, 19, 24, 24, 31, 34, 34, 35, 37, 38 und 42 Jahren
Frauen: 1 im Alter von 19 Jahren

Tirol

Wie auch in Salzburg kam es zu einem leichten Anzeigenrückgang, jedoch bereiteten die Winterschigebiete zunehmend Probleme, in den vorwiegend LSD und Ecstasy konsumiert wurden. Die Versorgung erfolgte über einen Ameisenhandel aus Holland und der Schweiz.

Drogentote: 15
Männer: 12 im Alter von 18, 18, 24, 24, 26, 27, 31, 38, 40, 40, 42 und 46 Jahren
Frauen: 3 im Alter von 35, 37 und 43 Jahren

Vorarlberg

Abermals wurde eine neuerliche Anzeigensenkung verzeichnet, aber die Versorgung der heimischen Szene erfolgte, trotz schärferen Vorgehens der Schweizer Behörden, über Zürich.

Drogentote: 7
Männer: 7 im Alter von 21, 29, 32, 36, 41, 41 und 42 Jahren

In den Jahren von 1998 bis 2004 kam es zu keinen wesentlichen Änderungen. Die Anzeigenzahlen in den einzelnen Bundesländern schwankten wie bei einer Fieberkurve auf und ab. Das Konsumverhalten für Heroin und Kokain hat sich erst in den letzten Jahren verändert: Kokain ist auf dem Vormarsch. Auch die Lieferantenstaaten sind im Wesentlichen gleich geblieben. Die Händlerstrukturen sind ebenfalls größtenteils unverändert, wobei in den letzten Jahren eine Zunahme der schwarzafrikanischen Organisationen zu beobachten ist.

Drogentote 1998

Burgenland: 2
    Männer: 2 im Alter von 42 und 43 Jahren

Kärnten: 5
    Männer: 3 im Alter von 29, 30 und 41 Jahren
    Frauen: 2 im Alter von 35 und 46 Jahren

Niederösterreich: 11
    Männer: 10 im Alter von 19, 21, 33, 33, 34, 39, 39, 39, 39 und 41 Jahren
    Frauen: 1 im Alter von 43 Jahren

Oberösterreich: 14
    Männer: 13 im Alter 20, 22, 23, 24, 24, 32, 32, 34, 37, 39, 41, 42 und 45 Jahren
    Frauen: 1 im Alter von 22 Jahren

Salzburg: 13
    Männer: 11 im Alter von 22, 26, 27, 27, 28, 35, 35, 40, 42, 42 und 43 Jahren
    Frauen: 2 im Alter von 24 und 37 Jahren

Steiermark: 6
> Männer: 6 im Alter von 26, 28, 33, 34, 39 und 41 Jahren

Tirol: 18
> Männer: 18 im Alter von 17, 18, 19, 20, 21, 25, 26, 28, 31, 33, 34, 35, 35, 37, 37, 41, 43 und 44 Jahren

Vorarlberg: 13
> Männer: 10 im Alter von 20, 23, 24, 29, 31, 31, 34, 35, 35 und 43 Jahren
> Frauen: 3 im Alter von 29, 37 und 42 Jahren

Drogentote 1999

Burgenland: 0

Kärnten: 7
> Männer: 5 im Alter von 19, 20, 36, 47 und 48 Jahren
> Frauen: 2 im Alter von 16 und 18 Jahren

Niederösterreich: 12
> Männer: 9 im Alter von 20, 23, 24, 29, 31, 33, 37, 42 und 44 Jahren
> Frauen: 3 im Alter von 16, 37 und 49 Jahren

Oberösterreich: 5
> Männer: 4 im Alter von 18, 31, 38 und 40 Jahren
> Frauen: 1 im Alter von 40 Jahren

Salzburg: 9
> Männer: 7 im Alter von 22, 23, 27, 32, 35, 36 und 44 Jahren
> Frauen: 2 im Alter von 19 und 37 Jahren

Steiermark: 6
>Männer: 4 im Alter von 21, 21, 31 und 31 Jahren
>Frauen: 2 im Alter von 24 und 36 Jahren

Tirol: 21
>Männer: 15 im Alter von 21, 21, 23, 24, 26, 28, 30, 31, 32, 35, 35, 42, 43, 44 und 45 Jahren
>Frauen: 6 im Alter von 20, 31, 34, 37, 39 und 45 Jahren

Vorarlberg: 10
>Männer: 7 im Alter von 21, 26, 30, 34, 37, 38 und 44 Jahren
>Frauen: 3 im Alter von 19, 20 und 28 Jahren[203]

Im »Jahresbericht 2000« des Innenministeriums werden die Todesfälle nach suchtgiftbezogenen Todesfällen aufgelistet.

---

[203] Jahresberichte 1995–1999 über die Suchtgiftkriminalität des Bundesministeriums für Inneres, Abteilung II/8, Zentralstelle für die Bekämpfung der Suchtgiftkriminalität

Verteilung der direkt suchtgiftbezogenen Todesfälle in Österreich nach Todesursache und Bundesland, 2005

	Todesursache	B	K	N	OÖ	S	St	T	V	W	Ö
Opiate	ein Opiat	2	1	5	1	1	4	1	0	9	24
	mehrere Opiate	0	0	1	2	0	0	0	0	4	7
	+ Alkohol	0	1	0	0	0	3	1	2	7	14
	+ psychoaktive Medikamente	1	2	9	5	1	6	3	0	24	51
	+ Alkohol + psychoaktive Medikamente	0	1	2	2	2	3	8	2	8	28
Opiate und andere Suchtgifte	ausschließlich SG	0	0	2	0	0	0	2	1	7	12
	SG + Alkohol	0	0	2	0	1	0	0	0	6	9
	SG + psychoaktive Medikamente	0	1	3	1	1	1	0	1	6	14
	SG + Alkohol + psychoaktive Medikamente	0	0	1	1	1	0	1	0	2	6
Suchtgifte ohne Opiate	ausschließlich SG	0	0	0	0	0	0	0	0	0	0
	SG + Alkohol	0	0	0	0	1	0	0	0	2	3
	SG + psychoaktive Medikamente	0	0	0	0	0	0	0	0	1	1
	SG + Alkohol + psychoaktive Medikamente	0	0	0	0	0	0	0	0	0	0
	Suchtgiftintoxikation unbekannter Art	0	0	4	1	0	0	1	0	16	22
	Summe direkt suchtgiftbezogene Todesfälle	3	6	29	13	8	17	17	6	92	191
	Direkt suchtgiftbezogene Todesfälle pro 100.000 Einwohner zwischen 15 und 64 Jahren	1,6	1,6	2,7	1,4	2,2	2,1	3,6	2,4	8,2	3,4

SG = Suchtgift
Quelle: ÖBIG, »Bericht zur Drogensituation 2006«

Verteilung der direkt suchtgiftbezogenen Todesfälle in Österreich nach Todesursache und Alter, 2005

	Todesursache	< 15	15–19	20–24	25–29	30–34	35–39	40–44	45–49	> 49	Summe
Opiate	ein Opiat	0	7	5	6	2	4	0	0	0	24
	mehrere Opiate	0	1	0	1	1	2	0	0	2	7
	+ Alkohol	0	2	2	4	3	1	0	2	0	14
	+ psychoaktive Medikamente	1	8	13	11	6	5	4	1	2	51
	+ Alkohol + psychoaktive Medikamente	0	3	5	2	3	3	8	2	2	28
Opiate und andere Suchtgifte	ausschließlich SG	0	1	3	3	2	1	0	1	1	12
	SG + Alkohol	0	0	6	1	1	0	1	0	0	9
	SG + psychoaktive Medikamente	0	2	5	3	2	2	0	0	0	14
	SG + Alkohol + psychoaktive Medikamente	0	1	2	1	0	1	1	0	0	6
Suchtgifte ohne Opiate	ausschließlich SG	0	0	0	0	0	0	0	0	0	0
	SG + Alkohol	0	1	0	0	2	0	0	0	0	3
	SG + psychoaktive Medikamente	0	0	0	0	0	0	0	0	1	1
	SG + Alkohol + psychoaktive Medikamente	0	0	0	0	0	0	0	0	0	0
Suchtgiftintoxikation unbekannter Art		0	1	7	4	3	0	1	6	0	22
Summe direkt suchtgiftbezogene Todesfälle		1	27	48	36	25	19	15	12	8	191
davon Männer		0	18	35	32	22	14	11	9	7	148

SG = Suchtgift
Quelle: ÖBIG, »Bericht zur Drogensituation 2006«

Anzahl der »direkt« suchtgiftbezogenen Todesfälle in Österreich nach Altersgruppen, insgesamt und nach Geschlechteranteil, 1996–2005

Altersgruppe	1996 abs.	%	1997 abs.	%	1998 abs.	%	1999 abs.	%	2000 abs.	%	2001 abs.	%	2002 abs.	%	2003 abs.	%	2004 abs.	%	2005 abs.	%
bis 19	24	12,3	18	12,8	7	6,0	16	11,8	19	11,4	20	15,1	18	12,9	20	12,3	40	21,6	28	14,7
20 bis 24	45	23,1	32	22,7	35	29,9	23	16,9	33	19,8	21	14,4	20	14,4	37	22,7	40	21,6	48	25,1
25 bis 29	34	17,4	25	17,7	20	17,1	23	16,9	31	18,6	19	13,7	24	17,3	28	17,2	30	16,2	36	18,8
30 bis 34	47	24,1	30	21,3	20	17,1	27	19,9	27	16,2	27	19,4	23	16,5	24	14,7	19	10,2	25	13,2
35 bis 39	31	15,9	23	16,3	16	13,7	28	20,6	27	16,8	25	18,0	24	17,3	29	17,8	23	12,6	19	9,9
40 und älter	14	7,2	13	9,2	19	16,2	19	14,0	30	17,4	27	19,4	30	21,6	25	15,3	33	17,8	35	18,3
Gesamt	195	100	141	100	117	100	136	100	167	100	139	100	139	100	163	100	185	100	191	100
weiblich	27	13,8	23	16,3	16	13,7	38	27,9	35	21,0	22	15,8	25	18,0	30	18,4	38	20,5	43	22,5
männlich	168	86,2	118	83,7	101	86,3	98	72,1	132	79,0	117	84,2	114	82,0	133	81,6	147	79,5	148	77,5

abs. = in Absolutzahlen
Quelle: ÖBIG, »Bericht zur Drogensituation 2006«

Von 2001 bis 2004 (der Bericht 2005 ist noch nicht fertig gestellt) wird die Anzahl der Drogenopfer in den Jahresberichten des Innenministeriums nicht mehr genannt.

Im »Bericht zur Drogensituation in Österreich« für 2006 schätzt das ÖBIG die Situation folgendermaßen ein.

»Die verfügbaren Surveys [Erhebungen] bestätigen die bereits aus den letzten Jahren bekannten Konsumraten. Demnach ist die Prävalenz von Erfahrungen mit dem Konsum von illegalen psychoaktiven Substanzen sowohl bei den Erwachsenen als auch bei Jugendlichen im letzten Jahrzehnt etwas gestiegen, zuletzt aber – auf erhöhtem Niveau – wieder stabil. Rund ein Fünftel der Bevölkerung hat bereits einmal Cannabis konsumiert, mit Spitzenwerten von bis zu 35 Prozent bei den jungen Erwachsenen. Für alle anderen Substanzen sind die Werte deutlich geringer und liegen meist bei maximal ein (Heroin) bis drei Prozent (Ecstasy, Amphetamine, Kokain) für die Gesamtbevölkerung ...

... Crack spielt in Österreich weiterhin keine Rolle ... Bezüglich des regelmäßigen Kokainkonsums ist vor allem zwischen dem Freizeitkonsum von Kokain in bestimmten Szenen (...) und dem Konsum im Kontext des polytoxikomanen Problemkonsums zu unterscheiden ... Kokain spielte in den letzten Jahren auch bei den suchtgiftbezogenen Todesfällen eine wichtige Rolle. Reine Kokaintoxikationen kommen zwar selten vor, Kokain wird aber häufig bei Mischintoxikationen unter Beteiligung von Opiaten festegestellt ...

... In den Drogeneinrichtungen finden sich Klientinnen und Klienten mit vordergründiger Kokainproblematik noch im geringen Umfang, was darauf hinweist, dass die Erreichbarkeit der Betroffenen nicht immer zufrieden stellend gelingt. Das Drogenhilfesystem ist in Österreich generell nicht vorrangig substanzspezifisch ausdifferenziert, allerdings wurden in den letzten Jahren zunehmend spezifische Angebote – wie ... stationäre Therapie, spezielle Kokainsprechstunde, Ruheraum im

niederschwelligen Bereich – geschaffen, um eine bessere Berücksichtigung der Bedürfnisse und Anforderungen sicherzustellen ...«[204]

---

204 ÖBIG-Bericht 2006, S. IIIff.

UNO, EU & Drogen

Bekanntlich ist Wien, neben New York und Genf, einer der drei Sitze der UNO. In der Wiener UNO-City sind UNODC (United Nations Office on Drugs and Crime), das Büro gegen Drogen und Organisierte Kriminalität, und die INCB (International Narcotics Control Board), das zuständige Organ, das Abzweigungen von Pharmaprodukten aus dem legalen Handel ahndet und entsprechende Empfehlungen an Mitgliedstaaten ausspricht in Bezug auf die Verschreibungspraxis psychoaktiver Substanzen.

Das 1961 gegründete INCB kontrolliert auch die UN-Suchtgiftkonventionen und berät die UNO in wissenschaftlichen Aspekten. Im INCB, dem höchsten Suchtgiftberatungsgremium der UNO, sitzt auch ein Österreicher.[205]

Prof. Dr. Rainer Schmid ist einer von 13 ausgewählten Wissenschaftern im INCB. Schmid arbeitet am Klinischen Institut

Dr. Thomas Pietschmann, UNODC
Foto: Manfred Burger

205 Ärzte Woche, 15. Jg., Nr. 26/2001

für medizinische und chemische Labordiagnostik am Wiener AKH und ist wissenschaftlicher Leiter von »ChEck iT!«

An oberster Spitze in Wien steht Antonio Maria Costa, ihm zur Seite agiert Dr. Thomas Pietschmann als Research Officer von RAS (Research and Analysis Section), der auch den jährlich erscheinenden »World Drug Report« verfasst.

Die österreichische Drogenproblematik aus der Sicht der UNO anhand von Graphiken, die dem »World Drug Report 2006« entnommen wurden.

ÖSTERREICH: Anzeigen wegen Verstoßes gegen das Suchtgiftgesetz/Suchtmittelgesetz, 1966–2005

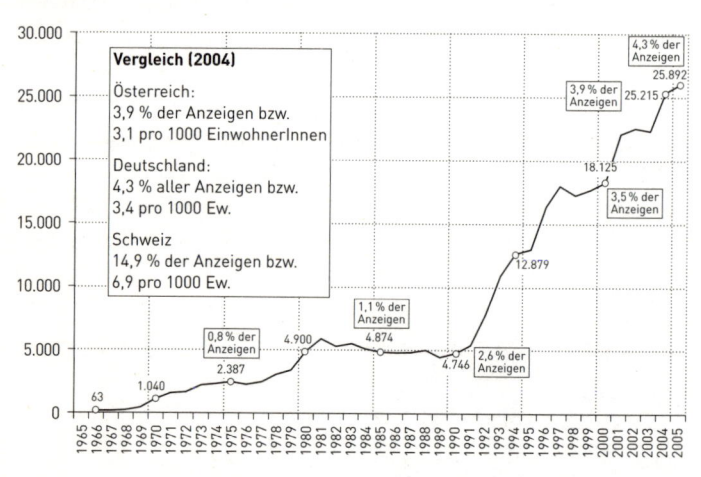

Vergleich (2004)

Österreich:
3,9 % der Anzeigen bzw.
3,1 pro 1000 EinwohnerInnen

Deutschland:
4,3 % aller Anzeigen bzw.
3,4 pro 1000 Ew.

Schweiz
14,9 % der Anzeigen bzw.
6,9 pro 1000 Ew.

Datenpunkte: 63; 1.040; 2.387; 4.900 (0,8 % der Anzeigen); 4.874 (1,1 % der Anzeigen); 4.746 (2,6 % der Anzeigen); 12.879; 18.125 (3,5 % der Anzeigen); 25.215 (3,9 % der Anzeigen); 25.892 (4,3 % der Anzeigen)

ÖSTERREICH: Anzeigen wegen Verstoßes gegen das Suchtgiftgesetz/Suchtmittelgesetz, 1966–2005

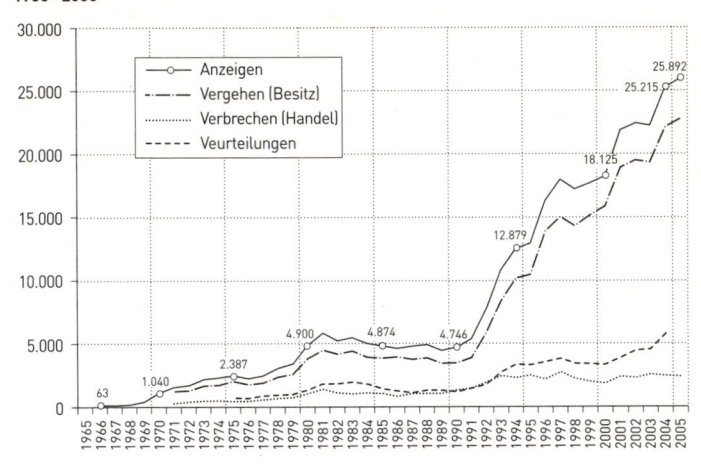

ÖSTERREICH: Anzeigen wegen Verstoßes gegen das Suchtgiftgesetz/Suchtmittelgesetz, 1985–2005

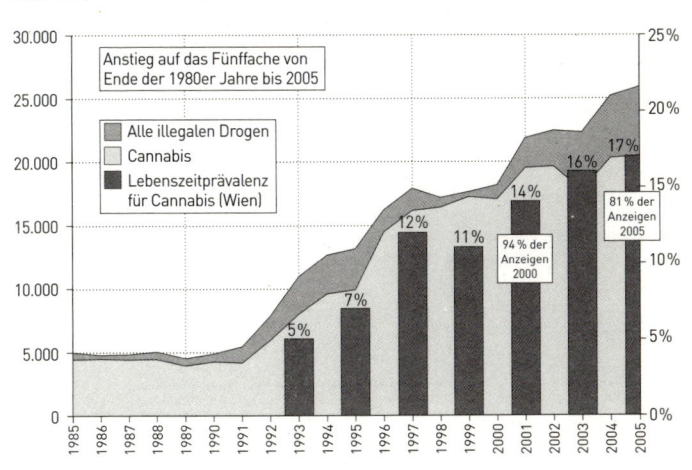

ÖSTERREICH: Anzeigen wegen Verstoßes gegen das Suchtgiftgesetz/Suchtmittelgesetz, ohne Cannabis, 1985–2005

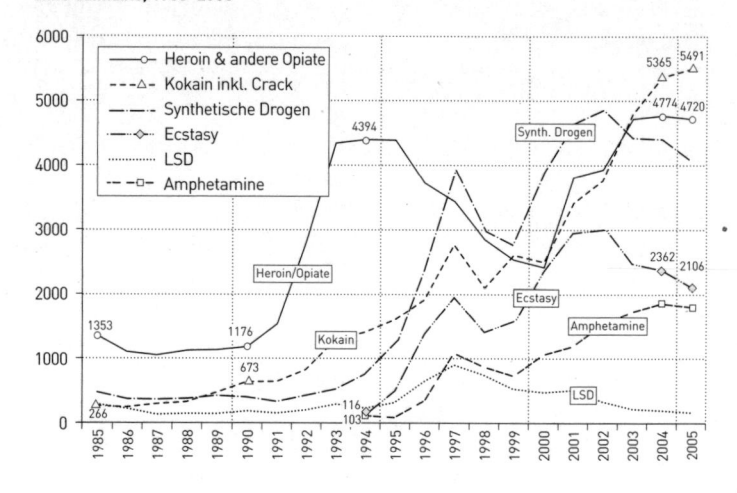

ÖSTERREICH: Anzeigen wegen Verstoßes gegen das Suchtmittelgesetz, 2005

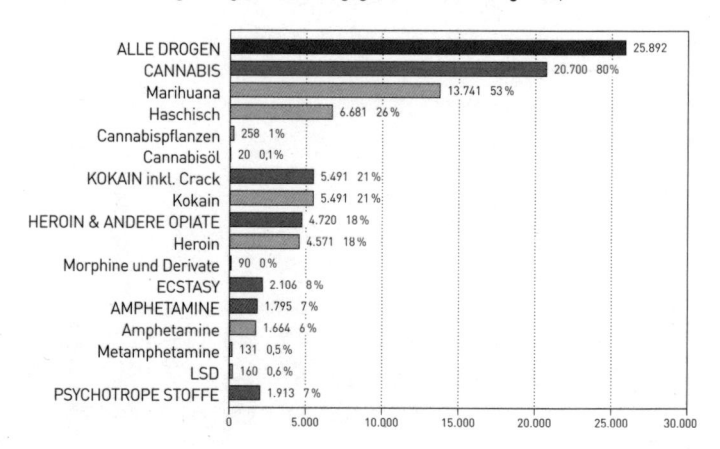

Kategorie	Anzahl	Prozent
ALLE DROGEN	25.892	
CANNABIS	20.700	80 %
Marihuana	13.741	53 %
Haschisch	6.681	26 %
Cannabispflanzen	258	1 %
Cannabisöl	20	0,1 %
KOKAIN inkl. Crack	5.491	21 %
Kokain	5.491	21 %
HEROIN & ANDERE OPIATE	4.720	18 %
Heroin	4.571	18 %
Morphine und Derivate	90	0 %
ECSTASY	2.106	8 %
AMPHETAMINE	1.795	7 %
Amphetamine	1.664	6 %
Metamphetamine	131	0,5 %
LSD	160	0,6 %
PSYCHOTROPE STOFFE	1.913	7 %

In der EU ist die Drogenproblematik ein wichtiges Thema, jedoch entscheidende und wirksame Ergebnisse sind kaum zu bemerken.

»Ein wichtiger Schwerpunkt der drogenspezifischen Arbeiten auf Bundesebene ergab ... durch die österreichische Ratspräsidentschaft im ersten Halbjahr 2006. Neben den laufenden Agenden brachte Österreich insbesondere die thematischen Schwerpunkte Kokain, Suchtbehandlung in Gefängnissen, soziale Reintegration, Cannabis- und Heroinschmuggel über die Balkanroute die relevanten Gremien ein. Weiters konnte unter Federführung der österreichischen Präsidentschaft die Novellierung der EBDD-Gründungsverordnung abgeschlossen werden.«[206]

Bei den angeführten Themen könnte man zynisch formulieren – im Westen nichts Neues –, da es sich um nichts anderes als »No na!«-Themen handelt, die wohl hinlänglich bekannt sind.

Es ist bekannt, dass, beispielsweise in den *Häfen*, der Drogenschwarzmarkt floriert. Unter den angeführten Themen finden sich weder Substitution und im besonderen Substitol.

Der EU-Drogenaktionsplan (2005–2008), Nachfolger des Aktionsplanes von 2000 bis 2004, will »der Drogenproblematik sowohl auf Ebene des Gesundheitsschutzes als auch auf Ebene der Strafverfolgung begegnen« und liefert »sämtlichen betroffenen europäischen Instanzen Leitlinien für die Festlegung ihrer Prioritäten in diesem Bereich. Diese Leitlinien konzentrieren sich auch auf fünf Aktionsachsen: Koordinierung, Nachfragereduzierung, Angebotsreduzierung, internationale Zusammenarbeit sowie Information, Forschung und Evaluierung« (Amtsblatt C 168 vom 8. Juli 2005).

Ein weiteres EU-Programm ist das Aktionsprogramm der Gemeinschaft im Bereich der öffentlichen Gesundheit (2003–2008) mit dem Ziel, »zu einem hohen Gesundheitsschutzniveau in

---

[206] ÖBIG-Bericht 2006, S. III

Europa beizutragen.« Schwerpunkte sind »Gesundheitsinformation; die Fähigkeit der Gemeinschaft, rechtzeitig auf Gesundheitsgefahren zu reagieren, sowie auf die Prävention von Krankheiten und Gesundheitsstörungen« (Beschluss Nr. 1786/2002/EG des Europäischen Parlaments vom 23. September 2002; Amtsblatt L 271 vom 9. Oktober 2002).

Die »Empfehlung 2003/488/EG« vom 18. Juni 2003 setzt sich mit der Prävention und Reduzierung von Risiken im Zusammenhang mit der Drogenabhängigkeit auseinander und will beitragen, das zweite Ziel der EU-Drogenbekämpfungsstrategie 2000–2004 zu erreichen, indem »binnen fünf Jahren eine deutliche Inzidenz drogenbedingter Gesundheitsschäden (HIV, Hepatitis B und C, Tuberkulose) sowie der Zahl drogenbedingter Todesfälle herbeigeführt wird«.

Bereits 1993 wurde mit der Verordnung EWG Nr. 302/93 vom 8. Februar eine Europäische Beobachtungsstelle für Drogen und Drogensucht (EBDD) mit folgenden Schwerpunkten gegründet:

- Sammlung und Analyse der vorhandenen Daten,
- Verbesserung der Methodologie zum Datenvergleich,
- Verbesserung der Daten,
- Zusammenarbeit mit den europäischen und internationalen Einrichtungen und Organisationen und mit Drittländern,
- Drogennachfrage und Reduzierung der Nachfrage,
- Nationale und gemeinschaftliche Strategien und Politiken,
- Internationale Zusammenarbeit und Geopolitik des Angebots (insbesondere Kooperationsprogramme; Information über die Erzeuger- und Transitländer),
- Kontrolle des Handels mit Suchtstoffen, psychotropen Substanzen und Vorprodukten,
- Folgen der Drogenproblematik für die Erzeuger-, Verbraucher- und Transitländer – sowie die vom Vertrag erfassten Bereiche berührt werden – einschließlich Geldwäsche.

In einem Rechtakt durch den Rahmenbeschluss 2004/7577JI vom 25. Oktober 2004 wurden die Mindestvorschriften über die Tatbestandsmerkmale strafbarer Handlungen und die Strafen im Bereich des illegalen Drogenhandels festgelegt. Das Ziel ist die Bekämpfung des Drogenhandels, um Nachschub und Konsum einzudämmen. Die Mitgliedstaaten müssen sich an gewisse Mindestvorschriften halten. Zunächst werden alle Handlungen im Zusammenhang mit Drogenhandel aufgeführt. Die Mitgliedstaaten sind verpflichtet, Maßnahmen gegen am Drogenhandel beteiligte juristische Personen zu ergreifen. Das Höchstmaß der zu verhängenden Mindeststrafen ist festgelegt.

Hilfe – Wohin?

Wiener Drogenkoordinator, Sucht- und Drogenkoordination Wien gemeinnützige GmbH
Modecenterstraße 14/B/2. Stock
1030 Wien
Tel.: 01/4000/87375

Drogenbeauftragter d. Stadt Wien
Hegelgasse 8/3/11, 1010 Wien
Tel.: 01/5126099

Ambulante Einrichtungen, Substitution und Betreuungen

AKH Wien – Psychiatrische Universitätsklinik – Drogenambulanz
Währinger Gürtel 18–20
1090 Wien
Tel.: 01/40400/3552

Otto-Wagner-Spital – Drogenambulanz Pavillon W
Baumgartner Höhe 1, 1145 Wien
Tel.: 01/91060/24830

Dialog
Hegelgasse 8/3/11, 1010 Wien
Tel.: 01/5120181

Dialog – Beratungs- und Betreuungszentrum
Wassermanngasse 7, 1210 Wien
Tel.: 01/2566363

Dialog 10
Gudrunstraße 184, 1100 Wien
Tel.: 01/6041121

Ambulatorium für Suchtkranke des PSD (Psychosozialen Dienstes)
Borschkegasse 1, 1090 Wien
Tel.: 01/4056786

Ambulante Beratung und Therapie

T.I.P
Rochusgasse 8, 1030 Wien
Tel.: 01/7143153

Grüner Kreis – Ambulanz
Hermanngasse 12, 1070 WIen
Tel.: 01/5269489

Kolping – Drogenberatung für
Jugendliche
Paulanergasse 11, 1040 Wien
Tel.: 01/7124670

Anton Proksch-Institut Treffpunkt
Radetzkystraße 31, 1030 Wien
Tel.: 01/712670

Verein P.A.S.S.
Streichergasse 4/4, 1030 Wien
Tel.: 01/7149218

Stationäre Therapie

Anton Proksch-Institut – Kurzzeittherapie
Breitenfurter Str. 517, 1230 Wien
Tel.: 01/8884169

Anton Proksch-Institut –
Langzeittherapie
Husarentempelgasse 3
2340 Mödling
Tel.: 02236/22296

Otto-Wagner-Spital –
Drogeninstitut (Pavillon 1)
Baumgartner Höhe 1, 1145 Wien
Tel.: 01/91060/20120

PKH Ybbs
Persenbeuger Straße 1, 3370 Ybbs
Tel.: 07412/55100

Schweizer Haus Hadersdorf
Mauerbachstraße 34, 1140 Wien
Tel.: 01/9791083

Stationärer Entzug

AKH Wien – Universitätsklinik
für Psychiatrie – Klinische
Abteilung für Allgemeine
Psychiatrie, Intensivstation 4C
Währinger Gürtel 18–20
1090 Wien
Tel.: 01/40400/3537

Anton Proksch-Institut
Breitenfurter Straße 517
1230 Wien
Tel.: 01/91060/20630

Otto-Wagner-Spital – Drogeninstitut (Pavillon 6)
Baumgartner Höhe 1, 1145 Wien
Tel.: 01/8884169

Niederschwellige Arbeit

Ganslwirt
Esterházygasse 18, 1060 Wien
Tel.: 01/5860438

Streetwork
Rotenmühlgasse 26, 1120 Wien
Tel.: 8101302

Change
Theresiengasse 9/6, 1180 Wien

Help U
Karlsplatz (U-Bahnstation neben der Polizeiinspektion)
Tel.: 01/7909109

Spitalsverbindungsdienst

CONTACT
Laudongasse 29–31, 1080 Wien
Tel.: 01/4000/87387

Vorbetreuung in Justizanstalten

Verein Grüner Kreis
Tel.: 0664/3840825

Schweizer Haus Hadersdorf
Tel.: 0650/9674742

Verein P.A.S.S.
Tel.: 01/7149218

Justizanstalt für suchtkranke Häftlinge

Justizanstalt Favoriten
Hardtmuthgasse 42, 1100 Wien
Tel.: 01/60121/0

Wochenendversorgung für Substitutionspatienten

Ärztenotdienst
Börseplatz 6, 1010 Wien
Tel.: 01/141 – 8.00 bis 20.00 Uhr
(telefonische Voranmeldung)

Ganslwirt
Esterházygasse 18, 1060 Wien
Tel.: 01/5860438 (telefonische Voranmeldung)

Otto-Wagner-Spital – Drogenambulanz (Pavillon W)
Baumgartner Höhe 1, 1145 Wien
Tel.: 01/91060/24830

Wohnen

Betreutes Wohnen
Rotenmühlgasse 26, 1120 Wien
Tel.: 01/8101304

Clearingstelle für Wohnungslose: P7
Pazmanitengasse 7, 1020 Wien
Tel.: 01/8923389

ARGE Wohnplätze für BürgerInnen in Not
Schmerlingplatz 2, 1010 Wien
Tel.: 01/4083232

Frauentageszentrum
Springergasse 5, 1020 Wien
Tel.: 01/9718007

Notschlafstelle FrauenWohnzimmer
Springergasse 5, 1020 Wien
Tel.: 01/9718007

NächtigerInnenquartier Arbeitersamariterbund im Otto-Wagner-Spital
Kastanienallee 1, 1120 Wien

a_way – Notschlafstelle für Jugendliche
Felberstraße 1/7, 1150 Wien
Tel.: 01/8975219

Arbeit

Verein Wiener Berufsbörse (Beratungsstelle)
Dr.-Karl-Lueger-Ring 8/3/7
1010 Wien
Tel.: 01/5338380

Needles Or Pins (Kurse)
Gudrunstraße 184, 1100 Wien
Tel.: 01/5486090

fix und fertig
Rotenmühlgasse 26, 1120 Wien
Tel.: 01/81001303

gabarage
Schleifmühlgasse 6, 1040 Wien
Tel. 01/5857632

Freizeit

Log In
Hochstraße 5, 1230 Wien
Tel.: 0664/8897644

Elternselbsthilfe

Elternkreis Wien
Spätgasse 6/2, 1220 Wien
Tel.: 01/823694
Mobilnotruf: 0676/3660324

Soziale Erhebungen im öffentlichen Raum

TEAM FOCUS
Grüngasse 14, 1050 Wien
Tel.: 01/4000/66380

Prävention

Institut für Suchtprävention
Laudongasse 29–31, 1080 Wien
Tel.: 01/4000/66715

Begutachtungen nach SMG (Suchtmittelgesetz)

Institut für Suchtdiagnostik
Ledergasse 25, 1080 Wien
Tel.: 01/4000/87360

Forschung

Ludwig-Boltzmann-Institut für Suchtforschung
c/o Anton Proksch-Institut
Mackgasse 7–11, 1230 Wien
Tel.: 01/88010/0

AKIS (Alkoholkoordinations- und Informationsstelle des API)
c/o Anton Proksch-Institut
Adresse und Telefon wie oben

Gesundheit Österreich GmbH, Geschäftsbereich Österreichisches Bundesinstitut für Gesundheitswesen
Stubenring 6, 1010 Wien
Tel.: 01/51561

(Quelle: Wiener Drogenbericht 2003–2005, Oktober 2006)

Wichtige Webseiten:

www.drogenhilfe.at
www.drogensubstitution.at
www.praevention.at
www.elternkreis.at

Hilfe in den Bundesländern

Burgenland

Psychosozialer Dienst Burgenland GmbH
Josef-Hyrtl-Platz 4
4000 Eisenstadt

Psychosozialer Dienst
Beratungsstelle Neusiedl/See
Hauptplatz 44
7100 Neusiedl/See

Kärnten

LKH Klagenfurt
Zentrum für seelische Gesundheit
St. Veiter-Straße 47
9026 Klagenfurt

LKH Villach
Neurologie und Psychosomatik
Nikolaigasse 43, 9500 Villach

OIKOS Verein für Suchtkranke
»Haus 90«
Wörthersee Süduferstraße 90
9027 Klagenfurt-Viktring
mit Beratungsstelle
Mariannengasse 1
9020 Klagenfurt

Ambulatorium für Drogenkranke
Rudolfsbahngürtel 30
(Eingang Mießthalerstraße)
9020 Klagenfurt

Beratungsstelle VIVA
Magistrat der Landeshauptstadt
Klagenfurt
Rudolfsbahngürtel 30
9020 Klagenfurt

Arbeitsvereinigung der Sozialhilfeverbände (AvS)
Psychosoziales Beratungszentrum
Fischlstraße 40, 9021 Klagenfurt

AvS Villach
Psychosozialer Dienst
Schlossgasse 6, 9500 Villach

AvS St. Veit/Glan
Psychosozialer Dienst
Bräuhausgasse 23
9300 St. Veit/Glan

Niederösterreich

Anton Proksch-Institut
Husarentempelgasse 3
2340 Mödling

Verein Grüner Kreis
2872 Mönichkirchen Nr. 25

ZUKUNFTSSCHMIEDE
Voggeneder GmbH
Therapeutische Einrichtung zur
Rehabilitation und Integration
ehemaliger drogen-, alkohol-
und medikamentenabhängiger
Personen
Rauchengern 8, 3011 Pressbaum
Verwaltung: 1130 Wien,
Bergenstammgasse 9b/8

Ostarrichiklinikum Amstetten
Drogenstation Pavillon 9
Hausmenigerstraße 221
3362 Mauer/Amstetten

NÖ Suchtberatung
Hauptstraße 8
2230 Gänserndorf

Weitere Suchtberatungen in
2130 Mistelbach (Salvatorianerkloster), Marienplatz;
3100 St. Pölten,
Dr.-Karl-Renner-Promenade 12

Suchtberatung der Caritas
Hauptplatz 37
3300 Amstetten

Weitere in
3500 Krems, Bahnzeile 1;
3390 Melk, Stadtgraben 10;
3910 Zwettl, Neuer Markt 1

Oberösterreich

OÖ Landesnervenklinik Wagner-Jauregg
Wagner-Jauregg-Weg 15
4020 Linz

»Bily« – Beratungsstelle für Familien, Jugend und Sexualität
Weißenwolfstraße 17a
4020 Linz

Psychiatrische Klinik Wels
Linzerstraße 89
4600 Wels

ERLENHOF
Pro Mente Oberösterreich
Therapiestation
Taubing 7, 4731 Prambachkirchen

POINT
Beratungsstelle für Suchtfragen
Starhembergstraße 11/2
4020 Linz

X-Dream
Beratungsstelle für Suchtfragen
Bahnhofstraße 8/2/10, 4400 Steyr

EGO
Beratungsstelle für Jugend-, Drogen- und Alkoholprobleme
Ringstraße 45/2, 5280 Braunau

IKARUS
Beratungsstelle für Suchtfragen
Dr. Alois-Scherer-Straße 17
4840 Vöcklabruck

CIRCLE
Jugend- u. Drogenberatungsstelle
Richard-Wagner-Straße 3
4600 Wels

Salzburg

Christian Doppler-Klinik Salzburg
Landesklinik für Psychiatrie –
II Drogenambulanz
Ignaz-Harrer-Straße 79
5020 Salzburg

Sozialmedizinischer Dienst – Drogenberatungsstelle des Amtes der Salzburger Landesregierung
Fanny-von-Lehnert-Straße 1
5020 Salzburg

Landesverband f. Psychohygiene
Jugendhilfsdienst Sucht- und Drogenberatungsstellen
St. Julien-Straße 9a
5020 Salzburg

Steiermark

LKH Graz – Psychiatrisch-Neurologische Universitätsklinik
Auenbruggerplatz 1, 8036 Graz

Landesnervenklinik Sigmund Freud
Abteilung für Abhängigkeitskrankheiten
Wagner-Jauregg-Platz 1
8053 Graz

Drogenberatungsstelle des Amtes der Steiermärkischen Landesregierung
Leonhardtstraße 84/II, 8010 Graz

BAS – Betrifft Alkohol und Sucht
Steirischer Verein für Suchtkrankenhilfe
Dreihackengasse 1, 8020 Graz

Weitere BAS-Beratungsstellen:
Wiener Straße 3/3
8680 Mürzzuschlag
Rotkreuzplatz 1, 8230 Hartberg

BIZ – Obersteiermark
Franz-Josef-Straße 25
8700 Leoben

Verein für psychische und soziale Lebens- und Drogenberatung
Liechtensteingasse 1
8750 Judenburg
und
Bahnstraße 4, 8720 Knittelfeld

Steiermärkisches Hilfswerk
Psychosozialer Dienst
Burgenlandstraße 1
8280 Fürstenfeld
Weiters:
Hauptplatz 22
8490 Bad Radkersburg
und
Ödterstraße 3, 8330 Feldbach

Sozialmedizinisches Zentrum Liebenau
Verein f. praktische Sozialmedizin
Liebenauer Hauptstraße 102
8041 Graz

Tirol

Universitätsklinik für Psychiatrie Innsbruck
Ambulanz für Abhängigkeitskrankheiten (Drogenambulanz)
Anichstraße 35, 6020 Innsbruck

Psychiatrisches Krankenhaus des Landes Tirol
Drogenentzugsstation
Thurnfeldgasse 14
6060 Hall in Tirol

Drogenberatungsstelle des Jugendzentrums Z6
Dreiheiligenstraße 9
6020 Innsbruck

Ambulante Suchtpräventionsstelle der Innsbrucker Soziale Dienste GmbH
Haydnplatz 5, 6020 Innsbruck

Haus am Seespitz
Kurzzeittherapie für Drogenabhängige
6212 Maurauch Nr. 14

Verein K.I.T.
Schlinglberg 10, 6130 Schwaz

Verein B.I.T. – Begleitung, Integration, Toleranz
Verein zur Hilfe der Suchtkranken und deren Eltern
Kirchgasse 6, 6111 Volders

Vorarlberg

Kurzzeit-Therapiestation Lukasfeld der Stiftung Maria Ebene
Herrengasse 41, 6812 Meiningen

Langzeit-Therapiestation Carina der Stiftung Maria Ebene
Pater-Grimm-Weg 12
6807 Feldkirch-Tisis

CLEAN Bregenz
Bergstraße 8, 6900 Bregenz
Weiters in:
Schießstätte 12/8, 6800 Feldkirch

Die Fähre – Professionelle Drogenhilfe
Bahnhofstraße 4, 6850 Dornbirn

Team Mika Suchtberatung
Montfortstraße 3, 6900 Bregenz

Suchtberatung Bludenz
Kasernplatz 5, 6700 Bludenz

Danksagung

Ein Buch über dieses heikle, sensible und brisante Thema zu schreiben, bedarf eines mutigen Verlages. Darum gilt mein großer Dank meinem Verleger Egon Theiner, der an dieses Buch glaubt und auch das nötige Vertrauen in mich investiert. Ein Dankeschön auch an sämtliche Mitarbeiter des egoth-Verlages, an meine Lektorin Dr. Rosemarie Konrad und an die Grafik.

Ein Danke für die wertvolle Unterstützung an Werner Sabitzer, den Chefredakteur der Öffentlichen Sicherheit, und an Gerhard Brenner für seine Arbeiten in diesem Fachmagazin und in der Fachschrift »Kriminalpolizei«. Seitens der Exekutive gilt mein großer Dank Margit Wipfler, Wolfgang Preiszler und ihren Kollegen für die wunderbare Unterstützung sowohl mit Informationen als auch für Einblicke, die nicht alltäglich und schon gar nicht selbstverständlich sind.

Werner Schweighofer und Wolfgang Klein danke ich für ihre Hilfestellung und Offenheit, Karl Kmoch und Roman Krammer für ihre Interviewbereitschaft. Ebenso zu großem Dank bin ich den Drogenfahndern Georg Rabensteiner und Wolfgang Hottowy verpflichtet.

Ein großes Dankeschön gebührt den Damen und Herren der Pressestellen in der Bundespolizeidirektion, im Justiz- und Innenministerium für die problemlose Erteilung von Interviewgenehmigungen. Stellvertretend seien Dr. Michaela Ratz, ihre Kolleginnen und Kollegen, Mag. Kerstin Scheuchel und Christoph Pöchinger erwähnt.

Anstaltsleiter Peter Prechtl sowie seinen Kolleginnen und Kollegen danke ich ebenso für ihre Unterstützung wie auch jenen inhaftierten Schwarzafrikanern, die sich für Interviews zur Verfügung stellten. Mögen ihre Träume von einem besseren Leben und in Freiheit sich eines Tages tatsächlich erfüllen.

Beatrice Achaleke vom Verein Schwarze Frauen Community danke ich für ihre Bereitschaft, ein wenig Einblick in die afrikanische Kultur nehmen zu dürfen, allen Beamten von der Polizeiinspektion Karlsplatz für ihre Bereitschaft, offen zu sprechen, nämlich was wirklich Sache ist (übrigens, der Kaffee ist exzellent), und Gerhard Stadler vom BKA für den kurzfristigen Termin und jener unbekannten Sekretärin, die ihn ermöglichte.

Besonderer Dank und meine Hochachtung gebühren Elena Pretterebner und ihrem Vater, Hans Pretterebner, für ihre schonungslose Offenheit trotz dieses schmerzlichen Verlustes.

Sigrid Szmodits danke ich aus den gleichen Gründen und allen anderen, die aus verständlichen Gründen anonym bleiben wollen, Dr. Margarete Gross für ihren Mut auszusprechen, was andere nicht wagen, Florian Winkler für seine Bemühungen, dass letztendlich die Interviews mit Michael Dressel und Dr. Alexander David zustande kamen, Josef Rohaczek für seine langjährige Freundschaft und seinen unermüdlichen Eifer, Dr. Thomas Pietschmann, der sich sofort bereit erklärte, dieses Projekt zu unterstützen und mir wertvolles Material zur Verfügung stellte.

Ich hoffe, niemanden übersehen zu haben. Sollte das doch der Fall sein, möge man mir verzeihen, doch bin ich jedem Einzelnen dankbar, der seinen Beitrag für dieses Buch leistete und ermöglichte.

Meinen Freunden Karo Wolm und Jack Fronczek möchte ich für ihre Unterstützung danken, wann immer ich diese von ihnen »fordere«, meinem Freund und Weggefährten Manfred Burger, der als Fotograf einen Teil dieser Bilder anfertigte und es noch immer nicht leid ist, sich mit mir auf extreme Unternehmungen einzulassen.

K. und C. – danke für eure Aufmunterung und Unterstützung.

Ein besonderes Dankeschön an meine Frau Elisabeth, die es auch nach mehr als 25 Jahren noch immer an meiner Seite aushält.

Ihre Meinung interessiert mich und ist mir wichtig.
Bitte schreiben Sie mir unter:
zaeuner@aon.at

Bibliographie

Günter Amendt, No Drugs No Future. Drogen im Zeitalter der Globalisierung. Hamburg 2003

Günter Amendt, Die Droge Der Staat Der Tod. Auf dem Weg in die Drogengesellschaft. Hamburg 1992

Renate Brosch, Günter Juhnke, Sucht in Österreich. Ein Leitfaden für Betroffene, Angehörige, Betreuer. Wien 1993

Nancy von Bunker, Die Tickerlady. Mein Leben in der Technoszene. Berlin 1998

Gerhard Bühringer, Drogenabhängig. Wie wir Missbrauch verhindern und Abhängigen helfen können. Freiburg im Breisgau 1992

Diane Coyle, Sex, Drugs & Economics. Eine nicht alltägliche Einführung in die Wirtschaft. Frankfurt/Main 2004

Kurt von Es, Frans Bosman, Josh von Soer, Drogenszene Europa. Politik zwischen Repression und Duldung. Hamburg 1995

Josef Estermann (Hg.), Sozialepidemiologie des Drogenkonsums. Zu Prävalenz und Inzidenz des Heroin- und Kokaingebrauchs und dessen polizeiliche Verfolgung. Bd. 3. Berlin 1996

Josef Estermann (Hg.), Auswirkungen der Drogenrepression. Illegale Drogen: Konsum, Handel, Markt und Prohibition. Bd. 1. Berlin 1997

Claudia Fischer, Thomas Roberts, Süchtig. Die gefährliche Illusion. München 1980

Werner Gross, Sucht ohne Drogen. Arbeiten, Spielen, Essen, Lieben ... Frankfurt/Main 1990

Albert Hofmann, LSD – mein Sorgenkind. München 1993

Wolfgang Körner, Der Neue Drogen Reader. Frankfurt/Main 1989

Helmut Kuntz, Das SuchtBuch. Was Familien über Drogen und Suchtverhalten wissen müssen. Basel 2005

Lisa Lindberg, Wenn ohne Joint nichts läuft. München 2006

Peggy Mann, Hasch. Zerstörung einer Legende. Frankfurt/Main 1987

Wolfgang Metzner, Berndt Georg Thamm, Drogen, Heroin, Haschisch, Kokain, Speed: Wie Rauschgifte uns überschwemmen. Wie schon

Kinder geködert werden. Was wir gegen die Sucht tun können. Hamburg 1989

Christoph Möller (Hg.), Drogenmissbrauch im Jugendalter. Ursachen und Wirkungen. Göttingen 2005

Mois Naim, Das Schwarzbuch des globalisierten Verbrechens. München 2005

Bettina Paul, Drogenschmuggel. Hamburger Ansichten einer klandestinen Tätigkeit. Frankfurt 2004

René Renggli, Jakob Tanner, Das Drogenproblem. Geschichte, Erfahrungen, Therapiekonzepte. Berlin 1994

Rita Russland, Suchtverhalten und Arbeitswelt. Vorbeugen, aufklären, helfen. Frankfurt/Main 1988

Arman Sahihi, Designer-Drogen. Gift, Sucht und Szene. München 1990

Alfred Springer, Kokain. Mythos und Realität. Eine kritisch dokumentierte Anthologie. Wien 1989

Wolfgang Schmidbauer, Jürgen vom Scheidt, Handbuch der Rauschdrogen. München 1997

Rolf Schwendter, Drogenabhängigkeit und Drogenkultur. Wien 1992

Bernhard van Treeck, Das Drogen- und Sucht-Lexikon. Drogen, Rausch & Recht – Das ABC der psychoaktiven Substanzen. Augsburg 2001

Carolin Tener, Tina Ring, Auf dem Strich. Mädchenprostitution in Wien. Wien 2006

Katharina Wulff-Bräutigam, Bhagwan, Che und ich. Meine Kindheit in den 70ern. München 2006

Günther Zäuner, Drogenreport Österreich. Eine Bestandsaufnahme. Wien 1994

Günther Zäuner

Günther Zäuner startete seine Karriere als Lehrer für Geschichte, Latein und Musik, bevor er als freier Journalist, Drehbuchautor und Schriftsteller in Erscheinung trat.

Thematische Schwerpunkte seines journalistischen Schaffens sind die Organisierte Kriminalität, Drogen, Sekten, Rechtsextremismus, Terrorismus und Politik.

Zu diesen Themen gestaltete er zahlreiche TV-, Radio- und Printbeiträge.

Als Schriftsteller verfasste er unter anderem den *Drogenreport Österreich* (1994), wie auch die Kriminalromane *Kokoschanskys Instinkt* (2003), *Kokoschanskys Revanche* (2004), *Kokoschanskys Schachzug* (2004) und *Kokoschanskys Dämon* (2006).